中华现代学术名著丛书

乡村建设理论

梁漱溟 著

商務印書館
创于1897 The Commercial Press

2019年·北京

图书在版编目(CIP)数据

乡村建设理论/梁漱溟著.—北京:商务印书馆,2015(2019.2重印)
(中华现代学术名著丛书)
ISBN 978-7-100-11335-9

Ⅰ.①乡… Ⅱ.①梁… Ⅲ.①城乡建设—研究—中国
Ⅳ.①D693.62

中国版本图书馆CIP数据核字(2015)第127310号

本书据上海人民出版社2011年版排印

中华现代学术名著丛书
乡村建设理论
梁漱溟 著

商 务 印 书 馆 出 版
(北京王府井大街36号 邮政编码100710)
商 务 印 书 馆 发 行
北 京 冠 中 印 刷 厂 印 刷
ISBN 978-7-100-11335-9

2015年10月第1版 开本 880×1240 1/32
2019年2月北京第3次印刷 印张 15¾ 插页 1

定价:58.00元

梁漱溟

(1893—1988)

作者自题书名（1937年）

出版说明

百年前，张之洞尝劝学曰："世运之明晦，人才之盛衰，其表在政，其里在学。"是时，国势颓危，列强环伺，传统频遭质疑，西学新知亟亟而入。一时间，中西学并立，文史哲分家，经济、政治、社会等新学科勃兴，令国人乱花迷眼。然而，淆乱之中，自有元气淋漓之象。中华现代学术之转型正是完成于这一混沌时期，于切磋琢磨、交锋碰撞中不断前行，涌现了一大批学术名家与经典之作。而学术与思想之新变，亦带动了社会各领域的全面转型，为中华复兴奠定了坚实基础。

时至今日，中华现代学术已走过百余年，其间百家林立、论辩蜂起，沉浮消长瞬息万变，情势之复杂自不待言。温故而知新，述往事而思来者。"中华现代学术名著丛书"之编纂，其意正在于此，冀辨章学术，考镜源流，收纳各学科学派名家名作，以展现中华传统文化之新变，探求中华现代学术之根基。

"中华现代学术名著丛书"收录上自晚清下至20世纪80年代末中国大陆及港澳台地区、海外华人学者的原创学术名著（包括外文著作），以人文社会科学为主体兼及其他，涵盖文学、历史、哲学、政治、经济、法律和社会学等众多学科。

出版“中华现代学术名著丛书”，为本馆一大夙愿。自1897年始创起，本馆以“昌明教育，开启民智”为己任，有幸首刊了中华现代学术史上诸多开山之著、扛鼎之作；于中华现代学术之建立与变迁而言，既为参与者，也是见证者。作为对前人出版成绩与文化理念的承续，本馆倾力谋划，经学界通人擘画，并得国家出版基金支持，终以此丛书呈现于读者面前。唯望无论多少年，皆能傲立于书架，并希冀其能与“汉译世界学术名著丛书”共相辉映。如此宏愿，难免汲深绠短之忧，诚盼专家学者和广大读者共襄助之。

商务印书馆编辑部

2010年12月

凡　例

一、“中华现代学术名著丛书”收录晚清以迄20世纪80年代末，为中华学人所著，成就斐然、泽被学林之学术著作。入选著作以名著为主，酌量选录名篇合集。

二、入选著作内容、编次一仍其旧，唯各书卷首冠以作者照片、手迹等。卷末附作者学术年表和题解文章，诚邀专家学者撰写而成，意在介绍作者学术成就，著作成书背景、学术价值及版本流变等情况。

三、入选著作率以原刊或作者修订、校阅本为底本，参校他本，正其讹误。前人引书，时有省略更改，倘不失原意，则不以原书文字改动引文；如确需校改，则出脚注说明版本依据，以“编者注”或“校者注”形式说明。

四、作者自有其文字风格，各时代均有其语言习惯，故不按现行用法、写法及表现手法改动原文；原书专名（人名、地名、术语）及译名与今不统一者，亦不作改动。如确系作者笔误、排印舛误、数据计算与外文拼写错误等，则予径改。

五、原书为直（横）排繁体者，除个别特殊情况，均改作横排简体。其中原书无标点或仅有简单断句者，一律改为新式标点，专名号从略。

六、除特殊情况外，原书篇后注移作脚注，双行夹注改为单行夹注。文献著录则从其原貌，稍加统一。

七、原书因年代久远而字迹模糊或纸页残缺者，据所缺字数用“□”表示；字数难以确定者，则用“（下缺）”表示。

目录

自　序

当我将中国问题认识清楚，并将它的前途想通了的时候，让我不能不叹息佩服许多过去的和现在的有识之士，他们没有多少凭借而见事那样的确，真是聪明！随举眼前遇到的来说罢。那日看《世界日报》（二十六年一月某日）有"中日关系的透视"一文，其中引用素日研究中国社会的斯密斯博士（Arther Smith）说："**中国如无外面力量而欲进行改革，正如要在大海中造船一样。**"这是多么罕譬而喻呢！后一两千年的中国文化入于盘旋不进的状态，其自身永无从发生革命，完全从这句话给点透了。往日又曾见曾刚先生（纪泽）答友人书有云："**世界日辟，其机自外国运之，其局当于中土结之，其效即不在今日，亦当见诸千百年后。**"横的东西两世界，纵的千百年历史变化，一语论定无遗。距今五十年前能说这话，又是何等的远识卓见！像这一类的高明识见，我从各处遇着的还有，不过一时举不出来许多。

高明有识之士，是见到了；一般人还是见不到。像斯密斯的话，多数中国人大概都不懂得。像曾公的话，多数中国人更相信不及。天下事，明白的人自是明白，不明白的人总是不明白，这又不能不让我长叹息！在这里或者就用得着我这不算聪明也不算笨的人了吗？我没有将复杂问题一眼看透彻的聪明，但我有抓住问题不放手的研索力，就会有被我弄通了的一天。从这困勉工夫也能将高明人见到的而我也见到了。这本书,就是困勉研索的结果,正好给高明人的话作注解;给不明白的人作桥梁。

前些日又见美国名著作家丕斐(Natheniel Peffer)到沪,在太平洋联会席上演讲"远东问题之局外观",对中国前途似示惋惜又怀疑问。他说:

> 欧西人士,今日已深感到陷入旋涡,无法自拔之苦;而远东方面不引为前车之戒,反思效尤,其结果岂不将同出一辙乎?日本早已从乎欧西之后,今日更无选择之自由。乃中国年来所采取之途径,概括言之,也不过锐意发展物质建设与提倡民族主义两者。此殆由某种环境之影响,中国人士或认为非采此途径不可;然循此途径以往,将来所生之结果如何,实为一极端耐人寻思之问题也!(见二十六年一月十三日《申报》)

我于此有两层感想。一是像丕斐先生所惋惜而怀疑的,大概多数中国人(尤其是所谓有知识的人)都不能了解;他们在今日除了发展物质建设和提倡民族主义外,真是没有第二个念头。他们或者要反问丕斐:你不赞成我们这样干,你叫我们怎样干呢?又一感想是可惜丕斐先生没有读到我这本书,他读到也许疑问之情为之豁然吧!丕斐先生的心境倒不是我很关切的事;我所关切的是怎样让多数中国人能了解丕斐先生对中国前途的惋惜之意。假令这意思得到多数中国人了解的话,那么,我的主张也将不难获得同情了。

这里面的见地和主张,萌芽于民国十一年,大半决定于十五年冬，而成熟于十七年；曾讲于广东地方警卫队编练委员会（题为乡治十讲），自十八年春欲将全盘意思写定成书，中间屡作屡辍，至今七八年未成。今天这本书，前一小部分是自己写定稿，后边大部分只是同学听讲笔录的一种删订，所以称“讲演录”。不过在政治问题、经济建设各段中颇有自己动笔之处，所以又不像讲时口气了。希望将来能通体写过一遍。今只为外间总不明白我的意思，先杂凑出版，以求教于各方，其中自己不惬意处是很多的。

二十六年二月十三日漱溟记

总计在邹平六年间，前后讲此稿不下五次，末后在济宁也讲过一点大意；其时为余任笔录者有李澂、侯思恭、张汝钦、郝心静、王静如、李鼐、吕公器诸子。今附志于此，示不忘诸子之劳。

漱溟又记

引　言

今天我们开始讲乡村建设理论。乡村建设理论在我一名《中国民族之前途》。因为这是我从对中国问题的烦闷而找出来的答案。民国十八年我由广东回到北方时，即开始写《中国民族之前途》一书，如大家所看见的《中国民族自救运动之最后觉悟》中的第二、第三、第四等篇都是。其后因到河南办村治学院，没有写完。到山东以后，在本院第一届研究部讲过一遍；其次序大致如下：

先拿别人所企望于中国的出路，指明他是走不通，——先批评别人，痛切的指明中国此刻政治上、经济上都没有路走；第二步来分析中国问题，确实认识了中国到底是什么问题；然后提出我们的正面主张于第三步。在提出我们的主张时，又分三小段来讲：第一段是说如何解决中国眼前大局问题。大局问题指什么说？即指政权分裂或军阀问题。在这一段话里，说出如何才可以造成我们所需要的而又为我们所可能的政治环境。第二段是说我们所需要的政治环境造成后，如何来利用政权以推进中国的经济建设。在这一段里要紧的地方即如何促兴农业以引发工业。第三段是讲乡村组织问题。

我们所以定为这样的次序，是因为我们顶注意的在从乡村组织一个小小的端倪，慢慢萌芽生长而开展为一个大的社会组织。（在自述中曾说：我们旧日的社会已崩溃到最深处，故必从头作起。

由此开展出来的社会,是一个全新的组织,为人类以前所无。)但这个生长开展,是要有待于事实;换言之,须有待于实际生活的进步开展,——其主要的是经济上有进步。所以第三段乡村组织的培养,须有赖于第二段所说的经济问题之解决;而如何使经济进步,则又必靠第一段所说的有其适宜的政治环境。因此,第一段即讲解决大局问题,第二段讲促兴农业,第三段讲乡村组织。这是在研究部讲时的次序。后来在训练部所讲次序,又略有变更,与上次不同。现在讲的,大体上先分甲乙两部:

甲部　认识问题

乙部　解决问题

于乙部中分四段:先讲乡村组织,次讲政治问题,又次讲经济建设,末后讲我们所可成功的社会。

甲部　认识问题

西洋有一句话："知识即威力。"又说："要于服从他之中来控制他。"大概所谓有好办法的人，并不是有好办法，而是于问题有明彻的了解而已。因为一切办法都是以遵从他的法则来制驭他。中国问题现在摆在我们面前，迫着要解决。然而要想解决他，还须先认识他，所以认识问题为要。

更须知道的，我们要解决的是社会问题；社会问题与自然界的问题不同。自然界像是静的，而我们人是动的，仿佛可以由我们来摆布他，他听我们摆布。社会则不然，他沿着过去历史向前演变，时时刻刻在变化中，而不是静的。又我们自己原也是社会之一人，不能超居社会外来对付他，如对付自然那样。"社会大过我们"，这是千万要记着的一句话。社会在变，我们也随着变而不能逃，好像大海波涛中的一沤一滴，又能将大海怎样呢？凡自以为有办法的人，好多都是妄想。不过人类历史不完全是机械的，**我们于中可以有反省、有自觉、有料度，因其大势之所趋，从而为之所解决社会问题的办法，要不外如是而已**。这样，认识问题的工夫就更要紧，并且要本着历史的眼光去观察认识。眼前社会事实固须知道，而单看眼前事实是不能发现他的意义的；**要从其来历背景而有以测其前途将要如何才行**。

我们以下借着谈"乡村建设运动由何而起"，来帮助大家作认识中国问题的工夫。

一　乡村建设运动由何而起？

现在乡村建设运动已为国人所注意，有很多人都在那里争着谈乡村建设。但乡村建设由何而起呢？天下事没有凭空来的，而人们每不留意。所以常有人问我：你办的乡村建设研究院不行呀！韩主席一倒，研究院不也要随着倒吗？我回答他说：我不是无端做梦，韩主席也不会陪我做梦。研究院不是偶然出现的，他在中国社会历史演变上有他的来历，虽假手于我，却非自我而来的。我固不敢保山东的研究院不被取消；但我相信取消于山东，不难再出现于山西；取消一个，不难出现两个或更多个。现在大家看见乡村建设运动已在一天天的开展，势力蓬勃，遂也无人再问我那个话了。但我们如果反省乡村运动何以会如此蓬勃起来？我们可分浅深四层言之：

甲　起于救济乡村运动

从浅的一层来说：乡村建设运动，是由于近些年来的乡村破坏而激起来的救济乡村运动。近年来农村经济日趋于崩溃，这是很明显的事实；我们如果稍一留心，就可看到许多杂志都在大出其农村经济专号，开头没有不谈农村经济破产的。如政府方面组织农村复兴委员会及上海的银行界都是在极力倡导救济农村。救济农村已成为普遍的呼声，声浪一天一天的高上去——好多乡村运动是从这里来的。

乡村所由破坏不外天灾与人祸。所谓天灾，例如长江大水灾、黄河水灾、西北连年大旱、南方江浙旱灾等；所谓人祸，例如一九三〇年中原大战，以及种种兵祸、匪患、苛捐、杂税等。又从破坏乡村的力量去分，也可分为国内的与国际的两面。以上所叙多偏乎国内；而国际的力量破坏所及，尤为深远。所谓国际的，例如日本强据东北，影响于内地农村者甚大；列强经济侵略尤为谈农村经济崩溃者所殚述，可无待言。有时我亦采用三分法：

一、政治属性的破坏力——兵祸匪乱、苛捐杂税等；

二、经济属性的破坏力——外国经济侵略为主，洋行买办等也为破坏乡村的助手；

三、文化属性的破坏力——从礼俗、制度、学术、思想的改变而来的种种（此处文化二字是狭义的用法）。

这种分法也不算很好，因这三种破坏力很不容易分；如教育是属于文化的，可是他也属国家行政。又三者是相连环的，互相影响的，如政治制度改变了便影响于经济，经济也影响于文化，而政治制度的改变又是由文化问题引起来的（由新思想的输入）。三者相连环的辗转影响，加紧、加重了乡村破坏。

中国乡村破坏不自今日始；稍一回省，当发见其由来已久。盖自近百年来，世界大交通，西洋人东进，老的中国社会为一新环境所包围，激起剧烈而严重的变化——此变化自始至终是一个趋势，即中国乡村一天一天破坏益加尖锐刻露的趋势。

原来中国社会是以乡村为基础，并以乡村为主体的；所有文化,多半是从乡村而来,又为乡村而设——法制、礼俗、工商业等莫不如是。在近百年中,帝国主义的侵略,固然直接间接都在破坏乡村,即中国人所作所为,一切维新革命民族自救,也无非是破坏乡村。所以中国近百年史,也可以说是一部乡村破坏史。

所谓中国近百年史即一部乡村破坏史,可以分成两期来看:

一、前半期——自清同光年间起至欧洲大战;

二、后半期——自欧洲大战直到现在。

何谓前半期?在这一期间内是一个方向,是跟着近代都市文明的路学西洋而破坏了中国乡村。何谓后半期?在这一期间内是一个方向,是跟着反近代都市文明的路学西洋而破坏了中国乡村。西洋近代从自由主义发达了工业资本、都市文明;日本所模仿成功,我们所景仰而未得者,便是这个。同时,有一个相反的潮流孕育而潜伏着,由俄国爆发出来。此前期、后期者,非果我所自成分段则然,特以西洋近世有此转变,其所以为我刺激者前后分殊,于是我被动的截然有二期。但无论为都市文明之景仰或都市文明之反动,总皆离开乡村说话,不从乡村起手,其结果不破坏乡村不止。举例言之:如教育、如法律,从工业社会产生出来,于都市文明中有其位置与作用。搬到中国来,既安插不上,又失其意义,乃大生其反作用。其他种种罔不如是。尤其厉害的是练海陆军;乡村出钱练海陆军,而海陆军都用在自己打仗上,完全破坏了乡村。这似乎是当初所不料的;而细思之,也何尝不是应有的结果。因为这种海陆军制度是西洋资产阶级政治的所有物,而中国是一个散漫的乡村社会,西洋资产阶级拿得住这个海陆军,中国乡村人哪有这个力量?外力之破坏乡村尚属有限,我们感受外面刺激而起反应,自动的破坏乡村,殆十倍之不止。如果将近百年来外面世界给我们的刺激，我们从而发生的反应与自身的变化，每次变化所给乡村的影响，前前后后、方方面面，辗转相为因果，写成一部中国乡村破坏史，实在是一部很好的书。（所不容易的是把他辗转变化的路线找清楚，再就是可靠的统计材料不易得。）

《东方杂志》第三十卷第二十二号古棋先生有一篇文章题为"乡村建设与乡村教育之改造"，他说："……中国乡村之破坏远在二千年以前，并不因为学西洋都市文明或反都市文明才开始破坏；而另有其他破坏乡村的大力量在：（一）地主阶级的兴起，是破坏乡村的第一种力量；（二）水利制度的失修，是破坏乡村的第二种力量；（三）官僚政治的巩固，是破坏乡村的第三种力量；（四）帝国主义的侵略，是破坏乡村的第四种力量。"他意在驳我，但他实在犯了严重的错误。帝国主义的侵略是后来的事，水利制度的失修也比较是后来的；那么，他既说破坏不自近百年始，显然他是认地主阶级与官僚政治为破坏乡村之大的破坏力了。其实：（一）这顶多不过是一种阶级剥削，阶级剥削为各社会通有的现象，历史所必经过，即在被剥削一面也不是绝对的受害；因为任何一种社会构造都免不了内部的矛盾冲突，而同时彼此又是互相依存，断不能说谁破坏谁。（二）人类历史截止到现在，任何社会里面，乡村都是居于不利的地位；但我们不能说任何社会史都是乡村破坏史。（三）说作乡村破坏史，必须在这一段历史里面，乡村破坏成了一种趋势，日进无已；若虽有乡村破坏之事，而不成趋势，便不能算。（四）在欧洲工业都市兴起的时候，农村衰落亦成了趋势；但亦不算乡村破坏史。因为工业发达是其更重要的正面的趋势。本着这四点来看，大概没有那一处社会的历史，或那一阶段历史的社会,可以称得起乡村破坏史的;有之,那唯独一部中国近百年史。

中国近百年史里面,乡村是一直破坏下去不回头的,其关键全在要走都市文明的路而未成之一点。假令中国也像日本一样,成功了近代的工业国家,走上了一条新路,则乡村虽毁亦不成大问题。无如新路未曾走通,而所靠唯一吃饭的道儿——乡村农业——又毁;问题就大了!这时,乡村农民自是受苦,而格外着慌的更在乡村农民以上层级的那些人。因此,救济乡村,逐为各方面普遍的要求。乡村建设虽最初不是从这里发动,而在今天却全从这里扩大起来。

乙　起于乡村自救运动

第二层——是起于中国乡村无限制的破坏,迫得不能不自救;乡村建设运动,实是乡村自救运动。

我们上面曾说救济乡村为中国社会各层级、各方面一共同的要求;但严格的讲,中国尚不能有所谓"救济乡村"这回事。因说个"救济乡村"当然是要乡村以外的一大力量来救济乡村;但此一大力量在今日中国是寻不出的,譬如日本倒是可以说得上救济乡村。日本现在农村问题甚是严重,而以其工业发达、都市兴起,总还有余力来救济乡村;又其政治有办法,有统一有力的政府可以负责,讲求他们的农村问题对策,而主持进行。像这两点,中国那里有呢?这两点实是一点。日本之工业发达、都市兴起,实由其政治有办法而来。而中国经济上所以无办法,亦实为政治上的无办法。

归根是一个政治问题。

中国由其政治上之无办法，将只有乡村自救运动。此理待细剖才得明白。我前曾指出中国近百年来的乡村破坏，是一种绝对破坏，为世所仅见。此破坏之所以成为绝对的，都为中国近二三十年间政治上之无办法。虽然破坏乡村的，有天灾，有人祸，有国际的因素，有国内的因素等分别。细按起来，天灾不能怪天，皆由人事未尽；其责实在政府。所以人祸固属政治问题，天灾也是政治问题；国际的侵略压迫也不能怪人家，而实由自己不能应付环境。其最大原因在自身陷于分裂冲突，不能凝合为一个力量以对外。所以国内的因素固属政治问题，国际的也还是一个政治问题。总起来说，中国乡村之破坏完全在政治。

所谓问题全在政治者，不是政治不良、政府当局不好那些意思，而是特指没有唯一最高的国权，陷于分裂的局面那一点——这实在是不成政治，或"政治的没有"。在此分裂局面下，南一政府、北一政府、东一政府、西一政府，不但无法应付国际环境，无法防救天灾，更且造成特有的人祸——乡村成了绝对牺牲品。乡村虽在任何一社会总是居于不利地位，但绝不会落于牺牲的地位。任何一社会，都要在一种社会秩序下，进行他的社会生活；而且一个国家，必有其秩序——国家与秩序是二而一、一而二的。是秩序就有保全（尽管他是一个不平等的秩序），所以无论如何的不利（尽管他怎样严重的榨取剥削或妨碍），都不致作牺牲。其故即在一个政治力下，**统治的一面、被统治的一面，总不过是两面。此两面有时对立、有时相依，成为一个结构**，此一面也少不得那一面，如何能不留余地毁灭他呢？**但中国此刻不然，他不是两面，而仿佛分成三面**

了，此一政府与彼一政府为对立形势，乡村社会落于第三者地位。从国际的、国内的许多关系上，都表现有统一的要求，而政府间也有不容第二者存在的互相排斥性。但又到底不能浑一全宇，建立唯一的统治力。（其所以然，另有详细分析见后。）于是内战连绵不断。假令索性分裂成几个国家，倒也没有许多战争。苦在分又分不开，合也合不拢，就纠缠不清了。在杌陧不安的对立中，**彼此各以应付对方为急，便顾不得第三者，而乡村乃落于纯被牺牲地位。**对于乡村常是说："今天可讲不起了（挖地壕、炮火烧杀或征夫派款），明天必不如是"；但到明天依然是一今天。战争是常；不战是暂，或说是战争的休息、再战的预备。如中国养这么多的兵，完全不是为的国防，而是内部问题。四川一省养兵最多，甲于各省，即为其内部分裂，又仿佛中国的小缩影。民国二三十年的日子，就这样常常处于一种临时状态中。在此时谁来顾惜乡村？自然反逼出乡村自救。**乡村自救正为寻不出一个超于乡村而能救顾他的力量。**

乡村自救运动，其工作第一步就要防止直接的破坏，对于土匪和杂牌军队的骚扰，必须武装自卫。地方武装自卫，在此刻中国很明白地成了一种必要。此种必要即政府亦承认的。（二十年三月国民政府督令各省办保卫团，有"以兵卫民，不如使民自卫"之语。）本来武力是只许国家有的。国家最低限度的作用就在维持秩序，而不许国内人于法律外各自拿武力来解决问题。**乃现在中国却要乡村与土匪以武力赌其命运；这就证明中国国家在一特殊状态中。**乡村之自卫、自救，在任何国家可以没有，也不应有，独于今日中国乃必然发生，不能不有。

丙 起于积极建设之要求

第三层——乡村建设运动是起于中国社会积极建设之要求。中国以经济落后而一切落后，所缺乏的东西太多，因而国人都抱有一种积极建设的要求。不过有人想走近代资本主义的路，有人要学苏俄，有人要学意大利，所见种种不同。乡村建设亦是其中一种；并且也许是渐渐要占势力的一种。于此，乡村建设运动实是图谋中国社会之积极建设的运动。

或者有人要问："中国之建设为什么一定要是乡村建设呢？即如日本亦为东方农国，其自维新以来之建设，固未尝为乡村建设，中国何为而必于乡村求之？"这个关键，还是一个政治问题。日本所以有非"乡村建设"的可能，全靠他政治改革的成功；**中国将来政治问题亦要有一个解决，但其方式不同于日本，因而中国的建设也就不同路。**此其故待后自详。我们且先分两层去说。

（一）从过去言之：中国所以未能如日本一样走上近代工商业的路，此其原因又可分国内、国际两面去比较：

1. 国内情势不同之比较：日本皇室是万世一系的，维新以前，一切都由幕府当权；不当家则不招怨，大家老是寄希望于他。而中国则清廷为外族入主，他又当家当了二百多年，惹了很多怨恨。所以日本有尊王运动，而中国则要推翻满清。故日本的政治改革，改革之中尚有因袭，**其制度有一变化而未中断**。中国则清室一倒，**数千年相传之政治制度也顿然随之俱废，全社会乃骤失其维系作用。**政治制度一断再联不上气，直乱到今天。假令中国当时非外族必较好;或虽是外族,而初入主的时候,尤其好。这不是说顺治、康熙的本领大于宣统,而是说当时的政治类似一个阶级统治,形成一个对立之势。这时,统治力量较大,革命一定不容易起来,或不能成功。那么政治制度或者不变,或变而不断,借此不断之气,就可采取西洋长处,慢慢地讲求进步,而走上近代工商业的路。但历史恰不如此,政治制度一断难续,所以一切没有办法。日本尤其好的是:维新与复古同时,借新朝气以充实旧系统;借旧精神以吸收新文化;其政治有办法,对外能折冲,对内能整理、能培养,于是走上近代工商业的路,而模仿成近代都市文明。中国则政治无办法,一切无办法;所以日本走上建设之路,中国却走入破坏之路,无复建设机会。**此其内部政治问题,实远大过国际间不平等条约的束缚也**。

2. 国际情势不同之比较:日本维新到现在已六十年,在其维新的时候:(a)欧洲列强正在积极侵略经营澳、非等洲,尚未集中力量进攻东亚;所以日本所受国际的压迫不甚重。(b)科学技术当时也不如后来之进步,因而所受威胁也较小,追步西洋也易。(c)正当追步西洋之际,适逢欧战爆发,西洋各国都忙于战争,工业生产停止,让出市场,给日本一个发展工商业的最好机会。中国则因政治的捣乱,将种种好机会都错过了,未得利用。

(二)从今后言之:未来的中国将永不能像日本走近代资本主义的路,其故可分三层:

1. 近代资本主义的路,今已过时;人类历史到现在已走入反资本主义的阶段,所以不能再走此路。

2. 近代工商业路为私人各自营谋而不相顾的,不合现在国家统制经济、计划经济之趋势。在今日国际间盛行倾销政策下威胁太大，亦无发展余地。

3. 中国没有一个近代工商业所需要的政治环境（政府安定秩序，让工商业发达，兼能保护奖励其发达），所以不能走此路。

或又有人问："日本的近代式建设不可学，何不为现代式之建设如苏俄？"我说：是的，在此技术进步、国际竞争最激烈的时候，俄国的路子的确好，能在国际站得住脚，合乎中国的需要。**但只是好不行，必须看他可能与否。**大家虽是艳羡俄国的路子（一个五年计划，又一个五年计划），希望他也能在中国成功，但如果找不出一个如何可能，则希望何益！

在各不同国度内，经济建设之所取径，将一视其政治条件（政治环境）为转移决定。如果要问："中国的经济建设为什么要走乡村建设的路子呢？"这有两个理由：一是政治的理由，二是经济的理由。因为中国政治问题的解决，必走乡村建设的路，故其经济问题的解决，亦必走乡村建设的路。此其政治的理由，容以后细讲。今先说经济的理由。

所谓中国建设（或云中国经济建设）必走乡村建设之路者，就是说必走振兴农业以引发工业的路。换言之，必从复兴农村入手，以达于新社会建设的成功。我们且看今日国际的大势：

1. 现在产业的生产技术与经营组织，较前又有一大的进步。即今所称第二次产业革命后，产业合理化，生产技术、经营组织较前更进一步，因而生产量加多，而另一面致使工人失业，减少了消费量；故而生产过剩，遂不顾血本地向外倾销。

2. 现在各国都渐改其从前放任主义的经济政策，而为统制经济、计划经济，前之放任其资本家作个人自由竞争者，今则以整个国家的力量对外作竞争单位；每一个竞争体，都较以前为更大。

3. 欧战后各国皆改其以有易无主义而着眼于自给自足，农业、工业并重。一面以所谓关税战防止外货输入，同时从币制上、汇兑上拼命地用力以扩张自己产品的销路。列强各有其抗外的力量，能行其保护政策；而中国不能。于是各国抗外的结果，遂将力量都压迫到中国身上。

中国承兹影响，土货出口，惨遭排斥（丝、茶、花生、鸡蛋等项输不出去）；外货入口，转见激增（米、麦、棉花大量入口）；农业、工业皆支持不住。受祸惨重者首在农村。盖今日中国农村已非几十年前的中国农村。从前的时候粮食自己种，布自己织，差不多还在自然经济自给自足的样子，压迫不着它。海通以后，一面是农产日益商品化，地里出的东西都要换成钱；一面是手工业破坏，而所需多代以外货，一切都要拿钱买。初时，丝、茶等项外人未曾讲求到，自然畅销；而他们工业上也要采取中国农产原料。这时，手工业虽受摧残，农业却还不坏。但到今天，一向为出口大宗的农产输不出去，同时更有大量农产入口。农业乃继手工业而破坏。农民所产既换不出钱来，而所需仍要拿钱买，惨苦不堪言状。更加以这几年的兵祸、匪患、大水灾、大旱灾、东北失陷各影响，农村经济乃大崩溃，工商业也从而陷于绝境。盖商业不外进口、出口的买卖及金融的周转流通。农业受到直接的、间接的种种妨碍而出口不行；出口不行，进口又如何能好？进出口逐年减少，1934 年度各已减少到 1931 年度的二分之一以上，试问照这样下去还有什么买卖可做呢？金融是随进出口而周转流通的，进出口俱不行，还有什么金融业好作呢？至于一些工业制造，原不外在国内行销；当此农村破产、都市亦无所托之时（此因中国都市全仰给于农村），又向哪里销去呢？

近几年内地农村与都市外埠之间，输出入不能相抵，现金尽流于外。特别显著地从二十年度起，上海、天津各大埠现金充斥，信用过度膨胀，而内地农民告贷一钱，亦苦无觅处，全国金融滞而不通。自美国购买白银以来，国际银价大为抬高，屯集上海的现银（尤其是外商银行的），一举手而转输于外。于是通货紧缩、信用紧缩，其情势又不同前。欲图根本挽救，舍增加出口，减低入超，更有何道？眼前大量入口者既为农产，一向依为出口者亦唯农产，则增出减入，试问不就近于农业求之，更有何道？工业非不急，顾中国工业谅非能争市场于国外者，则试问不待社会一般购买力之恢复，安从有工业复兴之机？而求一般购买力之恢复，不从增进农业生产入手，更有何道？此时唯一关键：先须从金融上，使内地农村能利用外埠资金，恢复农业，增进生产，而后得减低入超，以求稳定国际收支之不平衡。同时内地农村与外埠之间，输出输入也得交流，而后全国金融乃环转流通而不滞。从农村生产力之恢复与增进，因而恢复并增进一般购买力，而后民族工业以需要刺激而兴起——这是大致的路线。更分条言之：

（A）中国农业有基础，而工业没有，故恢复农业生产力当较兴起工业生产力而简便迅捷。例如眼前如何求米、麦、棉花之有以抵代外货，实为最要者，也最有可能者也。

（B）农业生产所需要的条件是土地，这在我们为现成的；而工业生产所需要的条件是资本（是指机器一切设备），适我所缺。故工业后进国，例须以农产出口易机器，而后工业可兴，不能先从工业入手也。

（C）农业技术比较容许我们徐图进步；而工业竞争激烈，势所不许。所以从农业入手,才可以借此缓口气。

(D)在农业技术前进的过程中,工业自相缘相引而俱来;如因农业化学而引起来的工业,因农业机械或工程而引起来的工业,因农产制造而引起来的工业等。

(E)生产抬头,购买力才得抬头;一般购买力增进,则许多工业乃因需要之刺激而兴起。

(F)如是生产力、购买力辗转递增,农业、工业叠为推引,而产业乃日进无疆。

盖中国图兴产业于世界产业技术大进之后,自己手工业农业破坏之余,外无市场,内无资本,舍从其社会自身辗转为生产力、购买力之递增外,更有何道?是即所谓必由复兴农村入手者已。

丁　起于重建一新社会构造的要求

进而言第四层:今日中国问题在其千年相沿袭之社会组织构造既已崩溃,而新者未立;乡村建设运动,实为吾民族社会重建一新组织构造之运动。——这最末一层,乃乡村建设真意义所在。大家看我的自述,就可以知道我为什么要作乡村运动。我因从中国政治问题直接的刺激烦闷而注意到抽象的政治制度问题;后来才发现了制度问题也就是习惯问题;今再换句话说,就是社会的组织构造问题。我不是生长乡村,乡村自救之意,在我身上不会亲切,而是对于这个社会的组织构造问题在我心目中以为顶大。

作乡村运动而不着眼整个中国问题,那便是于乡村问题也没有看清楚,那种乡村工作亦不会有多大效用。须知今日整个中国社会日趋崩溃，向下沉沦，在此大势中，其问题明非一乡、一邑或某一方面（如教育一面、工业一面、都市一面、乡村一面等），所得单独解决。所以乡村建设，实非建设乡村，而意在整个中国社会之建设，或可云一种建国运动。

我们必须把握着中国问题所在，而后才有工夫好作。中国问题在哪里？有人说是在“帝国主义与军阀”；又有说是在“贫、愚、弱、私”；这二说都不正确。前一说好像中国此刻就多了这两样东西，去掉这两样东西就好了；后一说又好像中国此刻就在乎这四样缺乏，添补进来就好了。其实宇宙是变化的，人类社会更是变化转动很快的。多一样算什么？少一样算什么？多了的可以去掉，没有的不难添补上。不从前后动态上理会，只看见眼前的静象，是抓不到问题的。宇宙间最要紧的是那些关系，而不是一一具体事物；人类社会尤其是这样；不从抽象关系注意，而徒为一二具体东西牵住自己视线，是抓不到问题的。

且从贫的一事为例来说。人生下来一丝不挂，可说最贫不过，但未闻有以为问题者。天地间亦岂有本来就富的社会？人是活的，社会是前进的，贫不难富，所以不成问题。今日中国所患如果只在“贫”，那事情早简单好办了。要知道今日中国不是贫的问题，而是不能富的问题，是贫而益贫的问题。同样地，中国今日不是愚的问题、弱的问题、私的问题，而是愚更往愚里去、弱更往弱里去、私更往私里去的问题。换句话说，今日正是日趋崩溃，向下沉沦。如果明白中国问题不在缺少什么东西，那也就明白中国问题不在多了什么障碍。帝国主义的障碍不能排除，而且使障碍更格外成了障碍的，全在中国社会本身。中国社会本身问题远大过任何障碍于他的。军阀，虽似说到中国社会本身问题，可惜仍未能在历史动态上、抽象关系上作理会。一心只看这具体的障碍，便一心在去这障碍上作工夫。而不知障碍不可去，以问题原不在此，而在社会全盘关系上。要从社会全盘关系上作工夫，则这障碍自去。

然则中国问题在哪里？今日中国问题在其千年相沿袭之社会组织构造既已崩溃，而新者未立；或说是文化失调，“人非社会则不能生活，而社会生活则非有一定秩序不能进行；任何一时一地之社会必有其所为组织构造者，形著于外而成其一种法制、礼俗，是即其社会秩序也”。一社会之文化要以其社会之组织构造为骨干，而法制、礼俗实居文化之最重要部分。中国文化一大怪谜，即在其社会构造（概括政治构造、经济构造等）历千余年而鲜有所变，社会虽有时失掉秩序而不久仍旧规复，根本上没有变革，其文化像是盘旋而不能进。但到今天，则此相沿不变的社会构造，却已根本崩溃，夙昔之法制、礼俗悉被否认，固有文化失败摇坠不堪收拾，实民族历史上未曾遭遇过的命运。而同时呢，任何一种新秩序也未得建立。试问社会生活又怎得顺利进行？所以“处此局中者或牵掣抵牾，有力而莫能施；或纷纭扰攘，力皆唐捐；或矛盾冲突，用力愈勤而为害愈大。总之，各方面或各人其力不相顺益而相妨碍，所成不抵所毁，其进不逮其退”（录《乡建理论提纲》旧文）。这就是为什么中国社会不向上而向下，不进步而沉沦的缘故了。在此时，纵有强敌外患也不见他有力地反应；良以组织构造崩溃解体，失去一个民族社会所应有的机能，陷于社会的麻痹瘫痪症。——从四万万人一个个来看未尝不是活人，无奈社会几乎是半死的社会。

归结我们的话：外界问题（帝国主义）虽是有的，但中国内部问

题大过外界问题；个人的不健全也是有的（贫、愚、弱、私），**但社会的不健全大过个人的不健全。**

那么，要问中国社会为什么竟至崩溃解体呢？我们可以回答：这是近百年世界大交通，西洋人过来，这老文化的中国社会为新环境所包围压迫，且不断地予以新刺激，所发生的变化而落到的地步。于此，不要忘记的是中国文化自古相传，社会构造历久不变的那件事。他不变则已，变起来格外剧烈、深刻、严重！其所以久而鲜变，我们可以推想到两点：

一、是中国社会构造本身（内部关系上）非常富于妥当性调和性。因其本身妥当调和，所以不易起变动；因其不变动，乃更走向妥当调和里去。愈不变，愈调和；愈调和，愈不变；**此相传已久的老文化，盖有其极高度的妥当调和性。**

二、是中国文化在人类所能有的文化里，其造诣殆已甚高。所以他能影响于外，传播于远；而他则从不因外面影响而起何变化。甚至为外族武力所征服，却仍须本着他的文化来行统治，其结果每使外族同化于他。如是，他文化势力圈的扩大与其文化寿命的绵长，成了相关系的正比例。卒之，成了又大又老、又老又大的一个文化体。（有人说中国不是一个国家，只是一个大的文化体，颇近是。）此其文化里面必有高越于外者在，亦从可知。

但到了近百年间，此本身具有高度调和性，不因外面文化刺激而起何等变化的老社会，忽而变化不已，形势严重非常。这全为近代西洋人过来所致。于此，我们又可推想到几点：

一、是近代西洋人的文化甚高，而且与中国甚是两样。不高，不致影响于他；即高而不是两样的，谅亦不能生影响。抑唯其彼此文化都很高，所以才说得到两样不同；从其两样不同，愈知其都很高。

二、是中国文化的失败，或其弱点的先暴露。盖两方文化相遇，中国遽起变化，顾尚未见西洋受我们影响而生何变化也。最后的总结如何不可知，眼前固是如此。

三、在一新中国文化未得熔铸创造成功时，中国社会将陷于文化失调——社会构造崩溃，社会关系欠调整，社会秩序的饥荒。

中国问题并不是什么旁的问题，就是文化失调；——极严重的文化失调，其表现出来的就是社会构造的崩溃，政治上的无办法。此其问题的演进，先是这老社会受新环境包围，感觉得有点应付不了，稍稍变化他自己以求其适应。所谓变化他自己，质言之，就是学一点西洋。不料这变化竟是变不得的。因其文化自身即达于极高度的妥当调和，改变一点，则其所以为妥当调和即不如初，好比配置稳洽、扣搭密合的一件东西，稍一变动，即见仄斜罅漏。所以这变化的结果除了让自身失其原有调和外，不能有何正面的积极的成功。环境仍未能适应，更觉着急，势必有再一度变化，再变的结果更是对内失调，对外不能适应。抑且从其对内失调，而对外更无力。数十年来变化不能自已，每一度变化辄引入更深度的崩溃；要想成功的，却一件得不到（民治不成、党治不成、学校制度的失败、工业制度的失败等）。在这过程中，始所面对的原是外围环境，国际问题感触亲切；乃其后来，转成了对内问题。因内部失调严重，矛盾冲突日烈，其刺激自比较更直接，**即从内部的矛盾冲突而促其社会构造崩溃；以其崩溃而矛盾冲突益烈，如是辗转无已。**平常说的“政治不上轨道”，便是其唯一症候。试想政治构造原是整个社会构造的一层、一面，整个社会构造趋向崩溃，他如何单得维持？抑且首先不能维持的政治秩序，首先崩溃的是政治构造，即从

这里而转促其社会崩溃，到社会已经崩溃解体，则更难有何新政治构造形成于其上。数十年来所特有的中国军阀，即此症候的表露。他是中国社会崩溃之果，亦是中国社会崩溃之因。不从根底上为整个社会重建一新机构的工夫，而只是想消极地消灭军阀，或片面的安设一政治制度（起草中国宪法，讨论民主抑或独裁），都是梦想。

中国问题复杂严重，搅缠一堆——什么问题都有，什么问题都不轻，什么与什么都相连。任你拈出一个问题，都不能说不是；任从一处入手，都未尝不可影响其他。但若仅将这些问题看成是平铺并列的，随从那处入手皆可解决中国问题，则是糊涂。**必须有眼光辨别得其间本末先后轻重缓急，了解全盘关系而觑定一个要紧所在着手，而后这一团乱丝才解得开。**譬如金融紧迫亦许问题在产业衰落，工业建设亦许从农业开端，发达教育要于经济上求，经济复兴必先解决政治问题……那问题中的问题，关键中的关键，非有精心不能了然于大势，非照澈全局不能把握得那一点。今愿为国人告者，政治问题实为总关键。撂开政治问题而谈建设，求进步（经济建设、国防建设，乃至任何建设），无非瞎撞。认得政治问题实为一切先决问题者，比较进了一步。而不知此政治问题系于整个社会构造问题；撂开整个社会构造问题去想办法，完全是无根的，不但不能应急，恐怕更耽误事。

整个社会构造问题是一根本问题，既深且远，仿佛非危迫眉睫的中国所能谈。本来一谈社会构造问题便涉理想；中国人如何有暇往理想上想呢？无奈问题已逼问到深处，欲避也不得。中国历史到今日要有一大转变，社会要有一大改造，**正须以奔赴远大理想来解决眼前问题。**抑今日实到了人类历史的一大转变期，社会改造没有那一国能逃。外于世界问题而解决中国问题,外于根本问题而解决眼前问题,皆不可能。乡村建设运动如果不在重建中国新社会构造上有其意义,即等于毫无意义!

二　中国旧社会组织构造及其所谓治道者

我们的乡村建设是要重建一新社会组织构造，已如前说。在申论新构造如何辟建以前，当先将旧社会构造一为审看。中国旧日之社会构造，与西洋中古及近代社会皆不同。假如我们说西洋近代社会为个人本位的社会、阶级对立的社会；那么，中国旧社会可说为伦理本位、职业分立。我们试为说明如后。

甲　伦理本位的社会

大家都知道西洋近代个人主义抬头，自由主义盛行。他们何为而如此？这全从其集团生活中过强干涉的反动而来。西洋人始终过的是集团生活；不过从前的集团是宗教教会，后来的集团是民族国家。在从前每一个人都是某一教会里的一个人，如同现在都是属某一国的一个人一样。所谓个人实从团体反映而见；所谓个人主义实对团体主义（或社会主义）而言。他们虽始终是集团生活，在从前则团体过强，个人分量太轻；到近代则个人在团体中的地位增高，分量加重，仿佛成了个人本位的社会。最近二十年来，他们又感觉到个人的抬高妨碍社会，自由主义流弊太多，复翻转来讲团体最高主义，企图造成一社会本位的社会。自中古到近代，自近代到最近，始终在团体与个人、个人与团体，一高一低、一轻一重之间，翻复不已。但所有这些问题或主义，在中国旧社会里的人，都是不能了解的。因为他根本缺乏集团生活，也就无从映现出个人问题。这两端俱非他所有，他所有的恰好是中间一回事；那就是伦理关系。伦理关系始于家庭。家庭在中国人生活里关系特重，人人皆知。按理说：是人类都有夫妇、父子，即都有家庭；何为而中国人的家庭特重？家庭诚非中国人所独有；而以缺乏集团生活，团体与个人的关系轻松若无物，家庭关系就特别显露出来，像西洋人从前的宗教、后来的国家，在我们都是没有的，中国的宗教不像宗教，或原不是宗教；中国的国家不像国家，或原不是国家。此其分析殊非片言能尽，然他们那一种放任精神，可不待言而共晓。松于此者紧于彼，此处显则彼处隐，一轻一重，为主为宾，两方社会对照，虽其分别都不是绝对的，然趋向根本不同。

伦理关系，始于家庭，而不止于家庭。何为伦理？伦即伦偶之意，就是说：人与人都在相关系中。人一生下来就有与他相关系的人（父母兄弟等），人生将始终在与人相关系中而生活（不能离社会）。既在相关系中而生活，彼此就发生情谊。亲切相关之情发乎天伦骨肉，乃至一切相关之人，莫不自然有其情。因情而有义。父义当慈，子义当孝，兄之义友，弟之义恭，夫妇、朋友乃至一切相关之人，随其亲疏、厚薄，莫不自然互有应尽之义。伦理关系即是情谊关系，也即表示相互间的一种义务关系。集团生活中每课其分子以义务，那是硬性的、机械的；而这是软性的、自由的。在集团生活中发达了纪律，讲法而不讲情；在这种生活中发达了情理，而纪律不足，恰好相反。西洋始既以团体生活过重，隐没伦理情谊；继又以反团体而抬高个人，形成个人本位的社会；于是他们的人生，无论在法制上、礼俗上处处形见其自己本位主义，一切从权利观念出发。伦理关系发达的中国社会反是。人类在情感中皆以对方为主（在欲望中则自己为主），故伦理关系彼此互以对方为重；一个人似不为自己而存在，乃仿佛互为他人而存在者。这种社会，可称伦理本位的社会。试从社会、经济、政治三方面比较来看：

> 一、社会方面——于人生各种关系中，家乃其天然基本关系，故又为根本所重；谓人必亲其所亲也。人互喜以所亲者之喜，其喜弥扬；人互悲以所亲者之悲，其悲不伤。外则相和答，内则相体念，心理共鸣，神形相依以为慰，是所谓亲亲也。人生之美满非他，即此家庭关系之无缺憾；反之，人生之大不幸非他，也即于此种关系有缺憾。鳏、寡、孤、独，人生之最苦，谓曰无告，疾苦穷难不得就所亲而诉之也。此其情盖与西洋风气，不孤而孤之（亲子异居，有父母而如无父母），不独而独之（有子女而如无子女），不期于相守而期于相离，又乐为婚姻关系之不固定者，适异矣。由是而家庭与宗族在中国人身上占极重要位置，乃至亲戚、乡党亦为所重。习俗又以家庭骨肉之谊准推于其他，如师徒、东伙、邻右，社会上一切朋友、同侪，或比于父子之关系，或比于兄弟之关系，情义益以重。举凡社会习俗、国家法律，持以与西洋较，**在我莫不寓有人与人相与之情者，在彼恒出以人与人相对之势**。社会秩序所为维持，在彼殆必恃乎法律，在我则倚重于礼俗。近代法律之本在权利，中国礼俗之本则情与义也。
>
> 二、经济方面——夫妇、父子共财，乃至祖孙兄弟等也共财。若义庄、义田一切族产等也为共财之一种。兄弟乃至宗

族间有分财之义；亲戚、朋友间有通财之义。以伦理关系言之，自家人兄弟以讫亲戚、朋友，在经济上皆彼此顾恤，互相负责；有不然者，群指目以为不义。故在昔中国人生计问题上无形有许多保障。在西洋则父子、夫妇异财，其他无论。在西洋自为个人本位的经济；中国亦非社会本位的，乃伦理本位的经济也。

三、政治方面——但有君臣间、官民间相互之伦理的义务，而不认识国家团体关系。又比国君为大宗子，称地方官为父母，举国家政治而亦家庭情谊化之。以视西洋近代之自由主义的宪法，在政治上又见出其个人本位与国家相对待者，又适不同。（录自《乡建理论提纲》旧文）

我们可以看出中国社会，其经济结构隐然有似一种共产。但此共产，其相与为共的视其伦理关系之亲疏、厚薄为准：愈亲厚愈要共，以次递减。同时，也要看这财产的大小；财产愈大，将愈为多数人所共。盖不但亲厚者共之，即对较远的伦理关系，也不能不负担一些义务也。此其分际关系自有伸缩，全在情理二字上取决，但不决定于法律。因根本上没有一超伦理的大团体力量（国家权力）为法律所自出。说到政治，不但整个的政治组织放在一个伦理的关系中，抑且其政治目的也全在维持大家伦理的相安——如何让人人彼此伦理的关系各作到好处（父父、子子、君君、臣臣），是其政治上理想要求，更无其他。这与西洋近代国家以法律保障个人利益为其责任者，迥然不同。

乙 职业分立的社会

在西洋社会中，中世纪时是农奴与贵族两阶级对立。到了近代，农奴因着工商业兴起都市发达而解放；但又转入资本家与劳工两阶级对立。所以西洋始终是阶级对立的社会。然中国社会于此前后二者，一无所似。何谓阶级？俗常说到阶级不过是地位高下、贫富不等之意；那其实不算什么阶级。此处所称阶级乃特有所指，不同俗解。在一社会中，其生产工具与生产工作有分属于两部分人的形势——一部分人据有生产工具，而生产工作乃委于另一部分人任之；此即所谓阶级对立的社会。如西洋中世纪时，土地都属于贵族领主，至近代的工厂机器又属于资本家；而任生产工作之劳者，若农奴、若工人，均不得自有其生产工具；遂造成剥削与被剥削的两面。从其为一个社会的两面，则彼此为相关系的；从其为两面的一个社会，则彼此为相对立的。中国社会则没有构成这两面。其所以没构成两面，即在其生产工具没有被一部分人所垄断的形势。为什么无此形势？有三点可说：

一、土地自由买卖人人得而有之；

二、遗产均分，而非长子继承之制；

三、蒸汽机、电机未发明，乃至较大机械亦无之。

由于前两点，让中国社会不得有土地垄断，如封建社会者然。本来，从第一点土地自由买卖，与封建社会已经不同，土地已难垄断。再加以遗产均分之第二点，更使土地分散而不能集中。河北省有句谚语："一地千年百易主，十年高下一般同。"此可见土地时有转移，贫富随有升沉，垄断甚难也。由于后两点，让中国社会不得有资本垄断，如近代资本社会者然。有人说：封建制度之核心，即长子继承制。西洋为什么能由封建制度过渡到资本主义制度呢？即是因为长子继承制之故——因为长子继承制，所以在封建制度中已为他造成一个集中的力量，容易扩大再生产。考之英国社会转变，可资佐证。那么，中国之所以始终不能成功工业社会，未始不是由于遗产均分的缘故。再加没有发动机的发明，小规模生产颇有他的方便，大规模生产无甚必要，资本垄断之势更造不成。无垄断即无阶级。生产工作者（农民、工人）恒自有其生产工具，可以自行其生产。各人作各人的工，各人吃各人的饭，只有一行一行不同的职业，而没有两面对立的阶级。所以中国社会可称为一种职业分立的社会。在此社会中，非无贫富、贵贱之差，但升沉不定，流转相通，对立之势不成，斯不谓之阶级社会耳。

阶级社会与职业社会之两种不同构造，不但表现在经济上，同时也表现在政治上。中国不似西洋中世政权垄断于贵族，而很早发明了官吏制度。这种制度，在中国人自己也许不以为异，但在留心世界文化问题的人看来，真大有注意价值。所以罗素曾说："中国文化有三种特点：一、没有宗教，只讲孔子的道理；二、文字以形体为主，不随音变；三、官吏制度发明特早，与贵族分为两事。"盖在从前西洋贵族和官吏只是一个观念，殆不可分。但在中国上而"宰相须用读书人"（古语），下而县令亲民之官吏决不是贵族。所有官吏大抵是士人通过考试制度而来的；而士人则与农、工、商并列为四民，"禄以代耕"，也不过是一项职业，为构成此职业社会所不可少之一种成分而已。从"朝为田舍郎，暮登天子堂"，"将相本无种，男儿当自强"等谚语，可见其缺乏阶级分界，而政权实有开放给众人，让大家都得参预的机会。此与西洋中世比较，显然是有职业性而无阶级性。

西洋近代自特权阶级被推翻，乃又以经济上之个人本位、自由竞争走入另一形式之垄断，形成资本阶级。其不同于前者：一则，在前经济是随着政治而垄断，此却以经济上趋向垄断而政治随之；二则，在前贵族和农奴两阶级直接对面，此却于资本家和劳工两阶级间有政府官吏之第三者为缓冲。奥本海默（Franz Oppenheimer）著《国家论》，以官吏制度为近代国家一崭新要素，如果没有他，则与封建社会即无区别；因官吏从国库得俸给，乃与剥削分开，不使两阶级正面直接相对抗，而多了一个转折，比较地能顾全大局，主持公道。他认为必由此才可以转出一个更新的国家，消灭了阶级，政府官吏更纯粹无偏党为公众作事。而旧日的中国，据他看，颇近于此未来的新国家，与西洋过去及近代构造均不同。其言盖正有所见。

丙　伦理本位、职业分立之交相为用

中国既为伦理本位，又为职业分立的社会，其间交相为用，互有助益之处甚多。且从职业分立所影响于伦理本位者言之：第一层，以无土地的垄断，无资本的垄断，而且从生产技术上看，小规模有其方便，大规模经济经营无甚必要，所以让社会上这些个小农、小工、小商，零零散散地各为生业，各自关门过日子。无论种田、做工或做买卖，全靠一家大小共同努力；所谓“父子兵”，天然地成为相依为命的样子。其伦理关系，安得不从而益加巩固密切！在西洋社会则不然。中世农奴无土地，无自由，固无合一家大小以自营生业者其事。近代大工厂、大公司起来，更将一家大小拆散为男工、女工、童工，各自谋生，几乎不必相干；家庭且为之破坏，遑论伦理关系。第二层，在阶级对立的社会中，政治上的权、经济上的富，既垄断于一阶级，则多数人殆非革命即无以开拓自己的命运。若中国之职业分立的社会则不然。无论为士、为农、为工、为商，各有前途可求，贫富、贵贱升沉无定；由是有家世门祚盛衰等观念，或追念祖先，或期望儿孙，父诏其子，兄勉其弟，使人倍笃于伦理而益勤于其业。大抵阶级关系太强，则伦理观念掩没不著；反之，阶级分化不著，则职业自营乃大有助于伦理也。

从伦理本位所影响于职业分立者言之：以其为伦理本位的经济，财产不属个人所有；而视其财产大小，隐然若为其伦理关系亲者、疏者、近者、远者所得而共享之。即财产愈大者，对于其亲戚、朋友所负担周助之义务也愈大。此大足以减杀经济上集中之事。消极不使趋于阶级对立，即是积极助成职业分立。遗产不由长子继承，而兄弟分财，朋友通财，或以之培益共财。在西洋恒见其积个人之有余；在中国恒欲以补众人之不足。在西洋人看钱是让人更能赚钱的，钱多用在生产上；在中国则以为钱是让大家花的，钱多用在消费上。一则由自由竞争，趋于生产本位，演为资本社会的阶级对立；一则由伦理相保，趋于消费本位，终不演成阶级。其关键无非在个人本位与伦理本位之不同。此伦理本位所以大有造于职业分立也。经济上之垄断不成，政权之垄断也不能有。在昔西洋贵族为政以治民，此则官吏、贵族分开两事，而有以考试制度取官吏之制。政权之相对的分开，许人人得有机会参与其事，乃更以减免经济上之垄断趋势，而稳固此职业社会焉。经济、政治二者交为影响，互相顺益，一归于无阶级。阶级统治之不成，而中国政治乃不得不伦理化；由政治之伦理化，乃更使社会职业化。职业又有助于伦理。伦理与职业辗转相成，彼此扣合，其理无穷。

“伦理本位、职业分立”八个字，说尽了中国旧时的社会结构——这是一很特殊的结构。

丁　只有周期的一治一乱而无革命

在旧日中国这样一个社会结构里，只有周期的一治一乱而无革命。欲明乎此，我们先讲何谓革命。

革命是说一社会秩序的推翻与改建。社会秩序包含法律、制度、礼俗、习惯而言。一种秩序，即是一套法制礼俗；而其社会之如何组织、如何结构，也即安排规定于其中。所以革命就是否认一种秩序，而要求建立新秩序，其结果也就是社会结构的一根本变革。我们说中国无革命，**就是说中国社会构造历久不变**——清代的仍不出明代的那一套；明朝还同宋朝相仿。所谓周期的一治一乱，就是社会秩序只有一时的扰乱与规复；规复又扰乱，扰乱又规复，而不见其被推翻，有什么新秩序的建立。这是什么缘故？此可从其社会之伦理化和职业化两点来说明。

中国以缺乏集团生活，团体与个人之关系宽弛隐淡，家庭骨肉之关系乃格外显著、紧密、重要；并以家庭恩谊推准于其他各方面，如经济生活上之东伙关系、教学生活上之师生关系、政治生活上之官民关系，一律家庭化之。——这就是中国社会的伦理。由此社会的家庭化或曰伦理化，**乃使此社会中每一个人对于其四面八方**

若远若近的伦理关系，负有若轻若重的义务，同时其四面八方与有伦理关系的人也对他负有义务。在生活上，时则彼此顾恤，互相保障；时则彼此礼让，力求相安；许多问题皆从这里得到解决或消弭，无从有革命爆发。这一种伦理秩序，本乎人情，大家皆从里面得到好处，没有反对他、要推翻他的人。更且也想不出一新的不同的秩序来替代他。此外更要紧的两点是：

一、由社会的家庭化，而中国成了缺乏政治的民族；但革命实在是一个政治问题，缺乏政治就缺乏革命；反过来说，革命天然是在集团生活里才有的。

二、由社会的家庭化，本乎伦理以为秩序。社会秩序演自礼俗，倚重礼俗，而不在国家法制。法制与礼俗，比较的说，有外力强制与自然演成之异。外力强制者好推翻，自然演成者谁来推翻？（以上两点，待后更易明了。）

其次，中国社会有职业之分途，而缺乏阶级之分野；乃是中国没有革命的决定原因。阶级对立的社会；造成一种逼人对外抗争的形势；职业分立的社会，则开出你自己求前途的机会。像是封建社会的农奴、资本社会的劳工，经济上、政治上的机会均为另一阶级所垄断；非推翻封建制度、打倒封建阶级，推翻资本制度、打倒资本阶级，即无法开拓自己的命运。而封建领主和资本家，也只有严阵以待，不敢放松一步。其形势逼着人向外冲去，以求解决，实前后两大制度之所一致的。然而中国制度其所形成的趋势，恰好与此相反；他正是叫你向里用力。在中国社会里，一个人生下来其命运都无一定，为士、为农、为工、为商，尽可自择，初无限制。而“行行出状元”，读书人固可以致身通显；农、工、商业也都可以白手起家。富贵、贫贱，升沉不定，流转相通。虽然也有凭借与无凭借之等差不同，然而凭借是靠不住的。俗语说得好："全看本人要强不要强。"自来最普遍、最絮聒的教训，就是勤俭二字。以此可以创业，以此可以守成；反之而奢且逸，无不败其家者。但此人人有用、刻刻不离的两字教训，若放在西洋阶级社会，便毫无意义；所以自然也就无人提起。盖一则前途命运全在自求；一则无法自求，只有对外抗争。换言之，讲勤俭的正为他用不着革命；要革命的则讲勤俭便用不着。有一段旧文，附录在此，可资参考：

从前人读书机会之容易，非处现在社会者所能想象。而从中国的考试制度，一读书人能否中秀才、中举人、点翰林……就全看你能否寒灯苦读；再则看你自己资质如何；如果你资质聪明又苦读，而还是不能"中"，那只有怨自己无福命——所谓"祖上无阴功"，"坟地无风水"……种种都由此而来。总之，只有自责，或归之于不可知之数，不能怨人；就便怨人，似亦没有起来推翻考试制度的必要——力气无可向外用之处……说到业农、业工、业商的人，白手起家不算新鲜之事。土地人人可买，生产要素非常简单；既鲜特权，又无专利。遗产平分，土地、资财转瞬由聚而散。大家彼此都无可凭恃，而赌命运于身手。大抵勤俭、谨慎以得之，奢逸、放纵以失之；信实稳重，积久而通；巧取豪夺，败不旋踵。得失、成败皆有坦平大道，人人所共见，人人所共信；简直是天才的试验场、品性的甄别地。偶有数穷，归之渺冥，无可怨人。大家都在这社会组织制度下各自努力前途去了，谁来推翻他？（《中国民族自救运动之最后觉悟》八四页）

在这社会里大体上人人机会均等，各有前途可求，故无革命。照一般之例说，革命都出于阶级斗争，而国家都是阶级统治。但中国适为“一人在上，万人在下”的局面，而非阶级统治；斗争之势不成，革命无自而有。所有者只是“天下大乱”。此乱殆为周期必然的。其理后详。

戊　社会秩序所赖以维持的几个要点——教化、礼俗、自力

社会无秩序，则社会生活不能进行。人类历史自昔讫今，所谓国家者，殆皆应于此必要而来。国家一面防御外来侵扰，一面镇抑内里哄乱，其道恒不离乎武力统治；秩序与国家二者殆不可分。顾中国从来社会秩序所赖以维持者，其道亦是。试从二千年来政治上之消极无为一加考察，不难有悟。

中国历来政治，以不扰民为一大信条，以政简、刑清为理想，人所共知。“为士、为农，有暇各勤尔业；或工、或商，无事休进此门。”此县衙门所悬楹联。则虽亲民之官，犹且以毋相往来诏告民众，其消极为如何！吕新吾《治道篇》：“为政之道：以不扰为安，以不取为与，以不害为利，以行所无事为兴废除弊。”言之最得窍要。古传“汲黯卧治”，暨“曹参为相，饮酒而不治事”，皆不外此理。盖远自西汉以来，便已如是。究其所以致此之由，半为外面环境使然。中国自秦、汉以后，变列国分争之局面为天下一统，虽有外邻，在文化上均不堪与中国相较量；由是缺乏国际竞争。中国疆域之广，如在欧洲，不知要分成若干个国家。在欧洲小国林立，国际竞争激烈，彼此间多为世仇，人民自然要靠国家保护自己，对国家很亲切；国

家要人民以与邻国竞争，也自必干涉一切，而不能放任。反之，在中国正无妨放任；其理易晓。然真使中国政治趋于消极之有力的正面原因尚别有在。

此即在其社会之缺乏阶级，其政治构造之非阶级统治，于此有一段旧文，可资参照：

> 尤可注意者是中国的皇帝。他是当真的“孤家寡人”，与欧洲封建社会大小领主共成一阶级，以与农民相对的形势大不同。除了极少数皇亲、贵戚以外，没有与他共利害的人；而政权在官吏不在贵族，又失所以扶同拥护之具。官吏虽得有政权，是暂而非常，随时可以罢官归田；而且他生长民间，所与往还因依之亲戚、族众、邻里、乡党、朋友一切之人，又皆在士、农、工、商之四民；其心理观念、实际利害，自与他们站在一边。于是皇帝乃一个人高高在上，以临于天下万众；这实在危险之极！所以他的命运亦要他自己兢兢业业好生维持。此时他不能与天下人为敌，只能与天下人为友；得人心则昌，失人心则亡。他亦与四民一样有其前途得失成败之大道；其道乃在更小心地勉励着向里用力，约束自己不要昏心暴气、任意胡为。有所谓“讲官”者，常以经史上历代兴亡之鉴告诉他而警戒他；有所谓“谏官”者，常从眼前事实上提醒他而谏阻他；总都是帮助他如何向里用力，庶乎运祚其可久。（《中国民族自救运动之最后觉悟》八四页）

故我尝言中国有统治者而无统治阶级，唯阶级统治乃可有强大之国权；一个统治者其势孤弱无力。中国政治之趋于消极。正在其无力以事积极（非消极不可）。消极无为，盖所以善自韬养，保持其力。

> 虽然孟子尝倡导行仁政，而经验的结果，大家都颇知道还是不必有政治的好——国家政府不必作事为好。有人说一句妙语："近代的英国人，以国家为'必要之恶'；中国人自数千年之古昔，已把国家当作'不必要之恶'了。"政治虽不必要，但教化则为必要；此所谓教化并不含有一个信仰，只是教人人向里用力。人人向里用力，各奔前程，则一切事他们都自谋了，正无烦政府代谋也。——这正是最好的"中国政治"。如此，天子及代表天子之官与庶民之间，乃疏远而成一种无交涉状态，免得相碍、相冲突，而庶乎得较久之相安；真有所谓"无为而治"之概。（同前书八六—八七页）

天下事每出于反面逼成，而不出于主观要求；若说是"无为而治"源于黄老哲学之理想，则误矣。

由是可以晓得：此不要政治的政治，实源于其不像国家的国家——一切国家都是阶级统治，而此独非。中国古时创业之主有言："马上得天下，不能马上治之"；此盖谓不能以武力统治，而要必布德泽，兴教化。**武力之用不来全在缺乏阶级以为操用武力之主体（其理后详）；教化之所以必要，则伦理秩序有赖以维持。**

从来中国社会秩序所赖以维持者，不在武力统治而宁在教化；不在国家法律而宁在社会礼俗。质言之，不在他力而宁在自力。贯乎其中者，盖有一种自反的精神，或曰向里用力的人生。请从两面分释之：

一、从伦理本位的社会构造，让人人向里用力。每一中国人，统为其四面八方由近及远的伦理关系所包围；其日常实际生活，触处都有对人的问题。这问题比什么都迫切；如果人的关系弄不好，则什么都弄不好。——父子、婆媳、兄弟、夫妇等关系一弄不好，便没法过日子。乃至如何处祖孙、伯叔、侄子以及族众，如何处母党、妻党、亲戚、尊卑，如何处邻里、乡党、长幼，如何处君臣、师弟、东家伙伴、一切朋友，种种都是问题。本来人类生活第一是对付自然的问题；而中国人于此乃将对人的问题提到前边，将对物的问题却放在后边。（此问题之转移，为中西方文化不同一大关键。）人之对物，须眼睛向前看，力量向外用，有了困难，要从外面去求解决。若对人则不然。如不得于父母者，只有两眼转回来看自家这里由何失爱，反省自责，在自己身上用力，结果如何，不得期必，唯知且尽我心；此为最确实有效可得父母之爱的方法。其他各伦理关系，要也不出此例。盖关系虽种种不同，事实上所发生问题更复杂万状；**然所求无非彼此感情之融和，他心与我心之相顺。此和与顺，强力求之则势益乖；巧思取之则情益离；凡一切心思力气向外用者，皆非其道。**

二、从职业分立的社会构造，让人人向里用力。在阶级对立的社会，其形势逼着人向外冲去以求解决，而职业分立的社会则相反，前已言之。此以大体上人人机会均等，各有前途可求，无当前为碍者，力气乃无可向外用之处。而前途命运全在自求，则唯有自立志、自努力、自鼓舞、自责怨、自得、自叹，……，一切心思力气，转回来，转回去，只能在自家身上用。

总而言之，中国社会处处训练人向里用力。从前一面所得的教训，如反省、自责、克己、让人、学吃亏……；从后一面所得的教训,如勤俭、刻苦、自励、要强……;贯乎其中者要皆一种精神而已。虽君临天下的天子,曾也不能外乎此道(说已见前)。所以我们可以借用一句古语:“自天子以至于庶人,一是皆以修身为本。”而果得如是,则各方伦理关系都好,各项事业又发达,便成了太平盛世。此其社会秩序,殆由社会自尔维持;无假于外力,而寄于各方面或各人之自力;是礼俗之效,而非法律之效;彰彰甚明。教化之为用,盖在培植礼俗,引生自力;于此正不可或少。

世称中国文明、印度文明、西洋文明为世界三大文化系统,各有其特异之点。在印度,最使人诧异者为其宗教之偏畸发达,什么都笼罩在宗教之下。在西洋,最惊人的是其征服自然的科学技术。**若中国,则其大可异处即此社会秩序自自然然能维持是已。**中国人或不自觉其可异,然试从文化比较,或审乎社会进化之序者,即不能不推为人类一最伟大的成功。西洋之有识者,盖已多言之矣。(近二三十年,虽政治乱于上,而在下之乡村社会一样能过日子,不失秩序,是其一验。)

己　教化、礼俗、自力三者内容皆为理性

试求所谓教化、所谓礼俗、所谓自力,一一果何谓?则知三者内容,总皆在“人类理性”之一物。所谓自力,即理性之力。礼必本乎人情;人情即是理性。故曰:“礼者理也。”非与众人心理很契合,人人承认他,不能演成礼俗。至于教化,则所以启发人的理性:是三者总不外理性一物贯乎其中。然理性又何谓乎?

所谓理性,是指吾人所有平静通达的心理。吾人心里平平静

静没有什么事，这个时候，彼此之间无论说什么话，顶容易说得通。这似乎很浅、很寻常，**然而这实在是宇宙间顶可宝贵的东西**，人之所以异于禽兽者就在这一点。如果有人问我：中国文化的特点或长处在哪里？我便回答：就在这里，就在能发挥人类的理性。我曾说：**中国文化是人类文化的早熟**（见《东西文化及其哲学》），现在更正确地指实来说，**那就是人类理性开发的早**，想明白中国过去的文化，及中国未来的前途，都要先明白这个东西——理性。

人类是理性的动物；但理性之在人类是要渐次开发的。就个体生命说，理性的开发要随年龄和身体发育、生理心理的成熟而来；就社会生命说，更是要慢慢随着经济的进步及其他文化条件而开展的。所谓理性在中国社会开发的早，即因其时候尚不到，条件尚不够，而理性竟得很大的开发。此其关键何在？以我所知，则为从早期的民族生活里就缺乏宗教，一直未有宗教成功。还有集团生活的缺乏，也是理性伸展之一因；但集团生活的缺乏也是从缺乏宗教而来的。若问：中国缘何缺乏宗教？那我尚不敢说；但我知道：中国有了孔子以后，宗教便不会成功。

人类文化每以宗教开端，且每依宗教为中心。非有较高文化，不能形成一大民族；而其文化之统一、民族生命之开拓，每都有赖一个大宗教。宗教的衰败，只是较近的事情而已。其所以如此重要，殆为其有两种功用：一则人类文化浅的时候，社会关系亦疏，彼此相需相待不可或离之结构未著；然而分离涣散是很不好的；宗教于此则有其统摄团结的力量。一则社会生活总要赖一种秩序才得进行；但初民固难从理性得一秩序，抑且冲动太强，瞀不畏死，亦难威之以刑；唯独宗教对他有统摄驯服的力量。此两种功用，都从一个要点来，即借一个大的信仰目标来维系人心；所有人们在社会里的行为，其价值判断（是善是恶）皆以神、佛的教诫为准。但孔子在这里恰与宗教相反。他不建立一个大的信仰目标，他没有独断的（dogmatic）标准给人，而要人自己反省。（孔子答宰我问三年丧，最可见。）他尤不以罪福观念为宰制支配人心之具，而于人生利害、得丧之外指点出义理来；并要你打破这些祸福、得丧念头，而发挥你本有的是非、好恶之心。他相信人有理性，他要启发人的理性。日本学者五来欣造，在欧洲多年，著有《儒家之合理主义》一书，他说："在儒家，我们可以看见理性的胜利。儒家所尊崇的，不是天，不是神，不是君主、国家权力等，并且也不是多数人民（近代西洋要服从多数），只有将这一些（天、神、多数等）当作一个理性的代名词用的时候，儒家才尊崇他。"其言甚是。超绝观念不合于他的系统，强权势力他也不受，乃至多数人的意见也不一定合理。**唯理所在甘之如饴**，于是就开出来中国人数千年好讲理之风。所谓"有理讲倒人"，"有理走遍天下，无理寸步难行"，"什么也大不过理去"，从这些话看出他们的信念要求何等坚强！

在世界一切所有各古代经典中，中国儒书具有谁莫与比的开明思想。中国人理性由是而启，宗教乃不能入。在其他社会，两个宗教不能并容，在中国则两个宗教可以相安。常有人想把各家宗教调和沟通的。（如昔之沟合儒、释、道，近之混一佛、孔、道、耶、回。）他们每喜说"教虽不同，其理则一"；此固笼统可笑，**然正见其是直接的信理，间接的信教**。但只是以反省与推理从正面开发理性还不足，儒家于此有其更大的贡献，是其礼乐运动。

尝试分析：除自然灾害外，人类之自为祸者有二，曰愚蔽与强暴。此祸至今未已，而于古为烈。本可以说为祸于人类者，尚有一自私。但若真不愚蔽，也无自私；绝不强暴，虽自私也为祸小。总而言之，自私之所以为祸，离不开愚蔽与强暴。让一步言之：文化既发达如今日，或者自私之为祸烈；古代人类文化未进，则愚蔽与强暴之为祸烈。何以解此祸？只有开出人类的理性来。理性，一面是开明的——反乎愚蔽；一面是和平的——反乎强暴；故唯理性抬头，愚蔽与强暴可免。古时儒家澈见及此，而深悯生民之祸，乃苦心孤诣，努力一伟大运动，想将宗教化为礼，将法律、制度化为礼，将政治（包含军事、外交、内政）化为礼，乃至人生的一切公私生活悉化为礼；而言"礼"必"本乎人情"。将这些生活行事里面愚蔽的成分、强暴的气息，阴为化除，而使进于理性。所谓"礼乐不可斯须去身"（语见《礼记》），盖要人常不失于清明安和，日远于愚蔽与强暴而不自知。理性的开启，从这里收功最大。虽后来"礼崩乐坏"，然中国人社会生活的进行，始终要靠礼俗。礼之一物，非宗教、非政治；亦宗教、亦政治，为中国所特有；居其文化之最重要部分。此即在西洋学者亦颇知道，例如孟德斯鸠《法意》（严几道先生译本）有云：

支那之圣贤人，其立一王之法度也，所最重之祈响，曰唯吾国安且治而已。夫如是，故欲其民之相敬，知其身之倚于社会而交于国人者有不容已之义务也，则礼仪三百，威仪三千，从而起矣。是以其民虽在草泽州里之间，其所服习之仪容殆与居上位者无攸异也。因之，其民为气柔而为志逊，常有以保其治安，存其秩序，惩忿窒欲，期戾气之常屏而莫由生。（原译本第十九卷十六章）

（前略）而支那政家所为，尚不止此；彼方合宗教、法典、仪文、习俗四者于一炉而冶之。凡此皆民之行谊也，皆民之道德也；总是四者之科条而一言以括之曰“礼”。使上下由礼而无违，斯政府之治定，斯政家之功成矣。此其大道也，幼而学之，学于是也；壮而行之，行于是也。教之以一国之师儒，督之以一国之官宰，举民生所日用常行，一切不外于是道。使为上者能得此于其民，斯支那之治为极盛。（第十九卷十七章）

儒家的礼乐运动，殊未得彻底成功（此其理另详）；然已成就了不小：一面是种下了中国人的和平根性，一面是扩大并延续民族生命到现在。中国人的和平，世界共知，罗素倾服尤至。他说：“世有不屑战争（Too proud to fight）之民族乎？则中国人是已。”又说：“道德上之品性为中国人所长，……如此品性之中，余以心平气和（Pacific temper）为最可贵。所谓心平气和者，以公理而非以武力解决是已。”耻于用暴而勇于服善的雅量，正是从礼俗陶养出来的理性。在生存竞争的世界中，和平好像不是一个优胜的条件。民族历史上很少见武功，而迭次为外族武力所征服，以及今日国际上的屈辱，大约都吃亏在此。然而武功虽不著，疆土却日辟，文化所被日广，竟成了世界少有的一个广土众民的国家。此民族生命的扩大果由何来？又，外族武力的征服虽不免，却结果外族总同化于我们；以远古独创的文化，维持着三四千年不断的历史，此其民族生命延续力之强韧，更属绝无仅有。其故又安在？无他，中国人尽可失败，理性则总要胜利的。此根于人类理性而发育的文化，任何人类遇着都像是寻到了自己的家，如水归壑，**不求自至**，尤其从理性来的“天下一家”的精神，不存狭隘的种族意识、国家意识，自一面说，也许是中国人失败的缘由，然而毕竟从这里不费力地融合进来许多外邦异族。因理性的伟大，而中国民族伟大；——然而皆礼俗之效也。

庚　士人即代表理性以维持社会者

中国旧日社会秩序的维持，不靠他力而靠自力，不靠强力而靠理性，已如上述。但如何得理性常能表现其活力于社会间，而尽其维持之功？此则在有“士人”者，以代表理性。旧日中国社会的成分，为士、农、工、商之四民，而士居四民之首。士人不事生产，却于社会有其绝大功用；便是他代表理性，主持教化，维持秩序；夫然后，若农、若工、若商始得安其居，乐其业。

士人亦曰读书人。“读书明理”是中国一句老话；其“理”字正指理性。宇宙间的理，我们可以粗分为二：一种是情理；一种是物理。情理出于人情好恶，偏于主观；物理存于事物，经人考验得来，偏于客观。辨察物理靠理智，体认情理靠理性。理智、理性二词，通常混用不甚分；这里虽分亦非截然二物。大抵理智要冷静才得尽其用，就必须屏抑一切感情；而理性则离好恶即无可见。近代西洋发达了理智，中国古人则发达了理性。无论中国书、外国书，书里面总是讲了许多理；但持中国古书以与近代西洋书相较，一则讲的多是情理（忠、恕、信、义等），一则讲的多是物理（自然科学、社会科学），显然异趣。盖所谓中国古书，实以儒书为主，士人都奉孔、孟为师。若说一句“读书明理的人”，正是说理性发达的人。

所谓理性，要无外父慈子孝的伦理情谊，和好善改过的人生向上。道理只在眼前，匹夫匹妇能知能行；而讲求起来正复无穷无尽，圣人难说到家。士人主持教化，启发理性，无非在这上边说来说去。尤其是“孝、悌、勤、俭”，可说是维持中国社会秩序的四字箴言。自由、平等，或也为理性中应有之义，然以不甚用他的缘故，就很少说到。

秩序为众所共守，理性高于一切，教化事业随以尊崇。在昔士人已见尊于社会；士人而为师（实行其代表理性之职分），更是最高不过。《礼记》上说：“君之所不臣于其臣者二：当其为尸，则弗臣也；当其为师，则弗臣也。”本来文武百官，皆要北面朝君，君则南面而王；然当他遇着他的师，却还要北面事师，而师则南面。盖师严而后道尊，理性不可屈于权势也。试表之如图：

师（士人）｜君主
　　　　　｜众庶

大概中国原来的理想，君就是师，所以说“作之君，作之师”；“能为师然后能为长，能为长然后能为君”。政就是正，“政者正也”；“其身正，不令而行”；不必再说政教合一。但事实难如理想，则争着不要权势压倒理性才好。于是有士贵、王贵之辩（见《战国策》），而士人立志就要为“王者师”。历史上中国社会的秩序还是君主统治的局面，士人则介于君主与众庶之间以为调节缓冲。仿佛如下图：

君主←士人→众庶

其所以如此者，盖事实上君主权势之高是定然的，但实不可使他与民众直接见面；武力最好是备而不用。在君主一面说，他越用武力自己越不容易安稳；实不如施温情，兴教化，以理性示人。在民众一面说，所需要者原为勤俭的鼓励与情谊的敦笃。权势若能为他们调剂不平（例如限制土地兼并之类），则是很好的；但此颇不易，且恐有相反的结果（增加不平）。那么，权势还是收起来的好。此时唯有借重士人，一面常提醒规谏君主（说已见前），要他约束自己，薄赋敛，少兴作，而偃武修文；一面常教训老百姓要忠孝和睦，各尽其分，而永不造反。如是，就适合了双方的需要而缓和了他们的冲突。不然的话，君主发威，老百姓固然受不了；老百姓揭竿而起，造反也很容易。

士人就是向这两面作工夫的。从这工夫究竟于理性开发条理到怎样，且不谈；然而中国人的消极、忍耐、相安性由此养成，武剧总少演了许多。集团生活不但缺乏，并且成了禁忌；个性聪明却得了不少发展机会。文化的创造走艺术天才的路子，而无科学积累之功。但于天下太平之余，终免不了天下大乱（秩序破坏）。

辛　周期的乱

治世虽亦恒有，但终免不了乱；而且一治一乱像是周期循环的。此乱又何自而起？这就是“**人心放肆**”的那一句老话。人心放肆则天下将乱，这在经验阅历多的老年人感觉得非常敏锐而清楚的。盖中国旧日所以为治之道，原在一种自反的精神，人人向里用力（说已见前）。放肆便是力向外用，悖乎治道，安得不乱？此放肆可于三方面见之：君主一面、士人一面、众庶一面。其所以流于放肆，殆有从乎事实所不得不然者。试分别言之：

（一）君主一面——凡创业之主，多半来自田间，知道民间疾苦；自己又很聪明，知道如何自处，如何处人，故能安众庶。及至传了几代下来，天资浸已平庸，又生于深宫，长于妇人女子之手，于外边的问题一切隔膜，甚至如晋惠帝问告歉岁者曰：“胡不食肉糜？”之类。这时虽有谏官、讲官，也无所用。昏淫暴虐，重刑恣杀，横征苛敛，一味向外用力，而不知自反。试检史乘，几乎成一定之例。

（二）众庶一面——天下承平日久，众庶的子孙渐渐繁殖起来，人口加多；而生产技术无进步，生产不能增加（这在中国文化里面是一定的）；一遭天灾（这是农业社会所最怕的），吃饭成了大问题。此时决不能再向里用力了；再向里用力，为生理所不许。若上面君主昏暴，官逼民反，下面有野心家煽动，则饥民变为流寇，殆也为历史定例。

（三）士人一面——不独君主、众庶到一定时候各要有问题发生。即在士人亦然，承平日久，爵禄弥觉可羡，熟软侧媚者日进，而高介之士沉隐于下。士风士习浸浸偷敝，于君主不能谏诤，所谓教化也虚应故事。他们方贪慕于外，一心做官，不自检束，如何能尽其指点旁人向里用力的职分？验之历史，例不可逃。

如前所说，“自天子以至于庶人，一是皆以修身为本”者，至此乃君主、士人、众庶三面都落到向外用力，社会秩序自不能维持，天下大乱。大杀大砍一阵之后，皇帝就推倒了，人民也死伤无数。久之，大都受不了这种痛苦；于是人心厌乱。此时再有创业之主，出来收拾残局；隐居不仕之士，也抱着悲天悯人的心怀，出而救民水火；而人口也已减少好多；那么，不久又可规复治道，天下太平。但承平日久又要乱。乱久又治，治久又乱；社会构造的效用这样一断一续，遂成为历史上周期的一治一乱。

我在《东西文化及其哲学》中曾分析人生所遇到的问题有三不同。其中第一问题是人对于“物”的问题，为当前之碍者即眼前面之自然界——此其性质上为我所可得到满足者。第二问题是人对于“人”的问题，为当前之碍者在所谓“他心”；——此其性质上为得到满足与否不由我决定者。而人生应付问题的态度也有三不同。其中第一态度是两眼常向前看，逼直向前要求去，从对方下手改造客观境地以解决问题，而得满足于外者。第二态度是两眼常转回来看自家这里，反求诸己，尽其在我，调和融洽我与对方之间，或超越乎彼此之对待，以变换主观自适于这种境地为问题之解决，而得满足于内者。在人生第一问题下，当以第一态度应付之；在第二问题下，当以第二态度应付之。西洋近代文明，盖人类处于第一问题下，发挥第一态度，而创造出来的；而中国过去文明则为人类文化之早熟，于人生第一问题未得解决，遂发挥人生第二态度。此其故，盖以中国社会构造特殊，将对人的问题提到前边来，对物的问题却放在后（说已见前）。数千年聪明才力之用，在此（人的问题，向里的态度）而不在彼（物的问题，向外的态度）；文化之发育，社会秩序之形成，在此而不在彼，显然可见。然这里不免有两层牵掣：

一层是人生落于第一态度则易，进于第二态度则较难。人眼向前看，自是开初一步；及至转回向里用力，乃更大进了一层。反省、节制、自己策勉，所需于心理上之努力者实甚大；而不反省、不节制、不自策勉，乃极易，不成问题之事。

一层是人生第二态度固于此时有必要，而第一态度于此时也同时有其必要。盖从人与人的关系以为言，则此时固以第二态度为必要，而第一态度殆无所用之；——此其异于西洋社会者。然从人与物的关系以为言，则此时固以第一态度为必要，而第二态度又殊不适用；——此其不异于西洋社会者。（参阅《东西文化及其哲学》小字本一六六页。）两个必要交陈于前，两个态度乃迭为起伏交战于衷。

有此两层牵掣，于是就有两个结果：一是数千年的中国人生，时形其两相牵掣，而文化便有许多暧昧不明的地方，让人家看不清楚。一是数千年的中国社会一治一乱交替而叠见。所以要想明白中国历史上周期的乱，还要如上为根本探究才行。（参看《中国民族自救运动之最后觉悟》八六页）

三　旧社会构造在今日崩溃的由来

中国社会构造历久不变，中国文化已盘旋而不得进，从上面所说的已可看出。欲于此处认识清楚，更须参看《东西文化及其哲学》（商务版二〇二页）、《中国民族自救运动之最后觉悟》（中华版九四页）两书。流俗以为中国人进步慢，所以赶不上西洋之错误见解自可打破；而知道假使没有外力进门，环境大变，他会要长此终古的。同时也就知道：

一、中国今日实为历史之变局；而此变全由外来。近百年史正显示此演变的历程，最值得注意研究的。

二、中国今日之乱不同从前；从前是社会构造一时失其效用，不久仍可规复。今则社会构造根本崩溃，有如堕甑之不可复完，须要创造一新的社会。

所谓新社会的创造，也就是这历史大转变的结局。——这是一而二、二而一的事情。我们要创造新社会，还须看明这转变的结局将在那里。欲知这转变的结局在那里，还须看清楚这变化由何引发，发动之后如何演变，以至于今日。然后据以推断未来，料度一切，庶乎于创造新社会不难有个分数。

下面我们便来看一看此变化所由引发——那也就是中国社会构造所以致崩溃之由。

甲　旧社会构造崩溃之由——中国文化的失败

近百年来以世界交通使中国与西洋对面只见他引起我们的变化，诱发我们的崩溃，而不见我们影响到他有何等变化发生，这无疑地是中国文化的失败。从来以文化致胜，以文化称尊者，为什么这次失败了？究竟失败在什么地方？——若加思考，这可有总括的、特指的、浅的、深的，几种回答。

总括的说，中国之失败，就在其社会散漫、消极、和平、无力。这里要说，有无穷的话可说；但若将上面已说过的领会在心，则中国社会是多么散漫、消极、和平、无力，早已看出，不必再说。所以我只要求读者闭目回想我已说的那些，而于旧时的社会人生体会一番，更同近代西洋来比较。在比较中，更可形见他是多么散漫、消极、和平、无力。因西洋的社会人生，偏是集团的、积极的、斗争的、强有力的，正好两相反。

若特指其失败之处，那要不外两点：一是缺乏科学技术；二是缺乏团体组织；更无其他。而近代西洋正是以科学技术和团体组织这两点见长，也更无其他。我在《东西文化及其哲学》上，曾指出近代西洋的长处有三点：一是社会和政治上的德谟克拉西精神；二是思想学术上的科学方法；三是征服自然的物质文明。现在我的说法又有点变换，因我悟得德谟克拉西精神是团体生活的一种进步，不宜只提这一种进步，而忽置其根本团体生活；所以改用"团体组织"一句话来统括他。至于科学方法和对于自然的征服，可以分开来说，亦可合为一事；所以改用"科学技术"一句话来统括他。因此，三点就变换成两点。

上面所说的两点自是近百年来中国与西洋相遇，处处失败，接二连三地失败的缘由。此殆为人人共见的事实；然仍属一种浅的说法。若深求之，则知尚不在这些地方不济事，而在自己人生理想的不健全。换句话说，尚不在中国与西洋相遇，我们应付不了他；而在根本人生上我们有缺欠。此缺欠经西洋风气的启发而见出来，使得我们对于固有文化不满意，固有人生理想不满意，甚至于厌弃反抗。这厌弃与反抗，是中国社会崩溃的真因。引起这厌弃反抗的自身缺欠，是中国文化的真失败点。

乙　中国对西洋之一种比较——团体组织

我们先从浅的来说，然后引到深的。浅的说法，就是指出的那两点：一、科学技术问题，二、团体组织问题。在科学技术上，西洋是怎样的优长我们是怎样的缺乏，人都看到的。自初与西洋相遇，便从这点上先有优胜劣败的自觉，几十年前言之已多；并且至今仍为大家所注意，可无须再费许多话。现在要谈的是团体组织问题。

西洋人从来是团体生活，自宗教开端，以至于经济、政治，处处皆然。而中国人从来缺乏团体生活，处处像是化整为零的样子。此在前面多已讲过，试加体会，便极分明。零散则无力，组成团体则力量极大。因此，在我们这民族社会其势既散，而人家都是团结的，其失败亦毋庸讲。现在只是要点明下列几点意思：

一、西洋之有团体从有宗教来；中国之缺乏团体，从缺乏宗教来。这团体与宗教相联之义，在甘肃等地方回、汉间情形不同的对照,即易看出。虽然今后人类不一定靠宗教才有团体生活,但从前则是这样。

二、团体又与斗争相联。有团体容易引起斗争,从斗争也容易使人有团体。好像至今体育家还是借着竞争来锻炼人的团体习惯。反之散漫与和平相联。愈散漫愈和平,愈和平愈散漫。西洋人就是过的团体斗争生活,中国人就是过的散漫和平生活。

三、团体心理具有很大机械性,盲目、冲动、不易反省;而散开来的个人心理,则易于平静清明,回转自如。中国人本是从理性到散漫的,但也从散漫而容易有理性。所谓"有理走遍天下,无理寸步难行",固为尚理性的人的信念,也是散漫社会的产物;在集团势力分列而对峙的世界中,便不会有的。

四、阶级意识、国家意识,在西洋人很强的,在中国很缺乏;因他根本就缺乏这事实。在中国总是身家念重,因他并没有一超乎身家之上的范围为他生活之所依;而事实上亲切的原只有身家也。**虽身家念重,不得谓之自私,更非所谓个人主义**。个人主义是集团生活发达的社会所产生的一种有价值的理念;不像传入中国被世俗滥用误用的那样。自私是不顾公益,悖乎道德的行为;而这是顺着社会构造,自然而有的反应。

五、中国人好讲是非,而西洋人尚谈利害。此唯讲是非乃有公道,顾着公益,成其社会生活;(若专从其一身一家利害为出发,则社会生活不可能。)彼虽谈利害,而公私一体,正亦不落于自私。

六、公私一体,为公即为私;此西洋人所以被训练成功团体生活良好习惯的由来。反之,中国人所以缺乏公德,其理亦明。

七、但急公好义者在中国并不缺乏。急公好义(牺牲自己一点以为公)与公德各为一事。后者是一般人在团体中的良好习惯;前者则是个人超凡的豪情侠举——这正是散漫的社会中所需要的，亦是常常见的，并且极为其社会所奖励的。

八、中国人极有“四海一家”、“天下为公”的精神。梁任公著《先秦政治思想史》，叙中国人从来抱世界主义甚详。尤其是中国读书人开口天下，闭口天下，一说便说大话。盖在中国人切己的便是身家。远大的便是天下了。**小起来甚小，大起来甚大**——然真所谓大而无当。因这样无边际的东西，抓也抓不着，靠也靠不得也。西洋人不然，他们小不至身家，大不至天下，得乎其中，有一适当的范围，正好培养团体生活。但因此西洋人每此疆彼界，度量狭隘，不能一视同仁。因自护其团体而不讲公理者恒有之，反不如中国人养得一片公平心理。盖在团体一面为有所合，则一面必有所分；一面有所爱，则一面必有所不爱。中国人无所合，因亦无所分，其好说天下自是当然的了。故知西洋人之公，**只是大范围的自私，不是真公**，真公还是中国人。

九、中国人和西洋人在上列种种比较，可以下图表示之如次（见下页）。

丙　短处正从长处来

近些年来一般人都骂中国人自私，甚至举以与贫、愚、弱共列为四大病，俨然自私是中国人的定评；其实完全误会了。难道中国人从血里便带来自私吗？断不会有某一民族先天性地格外自私的事！不过中国社会构造恰与西洋不同，从而养得的习惯也两样，试从上面种种的比较去看，不难明白的。中国人这种与西洋人相异的生活习惯，从来也不曾被人唤作自私；而逢到国际竞争剧烈的今日，顶需要国家意识、团体运动，而他（中国人）偏偏不会，于是大家就骂他自私了。自私可说是“反社会的”；一个民族果真有这严重的病症怕早已不能在天地间存在。何以我们民族生命的扩大竟成了世界少有的一个广土众民的国家？何以我们民族生命的延续竟维持了四千年不断的历史？为此言者何其不加思索耶？

第二比较图　　第一比较图

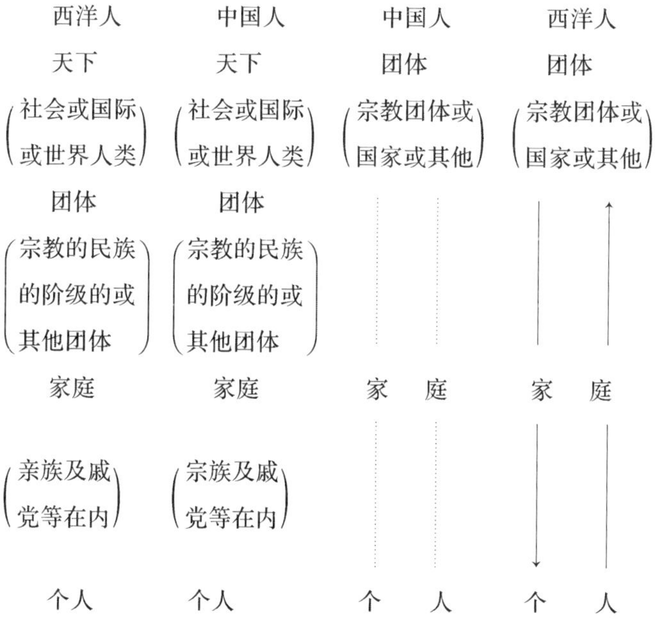

此图示个人到天下可约为四层级；中国人心目中所有恒为家庭天下二级；西洋人则为个人及团体二级。

此图示西洋人团体力强大，反映出个人而掩没家庭关系；中国人缺乏团体，亦见不出个人，唯家庭关系显得特重。

照我说：**中国今日的失败，正从他过去的成功而来；中国人的短处，正从他的长处而来**；天地间的事原来是祸福相倚，长短互见，飞得愈高，跌得愈重。中国人若不是有他根于人类理性而发育成的优越文化，便不得过着几千年散漫、放任、和平、幸福的日子，而免去许多教派之争、阶级之争、国族之争的惨祸；便不得同化融合许多外邦异族，而扩大其民族生命并延续其民族生命到现在。而也正唯其一向优游自得惯了，所以今日遭遇狠辣斗争不会应付，只有干受磨难；正唯其民族历史太长，背景深厚，受过去限制太大，所以适应新环境就格外难；又唯其民族体积过大，所以感觉迟钝，运转不灵，失败了翻身格外不易。（同样道理，这有高度文明的老大民族一旦维新成功，其所创造贡献于人类的决非等闲可比；他一旦从失败中翻过身来，其前途光荣伟大而恒久，亦不可限量。）

中国人最显著的短处，一是短于集团生活而散漫无力；一是短于对自然界的分析认识，不能控制自然，转而有时受制于自然。但这背面皆隐伏着一种优越的精神在内。散漫的背后隐伏着一个人、一个人理性的伸张，智慧的睿发（在美术、文艺、音乐、绘画、建筑、陶瓷等一切，所以有超卓绝世的创造都由于此），虽在老农、老圃、工匠、末技，也有其精思艺巧，决非西洋中世的农、工可比。受制于自然的背后，隐伏着人与自然融合的精神，而不落于分离对抗（多少西洋东洋的文学家、哲学家都曾特别指点来说过）；同时隐伏着非功利的精神，而不至于逐物失己。对于外界的分析认识虽不足，而对自身生命的体会认识则较多。中国文化和印度文化有其共同的特点，就是要人的智慧不单向外用，而回返到自家生命上来，**使生命成了智慧的，而非智慧为役于生命**。（《中国民族自救之最后觉悟》一六八页。）大凡一种缺短的形成，并保留延续到很久很久不改，都是为其有正面积极的理由在（正为其趋向那边去了，所以漏了这边；那边走得很通顺没有问题，所以将这边的缺漏持续延留）；否则，是不会的。生命不是一成不变的死物，其为物至神而为力至强；苟有问题无不觉察，有所觉察也无不能矫正补救以求适应。瞀然罔觉，久而不改，此中大有文章；无奈今人方在痛感缺漏，便不晓得欣赏文章耳。

丁　自毁与他毁

中国社会在近百年来的一天一天崩溃，一面是由自觉地破坏，一面是被动地为外力所破坏。所谓外力破坏，那就是指外交、军事上的失败和国际经济竞争上的失败。从外交、军事而有的破坏，每每是一时剧烈性的，所以易为人注意。至于经济竞争虽非一时剧烈性的，然而是彻始彻终的，近年以反资本主义、反帝国主义的呼声，也已为人所注意。今不再多说他。唯自觉地破坏，我认为是更有力的，而且大家似不多谈的；那么，必须说一说。

所谓自觉地破坏，那就是为外力破坏所引起之几十年来的民族自救运动。这里面包含对于西洋的模仿追趋和对固有文化的厌弃反抗，后一点尤其重要。于此我先引一段旧文作参考：

从来中国民族在文化上的自大心理，很快地为西洋之实际的优胜打击无存，顿尔一变为虚怯之极。方当受欺吃苦，民族命运危殆之时，我民族志士仁人、先知先觉，未有不急起以图自救者；而内审外观，事事见绌，不能不震惊歆羡于他；所以自救之道，自无外学他。始而所学在其具，继而趋求在其道，自曾文正、李文忠以来，虽再转再变，不可同语，而抛开自家根本固有精神，向外以逐求自家前途，则实为一向的大错误，无能外之者。所谓“屡试无效，愈弄愈糟”者，其病正坐此。由是他加于我之欺凌侵略，犹属可计——漆树芬先生一部《经济侵略下之中国》计之甚悉，推阐甚明——而我颠倒迷扰以自贻伊戚者，乃真不可胜计！吾人今日所食之果，与其说为欧洲人、日本人所加于我者，宁曰吾人所自造。此由今以溯观近四十年间事，不难见也。

近四十年间民族自救运动，总算起来，**可大别为一个前期、一个后期。此前期后期者，非果我所自成分段则然，特以西洋近世有此转变，思想有此迁易，其所以为我刺激者，前后分殊，于是我也被动地截然有二期**。所谓欧洲之变易者何也？其始也制造帝国主义，其继也则打倒帝国主义；以是成其近世潮流；与最近潮流焉。感受着欧洲近世潮流——其最有力之刺激则近在眼前之东邻日本——而讲富强，办新政，以至于革命共和；虽其间尽多不同，而总之结晶在一“近代国家”的目标：此即所谓前期运动。感受着欧洲最近潮流——其最显著时期，即在欧战一停之后，其最有力之刺激则西邻之俄国——而谈思想主义，采取直接行动（五四、六三以来各运动），以至于国民党改组容共，十五年北伐；纵其间尽多不同，而总之背后有一反资本主义、反帝国主义的风气，此即所谓后期运动。于前期种一有力之因，则练新军是也；辛亥革命由之以成功。然十余年军阀互哄之局，非食其赐乎？于后期种一有力之因，则培养共产党是也；十五年北伐赖以成功。然两湖、粤、赣其他各省焚杀之惨，不知多少有才有志好青年为之葬送，非食其赐乎？又有贯乎前期、后期而种一深且远之因，则全不对题的教育制度是也，今日社会现象种种皆成问题，非食其赐乎？任举一事，何莫非自己铸错？

又试观廿年间，凡今之所谓祸国殃民亟要铲除打倒者，皆昨之沐受西洋教育或得西洋风气最先，为民族自救的维新运动、革命运动而兴起之新兴势力首领人物，初非传统势力老旧人物。已往之研究系、北洋派固皆此例；而眼前之□□政府不尤其显著乎！近二三十年间事正为维新革命先进后进自己捣乱自己否认之一部滑稽史。其关乎私人恩怨，喜怒为用者此不说；且言其一时所谓公是公非者。始则相尚以讲求富强，乃不期一转而唱打倒资本主义、帝国主义矣！始则艳称人家的商战以为美事，今则一转而咒骂经济侵略以为恶德。模仿日本之后，菲薄日本；依傍苏俄之后，怨诋苏俄；昨日之所是，今日之所非；今日寇仇，昨日恩亲。所谓“不惜以今日之我与昨日之我挑战者”；自己之颠倒迷扰，曾无定识，固自白之矣；改过虽勇，宁抵得贻误之已大。自救运动正是祸国运动，时至今日吾愿有真心肝的好汉子一齐放声大哭，干脆自承；即不自承，而事实不已证明之乎？

我们一定要融取西洋东西，变化自己，才得适应新环境，这是没有疑问的。然当初于中西文化的不同，谁也没有根本地认识，而能为徐徐有步骤有计划地调整改变；只有任他枝枝节节在刺激与反应中，往复激宕机械地演变去。于此演变中，在中国人总不免情急而指望着变得一结果出来；但正面结果往往不可见，其所有者只是中国社会自身引入更深一度地崩溃而已。于是，自救适成为自乱。在这自乱当中，外力更易施其技而加强其破坏。那就是说，中国社会在失其自身原有组织条理时，更失去其应付环境的能力；愈崩溃，愈陷于无能力的境地。故自力破坏，重要过于外力破坏。

此自力破坏，从其对固有文化之厌弃反抗而言，可名之曰“自觉地破坏”；若从其被动于外界潮流，无辨识力无统盘筹划盲目激进而言，则可云不自觉的。但我以为对于固有文化之厌弃反抗，是破坏力中之最强者，特着重此点而名之曰“自觉地破坏”。

在人类社会中具有无上强力的，是人们的智慧与向上心。中国人对于其固有文化之厌弃反抗，大体上说总是一种觉悟，里面极含有向上心的成分；虽不全是智慧的，却也有智慧的在其间，不容抹杀。从来的维新运动、革命运动都是聪明有头脑而气盛的人干的事，他们尽管在中国人中是极少数，然而力量是大的；在他们之中或多有功利念头、血气冲动，真智慧、真向上心尽可是极少数，然而这一点的力量就大得很。所以我曾说：“这厌弃与反抗，是中国社会崩溃的真因。引起这厌弃反抗的自身缺欠，是中国文化的真失败点。”（见上文）

戊　自身的真缺欠

那么，引起厌弃与反抗的中国文化自身真缺欠，究竟有那几点？大概一切不合于西洋近代潮流，不合于西洋最近潮流之处，都是中国人所厌弃反抗的。因为此刻的中国人，实从感受西洋之近代精神和最近风气而得一种启发。但这些不一定皆是中国自身的真缺欠。例如，学术思想的不科学，政治上、社会上的不德谟克拉西，这在中国诚有些缺欠。然如西洋近代人生之看重欲望，追求现实幸福，以及功利派的思想等所引起中国人对其固有人生理想之反抗，则并非中国之真有其缺欠了。若让我总结来说，我们自身之真缺欠，要紧的是两点：

（一）中国文化的老衰性　中国文化本来极富生趣，比任何社会有过之无不及，但无奈历史太久；传到后来，生趣渐薄，此即所谓老衰了。在他，一无锢蔽的宗教，二无刚硬的法律，而极尽人情蔚成礼俗，其社会中的组织及秩序原是极松软灵活的；乃以日久慢慢机械化之故，其锢蔽不通竟不亚于宗教，其刚硬冷酷有过于法律。民国七八年间新思潮起来，咒之为“吃人的礼教”，就是为此。原来在生命的现象里，常常有将其本身一部分机械化的必要；我们生理的机构，我们的本能习惯，我们的社会制度，都是此物。类如骑脚踏车，一学的时候，很要用心用力，习惯成熟便抽出其中的自觉心而机械化了；必要机械化，才能腾出心来往更高阶段去用，如骑在车上能玩许多把戏等。社会亦复如是，许多合用的习惯制度愈被保留传袭愈变得机械僵固；自一面说，运用方便是很好；自另一面说，积重难返又适为病。像中国礼俗中一个为子要孝，一个为妇要贞，在原初是亲切的自发的行为上说，实为极高的精神，谁也不能非议。但后来因其在社会上很合用，就为社会所奖励而保留发展，变做一种维持社会秩序的方法。此时原初的精神意义尽失，而落于手段化、形式化，枯无趣味；同时复极顽固强硬，在社会上几乎不许商量，不许怀疑，不许稍微触犯；否则，施以极严厉的压迫制裁。那么，遇到西洋新风气的启发，就非厌弃反抗不可了。厌弃，就是因为领会不到他的意味；反抗，就是因为不甘服这强性地压迫。假设在当初中国文化方兴，礼俗虽成，自觉未失，则断不会有此。所以问题全在老衰这点上。

还有，前说长短互见，“长于此者短于彼”之理，今更有所申说。一家的文化（或一种习尚制度）有一家的风气，也就是有一家的偏处，其长在此，其短亦在此，这固然不错；更有不可不知者，**大概初兴之时只见长处不见短处，到末后却只见短处不见长处**。这是随在可以征验的事实，也就是常说的“流弊”那句话——凡事到末流便见其弊。其所以然，有二：一是这个偏总是针对当时需要而来，虽偏，只觉其好而不觉其偏；（譬如个人主义在十八九世纪，只觉其好不觉其偏，而今则为举世诟病。）一是这个偏还未曾机械化而保有相当自觉，是活的而不是死的，虽偏，尚不为弊。反过来说，时过境迁，无其需要，而所偏又日以僵硬，当然弊端百出。中国文化实在传之太久，尽你怎样好的文化，到此时也将只见短处不见长处了。

（二）中国文化的幼稚性　常有些人说，中国社会还滞留在中古时代，是个封建社会、宗法社会或半封建等；其实都是误解，我曾有辨明（《中国民族自救运动之最后觉悟》九二—九七页）。中国社会和西洋社会，其历史的演进原不同路，怎能以此拟彼？然中国社会比较西洋社会确是保有一些未进步的形态，此即所谓中国文化的幼稚性。类如前说的“不科学”、“不德谟克拉西”，就是中国社会所保有未进步的地处；这些地处诚然不免与西洋中古相似，而根本非一事。中国的人类文化任何一部门、任何一方面都是开化最早，乃至今尚有此未进步的现象，实**以其所走之路不十分反科学，转而长保其不科学的形迹，其所走之路不十分反德谟克拉西，转而长保其不德谟克拉西的形迹**。他不是尚未进于科学，而是永远不能进步到科学了;他不是尚未进于德谟克拉西,而是永远不能进步到德谟克拉西了。质言之,中国文化实是一种成熟了的文化,而幼稚形态未除(我有中国文化是人类文化早熟之论)。这些幼稚的地处在与西洋进步的社会相遇以后,实为引起中国人自己厌弃反抗之最大者。试举一例:中国本是伦理社会,既无西洋中古对于个人过分之干涉压迫,也无西洋近世个人自由之确立;然如人与人之间的隶属关系为封建社会之象征者,中国社会似也未能免除——子女若为其亲所属有,妇人若为其夫所属有。此在与西洋近代社会相形之下,自不能不引起反抗了。

以上两点——中国文化的老衰性、中国文化的幼稚性——实为我们自身的真缺欠。(缺欠之处,未能一一列举,但可概括于此两点中。)旧社会的无法维持,实受智慧的批评,向上心的否认。我常说中国革命,是中国念书人本其从来爱讲理的精神,感于固有文化的缺欠,为人生理想之奔赴;其当初最有力之动机在此,则不到理想社会出现是不得罢休的。外力的破坏与此自觉地破坏相乘,中国社会的崩溃乃一发而不可收,数十年来至于今日殆已达于最后阶段。

四　崩溃中的中国社会
——极严重的文化失调

甲　伦理本位的社会之被破坏

我们旧的社会组织，是伦理本位，互以对方为重的；但自西洋风气输入，逐代以个人本位、权利观念，伦理本位社会乃被破坏。本来西洋近代一切全是从个人主义开发出来（蒋百里先生译的《近世我之自觉史》可参看）。我在《东西文化及其哲学》中也曾说过：西洋人在近代才有了"我"的自觉；从"我"的自觉，开出一切皆以个人为本位，对外抗争，向外用力的风气。此风气传入中国，恰好使固有的掉转过来；以自己为重，以伦理关系为轻；权利心重，义务念轻。从让变为争，从情谊的连锁变为各自离立，谦敬变为打倒，对于亲族不再讲什么和厚，敬长尊师的意味完全变了，父子、兄弟、朋友之间，都处不合适；——旧日风气，破坏得厉害。而尤要者，因政治上的变动，使社会风气的变化更大且速；如辛亥革命与十五年至十七年的北伐，都使社会风气有更大更快的变化。

再则由于政治的变动，而有法律的改定，——把西洋权利本位的法律搬入中国，此影响于社会者更大。如民法中规定女子有承继权之后，兄妹打官司的很多；再如都市中保护私人法益为职业的律师，专代私人争取法律范围内的利益，完全露出争取的意味，实为从前社会所绝不曾有。

又，社会风气影响于政治，将忠君之义打消。中国人原来团体关系不发达，团体意识不明显，只承认团体的代表（领袖），认不清楚团体，所以只有领袖与众人之间的相互义务，而无团体与份子之间的相互义务。现在对团体代表的义务观念取消，团体更不易维持。此种影响，让许多人借着对领袖没有服从尽忠的义务之意，而发生政治上许多变动（例如军队许多倒戈的事）。二三十年来，政局变幻无常，信义丝毫不存，到处都充满了机诈与粗暴。所以一般老先生常引用中国的两句老话来形容现在的政治状况说，“上无道揆，下无法守”，实在很对。此种粗暴、抗争、尚机诈、讲策略的风气，让政治上常常不安稳，酿成连年的纷乱。

此种社会风气的变化，在我看，固受种种影响，例如因经济的进步，社会实质起了变化，因而引起风俗习惯的变化等；但其主要的直接有力的，还是因西洋潮流输入而引起来的中国人思想的变化，少数人思想的变化在先，而引起了社会一般风气的变化。此思想的变化又从中国士人讲理的风气而来。我最感觉到中国读书人的胸中顶没有成见，顶能奔赴理想。我常说：中国人的长处，是勇于服善，对外来风气的接受，比任何民族都快。换言之：中国人并不守旧，在维新上最肯出力；尤其是青年知识分子，奔赴理想最力。中国革命完全出于知识分子奔赴理想，爱好真理的心。

在我所说的许多话里，好像对于中国社会之崩溃很表示可惜，对于模仿西洋人的向外用力不赞成；此外我补充一句，即：我承认新风气的输入，是由于中国士人勇于服善之心理所引进；他所以很快的接受新的道理者,是对固有文化缺乏自觉。换言之,他在开始不知道中国社会的组织构造为伦理本位、义务关系,与西洋根本不同;只为奔赴理想而引进了西洋风气,后此的影响,为他们所不及料。当初他们的心,是很纯洁的,只因缺乏考虑,很快的就接受了西洋的文化,此即中国社会破坏的开端。以开端如此,从可知其对于新的组织构造,也将不达成功不止;对于日后社会改造,将不达理想不止。这是一层。

再一层:前面曾说,自西洋近代风气输入,让中国社会有两个方向矛盾冲突而破坏益烈。但尚不止此。更有乱上加乱的是:现在又进来一个反近代的潮流——因西洋此刻已走入一个反近代的潮流。前天(二十三年一月九日)《大公报》载有英国政治家路易·乔治的话,他很叹息今人已一反古人之所为:古人爱自由,喜放任;今人则处处持干涉主义,讲统制,以团体为重,个人为轻,将古人所要求的一概摒弃。他所称古人,盖即指近代西洋人而言。中国先输入西洋近代的风气,已是闹不清而乱了;再来一个反近代的风气,更是乱上加乱!中国人今日已陷于完全没路走;这样,那样,怎样也不对,左右不合适。此刻中国社会,有两大自己矛盾之点,我们可以分两段去说:

第一,**中国社会病在散漫,救之之道,在于团结组织**。然而近几十年来,自外输入者,恰与其所需要者相矛盾——根据个人主义而来的分离自由的风气固无论;即后此而来共产主义,也是专讲斗争,分离反抗,适与要求团结的趋向相反。譬如,结合团体是分子对团体的一种"向心力",中国社会所需要的正在此;而西洋潮流过来,反增加了我们的"离心力",这岂非矛盾!本来中国人此刻不能不想法往团体里去,以应付我们生活上的问题;可是事实上输入的都是反团体的风气，因而使中国人一时倾向要团体，一时又倾向反团体，矛盾冲突，方向乃无由定。

第二，**大家都说中国以前是专制，直到现在，专制的余习尚深，那么我们就要矫正专制了。**要想矫正专制，便要政权公开。其相联的一面，就是对个人的尊重——西洋近代社会，个人自由的建立，生命财产的有保障，都是很可爱的。不似中国对个人可以任意拘禁，对财产可以随便捐派，枪毙人也不算事。至于言论与出版的自由，更说不到。这种专制余习的矫正，生命财产的安全保障，都是我们所急于要求的。可是在这个时候，又输入一种（反近代的）理论，就是：不讲专制，却大讲专政，不说专制而说统制。在自由尚未建立，尊重个人的习惯尚未养成的中国，又大讲无限制的干涉主义，尊重个人的话又不时兴了；这实是一大矛盾！

由于上述的两种矛盾，**使中国陷于左右来回的双重矛盾中。**左一条理，右一条理，不但理与理矛盾，还有理与事的矛盾。理与事之不合，其例甚多，说起来也饶有趣味。我现在举两个例子：一是我们常常看见的子弟与家庭的冲突。原来伦理本位的组织，尚未崩溃干净，财产仍属于家庭，子弟仍须受家庭保护。而子弟之在家庭，一方面根据新道理，不让家庭干涉他的思想、行动；一方面又根据旧道理，要求家庭供给；这种理与事的矛盾，他自己也不能自圆其说。再如一般官僚，辄自谓为公仆，话讲得很好听，事实上不然。以多数的老百姓那样子穷苦，如果让南京的院长、部长、主席，站在乡下人中间，说这是大家的公仆，主仆之间，未免有些不像；实实在在的说，仍然他是老爷。所以与其在理论上说他是公仆，倒不如从前的伦理社会称为父母官者尚比较切近。这都是理与事的冲突。现在的中国人，各人有各人的理，譬如，我站在伦理本位上讲理，你站在西洋近代思想上讲理，他又站在反西洋近代的潮流上讲理，左也有理，右也有理，甚至于一个人可以讲三种道理，其实左右都没理。中国在这种矛盾中，伦理本位的社会便崩溃了，而如西洋一样的个人本位或社会本位的社会也未建立。在这东不成、西不就的状态中，处处是矛盾，找不到准辙，没有法子相安——为父者不知应如何为父，为子者不知应如何为子，为婆为媳者，不知应如何为婆为媳，在学校里先生也不好当，学生也不好当（学校常闹风潮即以此）；因而家庭父子之间、学校师生之间、朋友同侪之间，乃至政府与人民、上级官与下级官，统统不能相安，彼此相与找不出一个妥帖点来。

在此刻的中国社会，就是东不成、西不就，一面往那里变，一面又往这里变，老没个一定方向。社会如此，个人也是如此；每一个人都在来回矛盾中，有时讲这个理，有时讲那个理。在这样的一个社会中，大家彼此之间，顶容易互相怪责。因为如果大家都讲一个理，就不易起冲突；理太多了，则难免争论不合而相怪。在这样一个局势之下，变乱相寻，讫不得安定。以中国此刻的乱，与历史上的一治一乱之乱不同也。历史上的乱，社会虽乱，各人之是非心则一，讲不出多少道理来，因为讲不出多少道理，只有一条理可讲，所以卒能规复旧辙。而现在想规复以前的治道，则绝不可得。在这左右来回的矛盾中，非有真正高明的眼光，深彻的认识，对中国伦理本位的道理有了解，能承认；对西洋近代的思想有了解，能承认；对反西洋近代的潮流有了解，能承认；把事情全看得通，找出一条坦荡的大道来，让这许多矛盾都不成矛盾，让这三方面的不可否认点，能够统统容纳而从事实上表现出来，则不得解决。换句话说：在这一个矛盾的时候，**需要一个真正的通人**，才能把这个事情通得过，才能开出我们现在应当走的道路，解决许多矛盾，建立新的社会。

乙　职业分立的社会之被破坏

我们再讲职业分立的社会之被破坏：中国旧日职业分立的社会之好处，是没有垄断。土地的垄断不成功，资本的垄断也不成功，而成功了一个职业分立，各奔前程的社会。有本事的人自然上来，有品性、有信用的人自然上来，没本事、没品性、不勤俭的人自然下去。政治也比较的公开，没有垄断。但这么一个一切都没有垄断的社会，现在已被破坏，渐要往垄断里去；但虽往垄断里去，而垄断终不可能，——职业分立的社会破坏了，而阶级对立的社会也不成功。

中国旧日社会，分得很匀，构造非常巧妙！如，士人是最尊贵的，读书明理，有所自效，他所贡献给社会的甚大，而所取则甚薄，所以在社会上名誉面子很到家。名誉面子之外，有时也给他"权"；可是"权"不得久掌，与西洋贵族之子子孙孙世袭者不同。名誉面子归士人，财利则与之相去最远；念书的人讲财利，要为大家所不齿。士人照例要清贫，要为寒士。昨天有一位小学教员告诉我说："十年教书不富，一年不教则生活不能维持"；可见教书的人很难发财。即为官也不能致富；因居官要以廉洁为尚，仕而置产，是社会所反对的，法律所严禁的。好一点的士人，如胡文忠公，他将要做官了，先跑到祠堂中发誓说："将来弄一个钱回来，便对不起祖宗。"名誉面子既让给士人，财利便让给最无面子的工商。为农的面子又好一点（所谓半耕半读，士人罢官则归田，士、农原来相连），所以虽也有相当的进项，但不如工商业者之可以发财。在旧日的中国社会中，农、工、商等也可以入仕途，士也可以为农、工、商，一家之中，甚且有几种职业，绝无限制；所以说在旧的社会组织中，“受教育的机会”、“名誉面子”、“权”、“财利”，四者都分配得很均匀。但自西洋文化侵入后，遂发生两个主要的变化：一是西洋功利思想进来，士不唯不以言利为耻，反以言利为尚；士与商从前很不接近，现在则异常接近，也唯有头脑，有知识、能运用观念的人，其谋利也最巧。此变化很大！另一变化是：现在言利（要发财），必须具有较复杂的知识方法，无论为农、为工、为商，都要有知识方法才能发财。从前农、工、商不上书本，高文典册尽载治道；现在的高文典册则亦讲作买卖，故想发财就要弄高文典册（专门学术）。这一个事实，更让士与商接近。据现在的情形看：我们如果把社会上的人分开，则运用头脑以巧思谋利的士商是一项人；没有知识，没有头脑，出卖苦力的劳工是一项人。知识的关系实在很大，所以受教育的机会非常要紧。谁有机会受高等教育，就有机会谋利，就有机会掌权，也就可以跑到上层社会去，免得出卖苦力；反过来说，没有机会受高等教育，取得较复杂的知识，则“权”“利”自亦无从而得。

在中国旧日的社会中，分配得很均匀；现在已渐走往垄断里去。兹先言受教育的机会之被垄断：从前念书的机会很容易得到，破庙里面，一样苦读；寻常书房中，贫寒子弟，束修可拿可不拿，或者少拿。现在念书，必进学校，学校是大规模的团体，章程律则，限制极严（学费须照章缴纳），不得有情面的通融，渐走入机关固定里去，非复从前之零散活便矣，从前念的书，不外四书、五经，得来甚易；现在愈是高等学校，愈要念外国书，或到外国念书，上学费用，较前甚相悬殊。供给一个中等学生，须是有很多田产的人家；间有穷苦学生，也是很少的例外。大学留洋，更非一般穷苦的人所敢妄想。而在教育上机会优越的人（就是垄断学术的人），同时其在政治上的机会亦优越——易于得"权"，经济上的机会亦优越——易于得"财"，有权有财的人，其子弟愈得受高等教育，愈得营利，愈得掌权；如此辗转相连，逐渐走往垄断里去。从前士非世袭，现在则比较固定；从前士无垄断，现在则渐有垄断：此是教育机会的被垄断。

再就经济方面说：现在要想发财，必靠新的生产技术、新的经营方法；换言之，即必走工商业的路。——此则为中国大多数农民力量所不能。那么，一面是专从事于旧式的零碎的农业生产者，永远不会发财；一面是得有机会营工商业者，采用新生产技术，经营大企业，很容易发财。资本渐趋集中，由是贫者愈贫，富者愈富，经济上的机会亦渐被垄断。

再就政治方面说：现在没有普遍选举，政权是不公开的，虽有考试制度，几同虚设。而且教育机会不均等，考试制度亦没用，一般人并不能借此得到政权。政权完全操在少数人之手，只要你接近他们，或者也可做官；否则便无得到政治上的机会的可能。故政治上的机会，亦被垄断。

教育、政治、经济，三种机会，都渐渐走往垄断里去；而三者又是有连环性的，得其一亦得其余，一项不得则全没有分，与从前之不得此则得彼者大异。中国若照这种情形下去，可使一部分人常在上，一部分人常在下，成为世袭垄断阶级对立。可是天不让他往垄断里去，不让他往阶级对立里去。我们也正可这样说：中国现在所苦，不在垄断，而在垄断之不成功；不在有阶级，而在阶级之终不能有！大家或者不能明白此意，我再说一句：中国现在所苦，是什么也不成——东不成，西不就。如果东不成，而西能就，不管西是什么，我们也要就；就，总比不就强些。无奈西也不得就。底下我们解释此意。

垄断的成功，需要一个条件，即社会有秩序。有秩序才可让垄断者的机会确定，慢慢的往垄断里走。（因为有秩序才可以保障其政治上、经济上、教育上所得的机会。）但现在中国无秩序可言，无秩序便无保障，无保障则说不定那时机会便被打破，所以垄断终不成功，阶级便不能养成。也正因中国没有阶级，统治力无所寄放，故政治上无办法；政治上无办法，社会更无秩序，更不能有垄断，更不能有阶级。此与日本国情不同。日本政治上有办法，社会有秩序，便保障了垄断，培养成阶级。照现在的情形看：中国是一面往垄断的方向去，而一面又有一个岔道，破坏了垄断。如，由于近几十年的社会不安定，许多人走侥幸的路，竟也得上去，并不如刚才所讲一样，没有受教育的机会，便政治上、经济上也都没有机会。就是一个最苦的人，一字不识，也可以由土匪做到督军、省长，一个人上去，亲戚、邻里也都跟着上去。中国现在的情形，类此者正多。——这就是前边所说的岔道，也好像一个泄水的口子，破坏了垄断。

现在许多人咒骂剥削，其实中国离剥削尚远，没有秩序那能谈到剥削！中国现在只是一种争夺之局，而说不上剥削之局；**不是有一个不平等的秩序，而是没有秩序**。有些人误会了中国有一个不平等的秩序；实是大谬！没有秩序与有一个不平等的秩序大不相同。让中国最痛苦的，不是不平等的秩序，而是没有秩序；不在剥削，而在争夺。中国不同于日本者正在此。日本社会受西洋功利风气的影响，又吸收了新的知识技术进去，遂成功资本主义社会的剥削局面。——日本之所以能走上工业社会的路，即因其政治有办法。其模仿西洋时，是从旧社会慢慢过渡到新社会，政治秩序并未破坏，社会有秩序，故能养成其垄断的局面、剥削的局面。

现在我们结束以上的话，以前讲的是伦理本位的社会破坏后，个人本位、社会本位皆不成功，遂陷于东不成、西不就的状态中。现在讲职业分立的社会破坏后，阶级对立的社会也不成功，也陷于东不成、西不就的状态中。此时两句要紧的话，即：**“原来的循分自进之路既绝，而阶级革命之局也未成。”**现在中国所苦的即在此革命必须有阶级，必从阶级问题，推翻某一种不平的秩序，才叫革命。而中国所苦的是革命都无法去革；因为旧的秩序破坏之后尚没有一个不平的秩序建立，若强为革命，则只有增加其武力争夺，增加其秩序纷乱而已。中国此刻最苦的，即东不成、西不就；成功一边也好办，两边不成，故为最苦也。

五　中国政治无办法

——国家权力建立不起

中国旧社会组织构造破坏，让中国政治无办法；中国政治无办法，让中国旧社会组织构造更加崩溃。最近二三十年来的情形，用这两句话就可以概括。

所谓政治无办法，即国家权力之不能建立，也即平常所说之不能统一。中国国家权力不能建立，是中国社会崩溃之因，也是中国社会崩溃之果。那么，中国国家权力为什么建立不起？如果大家回看以上所讲的话，也不难明白。现在更分析言之；国家权力所以不能建立之故约有五层：

甲　消极无力的政治

第一层：中国近几十年来的乱，是因违反历史过于用国家权力的缘故。我们几千年来的政治，都是消极无为的，——我尝言中国原来是不像国家的国家，没有政治的政治；国家权力是收起来不用的，政治是消极无为的。中国向来是有统治者，而无统治阶级；无统治阶级，所以没有力量；没有力量，所以不敢用力量；没有力量统治，所以只能敷衍。国家与人民无干涉，人民与国家无干涉，老是这样疏远客气的局面，像一根无力的线串成的一个国家，把线扯断，则国家崩裂。以这样消极无力的政治，至清末忽然举办许多新政，如：开学堂，兴实业，练海陆军等，拿许多钱办许多事，本身无力而过于用力，所以非崩溃不可！清廷皇室之倒，即倒于办新政。现在也有许多人将一切的事情，都希望政府一手包办，不顾于历史矛盾与否，如：把人民的衣、食、住、行等事，梦想着完全靠国家来包办；所期于国家者如是其重，此完全违背历史，简直是在做梦，中国从来就没有那么一回事。这好像一个人的腿，多久不曾走路，忽然要他加步快跑，则非摔倒不可。再如：民国十七年党军北伐成功，张学良也易帜归党，此时仿佛是国权统一了，苟当时审慎而善用之，不认真去走集权的路，对地方一切军、财、民政等权稍放松一些，则不至破裂到那样不堪收拾的地步。盖各方与中央之关系，并非实在的，不认真还可以维持，一认真非两裂不可。天下事没有可以与过去历史绝不相符的，没有能从消极无为的政治，一旦骤变为积极的政治者。

乙　思想分歧

第二层：在此刻人类历史大转变的时代，人们的思想，自然要复杂分歧。此刻的中国，尤其是一个文化转变，社会改造的时期，国人的思想自然更为复杂分歧。因中国社会原有他的风气，自西洋近代风气进来，已让他矛盾了；正在矛盾中，又来一个反西洋近代的风气，于是更陷于一个左右来回双重的矛盾中，让中国人的意见主张分歧动摇得不能说！一个人就不定得很，今天左倾，明天右倾,自己都不能作主。一个人是分歧的,多数人更要分歧。从纵的时间来说是动荡不定,从横的空间来说是分歧不一。**环境相同、感情极洽的朋友,思想竟可绝对相反,这是其他社会所不会有的。**这种思想的分歧,也可说是方向的分歧。——此刻的中国人就是往八下里走。这样就让中国政治无办法,国家权力建立不起。换言之:中国社会大体上如能有一个有力的方向,则中国政治也许有办法,但是没有!比较有力的方向,也可以说曾经几度有过,如辛亥革命,是一个有力的方向,故能推倒清廷,建立民国;十五年的北伐以及民六年倒袁运动,都能形成一个有力的方向;然皆为时甚暂。现在已看不见一个有力的方向;这个往东,那个往西,或乃无所适从,不知往东好?抑往西好?前两天《大公报》载丁文江一篇文章"公共信仰与统一",大意即说:不能统一的原因,是缺乏公共的信仰。与我的话有些相近,大家可作一参考。

丙　没有阶级

第三层:真正让中国国家权力建立不起的原因,还是没有阶级。譬如讲思想分歧,任何一个国家都是如此,固不独中国为然;可是中国人的思想格外分歧。此即因没有阶级之故,否则思想纵纷歧,也必不如此之甚!思想本非完全主观的东西,在有阶级的社会里,因阶级背景不同,可使其思想各有所归,虽然间有例外,大概总是如此。中国则因无阶级,大家的思想乃自由奔放而无拘束,上天下地,像没拴着的猴子一样。再加上中国人理性开发最早,爱讲道理,其思想往往与他实际所站的地位相远,自己矛盾。前面的两点:消极无力的政治和思想的分歧,都从没有阶级而来。我们单从无阶级上看,很直接的让中国国家权力建立不起来。

我们有两度努力于国家权力之建立:一是辛亥革命,民国的建造;一是十五年北伐,党国的建造。两次努力,都归失败;而这两度的失败,统统因为没有阶级。民治与阶级统治本是相反的;但民治之成功,必先靠有阶级作过渡。兹先讲何谓阶级统治?

一切国家都是阶级统治。兹先讲"统治"作何解:我们一说到"统治"的时候,必包含两面:统治的一面,被统治的一面。统治与自治不同。自治是治人与被治合而为一的意思。为什么不落到自治而落到统治与被统治的两面呢?这是因为武力强制是不可少的。武力强制为什么不可少呢?因为人类生活离不开社会,而社会生活必然要靠有秩序,否则无法进行。秩序从什么地方来的呢?秩序的产生,不外两种力量:一是理性,一是武力强制。这两种力量,都可以产生秩序。而事实上秩序的产生,多不是单靠一种力量,大半是由于两方面合成的。——有单靠理性的秩序,也须到后来才能有,现在尚无。在文化较高,有知识,有头脑,理性较开发而人数又很少的地方,理性的路可以走得通。譬如我们这个屋子里,有几十个人,人数既少,又都受过教育,彼此之间,话可以说得通(道理可以讲得通),大家心里很清楚的承认有这么一个秩序最合适,所以才有这么一个秩序。假使一万人在此地,秩序便难以维持。说到国家,何止万人?百万,千万,万万也多。在多数人中,群众心理易于冲动,已不易与之讲理;若再加以教育不普及,程度低,脑筋简单,性情粗暴,那么,一定无理可讲。无理可讲,则秩序的维持,非借武力强制不可。

刚才说人类生活靠社会,社会靠秩序;的确,人类对于秩序的要求极切,即令是一个不好的不平等的秩序,也容易接受;他总觉得有一种秩序就好过没有秩序。强制的秩序之易为建立,即源于此。那个以武力强制维持秩序的就是政府,就算代表大团体的国家,代表公家;他须以公家的名义及实在的力量(武力),两者合起来才能维持秩序。名义差不多都是冒称的,事实上谁有武力谁可以取得名义,名义天然以武力为转移。中国有句老话:“胜者王侯,败者寇”是不错的。当以公家名义强制来维持社会秩序时,即谓之统治。一面来维持秩序,一面向大家征敛赋税养活自己,这个时候,他诚然是尽了一份义务于社会;可是他所取之于众人的总比那为生产而劳力的人要优厚一点(很优厚也说不定)。优厚是很容易的事,除非他特别矫正,如俄国共产党他们自己特别刻苦,或中国从前的士人居官尚廉洁等。否则,总要优厚一点。这个用名义力量取之于众人,而所取又较优厚,俗谓之剥削。凡是社会上经济构造没到十分进步,没有给人腾出来多量的闲空,没有给多数人或全数人有受教育机会时,对于这样的事情,是没有办法的。换言之,除非经济更进步,我们空闲更多,人人都有受教育的机会,那时事事乃可以靠理性安排。否则,对于以武力统治和剥削的事情是无可奈何的。既为强制,天然要落到强制和被强制的两面;强制人的人,天然要占便宜,此占便宜(剥削)是无可奈何的事情,不能怪他。说到这里,我们知道现在有许多知识简单的青年,对于中国此刻的军阀,非常愤慨,欲起而打倒之,这是无用的!我们对于军阀,也不是不愤慨,不过要紧的要记清那句话:“我们要了解事实,承认事实。”所谓打倒封建军阀,姑无论封建二字之为妥当与否;就以军阀说,万不是他要如此就能如此,而是社会需要他如此。打倒这个,一定要另外再来一个他,没法脱开。如果他自己要这样干,就能干得到，那么，这人本事未免太大了！实际上不是如此，而是社会方方面面造成的；既造成这种局面，**他也在此局面中而不能自主**。

我们可以推想阶级的必要：阶级的所从来，就是因为武力这个东西天然不能操于一人之手。我曾与大家说过：只有在两军对垒的时候，为应付对方，很怕错过机会，很怕人多自乱，不得不听一个军事领袖的话；及至形势缓和，对垒取消，外无压迫，则马上没有听一人指挥的必要。自然此一人的智力本领，也许比较能够控制众人；然而不能限定当时只生一个聪明人，也许另外又有一个聪明人。其聪明纵或稍差于他，但已非他所能控制得了，故不能将武力操于一人之手。更以中国现在的情形说，地面这么大，军队这么多，又各有其来历，实无法统于一人之手。武力天然不能操于一人之手，同时也不能普遍的操于人人之手，这两极端都是天然的不可能，现在常说"民众武力"这句话，这话不是说民众人人有一杆枪，或民众能够约束控制此武力。人人有杆枪——民众即武力，武力即民众的事情固无；民众能控制武力，武力为民众所有的事情也不会有。为什么武力不能为民众所控制呢？即因"民众"二字太为宽泛，人数太多无所不包；这种宽泛到分不出界限的多数人，便不能构成一个力量来控制武力。所以"民众武力"这句话，只能说那个武力从其主观上能尊重民众，能以民众之意为意，以民众之利益为利益而已，根本不会有武力操在民众手中的事情。两极端（操于一人或操于众人）既都不可能，事实上最有可能最容易落到的局面，还是先说的两面：一面是一小部分有智力有组织的少数人以武力来统治；一面是一大部分散漫愚昧的多数人被统治。两面对立起来为最容易最有可能的事情。所以一说统治，照例是含有阶级，阶级的必要是如此。此种靠武力统治多数人，同时又剥削多数人以自养的少数人，就叫做封建阶级。封建阶级是靠强制的力量直接取之于生产者。——有秩序的强制直接掠取，就是特权；封建阶级，就叫做特权阶级。

所谓特权阶级，在西洋包括两种人：一、贵族；二、僧侣。此为从前的阶级统治。后来的阶级统治之演成，是由于打破先前的阶级统治而来。先前是贵族、僧侣统治农奴，贵族、僧侣在上，农民在下；后来因为生产关系的开展，渐渐开出中间阶级——城市工商业者。农民跑到城市去的也渐渐加多，他们都成了自由市民，经营工商业发了财，便有了势力，所谓新兴阶级的势力乃逐渐膨胀，他们生活较优，有钱财，有能力，有头脑，有组织，不甘受压迫，于是与旧的势力抗争，要求尊重人身自由、财产自由。贵族、僧侣因为他们真有很大的力量，故亦不得不尊重他们的要求，渐予以参政权。所谓三级会议，就是贵族、僧侣与新兴资产阶级合开的一个会议。开头这个会议，三级所出的人数相等；后来新兴资产阶级又要求其出席人数要等于贵族、僧侣之和，这种要求也竟能达到，可见其力量之大！这样尊重个人自由、财产自由的方向愈来愈开展，空气愈来愈浓厚，经过几次的革命，把特权一概打消，遂走入民治方向。此全靠新兴资产阶级的力量。如果都是一些散漫的农民，实在不能与旧势力抗争；因他们固没有知识能力来运用政权，并且他们也没工夫去参与政治也。特权打破之后，从所谓民治的精神，似乎不应该再有阶级统治了；可是行会制度取消之后，个人不再受行会的严格干涉，法律上准许其走自由竞争的路；而竞争必有胜败，必有吞并，兼以机械——蒸汽机、电机的发明，更给他以战胜别人吞并别人的一个有力的帮助，于是资本渐趋集中，原来的小手工业者都变成工人，在不知不觉中经济又走入垄断而造成阶级。在打破特权时,为保障个人的种种自由,尊重个人的种种权利,而制定了许多法律,一切依法律,一切用契约,在此社会中应没有什么不公平了;可是正因法律保障自由,才让他得走自由竞争的路,而慢慢发展扩大起来,发展扩大之后,依旧得到法律的保护与承认,经济乃走入垄断而养成阶级,阶级是从自由平等中发生。法律原来是要打破阶级垄断,而此时反成为走入垄断的保障,真乃大不料之事!经济上既有了垄断,从经济的垄断自然可以操纵政治,可以从国会里定出与自己有好处的许多法律,并以军警强制执行之。此时虽未直接握有武力,实际上间接可以使用武力——谁要不遵守法律,就以军警压服。军警根据法律,法律为国会所定,国会被他们操纵,岂不是他们间接使用武力?于此不知不觉中,遂又转成阶级统治,所差者只在用武力是间接的,隐晦而不明显而已,认真讲还是武力统治。武力统治照例是阶级统治,不过这个阶级统治是往民治里去的一个过渡,是藏阶级统治于民治之中,所以从他外面看去,政权逐渐公开尊重各个人的自由,谁能否认他不是民治精神?但其里面藏有阶级统治,则为妙甚!阶级统治与民治本为相反,但天下事往往相反相成。此即因阶级统治为成功民治的第一步,虽非真正民治,然不如是则连这个不到家的民治都不能有!这个不到家的民治,总还是往民治里去,往民治里去就须先靠一阶级统治为过渡,西洋资产阶级,即其社会趋向民治的过渡中所赖为支撑局面之点。这种往前过渡开展的情形,在英国表现得很清楚,我们读英国史很能看出此种过渡的情形,——英国没闹过大革命,其政权之公开是一步步逐渐演下来的。英国国会起初为贵族院握权,后来平民院占势力,现在已到第四阶级的工人所组成的工党执政了。换句话说,正要靠这个样子,才能一步一步走到民治去。

西洋的民治制度,要靠阶级为过渡之意,已如上述;那么,我们要想模仿西洋的民治制度,以建立一个国家权力,我们须以中国社会与西洋社会相较,看在中国是否有能成功那种民治制度的条件?

中国旧社会没构成阶级,政治上是一人在上万人在下的局面。没有阶级,所以不能用武力统治,而只是以教化维持秩序;不好以法律强制,只好以礼俗维持。我们可以说:西洋是重在法律武力,中国重在教化礼俗。没有阶级;武力便没处交代,所以少用武力,不十分成其两面——这个很重要,与我们后来的国家权力建立不起有很大的关系。辛亥革命还是用暴力革命方式,利用新军反抗政府;不过同时我们看这个暴力革命,实在太容易了,阴历八月十九日起义,两三个月即成功。这么一个大的国家,几百年的统治,一转瞬间即被推翻,此即证明他没有阶级力量;如是阶级统治,革命断不能如此容易成功。清廷不是一个阶级,没有力量,所有的一些官僚——各省督抚,仿佛是他统治的工具,应与之为一面了;但至革命军起,皆纷纷独立,此足见其非与清廷为一面。那时本不成为两面,清廷一倒,更不能成功两面;亦正因不成功两面,就散为无数面,再也摄不拢来。这时在政治上一律平等,没有特殊地位的人;可是平等是平等了,而也完全散了!社会上无阶级集团势力可为中心,武力逐无所属,无可交代。从前承认皇帝作主,武力尚可交给个人;现在不承认个人作主,武力交给个人大家不服,而除了个人又无可交代。此时论起来应以社会上知识分子作中心,因他们有头脑,有知识,有能力,中国社会向来又推重士人;如所有的士人大家能够结合成一势力,代表国家,抓住政权,指挥武力,使武力间接属于国家,则完全有办法了。但知识分子,顶没法使之团结,以为民治过渡的梯子。关于此意,有一段话可作参考:

政权的公开与自由权的确立，是很不容易的事情。我们有参与政权的能力，政权才能公开，并不能因为制度规定的是公开，就能够公开。真正能从不公开作到公开的，还是靠人。人有能力参与政权，才可以作到政权公开；对自由有要求，自由权才可以确立。政权公开，自由保障，并不是什么人都行的；国家愈大，愈需要参与政治的人有知识——能够运用符号（文字），否则很难参与国家大事。有知识能运用文字，是不容易的事；在经济组织、生产技术、经营关系尚未进步时，没有替社会上的人腾挪出多余的闲空，（经济进步就是替人类腾挪多余闲空的，有闲空，一切的文化享用才能更进步；享用进步，则更有闲空，更有闲空，更能有受教育的机会，能有知识，会运用文字。）没法子让多数人都有受教育的机会。多数人没知识能力去参与政治，参与政治的只能是少数人。如果让大家都来参与政治，则一切生产都要停顿，如何能行？故此时政权无法真正普遍的公开。且多数人不会主张其自由，没有要求参与政治，你把政权给他，他也不会运用。事实上他没有知识，不会运用文字，如何能知道保障自由参与政权呢？故有知识有能力参与政权的只能是少数人。而少数人怎能得一个受教育的机会，有知识有能力呢？这在普通社会里是不一样的。在其他社会，是先由某一阶级——少数人垄断机会以求得知识参与政权，把政权操在他们手里。如西洋就是因为新兴资产阶级——经营工商业者，借着产业的进步，他们发了财，有了知识，有了能力，堪与旧统治阶级（贵族、僧侣等）相抗衡，于是不单让旧的统治阶级去垄断了。在当时他们说是把政权普遍的公开，而事实上只是一部分的公开，只落到他们的手里，可是他们也真配享用这个公开。在中国恰好不是如此。以前的中国社会是很散漫的,比较是机会均等的,没有一部分人能借着经济的进步开发了头脑,增进了知识,来要求政权的公开;在这一个社会里谁有机会受教育,谁有机会参与政治,是散漫而无定的。中国人优越的生活,多是直接从政治来的,这个意思就是说:中国没有工商业,其较有能力的人,他的优越生活,是借从政治的关系直接取之于多数人,不是自己有一种生业,靠生业生出来的利息,而得有优越生活。换句话说:就是用政治力直接取诸人民,不是用一种经济手段赚钱营利而得。(所谓直接取之于人民,我的意思就是说:借国家或公共的名义收捐敛税,名为办事,而事情亦就是他的薪水。)不是靠自己的生业得到生活优越,多半是依靠政权强取之于民,强取之于社会,此时讲政权公开则甚难。西洋是有一部分人——工商业者,自己有生业,不直接靠政权吃饭,所以他要求政权公开,是要求政权不妨碍他的生业,不妄加苛捐杂税。最低限度是要求保护他的事业,更进一步也许提出一种政策方案,要政府通过施行,借以发展其事业;这个事业,是他一行一业的,不是他个人的,所以这个要求即含有公的意思。自其只为一行一业要求而言,可谓之私;但一行一业,究非个人,故也得谓之公。所谓政权公开就是这么一个公开,——先公开于少数人。中国既没有靠其自己生业而得生活优越的一小部分人,故其有参与政治能力的人也就是得有优越生活的人,其优越生活,多半是借政治力强取而得,这个时候,他要求政权公开,并不是真的要求政权公开,他是想操政权,借政治机会来直接吃饭,不是要求保护稳固其原来的生业。这一些人,与其说他是要政权公开,不如说他是要垄断政权,此与西洋恰好是一个相反的情势。简言之:在西洋生活优越的人,另外有靠头;在中国要求政权公开的人,其生活另外没有靠头。故西洋人要求政权公开是为的保护其生业,发展其生业;中国人要求政权公开,则是想自己争取政权,把持政权。西洋人要求政权公开,是私中有公;中国人要求政权公开,则有私无公。工商业者求之于国家的是定一种法律,行一种政策;中国参与政治的人是为的自己生活问题。所以西洋是利于政权公开。中国则政权公开的结果,只让政权落在个人手里。在中国能力优越的人,不能自成一阶级,使政权先公开于这一小部分人,再慢慢地开拓到较大的范围;他参与政治,只是为的个人生活问题。如民国以后,屡次开国会,会议的情形,除掉议员政客的一些意气之争以外,多为个人的利害之争,而不能代表一个公的意思。他如果为公,就是很公的公;而此则与他自己不亲切。西洋工商业者,其一行一业的公是与他自己很亲切的。中国的议员,他代表不出一种公的利益,他所代表的除了极宽泛的与他自己不亲切的公之外,再则是其个人的利害了。而在这社会风气不好,享用日高,讲财利的心很盛的时候,没法使他讲不亲切的公,故议员多半是代表其个人利益。曹锟贿选以后,章行严先生曾有一篇文章说到中国不能行代议制,(章先生尝一度倡农村立国之论,而始终不得闻其详;仅在上海《新闻报》上发表一篇文章,说中国是农业国,没有工商业,所以不能行代议制度。)其如何立论,不大记得,仿佛有"荷包问题"的话。何谓荷包问题呢?是说在欧美一切议员政客,总都以他们的政党为大本营;政党皆以工商业的资本家为靠山,由资本家荷包里出钱，作政治活动。故议员政客一切人等之生活费，乃至一政党之大批选举运动费，均有所从出。不似中国议员政客生活全无着落，乃不能不以其个人生活为前提。所以历年来国会议员南播北迁，尤其是曹锟贿选前后，明白的视金钱为去就。政党的费用，也无不出于政治上的野心家图谋巩固政权或夺取政权而下的本钱。其病即在真正作政治活动的人背后没荷包。资本家出钱，纵然偏于为资本家谋好处，然其目的，私中有公，（多数工商业家的好处，非一个人的好处。）其手段尤须公开（法律与政策），其结果亦大家同蒙其利（工商业发达）。政治上的野心家出钱，则政治立刻陷于腐败、扰乱，可不待言。章先生这个意思，与我上边所说，话稍不同，而本一事（见《村治论文集》）。的确中国的议员没有一个阶级利益，只有代表个人的利益。

在中国有知识有能力的人，不能自成一阶级，让政权先公开于这一小部分人；他之所以参与政治，要求政权公开，多是想自己争取政权，把持政权，借政权来直接吃饭。此意从上一段话里很可以看得出来。

民治与阶级统治，本为相反。民主政治，照理论上讲原来是不要阶级；但民治的完成，阶级适为一个必要。关于此意，前已言及，今再引一段话为补充：

如果单从民治的道理来讲：一边是国家权力（团体），一边是个人（团体中的分子），每一个人都与团体为直接关系，团体算公，个人算私，国权不去压倒一个人的权，一个人的权也不去破坏国权,恰好作到公私疆界分明,势力均等的地步。但此乃是一个理想,现在不能真的如此。(这样的国家,将来或有,现在尚无。)实际上个人自由的保障,是要借着这个社会中的阶级势力或说是集团势力,去与国权抗衡;由抗衡而至于势力均衡,让两边分量均等,自由才能得到保障,并非个人直接与国权抗争而得。——近代西洋人之所以能够自由得到保障,即由于有一种阶级势力、集团势力,堪与国权抗衡,不是个人直接国权。代表国权的是一个集团,或说是一个阶级,集团与集团之间,势力均衡,然后自由才能得到保障,否则当国权过分压迫个人时,个人抗不了。

政权公开亦全靠阶级,须先公开于某一阶级,不能马上即直达于普遍的每个人。政权普遍到每一个人身上,这种事情,后来或有成功的可能,现在尚无;此刻政权公开是全靠阶级的。西洋近代民主政治的成功,即借阶级作梯子,以过渡到真正的民治——现在只能叫准民治。在西洋原来政权是操于贵族僧侣之手,因为事实上有了公开一点让新兴阶级——工商业者参与政治的必要,于是即把政权先公开于这一部分人,然后再慢慢的扩大范围到大多数人,由限制选举(如妇女的限制,财产、教育程度的限制,职业的限制等)到普选。但是中国所苦的,原来是皇帝作主,没有成功议会,没有确定参政的范围,皇帝一倒,差不多是人人平等,都有参政的权利;而社会上又没有因宗教或种族等关系所成的团体,完全是散漫的,那么,若把政权公开给这一般散漫的人,一定没办法。西洋是因为产业的开发,经济的进步,人民渐有参政的要求与能力,政权可以开放了,然后才开放一点,让社会更进步(经济进步，人民程度提高）一点；社会进步一点，政权再开放一点，如此渐次慢慢开放到大多数人；先由不民治到少民治，再由少民治到多民治，这种开放，是多么稳健！而中国人口多，无组织，程度又低，若把政权马上公开给这许多无知散漫的人，如何能行？

自由保障，政权公开，皆须靠阶级为过渡的梯子，中国既无阶级势力，故民治不得成功。

我们结束以上的话：以上是讲中国第一次政治试验的失败，中国社会原来即不成为两面，自清室倒后，更没有了可作社会中心的阶级，知识分子也因种种关系，不能自成一阶级，大多数人更是无知散漫不能结合。无阶级则与西洋民治所需条件不合，西洋那种准民治（或说寓民治于阶级统治之中）的办法，在中国事实上没有依据。中国根本缺乏阶级，所以准无可准，寓无从寓。民治不成功，乱了好些年，恰好俄国革命成功，于是又引起来中国作第二次的试验。

第二次政治试验的方式，是翻过来的阶级统治，原来在下头的，现在在上头了；原来在上面的，现在在下面了。但他仍是一个阶级统治，——俄国的无产阶级专政，很清楚的即一阶级统治，不过现在是无产阶级统治，不是原来的那资产阶级统治而已。这一个阶级统治，他用武力是很显明的，不似以前所说“准民治”之用武力是隐晦间接而不显明的，大家都按照表面公平的法律解决问题。俄国所用的方式，则是直接用武力，很清楚的是强有力的阶级统治，一点也不隐晦。这一个方式，很像封建阶级的统治，——封建阶级就是很清楚的直接用武力统治，统治者是一特权阶级。俄国的统治者也是一个新的特权阶级，直接用武力，一点不讲法律；如特务队之侦察逮捕反动者，不经审判即可枪毙。凡是从前资产阶级、知识阶级一切权利自由都被剥夺；如美国式的自由平等的风气，在俄国完全没有。工人权力优越，共产党员权力更优越，他们成了特权阶级。但他并不以此为合理，他是要以此为过渡；亦即因有阶级武力才有交代，非有比较稳固的集团势力把握住这个武力不可。现在中国要想学此办法，但中国社会无阶级，原来是散漫的不成两面，清室倒后更分为无数面；既不成两面，让他翻过来，实无可翻，翻些什么？所谓中国社会下边的一面，——农民与手工业者，散漫得最厉害，自己绝不能结合，天然不能成一集团势力。更要紧的，中国革命天然不是一个自下往上翻的革命；如果问题是社会内部自发，则可如此，但中国的革命问题不是内部自发，故不是自下往上翻的革命。中国问题发动自外——中国社会改造运动，是因为受了世界潮流的影响刺激后，上面先动起来而领导着下边去改革；而不是因为上面压迫下边，下边有了力量，于是起而推翻上边的一回事。

由上述两层之不同，国民党乃成为一个主观的党，社会上并没有一个力量督促他，没有一个反面的力量来逼成他；尤其是这一套原来是西洋社会的东西，——西洋社会机械性强，他的力量处处都是反面逼成，没有反面的力量逼迫，一定无成。这顶需要反面力量逼成的一件事，而在中国完全找不到这个反面的力量，并没有一个反面力量逼迫着国民党让他自己团结，也没有一个力量逼使他往一定的方向走。外面没有拘管力，没有督促力，所以成了一个空荡飘浮主观的东西。他处处模仿两面，一面自己要有阶级基础，一面要有革命对象，才好斗争，才好打仗；无奈他始终找不到革命基础。

其故我们可以分两层说:一是农工散漫不成阶级,而且社会改造的发动力量不在他,所以他不能成为革命基础。一是十三年改组后的国民党,他极力想吸收农工作其党员,借被压迫民众的力量督促他往前走;但实际上党的本身都还是知识分子,被压迫民众如能成功一个力量拘管他,督促他,那是最好。即不然,知识分子本身有办法,能自己团结也好办。可是中国的知识分子都是自由、浪漫、散荡、个性强、浑身上下净是反团体的习惯,他那种大爷脾气,叫他成为一个结实团体,遵守铁的纪律,是不可能的。而翻过来的阶级统治,又正是强制干涉极严厉的,与中国的风气恰好相反,这使中国的知识分子如何受得了!翻过来的阶级统治,完全靠先有结实的团体;中国既没有结实的团体,强要学他,所以学成了笑话!在《中国民族自救运动之最后觉悟》一书中,我曾引罗素的话:

在大战时,人们讥称严格主义为普鲁士主义;现在称之为布尔什维克主义。我承认我对于这种观念抱同情;并且有见于中国,而这种同情越发深厚,——因为中国是最优游自如的民族。

我下边又说:

布尔什维克主义(严厉干涉制裁的生活)方且为欧洲人所不惯;其于数千年生活习惯正相反的中国人,更当如何?不问可知,是调融不来的。乃今之革命者昧昧焉从其主观一时的贪慕(贪慕隔壁人家之工作紧张、行动敏捷、抑压反动之有效),妄欲以之规律党员,钳制异己,施行于此顽皮的老社会;

卒之本身先行不通，党内先行不通，更说不到一般社会。原想党员无自由，党以外被统治的一般人民更无自由，唯党有自由；卒之党员自由，一般人亦自由（虽有时受残虐干涉），反而党倒不得自由！——以其分裂牵掣，麻木不灵故也。不顾历史，不察人情，宜有今日，夫何足怪！

中国人根本不能成功一个团体，何况于党？所谓党，有名无实，只见个人而不见党。所谓党治，便须先有党；没有党，哪里有党治？党不治只好落到个人治！有人指说："十九路军是私人的军队。"哪个军队不是私人的？武力根本没处交代，只好交给个人。说什么武力交予政府；政府是句空话，还不过是个人。中央党部如果能是个团体机关，不为一二人所操纵，则一切自有交代。今既不能成为团体，谁上台谁把持政权，则军队不能不归落于私人。这并不是先有了个人，才没有了党；而是根本没有党，才露出个人。没有反面的力量，是国民党失败的一个原因；中国知识分子太散漫放荡，也是一个原因。前年南京开内政会议时，因讨论地方自治，说到如何开乡民大会，熊式辉先生极力说会不能开，他说："以我的经验：在开会的时候或者是没有人，有人也开不好会，只有打架！"晏阳初先生就说："我知道你那里的农民开不好会，因为你没办平民教育。"熊先生又说："不然！不是程度低的问题，实在说：我们中央执行委员会的会议就没开好过，不要说那些农民。"团体非会开会不可；会开会，则大家可以讨论决定一个方向，共同遵守；否则没有真正的讨论，落于一二人把持，不成其为团体。

关于中国不能成功党治的意思，我想再补说几句：

党照例是要有背景，不是因为大家的思想相同，就能成功一个党。若只是共同信仰三民主义,便要成功一个党,这种主观的梦,只是爱讲理的中国人才做。在外国则每一个党,都要偏于或同种族或同阶级或同宗教或同语言等,原来就是一个团体,一个集团势力;若仅以空洞的信念相同,就成为一党,事实上没有可能。无所代表,无所不代表的党,非散漫矛盾离奇动荡不可。毫无背景,无所代表的党,则结果只见个人不见党;因为真能成功党,才见党而不见个人。现在的情形就是因为党根本没有形成,所以没有党的专政,只见个人的专政。个人专政,大家不承认,自然要打架;但结果仍不出乎个人。因事实上缺乏成功党的条件,所以无论如何是不行。所以不可能的原因,即无法保证能有一种力量让大家团结,(我常说:天下事不成于主观的自动,而多成于反面的逼成。我们这个时候就缺反面的逼迫力。)无法保证成功一个集团势力。再则亦无法保证此集团势力的用力方向——方向不明确,力量不知往哪里用。革命党虽然意识是革命,可是因为没保证,说不定就走往反革命的路上去;没有反面的东西逼迫着他非革命不可,就很容易走到不革命的路上去。反面的力量找不着,则无可靠;无可靠而只靠主观的高兴,则此党第一层因为没有保证,便容易散;第二层因没有保证,便容易变。关于这个问题,我是分三点说:第一阶级基础难;第二革命对象难;第三理论统一难。党治的办法,本来是利用物理学上机械的装置,以推进社会;而中国社会组织构造是超机械的,没法有一机械的装置,故党治不能成功。

两度努力建立国家权力都归失败,他的缘故,最实在的一句话:就是因为中国没有阶级,没有集团势力,所以政治上完全无办法。人类社会至今尚都是武力统治;而武力统治无不靠阶级。中国则只有统治者而无统治阶级。既无阶级可靠,故使中国政治无办法;政治无办法,更让中国不能成功阶级;二者循环相因,中国乃完全无办法。

以此刻的中国与过去的中国比较,过去的政治,不像统治而像以教化维持。近几年来,一切事情都要靠国家政府去做,政府举办许多新政——此则需要大的国家权力,渐走往统治里去;再从国际的压迫、国内的纷乱看,也逼着中国走统治的路。但统治即须有两面:中国既无两面,故统治不能成功。

丁　社会事实与意识要求不符合

第四层:国家权力建立不起的缘故,是由于现在我们中国有一个大的不调和,或曰不符合,即我们主观意识上的要求,与客观的社会事实不调和。社会的事实如此,而我们的要求如彼,差的甚远。

本来社会的秩序(包含社会上一切法制礼俗),是跟着社会事实来的。(这个事实,经济很居重要。)社会秩序无非是让社会事实走得通的一个法子,所以秩序与事实是要符合的。我们的意识要求,也常常与秩序与事实是一致的相符合的。因秩序就是一个是非标准,含有价值判断在内,普通我们的意识要求即视此为标准。总之,意识要求、社会事实、法制礼俗,三者都要调协。照普通情形说,三者不会相离很远;不过有时候事实有了进步或变化,而法制礼俗还未改变,事实不同于前,而秩序尚依然如旧,两不相符,发生问题,则意识就会出个主意,来调整一下,另外变通安排一下,使秩序复与事实相符。平常都是如此,秩序随事实转变。但有时事实已与从前很不相同，而秩序一些未改，秩序对于事实成了一种强硬的桎梏，则突然爆发，把旧的秩序推翻；此即为革命。革命的爆发，多半是因两面的；一面用死劲地拥护老秩序，压制那一面；而事实上那一面力量已大起来，压制不住，乃爆发而突破了旧秩序。此时意识也是两面，各有阶级意识而无社会意识，对秩序与事实的不调和不能作调整工夫，故革命爆发。我们所说的意识要求、社会事实、社会秩序三者，或相调和；或者秩序与事实少有出入，由意识主持，慢慢修改；或者意识不能作调整工夫，致爆发革命；都是常例。**独中国现在的情形，乃在三者之外！**

我们先这样讲：中国现在是一个社会秩序大改造的时期，社会秩序大改造，即可谓之革命；可是中国现在的革命不是社会内部自发的，不是因社会事实改变，而秩序没改，成为一种障碍，起而要排除障碍的一种革命；事实并没有什么大进步，非真有不同于前者，论理他的社会秩序并无改革的必要；然而从意识上（此意识是社会的非阶级的）忽然要求秩序的改变，不是从事实上逼着秩序改变，只是从意识上要求秩序改变，岂不是用不着？岂不是奇想？所以作此奇想者，乃是从外来的刺激，引起了他改变秩序的要求。在《中国民族自救运动之最后觉悟》中我曾经说过：

> 照我的分析研究，现在之中国问题并不是其社会内部自己爆发的问题，而是受西洋文化势力（欧美并日本皆在内）压迫打击，引起文化上相形见绌之注意，而急求如何自救的问题。大家要注意，中国社会内部并不是没问题——至少满洲统治者是一个问题。但若东西始终隔绝，中国还是中国，不受西洋文化的影响，即有问题爆发出来，其性质、其形式也必非

如现在这样。他将为旧日历史重演，而必不会有新的民主革命、民生革命、共产革命。现在之中国问题，发自内部者轻而来自外面者重，或也可说由外面问题引发内部问题，并以外来的新形式演之者。孙中山先生的三民主义，颇能点出中国问题的内涵是些什么。其民族主义就是外面问题——民族对外自求解放。其民权主义与民生主义，就是内部的政治问题与经济问题——虽曰内部问题，而实从外面引发的。所谓“外面引发”，具有三意：

一、受外面的压迫打击，激起自己内部整顿改造的要求；

二、领会了外来的新理想，发动其对固有文化革命的要求；

三、外面势力及外面文化实际地改变了中国社会，将其卷到外面世界旋涡来，强迫地构生一全新的中国问题。

因此，其所谓政治问题、经济问题，乃含有多分世界新性质，而不能不与外面相关，直可说成了世界问题之一部分。问题虽如此具有外面性，然而语其问题之如何解决，乃又重在内部。外面迫害所以有不可抗之势，及新理想为什么使中国人对固有文化起革命，乃至中国为什么不能改变推动外面世界而被改变于外面，被卷到世界上来，胥由自家文化的特殊性与其很大的缺欠而来。唯有将内部文化补充增高，使其物质与其人渐得跻于外面世界水平线的程度，是其问题解决所必要的工夫，而断不是以排开外面迫害为解决的。说到此处，使我们想起胡适之先生于打倒帝国主义不置意，而独创其五大魔之说，虽立言不免稍笨，而正非无所谓也。本身的缺欠，与外面相形而益见。中国人于其固有政治、固有经济，初未必到了不能安不能忍的分际；其所以成为问题，实有文化改良、文化提高之意义与其不得不然之势在。故我以为中国问题的内涵，虽包有政治问题、经济问题，而实则是一个文化问题：——文化本亦可概括政治、经济在内。

中国现在的革命——亦即社会秩序的改变——与先前所说的三个常例都不相同，所以又算是第四个例，普通秩序改变很少如此。中国革命是因外来影响刺激太强，引起了自己的意识要求，一下把旧秩序推翻，要再建造新秩序，而新秩序又建造不起！此其故即因意识要求与旧有事实不符。如为内部自发，则意识要求从社会事实来必不能相去很远，把旧秩序略为改变，三者即符。但现在不然，意识要求是自外引发；如民主政治，只是意识要求，并非事实必要，事实上并不需要自由和政权公开。西洋新兴阶级要求政权公开、自由平等，是事实上的需要；而在中国旧的秩序中，多数人正不必有此要求。这种要求，完全是一般知识分子的空想，与事实初不相干。事实如此，而要求如彼，秩序乃建立不起。民治不成功，再来一个党治；而党治也是从外来的，不与自家事实相符，故亦不成功。换言之，假使中国不与西洋相遇，外面没有什么民治党治可以模仿，单就自己社会现有的事实想办法，必然差不多。现在意识要求破坏了旧秩序，想要建立新秩序；而新秩序又以无社会事实为根据，而建立不起。旧秩序破坏，新秩序建立不起，乃为我们此刻的真情实况。我常言：中国现在是没有秩序，不是有一个不平等的秩序。为什么没有秩序？就是因为社会事实与意识要求合不到一块儿。如果大家要问：怎么样是合乎中国现在社会事实的秩序？我的回答：**那就是现在的这样！现在的这样局面顶合乎现在的事**

实；但却不合乎意识要求，未免太不能使人甘心接受，所以大家都不承认他。可是虽不承认他，他却合乎事实！此时我们牵就意识要求，即不合乎事实；牵就事实，又不合乎意识要求。要的不能有，有的不愿要，多么为难！这种情形，即因秩序推翻乃自外引发，非内部自发之故；要求自远处来，事实是家里的，怎能相合？所谓要的不能有，有的不愿要的情形，举例来讲，即军阀问题——现在凡是关切中国问题的人，多半痛恨两个势力；一是帝国主义，一是封建军阀。我也不能不痛恨。但大家以此为革命对象，则为错误。关于帝国主义非革命对象之意，大家可看《中国民族自救运动之最后觉悟》一五八——六二页的一段话。自一六三页起又讲军阀不是革命对象，我们看：

> 军阀果为正确的革命对象否？照我的回答，军阀不能成为革命对象。欲说明此意，须得先说明如何方为革命对象；而更先要说明何谓革命。革命是一社会根本秩序的推翻与改建。然在人类历史上，秩序与国家二者几乎是不可分离的。先乎国家，是秩序之义殆尚未见；后乎国家而存在的秩序（无国家的秩序）则犹期待于理想之未来。自今以前，人类社会所有的秩序，没有不是靠国家权力维持的；而所有国家没有不是武力的统治。秩序一词包含法律制度、礼俗习惯，乃至其他类乎此的东西。当然其所由维持不全持武力；而武力每为后盾。革命就是否认秩序，否认这秩序背后根本的最高权力；所以革命就必是国家内里面的事。前言民族间可以有革命，国际间则没有革命，其意即在此。而革命恒要以暴力行之，亦就是为此了。我们虽然可以分别反抗异族统治的为民族革命，争求

政治自由的为政治革命,要求经济改造的为经济革命,但一切革命实际总是一个政治问题。因为实际都是要推翻那一种秩序统治,而重新安排过。因此,革命对象主要在对那秩序,其次乃对人。类如朝鲜人要推翻日本所加于他们的那种秩序统治,如其日本放弃那种统治,就没有问题。不过日本人总是要拥护维持那种统治的;朝鲜人乃不得不以日本人为革命对象。经济革命并非要杀尽资本家;政治革命并非要杀尽皇帝贵族。不过一种秩序不利于这一部分人的,恰好即为那一部分人所凭借而存在;他要推翻,他要拥护,就发生了对人问题。绝没有单单对人的革命。像中国从前的改朝换代,张家倒了,李家出来,没有社会秩序(组织制度)的根本变革,都不算革命。——那只是中国历史所特有的一治一乱的循环圈。

如果我们在上面所说的话不错,则我们将问:军阀是人的问题,还是秩序的问题?我敢决定说,不是秩序问题。我们遍查中国国家法律制度,没有军阀这一条文。从民元的《临时约法》一直到今天国民党的法律,谁也不能指得出军阀是根据何种法制而产生,是凭借那部律条而存在。反过来看,很明白地正因为军阀而国家法律失效,而社会秩序破坏,他恰好是与法律秩序势不两立的东西。我早曾说:

中国今日正是旧秩序破坏了,新秩序未能安立,过渡期间一混乱状态。军阀即此混乱状态中之一物,其与土匪只有大小之差,并无性质之殊。(土匪扩大即升为军阀,军阀零落即为土匪。)**他并不依靠任何秩序**(如贵族依靠封建制度,资本家依靠资本制度)**而存在;而任何秩序乃均因他之存在而失效,而不得安立**——约法因他而破坏失效,党章因他而破坏失效。

他的存在实超于任何法律制度之前。他可以否认他自己的合理，承认他自己是社会一危害物，而于他之存在依然无伤。

这里要注意的：他固然于民国的新法制上无根据，并且也非从社会旧秩序传统存在的；他固然于法律制度无所凭借，更且无借于道德观念或宗教信仰。在一九一一年革命时，我们心目中毫不知军阀这东西，亦且绝未听说这名词，明明是入民国后的新产物；故不得云传统存在。社会上的道德观念和宗教信仰，向来有与国家法律制度协调一致的必要。因为法律制度除了有武力作后盾外，更须理论拥护，使他成为合理的。这在喜用阶级一词的人，就谓之阶级理论。例如日本天皇的神圣尊严，不但宪法上有标订，道德上、宗教上的维系力更大。乃今日中国的军阀偏不如此。社会人人诅咒军阀，他毫不为意；甚至他自己也应和着诅咒军阀。从来不见有这样的反阶级理论。这就见他毫无所借于道德宗教的维护。这就证明他并不立于一种秩序之上。

我们为什么于此研究军阀不是革命对象的问题？因革命对象必是秩序，我们想说明军阀不是秩序，以证明中国现在是没有秩序。何以没有秩序？即因要求与事实相远，产生不出来。我们继续看：

军阀既不是秩序问题，难道是对人问题？这也不然。反对军阀，殊非单对某何人而实是反对政治上这一种格局或套式。政权附属于军权，军队俨若属于军事领袖个人所有，此一种格局或套式如其不仔细分别的话，就谓之一种制度也无不可。他盖为社会阳面意识所不容许，而又为社会阴面事实所必归落的一种制度；故不得明著于法律，故不得显扬于理论，故不得曰秩序。然以其事实上的必要，故二十年来千方百计欲去之，而辗转卒不出乎此局！于是要问：此社会事实与社会意识之间，何为而不相应如此？以常例言之，则一社会中其意识恒为其现有事实所映发者；其事实又恒为其意识所调整而拓展。二者互为因果，息息相关，不致相远，此社会秩序所由立也。假有社会事实既迁进而秩序未更，则发为革命。革命之发作与成功，莫不有新事实为根据，亦莫不有新意识（革命意识）为先锋，否认旧秩序，要求新秩序。新秩序此时盖既伏于新事实而萌露于意识之上，绝未有事实所归落与意识所趋向两不相应，如中国今日者。是则由社会事实以演自中国数千年特殊历史者为本；而社会意识以感发于西洋近代潮流者为强；二者固大不侔。所谓中国社会问题原非发自吾民族社会之内，乃从外引发而来，实为革命之变例。社会内部自发之革命，大抵因新事实而有新意识；意识事实一致同趋，其著成新秩序也不难。从外引发之革命，意识与事实不侔；旧秩序既以不容于新意识被排而去（一九一一年革命）；而新秩序顾又以缺乏新事实而安立不起来。在此两夹间中，意识拗不过事实，就归落到军阀之局。为中国革命对象的中国社会旧秩序，早随满洲皇帝之倒而不存；此不成秩序之军阀制度固革命的产物，非革命对象矣。他唯以无新秩序起来替代，故**暂时消极存在耳**。他不劳再否认；——因**他并没有被承认**；他不劳再推翻；——因他并没有建立。但盼望社会如何产造出一个替代的东西便可。说到此处，我们可以看出革命家以军阀为对象，而施其武力破坏之功的错误。

因为中国今日是无秩序，所以不能用暴力革命，**所以我们否认一切在民族社会内的军事行动**。中国此刻要紧的是培养新东西，新东西长成，旧的自然脱掉，性急的人，徒自着急，益使乱局延长耳！

借着军阀问题，让大家更清楚此刻中国人意识上的要求与社会现有事实不合。我们讲明军阀不是秩序，他自己本身不借法制礼俗而存在，且为破坏法制礼俗的，他自己也否认他自身；此即证明军阀非为大家意识的要求，其要求乃别有所在。但其要求所在，却以不切近社会现有事实不得成功；而与社会现有事实切近的，又非意识要求所在；在此两夹间中乃产生了军阀。最切合中国社会事实的是我们老的秩序，而自有了外来的东西引诱后，我们在意识上否认了他。旧的去了，新的未有，此时的中国人，好像上也上不去，下也下不来，上下不相接。军阀原是不成东西的东西、不成局面的局面，他不是秩序，故不是革命对象，只是疑似而实非（天下事每在疑似之间），若真个拿他作革命对象则为大误！军阀只是消极的存在，完全有待于新的秩序起来以代替之。

旧事实仍存在没进步，新的秩序乃建立不起；没有接替的东西，当中便落了空。中国此刻的情形，就是"前不着村，后不着店"，青黄不接的时候，军阀才由此产生。我们所以从事于乡村运动以培养新事实，产生新秩序者，着眼点完全在此。因为必如此军阀局面才能消灭。这完全是根据我们对于中国问题的认识，我们认为解决中国社会问题的工夫，就应当如此做法。

戊　中西精神之不同

第五层：这是末后的一层，是个比较深细的意思。一社会的组织构造是很实在而有力量的，可是你若仔细看的时候，在一社会的组织构造之中还有一个顶根本顶要紧的地方，就是这个社会里头的人的一种神情态度。这个神情态度也可以说是受其社会组织构造的影响训练而成，但也可以说是社会组织构造的构成是从人的神情态度而来的，二者互为影响，无从分别孰先孰后。所谓神情态度是说：人的一动念是如何动起？用心思往哪里用？我们也可用这样简单的两个字——精神。不过我们所说的这个精神，并不是空空洞洞的东西，而是有所确指的。国家权力之所以不能建立，最根本的缘故，即在于此——精神的不合。中国之所以乱，所以没办法，就是因为中国人的神情态度与西洋人的神情态度得不到调和，彼此之间，很有些距离，找不出一个可以彼此沟通之点。如果西洋人那一点能替代了中国人那一点，也无问题；可是西洋人的那一点与中国人的那一点恰好矛盾，老是找不出一个调和的地方。大体上说，现在中国的旧精神很受新风气的压迫；可是虽受压迫而并未屈服，表面上是新的风气占势力，实际上并不是一个新的风气的立得起来，而只是旧的风气的立不起来。这个意思已是说到了最深处。——不是我们故意说到深处，实是中国社会已崩溃到深处，已根本动摇！既是崩溃到最后最深的地方，所以我们去分析讨论的时候也非得从根上找一个解决不可。换言之，社会既已崩溃到最后最深，我们的建设亦不能不从此根本最深处起。要从其矛盾不通之中,找着一个相通之点,而理其头绪,然后新的组织构造才有根基。《中国民族自救运动之最后觉悟》自一一五页*起,都是从政治制度讲中西精神不合的意思。其中指明中西精神不合者有四:

所谓精神不合者其一——

中国人和西洋人,在人生上是迥然不同的两样态度、两副神情;——这是我们先曾一再说过了的。态度神情之间,其几甚微;而天下大事正须于此取决。如我所说,不同之文化实源于不同之人生态度,西洋近代政治制度之辟造,虽有种种条件缘会之凑合,然语其根本,则在其新人生态度——这亦是我们先曾一再说过了的。试看英国宪政是如何一步一步始得确立;法国革命是如何一次再次始得成功;以及其他各国革命史,就知参政权是怎样争讨而得,个人自由是怎样反抗而得。若不是欧洲人力量往外用,遇着障碍就打倒的精神,这"民治"二字,直无法出现于人间。他不但要如此精神乃得开辟,尤其要这个精神才得维持运用。我们不是说过欧洲制度的妙处,使你为善有余,为恶不足,不待人而后治么?但他这种妙处,必要有一个条件才能实现,就是各人都向前要求他个人的权利,而不甘退让;如其不然,必致良善者受害,而恶人横行,善人为善不足,而恶人作恶有余,虽有圣人,不能为治。因为这制度里面,即以这制度本身(宪法及其他)为最高,更无超乎其上的来维持,而运用他;其赖以维持而运用者,即在此制度下

* 见《梁漱溟全集》卷五第117页。——编者注

的大家众人;又非要待大家的热心好意来维持,只是由大家各自爱护其自由,关心其切身利害而维持,而运行。如果不是大家自与其本身有关的公共利害问题而参加,则大权立即为少数人所窃取;如果不是大家自爱其自由,而抱一种有犯我者便与之抗的态度,则许多法律条文,俱空无效用;这是一定的。态度神情实为生活习惯的核心;而法律制度不过是习惯的又进一步,更外一层。自其人之态度神情以讫其社会之习惯法律制度,原是一脉一套,不可分析。法律制度所以为活法律制度而有灵,全在有其相应之态度习惯;虽视之无形,听之无声,其势力伟大关系重要固远在形诸条文者之上。但中国一九一一年革命后则徒袭有西洋制度之外形,而社会众人之根本态度犹乎夙日之故,相应习惯更说不上。所以当共和成立以后,十年多扰攘不宁,一般人说这都是大家太爱争权夺利的缘故;我则喜说这正为大家都太不爱争权夺利的缘故。此话看似有意翻案,而其实在当时正是一点真的觉悟。……

我前答张君廷健云:"即在讲《东西文化及其哲学》时,我还没提到'民族精神'这句话;'民族精神'这一回事在我脑筋里本来是没有的。"盖正指此时。此时盖犹以为中国人态度纵与西洋不同,而参取含融,稍变其故风,宜无不可。故于《东西文化及其哲学》全书总结,论"我们今日应持的态度",有云:

我们此刻无论为眼前急需的护持生命财产个人权利的安全,而定乱入治,或促进未来世界文化之开辟,而得合理生活,都非参取第一态度,大家奋往向前不可;但又如果不根本的把他含融到第二态度人生里面,将不能防止他的危险,将不能避免他的错误,将不能适合于今世第一和第二路的过渡时代。

我们可以把孔子的路放得极宽泛极通常，简直去容纳不合孔子之点，都不要紧。儒书有一句“极高明而道中庸”的话，我想拿来替我自己解释。

呜呼！由今视之，这直是糊涂！是徒见夫此制度之有需于中国人之改其态度，而未识乎中国人态度既有其不可改者矣。语曰：“江山易改，本性难移”，此特言其难耳；更翻过来极言其不难，虽曰初无本性其物，亦何不可。然于此有一大原则焉：改移而上，可也；改移而下，不可也。迨吾见夫西洋风气进入中国以后，中国人精神之弛散懈败陵夷就下，至于不可收拾，而后憬然有悟中国人态度有不可改者已。中国人一般的态度是安分守己；——这是最标准的态度。由此而上，含藏着更高明的人生思想、更深厚的人类精神，说之不尽；由此而下，便流于消极怕事、不敢出头、忍辱吃苦、苟且偷生等习惯心理；——一言以概之曰，“不争”。使中国人从其文化之稚愚而不知争，或欲争而不得，其消极不前徒为习气之陋也，数千年生活至今而犹未望见西洋人近世之所为也，则设非奇蠢至愚之劣等民族，或民族衰老不堪再造，其必于新风气之来，有**一种新精神之勃发焉**；其必于民族生命上开一新生机焉；纵以制度不相习，骤难得其运用之道，而**瞻其气象当不同焉**。然而验之二十年间眼中事实果何如哉？吾是以知其有不可改者。质言之，中国人之“不争”，固自有其积极精神；以视西洋人之“争”，在人生意义上含蓄深厚，超进甚远；乃欲降而从西洋人之后，将无复精神可言，并不能有如西洋人之精神。**向上求进，其势若甚难；然是生命之自然要求，进必有所就降而求退，其势若甚易，然退则坠焉，不能复有成就矣**。故曰：改移而上，可也；改移而下,则不可。

原来中国人数千年生存至今,自有其妙理妙用,就是各自消极节制,而彼此调和妥协,适与西洋人之往外用力,辗转于彼压迫、此反抗,或相抵消而剂于平者,其道相反。此其形著为中国文化的特征者,莫若其"不像国家的国家,不要政治的政治";莫若其人权虽直至于今树不起保障,不能比于任何国民,而自古即有比任何国民更多之自由。吕新吾《呻吟语·治道篇》有云:"为政之道,以不扰为安,以不取为与,以不害为利,以行所无事为兴废起敝。"

其言实代表一般人之言,非个人之独见。与此消极无为的治道相应者,即其散漫地自生自灭的社会众人之安分守己的态度。如我前在《中国民族自救运动之最后觉悟》一文所说者,其社会已构成一个"自天子以至于庶人一是皆以修身为本"之局;士、农、工、商以及天子,每个人心思力气还用诸其身,以求其各自之前途。其社会秩序、人生幸福皆于此得之,故数千年相安而不改。如或乱作而生民苦,则以为有失于是道,务求所以循归之,盖无有异议者。于是所有人生思想、人类精神,悉向此途以发挥,高明深厚,有说之不尽者,并以蔚起而陶成。即其处己有以自得,处人仁让谦礼,于人生意趣之所进诣,已远非近世西洋人日以逐于外、争于人者所能梦见。两者相较,此实为更需要精神上努力自强之一种人生。虽若邻于消极,正非不用力——**其用力弥大而不形**。其有所谓消极怕事、忍辱偷生等习惯心理者,力不逮于是而不能不敷衍乎是,乃不免为下等习气之流行。抑吾既言之矣,中国文化本乎人生第二态度以创造去,而不能不为其物质上之不进展之所限；是即所谓人类文化之早熟，其形态间不免时现幼稚。行于其社会间之种种习惯心理，论者以比于所谓宗法社会、所谓封建社会者，亦未云全非。一社会习惯与制度所为范铸以成，固必应于其社会生活之所需切，社会生活又必有其物质的基础也。无识者动辄曰，是专制帝王之所为也；专制帝王其何能有为？与其曰专制帝王之所为，毋宁曰中国圣人之所为。圣人其何能为？其言有当于人心，其所指示于人者既有效验而人安之也。是与其曰一二圣人之所为，又毋宁曰中国人之自为之。文化的特殊方向既萌，后之人皆于是竭尽其聪明才思，益为种种安排、种种教训，上而为精神，下而为习惯，以振以励，以濡以染。所谓"无有异议者"，事实所在，不得不尔；虽圣智有不能越，而别为计者已。"民族精神"一词宽泛用之，兼赅有力精神、无力习惯以为言，狭义唯指精神。以言中国人之精神有所偏，吾不能否认；以言多数中国人之习惯猥陋驯懦，视近世西洋人生有愧，吾不能否认。近世之西洋人生亦自有其一种精神；然而吾固尝评断之矣："这幕剧亦殊见精彩，值得欣赏，然而不免野气得很、粗恶得很。"使既造于深厚温文之中国人复返于粗野之为，有不可能已。上焉者诚有所不耐；下焉者将无所不至。吾民族生命数千年传演至于清代，民族精神浸已消涸；所谓中国人者，适当躯壳徒存，内里空虚之候，其将无所不至者，正在多数固宜。凡吾所有，虽上而精神、下而习惯，一切都与欧洲制度所需条件不合，眼前为碍的似尤在多数人的下流习气，牢不可破；但其真使中国人与这种制度绝缘的，则在有力精神之隐约仅存。如果单是陋习为碍，则从我们的向上心，非改除不可，亦没有不能改除的；当改除之时，即创造出新生命之时,——一切新生命皆以向上奋发为根苗。若有力精神不合,则无办法。因为要迁就这制度,不能不学着欧洲人向外争求的态度。这回视自家精神(现于意识上或隐于意识后)实是一种退堕,实在松懈萎靡下来,则**丧身失命**,就在**于此,尚何有于新生命之创造**?南宋以来之中国社会,正是患着文化上"无可指名的大病",生不得生,死不得死;其必待外力以推转开动之,而后乃有一新生命,固无疑。一九一一年的中国革命,原不是中国社会内部自发的民主革命;——此固于中国历史上永不能望见其开启之机者;而实为激于西洋文化的打击,由少数仁人志士、先知先觉所发起之一种借模仿以自救的运动。——此绝类于人之因病而求所以自药。药之,诚是也;然所以药之者,"高过我们固有精神的,便能替我们开新生机;若低下一些,便只益死机,在我们固不能由是开出新生命,即在他亦不得成功。"若欧洲近代政治制度殆犹非其选乎。

胡适之先生尝判东方文明的最大特色是知足,西洋近代文明的最大特色是不知足;是可与顷所云西洋人精神在争,中国人精神在不争者,互资参对。其警切语有云:"他们(西洋人)说:'不知足是神圣的'(Divine discontent)。物质上的不知足产生了今日钢铁世界、汽机世界、电力世界;理智上的不知足,产生了今日的科学世界;社会政治制度上的不知足,产生了今日的民权世界、自由政体、男女平权的社会、劳工神圣的喊声、社会主义运动。神圣的不知足是一切革新、一切进化的动力。"

不知足诚为西洋文化之原动力;知足则未可以赅举中国人之精神。又,不知足也、争也,其积极精神人得而识之;知足也、不争也，徒为负面之词，其积极精神不著。姑就知足论之。人原来是不知足的，初不待教的；其必转进一层而后有所谓知足。此时欲其复归于不知足，非复出于天真自然矣。不知足出于天真，则是一切活动之源泉，于文化之创造有勃焉以兴，沛然莫御者。然天下事唯人生不可以为伪。今曰**“我将求为不知足”；真力已失，勃焉沛然者不可得，将唯嗜利无厌之归而已**，无创造之可言。我初时亦何尝不想引进西洋不知足之精神，以奠民治之基，以应付这生存竞争的世界，**卒乃悟此徒为固有精神之懈弛，而西洋精神固不可得于我。**吾思之，吾重思之，中国人所适用之政治制度他日出现于世者，或于某一意义亦可命曰民治；然视欧洲近代制度固形神俱改，必非同物，此可断言者。

这一段的意思是说：西洋人是处处向外争求，力量向外用；中国人大体上则不是这样，他很能“自安”，对外面困难很能“耐”。西洋人对人对物都是向外用力，中国人不然，尤其对人，他的社会组织构造训练他非向内用力克己让人不可。在物质上，西洋上是偏乎不知足向外争求的一面，中国人则偏乎知足的一面。西洋人的法律制度亦从其向外争求的精神而来，且仍须靠此精神才能维持运用，此种条件与中国旧精神完全不合。中国人以一副老的神气学西洋制度，当然不成功。然则我们是舍掉老的神气去学新制度呢？还是就不要新制度呢？从前我主张改变了自己去学新制度，以后才自知错误。直至今日乃寻出二者相通之点，所以才能谈乡村建设；乡村建设就是从此相通之点去建设一个社会新制度。这是以后的话，现在不去细讲。

所谓精神不合者其二——

在欧洲政治里，一桩基本重要的事就是选举。像英国国会的选举、美国总统的选举，每届其时，都是举国若狂的奔走，其精神亦自有可爱处。然而只看他“选举竞争”四个字，就可想见其意味如何可怕了。绝无温恭撙节、顺序就理之致，而极有血脉偾兴、进力活跃之妙。人说西洋人是动的，东方人是静的，当真不错；实在使我们有望尘莫及之叹，学也学不来。所谓学不来者，在他是动而不免于乱（指选举中一切丑劣之态、暴乱之举）；在我们学他，将**只有乱**；而**说不上动**。盖所谓动者，必有一段真精神，一腔真力气，在那里活动始得算；非下流习气行尸走肉之动可冒算也。然而中国之动，将只有此；中国之办选举，其丑劣暴乱将过于欧洲十百倍，而此外无所有！

这是什么缘故？这就是为西洋人的行事，其中果含有高于我们的精神在，则我们可以学他；而无如其不然。我承认他的精神亦自有可爱可喜之处，但以视吾民族从来之所尚，则殊不逮我们精神之高明、之深厚。我们从来之所尚是谦德君子。谦者尊敬他人，佩服他人，而自己恒歉然若不足。人没有向上的心则已；果其有之，必自觉种种不足，所以自责勉者，恒苦莫能致、莫能胜；夫何能不谦乎？人不回头看自家则已；回看反省，则必自觉种种不足，而服善推贤之心，油然莫能已；夫何能不谦乎？谦则精神浑收聚于内而向上，斯则中国人之道也。由中国人之道则必谦，谦本是中国人之道；而西洋反是。我尝说：中国人照例应当是“鞠躬如也”，西洋人则都是挺着胸膛；善理会此两边的神气不同，则其所由途径不同可得之矣。中国而有选举也，其必由众人有所尊敬、有所佩服之心，而相率敬请于其人之门而愿受教焉。殆非“我选你为代表”之谓也；或“我帮你忙，投你一票”之谓也。而在其人则必退谢不敢当；辞之不可，或且逃之。——这不是做作，向上自强时时回省自己的中国人固真真如是。断不能炫才求售，以至于运动焉，竞争焉，如西洋人之所为。——西洋政治家到处演说，发表文章，运动选举，在中国旧日读书人眼光中，无论如何，是不能点头承认的。故中国人而为此，面上总有点不好意思，心里总要援西洋为例，强自慰解。此于向上自爱之意，稍稍懈下了！这便是吃紧关头，不可不注意者。开头，其几甚微，而其结果，则将无所不至。因人的精神之降下，是不会降到恰好为止，一降落便要落到底。中国议员愈到末后来越下流无耻，到一个万分不堪的地步，就是为此。故尔外国政治家，未尝不是豪杰之士，中国人而自比于外国政治家者，则都是不知羞耻的流氓而已。又所谓其几甚微，特就其个人心理言之耳。若自吾民族精神言之，则是大大离开固有涂辙，而早已失去向上努力之点；其不至于混乱稀糟固不可得。我敢断言：中国今后若仍照以前模仿那外国风气的选举制度，政治即永无清明之望，中国民族即永无前途开出来。中国人所适用之政治制度他日出现于世者，假犹有所谓选举也，必非这样个人权利观念的选举、彼此竞争的选举。

所谓精神不合者其三——

这一段的意思是说：在西洋制度里面，处处可见它是有意的去安排，以方方面面的力量，让它彼此牵掣，得一均衡，借此均衡来维持它的法律制度。它不是靠一个人的力量超乎法律之上来使法律有效，而是让许多个力量，都在法律之下，根据法律，互相牵掣、互相对抗，从而得一个均衡，法律借以尊威有效；这是西洋制度上很重要的一个原理。在这个上面让我们看出来中西人生态度的不同：西洋人的力量老是向外用，对人不放心，老是让你彼此牵掣，彼此防范；从这一点上讲，就与中国人的精神不合。按中国的老道理（古人的精神）总是心要放得平坦，放得空空洞洞，不存什么心，完全相信人、恭敬人，处处都是好意；存心猜度人、防范人，在中国古人无论如何是不能承认的，决不许可的。——此意可看前书一二五页：

> 欧洲人以其各自都往外用力，向前争求的缘故，所以在它制度里面，到处都是一种彼此牵掣，彼此抵对，互为监督，互为制裁，相防相范，而都不使过的用意；人与人之间、国家机关与机关之间、人民与国家机关之间，都是如此。这在他，名为"钳制与均衡的原理"（Principle of checks and balance）。所谓政治上三权分立，就是这个意思；其他之例，在政治制度上、在一般法律上，不胜枚举。中国人于此尤不适用。用在中国政治上，则唯有使各方面互相捣乱而已。记得十七年春上张难先生曾给李任潮先生同我一封信，说中国政治制度，以人性善为根据；西洋政治制度以人性恶为根据。在西洋总怕你为恶，时时防制你；在中国以人为善，样样信任你，赋予大权。因而深叹好人在今世之无法行其志。这话未必全对；不过在西洋制度里面，隐含着不信任对方人之意则甚明。有许多人指责民国元年临时约法专为防制袁世凯的不是；这或者有不是处。然

而在西洋制度里，一面抬你作总统，一面防制你，本是他固有精神，不足为异。然而这在中国民族精神里，是不许可的——在旧日涵泳于中国精神的人，定感觉出，而断然不许可。孔子所谓："不逆诈，不亿不信"；彼此既要共事，而一事未办，便先将不信任你的意思放在前头，而预备着如何对付你，这不是岂有此理吗？

然这在西洋自亦有其很深的理由：

（一）人本是自家作不得十分主张的。外面的形势机会容易为不善，不善之发生总难免；外面形势机会不易为恶，恶之成功总要少。明乎人类心理者，自知此实有深且强的根据。在立法者，并非有意以不肖之心待人，人实不可信赖故也。与其委靠于人，不如从立法上造成一可靠之形势故也。

（二）除非绝对不要法律制度，要法制就是不凭信人。因法制之所从产生，就是想在凭信人之外，别求把柄；则似亦不能独为西洋制度病。

（三）又，西洋立法如此，似是一种科学的态度。科学是讲一般的、普通的、平均数的；而少数的、特殊的则不算。法本是为众人而设，其不信任人，只是说看人只能从平均数来看；我固不能说你是坏人，亦不能说你是好人。

凡这几层，都有很长的意思在内，我们亦不否认。然而人类的精神，自有高于此者。诚有会于中国古人之精神者，则于此应当如何存心，应当如何表示，是可以想得出的。人类应时时将自家精神振作起来，提高起来——中国古语谓之"诚"，谓之"敬"，于国家大事，尤其要以全副心肝捧出来——出以至诚无二之心。彼此相与之间，就存心言之，第一要件是"信"，就表示言之，第一要件是“礼”——崇敬对方人，信托对方人，有极高期望于对方人。虽然你不一定当得起这样崇敬信托期望，而我之待你应如此；我亦不一定当得起这样，而你对我应如此。**彼此看待都很高，这才是中国人的精神**。必这样，中国政治才可弄得好；彼此感召，精神俱以提振而上故也。反之，此之待彼者不高，则彼自待及还以待我亦不高；彼此精神俱因而委降于下。无礼不敬，则国家大事一切都完了。这在西洋人也许不要紧，因为西洋人的精神要粗些——他于人类精神未造到较高较细的地步，从他的精神，不感觉到无礼，则亦无害于事。中国人则不能复返于无礼。即在今日，大家都像不觉得这是如何无礼，其实特未现露于意识上耳；其各自精神之弛散苟偷，则既不可言矣。即**此弛散苟偷便是对此制度一种否定**。故在西洋以收制衡之效者，在我乃适滋捣乱；天下事之不可相袭，如此。

所谓在西洋以收制衡之效者，大概有两大效果：一是其政治上运转灵活，不滞于一偏，而常有推陈出新之妙者以此；一是其人权能得保障，而不见摧于强权者以此。然而我们今欲得此于西洋制度却不可能。似此权力分立，相依为用，复又相对抗衡，各有所限，或互得为制裁，原是沿着英国历史不知不觉演成的事实；然后孟德斯鸠乃从而为之说；然后若美国、若欧洲大陆国家乃有意识地著为法律制度。即在后之取法设制者，虽非自然演成的事实之比，固亦有其相当的历史根据，或一种新兴气势可凭。一言以蔽之，西洋法律制度所为如此安排配置者，正为其事实如此，有在法律制度之前者。然在我们则何如？一点的事实无有可凭，而曰“我今欲如是云云”；但凭条文，期收大效，讵非梦呓！天下莫巧于自然，莫拙于人为。自分权标为学说而刻画失真，定为制度而胶柱不灵。今世仿行之，以支配运行其国家权力者遍于各洲土，察其政制曾非甚相悬，而政象之一美一恶、一治一乱，乃不啻天壤之殊。是其故，盖全在其制度或本乎事实之自然，或较近于事实，或离乎事实而徒人为之拙也。然若法之于英，南美之于北美，也不过仿行其制而事实有所不逮耳；犹未若事实根本相反而冒昧相师如中国之于西洋者，则其事不止于拙而几于妄矣！

何谓事实根本相反？造成西洋先乎法律制度而存在的事实者，是其个人主义、权利观念。但中国最大的事实则为伦理；一切事都在伦理关系中，其意义恰主于非个人的、义务的。——我前曾说过了：

伦理关系本始于家庭；乃更推广之于社会生活、国家生活。君与臣、官与民，比于父母与儿女之关系；东家伙计、师傅徒弟、社会上一切朋友同侪，比于兄弟或父子之关系。伦理上任何一方皆有其应尽之义；伦理关系即表示一种义务关系。一个人似不为其自己而存在，乃仿佛互为他人而存在者。

由伦理，而在中国人与人之间，乃无由萌生相对抗衡的权利平等观念。由伦理关系的推演，而在中国政府与其人民之间，乃无由形成相对抗衡的形势；从而更不能有拥护权利平等的法律，维持势力均衡的制度。然在西洋民治主义政治制度中，代表国家权力的政府与构成国家分子的公民之间，一种相对抗衡互有推动力互有制裁力的均势，实为必要。必如是，一面乃可有公共秩序与幸福的进行而国家权力的运用得其道，一面又不致妨碍分子的自由而其个性亦可得到发展。而西洋恰好以其具有个人主义权利观念而又能发挥之的新兴中间阶级,起而与旧日统治阶级君主、贵族、僧侣对抗,作成政治上两方面的均势;于是近代的"准民治制度"(对真正民治制度而言)遂以开辟实现。——这是在西洋制度背后之一根本重要的事实。

西洋政治制度的牵掣与均衡,完全寄托在各自向外用力上。各自向外用力,是近代西洋人的事实;这个事实也是种种关系演成的。如一千多年宗教的锢蔽、封建的压迫,一下子转过来,转得很猛;每一个人都主张他本性的权利,这个力量很大;其个人本位、权利观念都由此而来。把一切都看成契约关系,好像彼此间订了合同,事事都根据合同,争取他个人应得的一份;西洋因先有如此的社会事实,所以才自然演成它如此的政治制度。中国的社会事实是伦理本位的,以对方为重,以自己为轻,于此发生了义务观念;而这个义务又是无穷尽的,所以遇事必须克己让人才行。既是处处克己让步,就没法形成一种对抗之势。而在西洋则是先形成了彼此的防遏,彼此的牵掣,然后自由才能建立,政权才能公开。这种对抗的气势,在中国造不起来,故无办法。气势已难造成;更难造成的是集团势力,因为集团势力是要从历史上慢慢的推演而成的。没有对抗的气势,没有集团势力,遂使西洋制度在中国永不得成功。关于这个意思,大家可看前书一二九页:

中国以文化迈进于一特殊方向——无宗教而有"伦理"向人生第二问题第二态度以趋——其经济顿滞不进而封建制度顾早得解除;其社会形态乃极殊异之致;密于家庭,疏于社会,而几无所谓国家；贫富贵贱转易流通，几无所谓阶级；彼此相与之间松软温和，几无所谓压迫。如是散漫无纪、流转不滞、软和无力的人群社会，其阶级对立的形势根本不可见，则求其如欧洲有中国阶级之兴起以与统治阶级抗争扯平，作成政治上两方面的均势，更无自而有；而由封建社会以经济进步所蜕出之准民治或初步的民治，当然不见于中国。此就欧化未入中国时之历史言之。及至一九一一年的革命，一举手而满清统治者即被推翻，在政治上曾不能保留其尺寸地位，如欧洲日本国家之君主贵族。自表面上看，此人人平等的中国社会更没什么障碍势力，宜乎一步而跻民治才是。然临时约法——西洋式的民治制度——公布施行以后，民治竟不能实现。此其故当分别言之：一则从来的中国社会，只有个人势力，而无阶级势力或集团势力；类如欧洲宗教集团势力（僧侣）、封建阶级势力（贵族）、城市新兴资产阶级势力者，皆未有之。个人势力不长久，又于社会中无所代表，实在不算一种势力，不可凭依。于是在彼以阶级间或集团间势力均衡（此中自以新兴阶级有力持自由主义之必要而又能发挥之为不可忽之要件），而开辟得之民治（准民治），在我乃直接求之散漫无统纪的个人，其难不啻百倍。

因为我们没有如西洋一样的社会事实，固然是西洋制度不能在中国成功的一个原因；但尚不止此。最大的原因是西洋制度乃大反乎吾数千年所习尚之道。所以我们不能仿效西洋。我们所习尚者为“礼”——中国儒家一派的人，他们努力过一个很大的运动，就是把人类一切的生活，无论是宗教、法律、政治、外交及一切日常生活,统统化为“礼”。我常常说:中国过去几千年的生活,很少靠法律制度维持,而是多靠礼俗。中国人处处濡染在“礼”的里面,“礼”在中国社会是最大最有力量的一个事实;有了这个事实,牵掣均衡的制度,简直没法再能安放得上。关于此意可看前书一三〇页:

我们所习尚者为“礼”,这是与伦理相缘而俱来的。我们几乎可以说中国初无所谓法律制度,而只有礼。这在有学问见识的西洋人似乎亦很能见及此;严几道先生译本孟德斯鸠《法意》有两三段云:

(前略)是故支那孝之为义,不自事亲而止也。盖资于事亲而百行作始。唯彼孝敬其所生,而一切有于所生表其年德者,皆将为孝敬之所存,——则长年也、主人也、官长也、君上也,且从此而有报施之义焉。以其子之孝也,故其亲不可以不慈;而长年之于稚幼、主人之于奴婢、君上之于臣民,皆对待而起义。凡此谓之伦理;凡此谓之礼经。伦理、礼经,而支那所以立国者胥在此(原译本第十九卷第十九章)。

支那之圣贤人,其立一王之法度也,所最重之祈向曰唯吾国安且治而已。夫如是,故欲其民之相敬,知其身之倚于社会而交于国人者有不容已之义务也,则礼仪三百、威仪三千从而起矣。是以其民虽在草泽州里之间,其所服习之仪容殆与居上位者无攸异也。因之其民为气柔而为志逊,常有以保其治安,存其秩序;惩忿窒欲,期戾气之常屏而莫由生(十九卷十六章)。

(前略)而支那政家所为,尚不止此;彼方合宗教、法典、仪文、习俗四者于一炉而冶之。凡此皆民之行谊也，皆民之道德也；总是四者之科条而一言以括之曰“礼”。使上下由礼而无违，斯政府之治定，斯政家之功成矣。此其大道也，幼而学之，学于是也；壮而行之，行于是也。教之以一国之师儒，督之以一国之官宰；举民生所日用常行，一切不外于是道。使为上者能得此于其民，斯支那之治为极盛（十九卷十七章）。

严先生为按语，自谓：“不觉低首下心服其伟识；”并引曾文正之言：“古之学者无所谓经世之术也，学礼焉而已”；以证成之。又曰：“唯吾国圣贤政家其所以道民者常如此，是以闻西哲平等自由之说常口呿舌挢，骇然不悟其义之所终也。”中国民族自救运动前期之所为，乃欲举数千年土生土长之“礼”而弃之，凭空采摘异方花果—西洋之“法”以植于中国者，其事何可能邪？

我承认凡是人类社会都有礼；并且人类社会大概是先有礼，礼里边就有了法律制度；与礼分异不同的法律制度，是社会又演进一阶段至近代才有的东西。换句话说：现在的法律制度，是跳出宗教的魔圈打破封建的枷锁而后有的；而古代一般所谓礼，则正是宗教的玩意、封建的产物。我绝不能说，对于平等自由“口呿舌挢骇然不悟其义之所终”的中国人，尚可自骄于西洋人之前以为高。但这其中大有曲折，非率然一言可以下断的。

宗教必有仪文，封建最严等差；但我们不能说，是等差即封建，舍宗教无仪文。礼之为物，固离不开仪文，离不开等差；但我们却不能说离开宗教和封建即无礼可言。中国文化的特征是无宗教，中国社会的封建早得解除，而中国卒以礼著于世界;则中国的礼其自有发展的途路可知。中国的礼最发达时代,诚然正是个封建社会;但封建成过去,而礼不成过去。中国人尚礼之风直垂于后,且差不多以好礼之故,至于追慕封建;**则以礼之发达有在封建之外者,超过甚远**,其感于人心者至深故也。由此,虽亦不少类近宗教仪文之礼,表示封建体制之礼,顾其内容不同宗教之愚蔽而含义高明,不如封建之苛虐而雅度温恭。所可惜者,中国的封建制度因此竟没有经过被压迫阶级反抗而推翻的这一回事,就过渡到另一特殊构造的社会;像欧洲近代一段"人的个性伸展"史,在中国人身上就缺少这段功夫。其闻平等自由之说而舌挢不下者,固所难免的陋相。如我在《东西文化及其哲学》所说者,"他对于西方人之要求自由,总怀两种态度:一种是淡漠的很,不懂要这个作什么;一种是吃惊的很,以为这岂不乱天下"!然即此亦见他不同乎正吃着不平等不自由苦子的人,闻平等自由而踊跃欢喜于得解放也;而亦就证明他方游于另一不同之路上而耽之也。封建社会之礼诎抑人格,其视近代西洋法律自为有所不及;而此中国特殊发展之礼则固根乎人类的无对精神而来,其视近代西洋法律制度一切植基于个人本位、权力本位、契约观念之上,不出乎人类有对性之表现者,正为有所超过。中国所谓礼者无他,只是主于谦敬,随事而自见节文。是其所期于天子以至庶人无贵贱贤愚共由而无违者,初非统治阶级片面的以课于人,唯敬无二,唯谦斯和,是故曰**"无对精神"。于斯际也,方有所崇高隆重而仿佛没有自己,转视自己本位的西洋人何其狭小!**前不云乎,中国人"鞠躬如也",西洋人挺着胸膛;视乎两方人情风习所示,总不外敬肆之分,谦侈不同;而究实言之,只是文化深浅精粗之差。所谓不能以西洋之法易中国之礼者，既造于深厚温文之中国人不能复返于无礼也。

关于中西社会的不同，如稍有心思，则不难认识；然当真去讲中国社会与西洋社会怎样怎样不同，从什么地方就不同起，找清楚中西社会的结构、社会的历史，是很不容易的。

所谓精神不合者其四——

前面三点都是很具体的说明中国与西洋精神之不同。零碎地说，虽可分四点，真正讲起来，中国所特异于西洋者，只有两点：一即伦理，尚情谊；一即人生向上，尚义理；亦即此“所谓精神不合者其四”。这一点是讨论政教分离的问题——这个问题很大，这是中西精神不合的一个要点。这个要点是中国人顶特别的地方，与西洋人、印度人都不同；中国人很反对欲望，或对欲望看得很轻；西洋人则把它看成很正当的，以为人生就是从这里出发；印度人是禁欲的，也与中国不同。本来禁欲是任何一个宗教都有的一个风气，可是中国人顶不信从宗教，根本与禁欲不接近。既不与禁欲接近，又不与欲望接近，他是在二者之间；这个很不得了！这个就是中国人的精神，中国人所以为中国者即在此。大家可看前书一三四页：

欧洲近代政治有其很好的成绩，就是造成了地上的天国，实现了人类的现世幸福。求之其他洲土或历史上其他时代，似尚未见更有能替人谋福利的政治如此者。然而不免有三层缺憾：一层，是对外肆行侵略，以旁的民族供其牺牲；二层，是在其国内，亦有以此部分人供彼部分人牺牲之势，或至少是幸福不平等；三层，是表面幸福，未必真快乐——这是罗素所为再三叹息的。他叹息人生之乐(Joy of life)在欧人已因工业主义而失之;但于中国则无往而不见。苦乐存于主观,无法称量;罗素之言,抑或抑扬太过。然而欧洲的文明,实一病态的文明,其中人生乐趣,究有几许,诚属疑问。所以这三层缺憾,大概是不能否认的。然何以致此?试究其故,则以当初本从个人为出发点,而以现世幸福为目的地;——质而言之,便是中国所谓私欲或物欲——其不免于有己无人,而损人以利己,逐求外物,而自丧其天然生趣,固必致之符也。

欧洲近代政治,实是专为拥护欲望,满足欲望,而其他在所不计或无其他更高要求的;我名之曰"物欲本位的政治"。其法律之主于保障人权,即是拥护个人的欲望,不忍受妨碍;其国家行政、地方行政(尤其是所谓市政),无非是谋公众的欲望之满足。从来的中国国家固断断乎做不到此,要亦未甘如此,不屑如此。仿佛记得清末宪政编查馆草订新刑律时,新旧两派法律思想很多争执,其中有一问题即"和奸不为罪"。照新派法律思想(代表近代民治制度的),凡个人行事,无论在道德上如何评论,但不妨害公众,不侵及旁人,则国家权力过问不到。和奸既是他们彼此同意,亦未尝碍着旁人,这是他们的自由,不能为罪。若是有夫之妇,犹有侵着夫权之说,否则更无所谓。因此假设有族侄与寡婶通奸一案,在旧日法律是要凌迟处死的罪(极刑);而自新法律看,则无罪可言。此中固有其一大发明在——发明了公私界划之当分。在古时以"公"的名义(国家或其他的团体范围,而国家为甚)压迫干涉个人是无所不至的。虽然孙中山先生说中国人自古有更多之自由,其实严格地说亦还是没自由;即因公私界划不立之故。其所为压迫干涉亦许很少；但要压迫干涉起来初无限度。自近世西洋人个人本位、契约观念盛行，乃认定没有私，公即无从来。团体无论如何重要，亦不过为的是个人；因团体之故，个人自不能不受到一些限制与干涉，而只以维持公共秩序所必要者为限。前所谓个人行事，但不妨害公众不侵及他人则国家权力过问不到者，其根本即在公私界划之确立。然而其所谓私是什么，不过是个人的欲望要求；所谓公，亦就是大家的欲望要求已耳。其拥护自由亦即是拥护欲望。

此其精神，本是从禁欲主义的宗教之反动而解放出来的；则政教其何能复合而不分？尤且欧洲宗教凭借国权，武力相争，为祸既烈；则信教自由，析宗教于国家，早为人心所渴求。公私界立，政治乃与宗教分家，法律乃与道德分家。——欧洲人之道德原与宗教相裹混的；此裹混实种下屏道德问题于国家外之因。

现在是"这样"，正是因为他从前是"那样"，天下事每每如此。因一件事情就是一个方向，说一句话，也是有一方向的，一切活动都有方向，有方向就有所偏，天地间没有不偏的东西，不偏就没有什么东西了。然偏就不能稳当，先偏于彼，因不稳当而欲正之，遂又偏于此。西洋人正是如此，其欲望的解放正是从千余年禁欲生活而来。近世西洋人看重现世幸福，就是因为从前对现世幸福太隔绝了。宗教老是领着人梦想天国，以重视现世幸福为罪恶；先是偏于禁欲，所以现在又偏于纵欲。再如个人主义之发达，也是由于从前团体的干涉力太强而迫成的；个人主义太发达了，乃又有社会主义。这就是相对而来的，都是偏于两极端的。自由平等与强制干涉，也都是两极端。西洋人从这边偏到那边，出于禁欲人于欲望，出于干涉入于放任，恰好没有一个中间。中国人不是如此，他顶奇怪，恰好是最少偏，恰好是在中间。如果大家留心看，即可见出西洋人的事情老是在两极端，中国人的事情老是在中间。（两极端则多发生争论，如西洋哲学中的一元论、多元论、唯物论、唯心论、社会本位、个人本位、禁欲、拥护欲望，等等争论，在中国都没有。）我昨天与丹麦马列克先生谈到中国老早就有理性的开发，他就赶快问：是不是更早就有反理性的一个阶段？我回答说：中国理性的开发，不是非理性的反动，中国人多数都是信理而不信教。西洋人从前的道德与宗教是裹混的，因其是非之心不发达；中国由于儒家的运动，把人的理性早开发出来，是非标准放在里边，所以有"是非之心人皆有之"，"你自看对不对"这些话。理性的开发，并不是非理性的反动。西洋的事情，多是先有偏于彼极端者，继乃有偏于此极端者随之而出，总是落在两偏、两极端上；中国老是在中间，看西洋人的两极端都不合适。（以上是讲政教分离的问题。单去讨论政教分合问题时，则偏乎为社会制度问题的讨论；我们现在不是想讨论社会制度问题，我们是想从这个问题，看出中西人生态度的不同。我们从这个问题，发现西洋人总落在禁欲与欲望的两边；这个两边在中国人看去都不合适。）说他不合适，尚是浅的说法。更深刻一点说：如果是欲望的人生，就可说是动物的生活；禁欲的人生，就可说是神佛的生活；从中国人看，这两边恰好都不是人生。中国人并不是富于宗教禁欲倾向的；同时对近代西洋人的欲望人生，也是害怕，不承认而拒绝的。然则，中国人对人生如何解释？此处勉强去说，还得借用从前的一个字，——就是与欲望相对的一个"理"字；只有此"理"字还相当，因为从前有"理""欲"对待的话。大家且看前书一三六页：

> 于是国家乃只管人的生活，不复问其生活之意义价值。——像这样的国家，全非旧日中国人所可想象其可以有的，所可承认其当有的。中国并没有禁欲主义的宗教；然而为其最有力的反对者，正在中国人。

这里要请大家注意的一点：天下事正相反的，其反对无大力量，因正相反则两不相干；相同之中有不同，于同中有反对，其反对乃最有力。如中国与西洋假使一个是注重现世，一个是注重未来，则全不相干；正因其同为注重现世，而又不同，所以说"最有力的反对者，正是中国人"。且接看前书：

> 中国人与西洋人同是肯定人生的；但他不承认将人生放在欲望上面，生活就是欲望的满足。他与西洋人同是注重现世的；唯其注重现世，乃益有其所致谨而不敢苟者。他不承认欲望，承认什么？他所致谨而不敢苟者是什么？不得已而强为之言曰"理"；亦就是人生的意义价值所在。理欲之争、义利之辨，非此所及申论。我们但欲指出人类有其一极强要求，时时互以责于人，有时亦内以讼诸己，从之则坦然泰然，怡然自得而殊不见其所得；违之则歉恨不安，仿佛若有所失而殊不见其所失。——这便是所谓理。此其所由来，就为人类与其他动物甚相似而大不同。在物类生活，就是这么一回事，无有从违可言；而人类生活尽多歧路。在动物生活没什么对不对；而人类行为则是最容易错误不过的。**人类之所以可贵，就在他具**

> **有一副太容易错误的才能**；人类之得充实其价值，享有其价值（人而不枉为人），就在他不甘心于错误而要求一个“对”。此即人类所以于一般生物只在觅生活者，乃更有向上一念要求生活之合理也。呜呼！对也、合理也，古今几多志士仁人于此死焉，于此生焉！人类生命之高强博大于此见焉！使人类历史而不见有此要求于其间，不知其为何种动物之历史也！奈何今之入必一则曰人类求生存；再则曰人类求生存；曰以生存利害解释社会之一切，而不复知人心有是非，几何其不相率入于禽兽之途也！

关于人生问题的话，此处不能细讲，要在以后讲建设人类社会四个原则时，才能详说。姑于此处约略言之；本来人生是个顶眼前顶平常顶浅近的事情，也不难加以讲解；但同时也是个顶深刻顶根本无穷尽的问题，一切问题都包含在这个问题中，所以也极不易讲清楚。现在我想用极容易懂的话来说：

物类与人类的比较：物类是偏乎本能的生活，是先天决定的，代代如此的。大鸟如此，小鸟也如此，小小鸟也如此；大兽如此，小兽如此，小小兽也如此，代代都是如此。从这个代代如此上，就可以见出来它这个生活的方式是先天决定的。而人类则是偏乎理智的生活。在宇宙大生命里头，除了人类以外，其他的生物，都已经入于一种盘旋不进的状态，不能再代表宇宙大生命的创进不已的精神。——宇宙大生命本是创进不已的，可是其他的生命，都已落到一种盘旋不进的状态。还能代表宇宙大生命创进不已的精神者，亦即还能创进不已者，只有人类。这话怎讲？从浅近处去说：人类生活是靠后天的，靠理智的。正因为人类生活的方式多靠后天，所以一个人的生命，就是一个顶大的可能性，就是一个顶大的可以发挥的材料，而不是一个已经成功的东西，如桌子凳子一样。因为他是一个可能，所以他是个活动的，是个或此或彼的，可以这样也可以那样，好像是留了一个很大的空，等着你去充实他，去发挥他，去利用他，或者说是等着你去享用他。可是正因为他是或此或彼，于是就出了问题，有了疑问。所以有疑问的，就因为他是两可的；譬如我所以说你不对的，正因为你可以对。如猫、如狗，无论它是什么样子，没法责备它不对，因为它就是那样子，不得责备它！再如老虎吃人，也不能责备它残忍；只有人杀人，才可以责备他是残忍。我尝言：除非中国人几千年来都算白活（我不承认是白活），如其不然，则他有顶大的贡献给人类，——这个贡献就是“对人类的认识”！只有中国人，只有中国古人，他能对人类有认识！中国人对人类有贡献不在别的，就在这一点。他对人类有了认识，贡献一个人生态度给人类；他所贡献的人生态度即：人生是应当努力向上，去圆满，去发挥，去享用天所给他的机会。（这个机会就是说他的身体、他的头脑、他的生活、他整个的一套。）生物进化到现在，其他一切的生命都落于不进；只有人类是开出来一个很大的机会，所以人生的意义，就在不辜负他这个机会，不辜负天给他的这个可能性。在中国古人有一句话说这个意思，说的顶清楚明白，就是《孟子》上所说：“形色天性也，唯圣人为能践形。”所谓形色就是我们人所长的这个样子，——耳、目、口、鼻、四肢等。这是照浅近处说。往深言之：所谓形色，他含着无穷的意义，不能够再高明，不能够再伟大的那个道理、那个可能，都在这里头；只有圣人才能够达到，才能够实践，发挥天所给他的可能性！如果说人生就在生存，单是满足欲望，则未免同于禽兽。要知道人的意义是在创造；这个创造，是创造什么？不是作一篇好的文章，或者有一点科学发明就算了事，要紧的创造是开发他本身上的那个可能性，把本身上的可能性能够圆满的发挥尽致就对啦！人生应当是这个样子。那么，底下要问的，这个可能性是什么呢？可能是些什么呢？又，我怎样能认识我的可能呢？这个可能是没有一定的，就是说：你认识到那里就是那里！自觉到那里就是那里！从你的向上心——亦即从你生命力最有力量的地方，随时都可以让你自觉，让你认识你那个可能。我们举个例说：我们在一种事情上，或者有一种公平的要求，从这公平的要求，甚至于愿意牺牲自己的利益，这就是人的向上心；从这个向上心，自然认识了公平，也就是认识了你的可能。认识了你能够作到那个样子，就不致再落到这个样子——不公平的一边；你自觉到了那个地方，同时也能做到那个地方，那就是你的可能。这个可能，也叫做“理”。“理”是个应当，同时也要明白理就是个可能。（从自己来说是个应当，从旁人看我就是个可能。）譬如说：从我们的向上心，我们应当勤奋；但是勤奋不是个空话，要有事实。我们既知道应当勤奋，同时又能作到那个事实；此事实的地步、事实的界限、事实的样子，就是“理”，也就是你的可能。“理”、“可能”是靠人的向上心去认识，从个人向上的要求，他可以继续不断的向前去扩充，往深里高里去追求他的理。

人生意义在发挥他本有的伟大、本有的高明。可是这个伟大高明，是一个可能性，不是现成的高大，是让你往高大里去；不是已成的高大，而是能够高能够大；如果是现成的高、现成的大，就成了死的。因为这个缘故，所以大家弄不清楚，常常容易错误，不从他可能的地方去发挥，偏从那个不可能的地方去看，以致忽略了他的可能，反以为不能。如果是生成了的一个高、生成了的一个大，则不至于看不见；而这个高、这个大，不是生成的，非得你去追求不能够高，不能够大。我们还可以这样说：你现在的可能，就是你的自觉，认识了你现在所应当做的；不过这个应当做，只是一个当做，只是你的可能，你也许不那样去做；所以这是需要你努力的。换句话说：人生应当是为理的奔赴；就是你看到你所应当做的你就去做，你将会继续扩充你的可能，（也可以说是继续扩充理的认识，也可以说是为理的奔赴。）继续发挥天所给你的那个可能。如果你不去努力做，不去发挥扩充，谁也无可如何；**不过是你自己把自己的可能性落到小处，你湮没你自己罢了！**

以上许多话都是我领会了古人的话的意思，而用不同于古人的话来说的；如果用古人的话来说，就是"践形行性"四个字。如果大家让我讲这个"性"字，我可以讲很多话。从生物学、生理学、心理学等解释，去分析说明这个"性"字，或者让大家更明白一点。（我久已要写的《人心与人生》一书，也就是讨论这个问题。先批评其他心理学家的说法，然后指出人性与人类的心理是怎样一回事。）不过现在无暇多说此意。我们且再回头来说"理"的话。

昨天丹麦教育家马列克先生同我谈话的时候，我刚一提到中国儒家的理性主义（我们的理性主义与其他各国——如法国的理性主义不同），他就赶紧的告诉我说："理性只是一个工具，只能间接的影响到人的行为，不能直接的发动人的行为。"他所说的，也许是法国的理性主义——这个理性主义的"理"是科学的理、物理的理、事理的理、逻辑的理、数学的理；此与中国所说的读书明理的"理"非一事。所以我当时就引了中国古人关于说"理"的几句话及中国的两句谚语，"有理走遍天下，无理寸步难行"，给他听。的确，中国所说的"理"与西洋所说的"理"不同；如果我们勉强去说：

则一个是主观情理，一个是客观事理，中国人所说的“理”，恰好是有力量的“理”，是能够发动行为的“理”；西洋的“理”是事理，是知识上的“理”，虽也与行为有关系，但却不能够发动行为。凡一个科学上的“理”，只是这样那样的摆出来，或者顶多是这么一句话：“如果如此则将如彼”，并不是说你要如此、你要如彼。所以科学上的“理”，统统是这么一个方式：“如果……则……”；他这个“理”是没有力量的，对你的生活方向，没有决定。比如触电可以致死。他可以对你说“如果触电则致死”，而要触不要触的方向未尝告诉你，方向任你自择。中国的“理”，正是一个有力量的，正是生活上的一个方向；他告诉你是应当如何如何。例：“父慈子孝”、“临财勿苟”、“临难勿苟”。可是为什么他们的理性是那样，我们的理性是这样？彼此所说的理性既不同，我们为何仍用“理性”这个名词与他们相混呢？这是因为两种理性，实实在在都是靠一种推理作用，靠思索，靠推论，靠判断，所以都应当称为一种“理性主义”，没有比这个字（英文为 Rationalism）更合适的了。西洋人又为什么忽略了我们心里的“理”呢？这是因为他过去千多年都是宗教生活，关于行为上的道理、标准，太容易放在外头；（宗教生活所以把道理放在外头的，因为是他外面有所信。）中国儒家并没有反对宗教，（反对宗教是很笨的事，此种笨的事，他不作。）他只发挥了一个与宗教相反的方向——“理性”。中国人老早就把“理性”用礼乐启发出来，以礼乐代宗教，宗教就没有了办法。启发理性，就是将标准放在里面，处处让你向内反省。关于此意我们可以看前书一三七页：

是非之心，人皆有之；而中国人具此观念独明且强。此以中国古人得脱于宗教的迷蔽，而认取人类的精神独早之故。

在欧洲人心中所有者，为宗教上“罪”的观念；在中国人则为我自己对不对的问题。“德之不修，学之不讲；见义不能徙，不善不能改，是吾忧也”；“食无求饱，居无求安，敏于事而慎于言，就有道而正焉”。——这是他的心事；这是他努力所在。唯以人类生活不同乎物类之“就是这么一回事”也，其前途乃是无限的开展。有见乎外之开展，则为人类文化之迁进无已；有存乎内之开展，则为人心日造乎开大通透深细敏活，而映现之理亦无尽。中国古人之所谓修之、讲之、徙之、改之，就有道而正之者，盖努力乎理的开展或心的开展。以为“是天之所予我者”，人生之意义价值在焉；外是而求之，无有也已！不此之求，奚择于禽兽？在他看去：所谓学问应当就是讲求这个的，舍是无学问；所谓教育应当就是教导这个的，舍是无教育；乃至政治亦不能舍是。固然以前中国国家之不要政治，只重教化，有其事实的不得不然。而“作之君，作之师”，政教合一，自是他的理想。欧洲人可以舍其中世纪所倾向的未来天国，而要求现世幸福；中国人则不能抛却其从来人生向上的要求，而只要你不碍我事，我不碍你事，大家安生就得了。从欧洲言之，政教分离是可以的，或且是必要的；从中国言之，政教分离则不可通，——人生与人生道理必不容分家。

夫我岂不知政教分离，不独在欧洲当时有其事实上及理论上的必要，而且在任何时均不失为最聪明的办法；夫我岂不知天地间没有比以国家权力来干涉管理人们的思想信仰行为再愚蠢而害事的；居今日而还要谈中国所谓“作君作师”将为人讶为奇谈，哂为笑话。然而这就是眼光短的人囿于眼前之所见；不足以语人类文化变迁之大势者。在以往的社会，是代表国家的统治阶级妨碍个人太甚了;故近代来乃专求其如何不妨碍,而亟亟树起个人自由的疆界。然而这自是一个消极目的。文化更转进一阶段时,则单单不妨碍是不算的,必须如何积极地帮助顺成个人种种可能的发展。又,在人的生存问题未有一社会的安排解决,则人生向上的要求也不能有一社会的表现。换言之,其表现为社会的要求,而社会尽其帮助个人为人生向上无尽之开展的任务,固必待经济改造后。尤其不可不知者,现在一般国家所行之法律制裁的方法,实以对物者待人,只求外面结果而不求他心与我心之相顺,粗恶笨硬,于未来社会全不适用;非以教育的方法及人种改良的方法替代之不可。此教育要在性情的陶养;那么莫胜于中国的礼乐。所谓国家,将成为一教育的团体;**而凡今之所谓政治,在那时大半倒用不着,法律制度则悉变为礼。**我前云:“在近代法律制度后,更进一阶段的文化便是礼”;意即指此。这些原都不是这里所及申论者;不过为破今人拘墟之见,略略指点一二。今人拘墟之见,正自难怪他。他一面去古未远,方得脱于干涉妨碍,如何肯放心得来?又一面正值生存竞争激烈之秋,救死唯恐不赡,其实也未暇作此理会。然人类之要求向上而自慊焉,则人类一天不灭绝,固一天不得息止;更且以文化之进,而此意识愈明了焉。又,人类除非不生活,生活则必是社会的;更且必日进于有组织的社会生活。则如何导达畅遂此要求,终必为社会之所从事;人类文化变迁之归趣固将在是,可勿疑怪也。这件事又必将以中国人开其先路。此无他,中国人在昔既曾为此要求,蔚成其民族风气;其今后果有政治上之新途径也,遂不能不与西洋有殊。西洋近代的民治,非政教分离不得开发出来；但**中国的民治**（果其有之），**则非政教不分不得开发出来**，此我可断言之者。

（以上是讲国家权力建立不起的第五层缘故）

我们讲到这里差不多是一个大段落。我们开头说明乡村建设之所由起有四个原因。其中第四个原因为最深刻最根本的一个原因，其意是说中国社会崩溃已到最深刻处，所以要建设亦须从深刻处建设起。——建立新秩序的乡村运动实由此而起。因讲此意，又讲到旧社会是如何组织，如何崩溃；到这里为止，都是讲的一层深一层的崩溃。最后是讲中西精神之不同，因西洋精神进来，让中国精神动摇，矛盾冲突，找不出一个妥帖点来而至于崩溃；这个崩溃，不在肤表，已到核心！讲崩溃至此已算讲完。——讲崩溃亦即讲问题，所以也可说讲中国社会问题已算讲完。我们也可以这样说：以上所讲都是属于认识问题、讨论问题的话。先讲旧社会如何组织，如何崩溃，才能讲到新社会如何建设；如何建设新社会，乃属于解决问题的话，待乙部详言之。

乙部　解决问题

一　新社会组织构造之建立
——乡村组织

认识问题的话已讲完，下即讲如何解决问题——亦即如何建设新社会组织构造问题；不过我还有一段话想在这里说一说。

我有几位朋友，他们非常悲观叹息，尤其在这一两年，因时势不好，悲观叹息得更厉害。使他们悲观的地方：如，中国人的无耻，好像都没了生气，处处不要强，下流没出息，真是已经到了家！无论在朝的、在野的、青年人、老年人，国家命运到了这个地步，大家还是一样的没有心肝，——如党中的领袖还是不放松的闹意气，一般人之不管事，顽钝无耻，种种自私，都已到了极点！他们看了这种情形，真是让人悲观，所以他们说中国人是没有希望了！越看越不行了！按照此刻的中国事实，的确令人悲观；但是他们看着我不但不悲观，反倒乐观，于是就怪我太主观了，遂叫我："在这样的情形下，一点希望都没有，然而你还是乐观，难道说你没有看见现在的事实吗？"我回答他们说："不是中国民族到现在就真是快完了，没希望了，绝对不是如此。你所指出的各种情形，我都承认，可是这种情形是有他的由来。"这个由来有二：

一、即我常说的，中国文化到清代的时候，表面上顶光华，顶整齐文密，而内里精神顶空虚，顶糟；外面成了一个僵壳（指礼教），里头已经腐烂。试看代表中国精神的士人，至清朝已经腐败不堪，他们崇拜文昌帝君、关圣帝君，提倡读《太上感应篇》、《阴骘文》，袁了凡的《功过格》，等等；这一套与中国古人的精神最是不相合的。因为他是将贪利与迷信合而为一，而中国古人最不贪利，最不迷信，所以正是相反。中国文化至此时期，内里既已枯烂腐败、空虚无主，所以西洋东西进来，一下子就慌了。西洋文化所以能使中国文化破坏到如此地步，就是这个缘故。假使西洋文化在前几百年——当明朝的时候到中国来，则必不致如刚才所说那样；至少恐怕要发生一个激烈的争论，乃至不断的争论，而同时或亦能采用西洋之长。然中国精神到清朝而败丧，亦是其历史必然的事。——这是第一个由来。

二、现在中国人之所以如此糟糕，是因为其中有一个大的矛盾。当中国感受西洋的刺激，而有一种精神上的兴奋，一种很高的理想（自由平等，社会主义），一个民族自救的要求，可算民族的向上自拔；所以此时许多维新家、革命家爱好真理，并具有一种伟大的愿力为民族社会牺牲。但不料，这种兴奋起来的劲，一方面固是向上，同时另一方面也含着一个向下（离开固有精神而倾向于西洋的粗野），我所谓矛盾即指此。中国人感受西洋的刺激，兴起了，不断的向上——从光绪年间变法维新起，直到现在的共产党，我们都谓之为民族振拔自救运动，都可说是一种兴奋，努力向上。但当他兴奋向上时又都含有向下在内，只是他自己不知道。这实在是因为他被引动于西洋精神，而西洋精神实在是比较粗浅的，对于中国精神之深厚处而说，就是往下了。**每一度的向上皆更一度引入向下去，继续不断的向上正即是继续不断的下降。**当他正在兴奋的时候看不出他的毛病，等到兴奋劲过去了，毛病完全露出来！据我们所看见的都是如此，除非为革命而牺牲，杀身成仁的先烈，自然看不出他后来的堕落。此其故即因当他正在兴奋向上时，已埋伏有向下的气势，只是血气旺盛不露而已。一旦血气衰，前后便成两截人。数十年来中国人几乎是不断的兴奋向上，且每一度的向上，都是更向上；而每一度的向上，亦含有更向下。开头受西洋刺激的人，当他兴奋而要如何如何的时候，他自己不知道他的方向已离开了中国人的根本精神，所以他可以把中国固有学术同维新论掺混在一块讲。如梁任公先生，他一面倡导新风气，同时又讲阳明学、佛学。到后来如陈独秀，倒是不搀混了，但离开中国固有精神更远。当其亢奋的时候，单从亢奋看似是向上；但自亢奋的开头，已离开了中国固有精神。离开固有精神就是向下。且非离开固有的精神亦不能亢奋；而越亢奋越向下，越向下越往赤裸裸不加修饰的向下里去，越往粗野里去，越是向一个不经批评拣择的西洋精神里去。中国自与西洋接触以来，受其刺激，引起了中国人不断的兴奋向上，而到今天中国人精神的衰败，正都由此而来。——这是第二个由来。

以上所说，亦算平列的两个来由，亦算前后相从的合成一个来由。聪明的中国人而倾慕粗浅的西洋精神，都为固有的好精神已在清代丧亡了的缘故。我以前曾说，人只是这么一个可能，不是已经长成的东西，而是有待于向上努力的。可是如果一个人他自己没有认识这一点，没有一种自觉的向上努力，那么，尚没有什么问题；如果他曾经一度自觉的向上努力，现在再向下，劲一松懈则完全不行了。中国人从前于人生向上曾经讲到精义入神（讲诚讲敬），现在忽然不讲，把这个劲一松，立刻就完啦！试看现在的中国人，其为松懈、萎靡、无出息、无办法，已到极处，都是一步一步引下来的，引到现在，已至最后。我们归结来说：中国每一度的向上，都反引入于向下，现在中国以如此弛散没有劲的缘故，即在于此。所以我回答那几位悲观的朋友说：中国的弛散向下，是有来由的，即因将从前的劲（讲诚敬的工夫）弛散下来，所以就不行了。但天下事非到了底不易转弯，现在弛散向下已到了家，从今再往后即可转弯了。中国人向上奋进的劲并没有绝，只是此刻找不出一个向上亢进的新方向，致陷于沉闷状态中；现在虽是堕落弛散到了家，但不会止于此，我敢保再往下就慢慢转过来。否极则泰来，此刻正是否到极处，但是非如此真的生机不得出来。非彻底把假道德（礼教）无真力量而表面只剩躯壳的东西毁完再生新的不可。今后中国人向上兴奋的新方向，将不会再是一个矛盾的、混杂的、向上又含着向下的；以后再向上就是真的向上。这个新方向是什么？老实不客气的说：就是我们的乡村建设运动！乡村建设运动就是因为中国受了西洋的刺激，引起了向上；更因每度的向上而引入于向下，至此时已是无路可走，最后转出来的一个新方向。——他是旧的矛盾解决之后而来的新方向，从此扩充发展，开出新的生机，完全将中国社会复活起来！可是不经过那个向上而又向下的矛盾阶段也不行。譬如清末康梁学说盛行的时候，一切问题都含糊不清，到民国八九年新青年派就清楚一些，到共产党更清楚一些；就是因为当时对于中西文化的真正冲突处，尚不能辨别得清，所以不能产出一个解决之道。**非到真正尖锐化了，其矛盾相反很分明了，**才自然可以转过弯来，自然就可以从此找出来一个适当的解决。

从以上的话，可以让大家了解的，就是中国社会转变的路线就是要如此走法。如国民党中的领袖，当初革命时都值得我们佩服的，可是现在都已很没有出息。而现在之无出息，当初实已埋下了根，是大势使然，不能怪他个人。反过来说，将来的中国人也许越来越有出息，知耻要强，精神振奋；但这也是大势所趋，不关个人。

第一节　组织原理

甲　新组织即一新礼俗

以上所讲，都是指出中国问题让大家认识，以下当讲怎样解决问题，也就是要讲建设。所谓建设，不是建设旁的，是建设一个新的社会组织构造——即**建设新的礼俗**。为什么？因为我们过去的社会组织构造，是形著于社会礼俗，不形著于国家法律，中国的一切一切，都是用一种由社会演成的习俗，靠此习俗作为大家所走之路（就是秩序）。我常说：人类的生活必是社会生活，而社会生活又须靠有秩序，没有秩序则社会生活不能进行。西洋社会秩序的维持靠法律，中国过去社会秩序的维持多靠礼俗。不但过去如此，将来仍要如此。中国将来的新社会组织构造仍要靠礼俗形著而成，完全不是靠上面颁行法律。所以新礼俗的开发培养成功，即社会组织构造的开发培养成功。新组织构造、新礼俗，二者是一件东西。此其理前已说过；于此姑再分二点来说：

第一点：因为中国社会的崩溃，让中国几十年来乃至最近的未来，没法子建树起来国家权力；虽然从种种方面看，强大的国家权力在中国是个必要，但是建立国家权力的条件在中国完全没有，任何形式的国权都建立不起(其故前面已详)。国家权力既不能建立,则法律没有来源。我在从前讲《中国之地方自治问题》时曾说:中国的地方自治有四个特点与西洋不同,其中一点即说中国在最近的将来要有的地方自治不是西洋的地方自治,也可以说不叫地方自治。地方自治在中国不会有;因为须先有国家才有地方自治,地方自治是出于国家的许可,是从上演绎下来的东西;而此刻的中国把国家最低限度所应当作的事情都已作不到。所谓最低限度的事情就是:国家要一面挡住外来的侵扰,不许外人来杀人放火;一面在国内亦不许任何人杀人放火;不许家里各自以武力解决问题,一切问题必须依法律解决。而现在的中国则各地乡村自己要武装自卫,土匪打破了乡村,算土匪走运,乡村打退了土匪,算乡村走运,国家问不了许多,这算什么国家!? 各自以武力解决问题,此种事实完全证明没有国家。所以假定将来的中国乡村能走上自治之路,此自治亦必不是从国家法律系统演下来的,而是从下面往上长起来的,故不得叫做地方自治。——与近代国家中的地方自治,完全不同。这些话都是说明:假令中国社会将来开出一个新组织构造的路子来,一定不是从国家定一种制度所能成功的,而是从社会自己试探着走路走出来的,或者也可叫做一种教育家的社会运动,或也可说社会运动者走教育的路开出的新构造。大家听我说国家权力建立不起,或者要问:国权不建立,中国不能统一,还能有办法么? 我的回答是:中国的转机在统一,中国亦将要统一;但统一与否不在国家权力之能否建立。此意大家或不明白;但事实是如此:中国将来的社会组织构造是礼俗而非法律——这是一个意思。

第二点:过去中国人比较是走理性的路,所以他拒绝不从理性来的那个办法。因为那个办法使他感觉痛苦,你强他去行,他简直不能受(此处说理性两字是指一种自觉的思维的行为而言)。必须是他自觉的,经过他思维的,领着他走这条路才行;不能强捏造他成为一个什么样子——俄国现在就是在捏造的,用一种大力量强弄成那个样子。不是经多数人自觉思维而来的;将来中国不能如此。其故还是那个意思:须有强力才能硬造,你要捏造中国人,总得要有一个捏造者,而在中国没有这个东西;所以天然要走教育的路,也就是要走理性的路,与强力恰相反。再明白一点说:从教育启发他自觉而组织合作社,而形成其自治团体。我们常听人说:丹麦的合作社在世界上最有名,可是你若到丹麦去考察的时候,你却搬不回来什么东西,因为它并没有许多条文章程。它的一切一切,多半不形著于条文章程,而形著于习惯礼俗。我想丹麦合作社之所以好,正在于此。它是完全靠人的习惯,条文就在丹麦人的身上,没写在纸上;大体上中国人也须如此。中国将来的新社会组织构造成功,虽然也要有法律制度,可是法律制度产生必在礼俗已形著之后。

乙　中西具体事实之沟通调和

我们讲新的建设,就是建设新礼俗。那么,所谓新礼俗是什么?就是中国固有精神与西洋文化的长处,二者为具体事实的沟通调和(完全沟通调和成一事实,事实出现我们叫他新礼俗),不只是理论上的沟通,而要紧的是从根本上调和沟通成一个事实。此沟通调和之点有了,中国问题乃可解决。现在中国问题所以不好解决,就是因为这个问题已经到了深微处——中西人生精神的矛盾,找不出一个妥帖点,大家只在皮毛上用力,完全不相干!所以我们必须从此根本矛盾处求其沟通调和，才是真的解决。从根本矛盾求得沟通调和之点，把头绪找清楚了，然后才有用力处；如果用不上力量，则你建设也是白建设！再找补一句，当中国精神与西洋长处二者调和的事实有了时，就是一个新社会的实现，也是人类的一个新生活。新社会、新生活、新礼俗、新组织构造，都是一回事，只是名词不同而已。

中西精神具体的融合，如何融合法？其实这个法子，不等我们来找，人类历史走到今天，已让中西两方面渐往融合里去。

第一层：因为中国人与西洋人同是人类，同具理性；所以彼此之间，到底说得通——我们的理他们承认，他们的理我们也承认。人与人本来是说得通的；所以说不通的，实在还是习惯的问题。从人类的理性上说，是可以说得通的；不过照心理学家的见解，认为：一个人都是某一个地方、某一个社会或某一个家庭的人，不承认有一个空洞的抽象的人；而认为凡人都是染了色的，他有他的一团习惯，有他的由刺激而反应成功的一个系统，没有一种是白白的人。因此所以虽然在理性上是可以说得通的，而因其各人所受的刺激以养成的习惯不同，于是就说不通了。我是中国人，他是英国人，二人就有讲不通的地方了。但是人类历史走到现在，情境变迁，已经渐往接近里去。这还是因为他同是人类，所以到底有接近的可能。

第二层：因为事实的变迁让他到融合里去。假使中国与西洋在事实上都无变化，恐怕是要你不承认我的道理，我也不承认你的道理。可是现在两方面的事实都在变化；因为事实的变迁，促成中西的融合。这个融合，是从事实的变迁、事实的必要而来的。所谓变迁必要何指呢？可用两句话去说：一是关于我们这方面，从事实上促逼我们要有一个团体组织；一是关于西洋那方面，也是事实上促逼他们的团体组织之道要变。简言之：就是我们要往组织里去，他们的组织之道要变。有这两方的缘故，所以事实上将要一天天地接近。从现在看，虽只是意识上的一天天的接近，而具体融合的事实尚未出现，但是为期已经不远。就在中国旧社会组织构造崩溃之后，所要有的未来的中国新社会，将不期然而然的是一个中西具体的融合，人安排都不能安排得如此之巧，几乎是一条条一点点统统融合了。底下先从我们这方面讲：

眼前的事实问题，就是让中国人必须有一个团体组织。这个必要，不必多讲，很明显的，中国人居现在的世界，如不往团体组织里去，将无以自存，事实上逼着我们往组织里去，向西方转。底下要问：我们的新方向是往团体组织去，是往西方转，但是会不会转的与我们旧的精神不合了呢？大体上说不致如此，没有什么冲突不合——中国人虽然缺乏团体组织，并非反对团体组织，所以大体上说没有冲突的必然性。可是也有几点问题：

第一问题：中国人的精神，虽非与团体组织成正面冲突，仅仅是缺乏，并不相刺谬；可是大家如果善自体会中国人的精神的时候，就可知道中国人是不好分疆界的，不分彼此的。西洋人则不然，欧洲只有那么多的人，就分成许多国家，每一国中且有许多疆界。假定有四万万中国人，四万万西洋人，那么，四万万中国人所分成的疆界，一定比西洋人所分成的疆界少得多。前天同丹麦教育家马列克先生还讨论到这个问题，他也感觉到西洋人疆界分得太严。我曾深切地说过：中国人的自私，正因其太公，正因其没有较大范围的团体，所以绝培养不出他的公共观念。而西洋人的公共观念，就是他大范围的私！于此我再引罗素的话为证，他说：

由华盛顿会议之结果观之，远东问题欲得一乐观答复，较前更形困难，而国家主义、军国主义苟不大发达于中国，中国能否独立？此问题也，尤难答复。余不愿提倡国家主义、军国主义。但爱国之中国人苟以不提倡何以图存为问，恐无辞以对。……

余于本书，屡次说明中国人有较吾人高尚之处；苟在此处，以保存国家独立之故，而降级至吾人之程度，则为彼计，为吾人计，皆非得策。

在罗素很不愿意中国人降级至西洋的程度，他的意思就是说：中国人是很宽宏不好分疆界的，原来是不狭隘的；如果为谋国家独立而将此高尚处失掉，走入狭隘的国家主义、军国主义里去，在他认为是失计。

刚才所谓还有一点小问题的，就是此意：中国人往团体组织里去，虽然大体上与固有精神不刺谬，但是，是不是将会划分界限，走入狭隘的国家主义、军国主义里去呢？果然如此，又是不是与中国人的旧精神冲突呢？这个问题很细，有待考虑。照我的看法，大概不成问题。为什么？因为西洋人的团体组织是从不自觉来的，他的宗教集团、他的国家都是不自觉的；而中国人现在要组织团体，**天然的要从自觉来**。人类自有史以来，尚没有从自觉而来的国家，即如西洋的契约说等等仍属空话。可是中国此刻将是自觉的求组织，自觉的往团体组织里去。——每一个团体都是有所合，而另一面必有所分（有疆界），有分有合才算团体。西洋的团体，好像从先有所分后有所合而来；中国将来的团体，将是先有所合后有所分。

譬如我们的村学、乡学、合作社等，都是一个团体组织，都是**合先于分，以合为主，因有所合乃有所分**。这里一个村学、那里一个村学，各人办各人的事情，彼此之间好像分了；但是意不在分，而正因要有所合，才不得不有所分。西洋好像因为有所分，所以才合得更密切，合得密切，分得更清楚。我们将来要有的组织，是以合为主，所以不但没有排外性，并且有一个联合开展的要求，要继续扩大这个团体与外头联络（如由合作社而扩大更有合作社联合会等等）；并不是狭隘的划分为此疆彼界，彼此对抗；所以**恰好不是一个排外的路**。因此，虽然往团体组织里去，也不致与我们固有精神不合，不致有失掉固有精神之虑，这是很巧的事情。其所以巧者，就是因为中国的这个合，不是一上来就是一个国家；中国要往组织里去的苗芽，眼前最显明最有力的，就是合作社的趋势。中国将来有的团体组织是合作社，不是国家。国家那样的团体，在中国不能一上来就有；如果要有，那就是走往狭隘的路上去。中国恰好不是那样，而是许多散漫农民的逗合。这个逗合是出于彼此互相的要求，仿佛是从里头来的，不是从外头来的，因为如此，所以不致有如罗素所虑的文化降级，决不会降级。

第二问题：这个问题很大！我们往团体组织里去，是事实的必要，已无可疑。更且这个团体，分子将是自动的，将是多数分子占主位，不是被动的。中国旧日的国家，也可以算是一个团体，不过是一个不进步的团体组织，其内部的分子，多是被动的。而进步的团体组织，内部的多数分子是主动的（所谓团体分子是主动而非被动，即民治主义的精神）。我们现在是要有一个进步的团体组织。不过，虽然大家都承认这条路子，但是这条路子是不是与我们旧日的精神冲突呢？大体上说没有冲突。我们以前只是缺乏这个（自动),没有作到这一步,现在应赶紧补上这个缺乏,这并不与我们固有精神根本冲突(在大体上说,仿佛想不起来有什么冲突)。但是就是没有冲突了吗?还有冲突!这个冲突是什么呢?就是中国过去的尚贤尊师精神与主动自动之意不合。中国于群的生活中,随处都很容易见出这种"尚贤尊师"的精神。从这种精神发挥去,将是少数人领导多数人,支配多数人,然则如此多数人就是被动了!刚才是说中国没有作到自动的这一步,可是现在又看出中国原来就是主张多数要听少数人的话,此即与多数自动之意相冲突矣。再看中国从来政治上都是政教合一,政教合一又与民治主义冲突。从政教合一则尚贤尊师;于此可见中国从来是相信人治主义者。而人治与法治是冲突的。政教合与政教分关系于民治者很不相同:政教分,民治才有可能;政教合则民治不可能。所以然的,就是:如果政教分则团体只是为大家办事的,举凡关于团体的事情,都是大家伙出主意,由多数表决来办。辟如成一个饭团,这是大家的事情,自然需要大家出主意,大家商量,其办法须由多数表决。假使有五十人,每人算一分子,表决时有二十六人愿意某一种办法,其余的就要服从多数。这个团体意思的决定,就是法,就是秩序。法、秩序,是由大家决定的。看政为事,就要如此。再明白的说:如果把人生看成就是在满足欲望,把政看成就是为满足大家的欲望,就要如此。但如果把人生看成是向上的,不看重生活,而另有其所重之处;换句话说,在人生向上里包括了生活问题,那就大不然了,——就将要走到另外一个方向,将要看重如何为更合理,每一个人在他向上的意思里,将要不断的求教于人,将要尊师。——因为智愚、贤不肖在人群里天然是有的;且从人生向上的意思来说,都应当把自己看做不如别人,必须时时求教于人,此时天然的就要走入少数领导的路,而非多数表决的路。

在民治精神的团体里,有两个要点:一是公民参与政治的权,一是个人的自由权。这就是说:关于公共的事情,由大家作主;关于个人的事情,自己作主,谁也管不着。这个道理很简单,很通!我们现在要讨论的是大家作主的一点(自由权另讲),且更是从大家做主之意推出来的开会议取决多数的一点。这一点又与中国固有精神有冲突。中国的精神有两点长处:一是伦理,一是人生向上;人生向上即与取决多数冲突!我们再举办饭团为例:饭团是一个解决吃饭问题的团体,吃饭是件事情,故可取决多数。但若另外有一个团体,是为研究学问而组织的,或者像古人彼此切磋砥砺人格向上的一个讲学团体,则不能采取会议的办法。因为学理的对否是不能取决多数的,人格也不能以多数人为准;这种团体天然的要尊师,要以贤智为尚。中国人的精神,现在已经失去很多,大家都非常看重事情,看重生活,很少看重人生向上,所以一开口就说经济重要;古时的中国人不是这样。所谓"食无求饱,居无求安,敏于事而慎于言,就有道而正焉",他是把人生向上之意放在头里,把事情放在后边。现在的中国人如果不能恢复此人生向上的精神,则永远没办法;可是从这个精神,天然的不能走刚才我们所举办饭团的路子,必然是以教统政,以人生向上包含了生活。既要人生向上,就不能走开会议取决多数的路子,必须要政教合一;而政教合一则民治不可能。因为民治本来就是法治,政教合一恰好是破坏法治,必然要走人治的路。人治与法治不同,在法治中,法是高于一切,因为法就是团体的一个公共决定,而任何人都不能大过团体,所以谁也不能高于法,个人都在法的下边。——以法治国与从前旧的专制国家比较:法治国家是以法为最高最重,可以说有法律而无命令,也可以说命令是从法律来的;从前旧的国家,是只有命令而无法律,也可以说法律是从命令来的,只是一二人在上边发命令;差不多可以如此看法。但是如果走政教合一的路,则须尊尚贤智,势将使命令在上,一切事情都取决于他一个人,听他一个人的话:此则为命令而非法律,所以人治与法治二者为不相容。不相容将如何?我们还是人治乎?法治乎?民治主义乎?政教合一乎?取民治则牺牲政教合一,取政教合一则牺牲民治,二者好像绝难调和了。但天下事都是如此之巧,不同的到底还要调和。这个也并非我的发明,实是最近西洋事实上的变迁,给我们一个暗示,让我们找出来这一个调和之点。所谓西洋事实的变迁何所指?譬如刚才说民治的国家都是法治,以法为最高,命令必须根据法律,这是西洋近代的事实,与古代不同;可是这个问题,在西洋到最近又有了变迁。大家可看武汉大学出版的《社会科学季刊》一卷二期中《法律与命令》一文,为王世杰先生所写;这篇文章的大意是说西洋法治已经动摇,慢慢的将要以命令代替法律,立法机关的立法权限,慢慢的要缩减。这个问题与我们下边所要讲的有关系;——我并不是引此以为根据,只是想让大家对于西洋事实的变迁能格外明了耳。今撮引其要,以徵见一二:

自十七八世纪洛克、孟德斯鸠诸人倡国权分化之说以后,立法权必须与行政机关分离,久成一般立宪国家共认之原则。然细审晚近趋势,列国行政机关之权力则又日渐扩充。立法职务又多移转于行政机关。这种现象并不限于行政机关素占优越地位之若干国家;即在议会权威素称最高之英国,与国权分化素称最严之美国,亦显然露此趋势。行政的立法(Administrative Legislation)遂成为新近学术著作上习见之名词。这实在是近今政象上一种重要的变迁,值得一般公法学者之特殊注意与研究。……

就我们观察所及,新近的变迁最显著而且值得我们注意的,为以下三种变迁:

第一,委任立法之范围扩大。这种现象是一般国家的趋势。在苏俄及法西斯蒂意大利等国,这是尽人皆见的现象,可以存而不论;姑仅就英、美、法、德诸国晚近的事例言之。

委任立法虽然夙为英国法制之所许。但英国议会所制定的法律,在夙日大都内容极其详尽,因之委任立法之事究属有限。但近数十年来,委任立法之趋势逐渐发展,未尝停辍;欧战期内,英国议会于其所颁布之《国家防卫法》(*The Defense of the Realm Act*)中,固然会以极广泛之命令立法权畀予行政机关,即欧战即终以后,委任立法之制亦迄未露衰弱之势。近年以来,英国行政机关以命令(枢密院令 Orders in Council,或部令,或其他命令。)补充法律之权,几乎可以说是逐年扩张。……因此,安伦氏说,命令立法在英国已经成了一般立法方式!

美国联邦议会于战事终结后,亦不断的以极重要事项的补充立法权(例如变更海关税率之立法权)委诸行政机关。

法国行政机关的命令立法权,向来即甚广阔,已如前述。欧战终结以后,法国议会因事实上之压迫,对于经济或财政事项,尤往往以极广泛之补充立法权授诸行政机关。

然而欧战终结以后,德国行政机关委任立法权之扩张,较诸以上三国,尤为显著。按照一九一九年八月十一日德国新宪法,德国行政机关颁布补充立法之命令,殆必须基于法律明文之委任，盖与英国政制相似。可是德国议会，近十年来，因受国内国外之种种压迫，遂往往将十分广泛漫无范围之立法权以法律明文委诸行政机关。这种授权于行政机关之法律，德人称之为授权法（Ermachtigungsgesetz），在欧战期内已有其例；欧战既终，此种授权法复层见叠出，迄今未已。……第二，法律与命令之效力混同。补充法律的命令，甚至独立命令，不得与法律抵触，不得变更或废止法律；法律则可变更或废止命令，可使一切与法律相抵触之命令失其效力。这是立宪诸国历来共守之原则，前已述及，可是就新近事例言，这种原则，往往全被破坏。这是使许多法律学者与法院法官共同致慨的一种变迁。这种事例，即在法治程度素高之英、法等国，亦层见叠出，故极堪注意。

第三，紧急命令制之流行。紧急命令制度，在欧战以前，仅行于议会权威比较低微，或法治基础比较薄弱的国家。欧战以后，仿行这种制度的国家，却不限于这种国家。以下姑举英、德两国以为例。

英国行政机关，遇着紧急事故，向来并无颁布所谓紧急命令之权。但自一九二〇年英国议会制定一种《紧急权限法》（*The Emergency Powers Act*）以后，紧急命令制却已变形的流入英国。……所以有些人说，《紧急权限法》，在英国全部法律中，是一种畸形的法律；即在两三百年前，一般英国人亦必共认这种制度为一种不堪容忍的专制政体。可是数年前，英国政府通用此法以应付总罢工的风潮，一般人似乎觉得很满意。

在欧战以前，紧急命令制，虽然久已为德意志诸邦之邦宪所采纳，一八七一年之德意志帝国宪法却未采纳此制；因之在该宪存在之全期间内(一八七一——一九一八),德意志帝国政府并未尝颁布紧急命令。但欧战终结以后,一九一九年《德意志共和国新宪法》第四十八条却设有下列的条款:“凡遇国家之公共安全及秩序发生重大危难时,总统得径行采取必要之方略,以恢复公共安全与秩序,于必要时并得使用武力。为达此项目的,总统并得将宪法上第一一四、一一五、一一七、一一八、一二三、一二四及一五三诸条所列举之人民基本权利,暂时停止。总统应将根据本条第一款或第二款所采用之方略及早通知众议院。此种方略,如经众议院要求废止,应即废止。”据当时造法者之意及德国学者之解释,以上条款就是承认总统得于紧急时期,颁布紧急命令。在欧战以前,采用紧急命令制度的国家,尚只承认紧急命令得以变更法律;以上所述条款,并且承认紧急命令可以变更宪法了。近十年来,德国行政机关因为有此大权,遂获应付许多危难局势;其所颁布之紧急命令为数甚众:据蒲哲(Poetzsch)氏之统计,自一九一九年八月德宪颁布之日起,迄一九二五年正月止,这种命令已有一三五件之多。有时候,德国总统因无法使议会通过一种授权法,授以特殊立法权,便即根据上述第四十八条之规定,径以紧急命令应付危难情势。

以上所述是新近的几种重大变迁,从这种变迁,我们可以看出列国行政机关命令立法权扩张之程度。

我们再看意大利、土耳其等国,都为最近有名独裁的国家;这种独裁的风气,是欧战后政治上很盛行的一种新风气。在欧战后许多新兴国家都是行独裁制的。我曾经看到某一个杂志上有一篇文章，引了英国文豪萧伯纳的一段话，大意说："在欧战后发生了一个很大的变化，这个变化就是全欧洲的人民有三〇二，八六八，六九七人是在一种民治国家里，又有二五七，三〇三，九五二人已转入独裁制的国家里去。"这句话是萧氏什么时候说的，我也没有考查；这个数目，亦不足为据；不过这也很可以为反对民治法治者的口实，并为人治主义张目。但是我们并不以此为根据。我们不承认这种新的独裁制是一种常态，只承认他是因一时事实上的需要，或说是因一时的情势所演成的这么一个局面，并不能当作是一个否定民治主义的理论；这种一时情势的变化，只是与我们所要讲的有关系而已。我们的真根据是以下的话：

我们要知道，人类社会往前去，因生活方法的进步，事实上让我们的关系越来越密切，许多事情渐次归入团体去作；如从前政府所不问的事，现在则由市政府、县政府或地方团体去办。团体对个人生活的干涉，越来越到细微处，个人越不得随便；这是一个趋势。同时又有一个趋势，因科学的进步，每一条事情都渐成为一种科学，任何事情都放在专门学术里去，所以任何事情的处理都须靠专门技术才行。这两种趋势相联，结果就有了所谓学者立法、专家立法、技术行政、专家政治等名词。这个就是说，许多问题都已渐渐专门化，将不让从各地来的议员去讨论问题，去修正法条了；因为他们不是专家，若任其随便讨沦，则势必大糟，所以必须有尊重学者，尊重专家的意思。由立法专门化，移到行政上去，就又有所谓技术行政。以前的行政是靠权力，政府以权力指挥大家，监督大家；现在的行政，主要的则是靠技术，非以军警强力去办。所以与其谓行政为权力，毋宁说是技术。因为政治上的这一种变迁——尊重学者，尊重专家，不取决多数，事实上即是西洋人不能不崇尚智者(即特别有学问的人)。这一点很与我们接近,很值得我们注意。这一个趋势,给我们一个暗示——就是要崇尚贤者。在西洋科学发达的结果,遂让它政治上开出来一个新的方向,即:团体事情的处理要听智者的话,受智者的指导。中国与西洋不同:中国的科学不发达,可是它有一种对于人生向上,对于道德的要求;从这种要求出发,则要尚贤。中国不能有团体组织则已;如果有团体组织,那么,这个尚贤的风气仍要恢复,事情的处理,一定要听从贤者的话。本来贤者就是智者,如果尊重智者,在团体中受智者的领导是可行得通的;则尊重贤者,在团体中受贤者的领导也是可以行得通的。**尚贤尚智根本是一个理,都是因为多数未必就对。**(这句话要紧,西洋尊重智者的政治即从此开出来的。)取决于多数只是一个省事的办法;譬如在开会的时候,大家争辩不休,老不得结果,遂不得不取表决的方式,以取决于多数。但若以多数的那一面就算对,谁也不敢说这个话,不过大家所赞成的事情容易行得通而已。可是人类是一个理性的动物,其最后的要求,是要求科学上的真、道德上的善;人类的理性一天天的开发,他这个要求也越来越强,所以不十分合理性的方法他就不要。综之,所谓事实上的变迁,就是两边一齐来:我们因为事实上的必要,要往团体组织里去;西洋人因为事实上的必要,其团体组织之道也转变而渐与我们接近。所以说二者有一个融合点。——我们将来所要成功的团体组织,也正是西洋将要变出来的一个团体组织。这一个团体,虽不必取决于多数,可是并不违背多数;**它正是一个民治精神的进步,而不是民治精神的取消。**

我们刚才说,欧战后西洋各国独裁制之盛行。是一时情势之变,不足为我们的根据。但是有一点是值得我们注意的,这一点就

是:现在这些新开出来的独裁国家,与以前的专制独裁不同。我们分三点来说:

第一点:过去的君主专制、贵族专制,都不是这么回事。试看现在的意大利、土耳其、德意志等国,他们虽然是独裁制,但也有议会,并且他们的议会虽然与其他各国的议会不同,然而并不是虚摆着的,都是有作用的;墨索里尼若不成立一个议会,则他的一套政治将无从运用。

第二点:他们的政治都是靠一个党,靠党徒,这是很可注意的。

第三点:他们党中的领袖,墨索里尼等,真有超人的智慧与特殊的人格。

这三点都与我们所要讲的有关。从他们有议会一点来看,他虽然是少数领袖作主,仿佛与民治不同;但是他那个国家里边的多数人仍算是主动的。并不是纯粹被动。不但不能说他是抹杀多数,不顾多数,且毋宁说他还是以多数人作后盾;其表现在他那个党上的情形,更容易见出此意。——成功一个领袖,都是被多数人所拥戴,以其多数党徒为后盾的。再就第二点来看,党这个东西,是西洋玩艺儿,虽与中国不合,但是尊崇党魁也与中国人的尊师很相像。其党魁的言教大过一切,这也就是尊贤尊智的意思。因为一个党的成功,其主张理论,常常是他一个人(党魁)创造出来的;虽然有其事实背景,他个人不能凭空创造;但无论如何是他的智慧超越众人,眼光超过众人,才能识透事实,先说这个话。从他开头倡出一种主义,而演成了一个党,那么,这个党中的分子当然要尊重他,多数人要听他的话,决不能倒过来反让党魁去服从多数。这个时候虽然是多数听党魁一个人的话,受党魁一人的领导,好像是多数被动了;但是因为他了解党魁的主张,愿意听从党魁的话,多数愿意这样干。他自己愿意，你能说他是被动吗？再就第三点来看：其党魁的人格，都是很特别的；如墨索里尼等，真是了不得的人物，为众所敬仰，多数人自己愿意听从他的话。这些话我们并不是以欧战后一时凑成的独裁政治的局面借作对民治否定的根据，而是说人治有道理；我们是从其中找出可注意的几点，这几点给我们一个暗示，暗示给我们：**仿佛是在一个团体中，少数贤智之士的领导与多数人的主动二者可以调和，并不冲突，如能运用得越好的时候，越可以同时并有，完全不冲突。**“少数人领导就是众多人被动”，不必有此结论。

大家听我说话的时候，就可知道我不喜说“民治”两字，总爱说“在一团体中，多数分子对于团体生活应作有力参加”一句话。这句话很费过斟酌，不是随便说的。团体中的多数分子对团体事情能把力气用进去，能用心思智慧去想就好。因他用心，他将更能接受高明人的领导。要紧的一点就是要看团体中多数分子是不是能用心思去想，能作有力的参加；如不然，则为机械的、被动的。如能用心思，则虽是听从少数人的领导，而仍为主动、自动。此点关系很大，许多人于此不能认清，所以往往将主动、被动之分弄错！以上的话如果能通，那么，我们就将要有一个新的政治，新的途径方向出来；这个新的政治，一方面是民治，一方面非法治。照理说是民治必是法治，但是这个新的政治不是如此，在法治中本以法为最高，因法是一个团体中多数分子的公共意思决定下来的，个人谁也不能高过团体，只能根据法可以出命令，决不能以少数人的意思去发号施令而代替了法。如果命令大过了法律，那就是人治而非法治。所以法治与人治是冲突的，人治与民治也仿佛是不相容的；不过现在我们是给他调和了。这个调和，我名之为：“人治的多数政治”，或“多数政治的人治”。政治上的分别，不外多数政治与少数政治，我们现在的这种尊尚贤智，多数人受其领导的政治，自一方面看，的的确确是多数政治，因多数是主动，而非被动；但同时又是人治而非法治，因不以死板的法为最高，而以活的高明的人为最高。本来在政治里头法之所以为最高，因为他是大家所同意承认的东西，是团体意思的表示；譬如国家的宪法所以为最高者，由于其为人所公认，所同意。法既可因大家承认同意为最高，那么，一个人也未尝不可因大家承认同意而为最高。大家都同意承认这一个人，因而此人取得最高地位，这也像法之被大家同意承认而得为最高者一样！这个话如若能通，这种政治就可叫做“多数政治的人治”，或“人治的多数政治”。而同时又是顶合中国人精神，顶合古人理想的一种政治。——中国古来的儒家，他有一个最浓厚显著的倾向，就是反对武力；如《孟子》上所说：“以力服人者非心服也，力不赡也；以德服人者，中心悦而诚服也。”“取之而燕民悦，则取之；……取之而燕民不悦，则勿取；……”都是表示反对武力的意思。他以为如果大家佩服你，你就可以为君，为君不在有武力而在以多数人的意思为从违；多数人的意思集中在一个人的身上，其人即可为君。又如：“导之以政，齐之以刑，民免而无耻；导之以德，齐之以礼，有耻且格”；是即反对刑法之意。反对刑法与反对武力是一致的，古之儒家，他承认只有作师的人，才可以作君。如果上边所说的话可通，那么，这种政治既最合于中国古人的理想，又不违背民治精神，实是再好不过。并且不但不违背民治精神，且是民治主义的进步；民治的进步，将要离开了法治而为人治。我常说：团体分子对团体生活要为有力参加，可是我只说到参加，并没有说要多数表决，这个“有力参加”最好，可以把民治的意思包括进去，而不必一定是多数表决。

以上是讲团体中多数主动与中国精神冲突与否的问题，我们已经得到了二者的调和；不过此意还没讲完，还有一点意思是很细微的。（但顶细微处就是顶重大处，天下事往往如此。）那一点呢？就是：西洋政治里有所谓公民权；这个公民权的意思，与中国固有精神有点冲突。根本上“权利”与“权力”两个名词，在中国固有精神上都不合适。中国固有精神是伦理精神，在伦理精神上是不许人说“我有什么权利”的，这种话在中国古人是说不出来的。事实上与西洋或不一定不同，可是话需要调转来说，譬如说在西洋个人有选举权，那么国家就有给我选举权的义务；更如现在更进步的国家，人人都有受教育的权利，国家即负有教育人人的义务；我对团体，团体对我，彼此两方，如果说我有这种权利，那也就是说对方于我有这种义务。这个地方与中国人不合。为甚不合？就是在中国应当是掉转来说才对，应当说：**权利是对方给的，不是自己主张的；义务是自己认识的，不是对方课给的。**譬如选举，在我应自认为对国家这是一种义务，而不是权利；国家则从其尊重我之意，而应给我选举权。在西洋最初讲的时候，总喜欢说选举是个人照理应当有的权利，可是后来就有了另外的一种看法，一种解释，说选举是社会的一种职务（近似义务的意思），是个人对国家社会应当做的；这一翻过来就大大不同了。如说选举是权利，则个人行使此权与否，可一听己意；如果将选举解释为应尽的义务，那么，国家就可以强制投票——西洋许多国现在就有强制投票的事。不谈权利，而尚谈义务，此西洋最新风气，与我们的意思，有点相近。我曾经说过：如果发挥义务的观念，是让人合的，发挥权利观念，是让人分的。伦理关系顶清楚顶明显的就是义务关系；发挥义务的观念，很可以促散漫的中国人往合里去,且与伦理之意相合。但其义务不从自己认识,而由对方强制,还不合中国道理。按中国道理,从分子说是个人对团体应尽的义务,从团体说是团体应给个人的权利;西洋则是掉过来说,个人既认为是自己的权利便非要不可,团体若视为是分子应尽的义务,便要强制投票。中西二者恰好相反。其故即因:一个是从自己出发,一个是从对方出发;从自己出发,统统不对。事情是一个事情,但是话要看谁说,一句话反过来说的时候,其意味很不一样;我说是一种意味,你说又是一种意味。中西之所以不同,其分别点就是西洋人是自己本位,以自己作中心;中国则恰好掉过来以对方为重,话都是从对方来的,道理是从那里(非这里)讲的。在很多地方也可以看出西洋人是处处以自己作中心;譬如西洋人请客的时候,自己坐在中间,客人反坐在他的两边,中国则与此不同;要让客人坐在上座,自己在下作陪。这完全是两个味道。西洋人是主张自己的权利,中国人则看权利是对方给的。西洋人之所以争,即因他是从自己出发,中国人则是以对方为重,老是不许自己说话,开腔便要从义务上出发——这一点应当注意!所谓义利之辨,也就是这个意思:从义来说话,则是我对你该当如何如何,从利来说,则是你对我该当如何如何。在西洋最近新的看法,认选举一面是公民权,一面是社会职务,或者说,一面是权利,一面是义务;这个话就比较通了。如果把话再能说得灵活一下,权利不从自己说,义务不从对方说,就可与我们完全相合。

照刚才的说法,我们的新组织一面与我们固有精神完全相合不冲突,而同时对于西洋近代团体组织的长处也完全容纳没有一点缺漏。不过我们现在所讲,仅为大意,为原理,还未详细具体的讲;详细具体的讲,则可见出此新组织不但理论可通,也且为中国眼前事实的必要，——此事实的必要，我们要留在讲“乡村组织”时才好讲。大家如果留心看《村学乡学须知》就可看出在村学乡学的团体里，每一个分子都为有力的参加。所谓“须知”，就是说应当认识各自的义务；尽其义务，对团体生活为有力的参加，完全是义务论，伦理观。这个问题已算讲完。跟着要于此处说一说平等问题。

为什么在这里接着讨论平等问题呢？因为按中国人的道理：一面是非常承认平等的道理；而同时中国人的道理又非常看重等差之义。这个等差之义为什么要在此地说呢？因为刚才我们是讲到多数主动而非被动，又转出政教合一、贤智领导的意思，所谓平等与等差之义与此有关，所以我们借着这个机会来讨论平等与等差之意的问题。

按中国人的道理，大家在团体中的地位应当一律平等；可是有两个天然不可少的等差：一种是从看重理性、尊尚贤智而来的等差；一种是从尊敬亲长而来的等差。——在中国的“礼”里边，很表现等差的意思。其所从来：一即因为看重理性，也可以说是从人生向上来的，从人生向上发挥去，必然要有等差；一即从尊敬亲长之义推论，而有长幼之序。子女对父母固然是天然的要尊敬，幼小对长老的尊敬也是人情之自然。在中国的礼中这两种等差是很自然的、不可磨灭的、天然要有的，与平等并不冲突。中国没有宗教，所以最少锢蔽，没有偏见。结果能让中国人最通达，不固执；既为通达，故能承认平等，相信人应当平等。反之，在宗教势力最大的社会里，其阶级等差也最多；如印度人最信宗教，其人民间阶级等差之多，据人统计，简单说也有八十几种。中国人则虽然有由尊亲长、尚贤智而来的等差，但与平等并不冲突，因为他心里最通达，故仍能承认平等；并且平等的观念与中国人的心理最能相合。再深一层的说：中国人之尚平等与西洋也不同；西洋人之要求平等是从个人出发，都是说我应当与你平等，你不能不给我某种地位、某种权利等，中国人则掉过来，平等从人家来说，不从自己主张。在中国人自己没有我与你平等的意思（以上都是讲第二个问题——进步的团体组织与多数主动的问题）。

第三问题：这是讲自由问题。团体中的个人自由，本是西洋人很大的长处，也可以说这是西洋近代替人类开出来的一个很大的道理；同时就中国社会来说，中国过去对于自由没有认识，是一种缺短。——此其故，就是因为过去中国人太散漫所致。西洋人因从前的宗教、经济、政治等团体干涉之力太强，故激起了对自由的认识，对自由的要求，反转来确立了自由。中国人过去缺乏团体干涉力，并不是没有自由，不见得不自由，所以自由之说传入中国，多数人对之不大起兴味。中国人在他生活上没有认识自由，没有确立自由，这确乎是不能否认的；这是一个缺短，我们应当补充。中国人对自由虽不起兴味，而大体与中国精神并不冲突，没甚问题。但是真的就不冲突没甚问题了吗？还有问题，还有冲突的地方！不过我们可以想法调和。我们先说：按中国人的意思，团体对个人的尊重一定是应当的、毫无疑问的；可是自个人方面说，个人来主张他自己的自由是不行的！近代西洋人之自己主张自由，是过去团体干涉力过强的一种反动；所以他最初最喜欢说“天赋人权”的话，根据这个道理来反抗团体过分的干涉。如果就像西洋人这个样子，单从自己来说话，自己主张自由的这种态度不变，则与中国固有精神冲突；因中国人是不许自己来说话的。不过现在西洋人的那种精神已有变化，这个变化可分两面，也可说是有两种变化：一种是对于自由的看法或解释的变化，把自由已看成是团体给个人的,团体所许给个人的,而无复天赋人权的说法。一种是不像从前一样把自由看成是神圣不可商量的。——所谓不可商量,就是个人的事情,如果不妨碍旁人,团体不得过问干涉,公私疆界划得很清楚,属于私的谁也干涉不着,这个是不可商量的、不可斟酌的。可是现在已经看做是一个可商量的了。这个变化也是从那个方向而来。哪个方向?就是个人主义发展到极端,个人本位的方向前进的结果,越来越看出这个趋势是妨碍社会的,所以大家要求以社会为本位,走入社会本位的方向,以社会为重。对个人取干涉态度,把以前的所谓权利都看成义务。由权利观念而变为义务观念。如法国的大法学家狄骥即极力发挥无所谓权利、无所谓自由之意,将一切权利都看成义务。在《武汉大学社会科学季刊》一卷三号《国家与法律》一文中,有关于狄骥的一段话:

……他根本否认一切权利的存在……按他的说法,个人在社会里边各有自己的地位,各有自己的职务,既然各事其事,就没有权利之可言,只有义务的存在。……狄骥氏否认权利观念的存在。假若一个人的活动合于社会的需要,法律就承认为合法;若是不合于社会的需要,法律就要加以禁止。……

他这种说法与我们刚才所讲的话很相合。他(狄骥)现在讲自由是团体应当给的。团体为什么给个人自由?是由于期望团体中的每个人都能尽量的发展他的个性,发挥他的长处,如不给予自由,将妨碍他个性的发展,且社会的进步,团体的向上,必从个人的创造而来;从此意思,团体必须给个人自由。因为自由是团体给的,所以可以商量,可多可少,不是一个固定的疆界。还有一个意思:不但自由的给多给少是可以商酌,并且必须是从为个人向上创造之意才给他自由,让他得以发展他的长处。所以许给自由是有条件的;如其不合人生向上,发挥长处的条件,那么,还是要干涉他。举例来说:譬如妇女缠足这件事情,我们常常听见妇女讨厌人家劝她放足,她说:足是我的,我缠我的足,没缠你的足,好不好碍你什么事!她虽不懂自由的道理,而她的话隐然是自由论。从自由论来说,对她不能干涉;可是从现在对自由的看法来说:许你自由,为的是要你向上,发挥你的长处,对社会有贡献,社会才能进步,你若违背了团体为希望发挥你的长处才许给你自由的意思,而去自由的时候,那么,团体就可以干涉你,不让你自由。简言之,你对,就许你自由;否则不能自由。现在新的说法就是如此。现在许多国家都采取这种干涉态度,许多新的法律都把自由看成是一种相对的,不是绝对的。往这种方向变化,即与中国固有精神相合。其相合者为二:一点是:自由是团体给你的,团体为尊重个人所以才给你自由,——自由是从对方来的,此合乎伦理之义;一点是:团体给你自由是给你开出一个机会,让你发展你的个性,发挥你的长处,去创造新文化,此又合乎人生向上之意。**合乎伦理又合乎人生向上,新的自由观念乃与中国完全相合而不冲突。**如仍为十八世纪的论调,则与中国很冲突;而现在转变出来的新的自由论与中国相合了。我们可以结束几句:在新的自由说上边,政教合一才有可能;若旧的自由说,则政教合一不能讲。政教合一就是以团体的力量来干涉人的道德问题,打破自由的界限;而在旧的自由说上,自由界限很严,无论他是人生向上或是向下,团体皆不得过问。故政教不能合一。现在新的自由说,可以给一个机会容纳政教合一。

团体为期望你帮助你的向上，所以可以干涉你。天下的事情，原来如此：事情是很简单的，道理也没有许多的，事情、道理都是很平常的。而事实是这样时，容易只看见这一面理；事情是那样时，容易只看见那一面理。在社会不同、事实不同、情境不同的时候，只能看见这一面、这一个道理；转过来另一个不同的社会、不同的事实、不同的情境的时候，又只能看见那一面、那一个道理。你看见这个道理，他看见那个道理，当各有所见的时候，彼此相看都以为很新鲜、很古怪。等到事实一转移，你也看见他的道理了，他也看见你的道理了，彼此看见同一的道理就可以彼此相喻，可是事实不同，情境不同的时候，则两不相喻。你乍见他的道理，辄以为很古怪、很新鲜；其实并非新的，仍是旧的。**天下道理都是如此；不在眼前便以为很新，一到眼前则也不古怪也不新鲜了！**当自由主义是个必要的时候，则人人觉得自由主义很合适，知道这个道理；等到反自由主义成为必要的时候，则又觉得反自由主义是应该的，几乎忘了昨天的主张。只有有头脑、有眼光、较高明的人，能想得通，看得透，对于事实能为多方面的了解，不执着于一面；眼光短浅的人往往执着于一面。但事实上变迁，则让人不得执着；不执着，一切才有办法。

现在我们由自由问题再继续讲到财产自由问题——也就是所有权的问题。在这一点上，大家都知道近来西洋有一个很有力的潮流，与从前（十八九世纪时）把财产自由看成是天赋人权，是绝对的神圣不可侵犯的权利（一七八九年法国大革命的重要产物《人权宣言》第十七条前半部，有"所有权为神圣不可侵之权利"的文句）很相反了。现在反对财产私有是一个很有力的潮流，西洋各国都渐倾向于财产社会化，代表此潮流的俄国，是一个有力的事实，其他的国家也都往这个方向上变化，没有再像以前看财产自由纯粹是权利了！现在的看法，所有权一面是权利，一面也负有义务。《武汉大学社会科学季刊》一卷四号《所有权的基本问题》一文谓：

> 德国新宪法于第五章经济生活，规定“所有权包含义务，行使所有权，须同时顾及公共福利”（一五三条三款）。……这种规定的精神，是欲把所有权的内容，于权利之中增加义务性。……

指明行使所有权须不违背社会公益，且亦不能不利用财产，不利用财产即耽误了社会公益。如前文又谓：

> 法国……一九一六年十月六日法律第一条第一款云：“本法公布后，各市镇村长，……应对于不耕作的所有者或使用收益者发劝告书，劝导其耕作土地。如发信后十五日内，该使用收益者不说明系出于不得已，非故意荒废土地时，市镇村长有征收该土地的权利，且得移交于市镇村的农业委员会，命其耕作。”

又附注中引俄国在一九二二年制定的《民法》关于所有权的几条谓：

> 《苏俄民法》第五十二条，分所有权为公共所有权（国有或公共团体所有）、团体所有权、私所有权三大类，而以土地、地中包藏物（矿产）、森林、公用河川、铁道、铁道材料及航空用

具,为专属国有(同《民法》第五十三条);其他非公有之建筑物、商业的企业、不超过《特别法》所定赁银劳动者人数之工业的企业、武器与生产器具、通货、有价证券、金银货、外国货币、有价物件、家庭或个人之用品、法律所不禁贩卖之商品等,得为私所有权之物体。(同法第五四条)

除公共所有权、团体所有权外,也规定有私有权,不过限制很严。又如:

一九一九年《德国宪法》第一五五条规定:"土地之分配及利用,国家监督之,以防其滥用。"

德国《民法》第二二六条规定:"权利以加损害于他人为目的者,不得行使。"

瑞士《民法》第二条二款规定:"显明之权利滥用,不能受法律之保护。"

对于所有权都有严格的限制。又:

首倡限制说的,是 Thomas de Aguiono 氏,他说:吾人在自身生活必要的限度以外,不得主张所有权;若有剩余的财产,应视为共有,有给予贫病人的义务。嗣后,Mill 氏师承其说,谓:所有权只在地主为有利于社会的改良限度以内,认为正当;否则,如专为享有他人劳动果实的所有权,不但无维持的必要,且政府当为公益起见,有加以干涉的权利。此外,Roscher、Schmobler、Wagner 也于国家社会政策的名称之下,主张公益上须限制所有权。

关于所有权的限制说、社会化说、否定说，等等，都是反对财产私有；现在西洋就是一个很有力量的潮流。在这一点上我们不能说中国以前就是社会主义或共产主义。不过我们要知道，中国旧日的社会有两点同西洋现在财产社会化的风气相接近：第一点——中国从来没把财产看成是个人的，都看成是一家的；而家的范围又常常是不定的，不特父子兄弟是一家，每每同族的人以至亲戚都算做家。即不把宗族亲戚算进来，而因社会是以情谊联锁众人的，所以都负着一种彼此顾恤的义务。这种义务越是有钱的人其所负担者越大（这个话已经讲过，不必多说）。所以中国人对于财产的观念，几乎是接近共产，很富共有的意思。第二点——中国人看财产是为消费的；而近代西洋人看财产是为增殖财产的。换句话说，西洋人看生产就是为生产，中国人看生产则是为消费。（我曾经讲过中国人有一偏处，即在"求安"之一意。大家共求相安，这个有利也有弊：好处是他在生活中有领略享受的意思，让他不多向外逐求；但同时也因此就少了点创造进取的意思。）西洋人的毛病就是在看生产是为生产，完全离开了生产是为消费的轨辙，失了财产本来的用意；中国则很有财产是为大家享用的意思，所以财产社会化的潮流与中国固有精神没有违背冲突。中国人从前所以没有明白显著的共产的要求主张，原来是因为生产技术是简拙的，可以零碎的小规模地去生产，没有大规模生产的必要。譬如十亩八亩的地是这样种法，三顷五顷也是这样种法；因为工具是简拙的，所以没有使他连成大片去做的必要。农工商业都是由一家家地各自去干，只要能各自关门过日子就没有联合起来过日子的必要。——天下事非至必要的时候,断无人去自找麻烦,但能关门过日子谁也不去多事。我们的意思就是说:中国过去所以没有共产,是其生产技术使然,并不是有一个反社会化的风气。

在此刻逼着中国人往团体组织这个路上去的,我以为最有力的就是外来的这种经济竞争的压迫。零零散散的农民,受此外面大势的逼迫,他将很自然的必要从分散往合作里去走;以合作团体利用进步技术。从合作上增殖的财力(或日财富)将让公共财富一天天的大,而很自然地趋向于财产的社会化。其不同于现在西洋的一种财产社会化的潮流者,即他没有法子借着国家的强制力来作成这件事情。他天然的是:一面是团体发达扩大开展很有力量,——这个开展扩大是一定的趋势,是由于外面的逼迫,让中国的生产者非往合作里走不可;一面是这个团体既是这样起来的,财产社会化是这样有的,所以对于个人所有权还是依然很尊重。这就是说:在财产所有权这个问题上,或者也像俄国《民法》一样有公共财产、团体财产,也有私有财产;对于私有财产或者不能如俄国那样限制之严,而也是有私有公。像这样子的有私有公或者是一种自然的趋势(据说俄国《民法》,是共产主义的一个让步)。大概中国的团体组织,因是从私往公里去,从散往合里去,所以天然要有私有公;不能如俄国一样先将土地完全收归国有,(后虽让步,但只承认农民有使用权,并且限制极严。)走强制的路,冀以作到财产的社会化。中国则是从散往合里去,将自然地走上这条路。

我们可以结束几句话:从中国这方面说,因为事实的逼迫,不能不从散漫往团体组织里去。而同时因为西洋事实的变化,让我们找着两方接近的地方。——很重要的一点就是社会本位的意思替代了个人本位的意思,这一点顶与我们接近。换句话说,如果他仍是走十八世纪个人主义的路子而不变，则与中国合不来，让我们找不出一个调和之点。社会本位之说最看重义务，否认权利（这与我们的伦理观念很接近），这是西洋现在最有力的一个变化。前引《所有权基本问题》一文中有一段话即说此意：

> 主张所有权社会化的学者，其思想的内容也不尽同；而最风靡世界到现在犹维持其势力者，要推一年前逝世的狄骥之社会连带说。他在《私法变迁论》第六讲《为社会机能之财产》中，开首便设定一大前提："财产（所有权）和一切的法律制度相同，应经济的要求而形成，随经济的要求而进化"，以阐明法律与经济的关系；次接着说，"在现代社会，对财产制度的经济要求，发生深刻的变迁"，以作小前提；然后下断案说，故为法律制度之一的财产，也自然要变迁。这种变迁，是朝向社会主义走的，含着社会的意义，故又可说是"进化"。此"进化"逐渐密接社会诸要素，相依附而存在，于是成"财产社会化"，即所有权社会化。所有权社会化的意义，为：（一）个人的所有权，非个人的权利，乃社会的机能（职能）；（二）所有权是供人类集团用的，若然，方受法律的保护。——这是狄骥氏对所有权的根本思想。
>
> 狄骥又演绎此根本思想，以实证其说。谓自由、权利，均是人类相依相扶图社会的共存，方受法律的保护，并非单为个人的利益而存在的。故（一）所有权如为供满足公共的需要，方受法律的保护；（二）所有者在其保有的财产上，无排他独断的权利；（三）不得弃置财物不加利用；（四）财物的所有者，不得假名行使所有权，作于己无利于人有损的行为；……（五）所

> 有者于财物之上，积极地负一定义务。……总之狄骥是否认所有权为人类生存不可缺的要素，谋社会繁盛与伟大的必须条件；但不赞成绝对否认之说，故特创"社会连带论"（狄氏学说之通称），创所有权社会化，……

他这种说法，很近于中国人伦理的思想；他是说每一个人都要靠大社会才能生活，他看人生是互相依赖的，所以只能从社会看到个人，离开社会则个人不能想象。如前书所载《国家与法律》一文中曾谓：

> 他（狄骥）所主张的法理是以"人生的互依"这种显明的事实，这种显明的社会现象，作为出发点。这种人生互依的事实就叫作"社会连带关系"（Sdidarite Sociale）。

他这种解释与我们解释中国伦理的话很接近：——照伦理的解释，伦理就是伦偶，人一生下来即有与他相关系的人，并且他的一生也始终是与人在相关系中。在狄骥的意思：

> 人人都是社会的分子，人人在社会里边各有自己的活动，各有自己的分位。这些个人的活动和分位彼此相互的关系，就构成所谓社会生活。个人一切行为都是要以实现社会生活为目的。因社会生活的必要就自然产生了必须遵守的行为原则。这些行为的原则就是我们寻常所谓"人生大道理"，西洋寻常所谓"道德的规范"（moral code），狄骥所谓"法则"——法律的准绳——（Regle de droit）。法律就是有法律制裁的人生

> 大道理。……这种法则的力量,就是社会生活的事实在实际上强制个人合作或禁止个人不合作;因为互依所以必须合作。人生不能离开"给"与"取",个人要实现自己生活,简单的说,即是劳务的交换。(见前书)

这种意思很与中国人的礼俗的意思相接近相暗合。——礼俗是在社会上自然有的,法律也要跟礼俗来,这种意思相接近。刚才说西洋看重社会的趋势与中国精神相近,而尤以狄骥的这种说法与中国礼俗更多暗合的地方。

说到这里,可以说我们与西洋的相差,只相差一点,尚未完全相合。这也就是说,西洋现在的趋重社会与中国伦理观念很相合。但尚差一层;——这一层不但是中国人的意思,也是人类普遍的要求。这一层是什么?即:如果就是社会本位的时候,还是偏于一边,还不合于人类普遍的要求。必须是团体与分子彼此之间匀称(均匀),才是人类普遍要求。从个人出发而不顾社会,妨碍社会,固然不对;为社会而牺牲个人,抹杀个人,也是不对的!如何使社会与个人之间得到均衡匀称,才是大家的要求。所以说团体权力与自由分际的问题是个最难的问题,很难找着一个均衡;如果就是趋重社会本位,也算不得均衡。在西洋也许找不着这个均衡。为什么呢?就是因为他想确定一个道理:到底应当以什么为本位?——个人的本位?社会的本位?想确定一个欹重之点。而各人有欹重之点,各人有说法,则找不着一个适当的地方了!在我们看,这里面有一个错误,就是他想建立一个道理,把此道理看成是一个客观的标准;不知建立一个客观标准是错误的,于这个地方不能成功一个客观的标准。什么叫客观标准呢?譬如以社会为本位，则是以社会为客观标准，此即欹重于一偏，如以个人为本位，则是以个人为客观标准，此也欹重于一偏；如果说两边都不偏，要一个均衡，则只是一句空话，等于不说。说以个人为本位或以社会为本位，都还算一句话，算一个主张；如果你说以均衡为标准，则等于不说，等于没有任何表示。其实根本不应当定一个客观标准，不应当离开说话的人而在外面安一个道理。这个意思就是说：话应当看是谁说的，离开说话的人不能有一句话。因为一句话，就是一个态度，如果离开了那个说话的人，不能有个态度存在。换言之：应当是从团体说时，要尊重个人；从个人说时，要尊重团体。必有所欹重才能算句话；无所欹重即等于没说，等于没表示态度。有所欹重，就要看他是谁。团体原来是为的个人，所以应当以个人为重，尊重个人；可是个人也应当尊重团体，个人不尊重团体还像话么！按中国道理所谓尊重对方者仿佛是这个样子：我以你为重，你以我为重，互以对方为重才能得到均衡；均衡只能在这里产生，没有旁的方法可以产生均衡。我再补说一句：我们的这个说法，可以说是一种相对论；如果离开说话的人去建立客观标准，就完全错了！标准是随人的，没有一个绝对标准，此即谓之相对论。绝对标准，乃是人类的一个错想，天下事只有相对的。中国伦理思想就是一个相对论，相对论是真理！是一个最通达的道理！社会本位思想虽然与我们接近，就是还差这么一层——互以对方为重的一层。如其很呆板的就是以社会为重，则不可通；从社会本位再说活一点，即从个人说应当尊重社会，从社会说应当回头来尊重个人。**如此才可以产生均衡**，才是一个正常的人类社会！

我们以前说过：现在是中国人很苦闷的时候，是在一个左右来回的矛盾中。这也就是说：中国人一面散漫缺乏团体组织，同时还缺乏个人自由平等的确立，二者都急待补充。但是如果着重自由平等的一面，极力补足那一面的缺乏时，则让我们很难照顾团体结合的一面，将使中国人更加散漫；如果照顾团体组织的一面，着重西洋最近的趋势，则自由平等又发挥不出来。我们两边都有缺欠，以致顾此失彼，左右为难。左右为难是顶为难！**这个左右为难只有一个方法可以解决，就是我们相对论的伦理主义。**如果没有相对论的伦理主义的时候，则着重这面失掉了那面，照顾那面又失掉了这面，则真是左右为难矣！现在我们有一方法——伦理思想，让两面都可以确立。我们发挥伦理思想的结果，个人一定要尊重团体，尽其应尽之义；团体一定尊重个人，使得其应得之自由平等。本来两边照顾到是一个做不到的事情，因为人只能看一面，看一面即照顾不到那一面；但是若本着相对论的伦理思想去发挥，则彼此互相照顾，那么，两面都可照顾到了（这个意思很细，且很实在）。所以可以说是伦理救了中国两面照顾不到的难处。中国本来两面都不够，而伦理适足以补充两面。

我们结束几句话：照我们刚才所说的一层一层的话，中国如果有一个团体组织出现，那就是一个中西具体事实的融合，可以说，是以中国固有精神为主而吸收了西洋人的长处。为什么呢？因为照我们刚才所讲的团体组织，其组织原理就是根据中国的伦理意思而来的；仿佛在父子、君臣、夫妇、朋友、兄弟这五伦之外，又添了团体对分子、分子对团体一伦而已。**这一个团体组织是一个伦理情谊的组织，而以人生向上为前进的目标**（这两项很要紧，西洋人也将转变到这里来）。**整个组织即是一个中国精神的团体组织，**可以说是以中国固有精神为主而吸收西洋人的长处。

丙　从理性求组织

我们把许多中国冲突点疑难点解决了以后，就可以发现一个新的社会组织。这个社会组织乃是以伦理情谊为本原，以人生向上为目的，可名之为情谊化的组织或教育化的组织；因其关系是建立在伦理情谊之上，其作用为教学相长。这样纯粹是一个理性组织，它充分发挥了人类的精神（理性），充分容纳了西洋人的长处。西洋人的长处有四点：**一是团体组织，——此点矫正了我们的散漫；二是团体中的分子对团体生活会有力的参加，——此点矫正了我们被动的毛病；三是尊重个人，——此点比较增进了以前个人的地位，完成个人的人格；四是财产社会化，——此点增进了社会关系。**以上四点是西洋的长处，在我们的这个组织里边，完全把他容纳了，毫无缺漏；所以我们说这个组织是以中国固有精神为主而吸收了西洋人的长处。我们能这样把那些冲突矛盾疑难问题解决了，我们心里才不乱，心里不乱自己才能有道走，才能为社会开一新道路。我相信这样的组织才是人类正常的文化、世界未来的文明。这种文化要从中国引一个头，先开发出来。因此我对人类的前途、中国民族的前途，完全乐观。虽然这样的组织尚为从前人类所未有，可是大家不要以为这是太理想，以为我们是太往高处想，完全不是这个样子！我可以分两层来说：

第一层是说这个组织为以前人类所未有——人类历史一直到现在，其社会组织构造，都是从一种机械的不自觉的而演成，即在人类历史里边机械的不自觉的演成了种种不同的社会组织构造中，而人类的理性乃得一步一步逐渐开发。虽有很多不合理的地方，而是没有办法的；因为理性的开发，无论是在个体生命或在社会生命，都是逐渐的开发，不能一下子就有。但现在我们所说的这个组织，是完全从理性上求得的；**不是机械地演成**的。这样一个纯理性的社会组织是如何呢？在这个社会组织里，人与人的关系都是自觉的认识人生互依之意，**他们的关系是互相承认**（互相承认包含有互相尊重的意思），**互相了解，并且了解他们的共同目标或曰共同趋向**。从这样的一个社会，让我们想起来杜威在他的《民本主义与教育》一书里所说的一段话，可与我们这个意思作证明：

> 人类不因为生活在一起，得形体的接近，便能成为社会。一个人也不因为与别人离开很远，便彼此停止社会性的影响。一本书或一封信，可以使得相距数千里的人，比住在同一屋里的人还要亲密些。即为着一个公共的目的工作的人，也未必就能组成社会的团体。譬如一个机器的各部分，为着一个公共的结果，在那儿干绝大的协作，但是他们并不因此就能组成社会。这是因为他们都不认识这个公共的目的。假使他们都能认识这个公共的目的，对于这个目的都有兴趣，因此各人都按着目的约束各人的特别活动；这样一来，便成为社会了。

在杜威的看法，人类的教育与人类的社会实是一件事情，只是两个不同的名词；越教育越社会，越社会化越教育化，因为教育就是个交通作用，而社会也就是那个交通作用。如他说：

> 不但社会的生活与交通作用是一件事，彼此是密切相联的，而且一切交通作用都有教育的效力（因此一切真正社会的

生活也都有教育的效力),……这样看来,无论哪一种社会组织,只要它骨子里含有社会性或使人能参与它骨子里的活动,那么这种社会对于在里面参与的人,都是有教育的效力的。不过这种参与如果变成了刻印板,事事照样画葫芦,那就失却它的教育效力了。

据他看:现在西洋的社会虽然我们不能不承认它是一个进步的社会;可是其中还有许多不社会的地方。就是因为在这个社会里,虽然大家互依,互相为而做事;但彼此缺乏承认,缺乏了解,这好像一大盘机器一样,虽然机器中的许多零件是彼此互依,共作一事,想要完成一个目标,可是它们彼此不了解。此刻社会就是如此;虽在彼此协作,但是彼此不了解,没有一个公共目的。此刻社会中彼此的关系是互相利用,如资本家之对于劳工,劳工之对于资本家,统统是互相利用;只管自己要得的结果(劳工只为要工资,资本家只为发财),对方感情如何,愿意不愿意,一概不顾。如他说:

这样看来,我们不得不承认,就是在最有社会性的团体里面,还有许多关系仍然缺乏社会的精神。无论在任何社会里,仍有很多人的关系好像机器一样,彼此没有充分的交通作用。许多个人彼此利用,只管所要得的结果;至于被利用人的感情与理智的倾向怎样,心里情愿与否,都一概置之不顾。这种利用,不过表现物质的优越,或地位、技巧、艺术及操纵机械或经济工具的优越罢了。假使父母与子女的关系、教师和学生的关系、雇主与佣人的关系、治人者与治于人者的关系,仍然还在这个地步,无论他们各个的活动怎样接近,总不能组成真正的社会团体。各方面命令之授受，虽能变更动作与结果；但单靠这种办法，绝不能影响于目的的了解，于兴趣的交通。

从他的几段话，反映出我们的组织是最进步的组织。此刻西洋的社会是机械的、不自觉的；我们的这个组织，是纯靠理性的一个组织，靠理性开发出来的一种组织。然则要问：这个样子的组织，是不是理想太高呢？完全不是！我常对大家说：无所谓好的制度，只有此时此地比较适用的制度。我们不应当主张某一种制度为一种好的制度。我完全不愿去作一个主观的空想！我常说：如果一个人老是喜欢说他的主张或他的办法如何如何好的时候，就可以知道他是不曾在事实上用过心思。大家从以上两句话里就可以看出我平常的态度；知道我平常的态度，就可以知道我所说的这个组织，虽然像是理想太高，而实非！并且不是我主张如此，我实实在在地看清楚了中国要往这里去。我并不是说中国社会最好要成功这个样子，**我是说中国从事实上不会成功别个样子**！这样的一个组织，为从来所未有，仿佛太高远了；其实眼前的中国，只能成功这个，不能成功别的！这是事实上的必要，天然要如此！所谓事实的必要，底下一条一条的讲。现在只说这一句，就是：中国没有法子机械的不自觉地演成一个组织（即此一句已够）。因其缺乏阶级的集团的一个大势力；社会中如有那么一个大的机械力量，便可走机械的路；可是中国就找不出来有一个大的机械力量在哪里。我常说：中国社会由于经济的不进步，自一面说，它够不上机械；自另一面说，由于文化的早熟，它又超过了机械。眼前我们的苦闷就在这个地方。中国政治无办法，从某一些条件看，仿佛是非用机械的力量不可；但是机械力量到底用不上。然而要用理性互相了解，互相承认,自觉地成功一种组织又未免太费事。今日中国人所受的苦痛(指政治无办法),就是告诉我们中国没法子走一个省事的道(机械的不自觉地演成一个组织)。中国今日的这种大苦痛,是很有意义的;——意义即在没法有一非理性的组织构造出现,它只能开出一个富有理性的组织构造。自今日以前的人类历史上所有的社会秩序,无论是直接的或间接的都是靠武力,所谓机械力量即指此。我说过:武力必有交代,中国此刻武力即无处交代,故武力统治不能成功。一般的社会秩序,每是少数人造成,少数维持之;可是中国将来的秩序,是由多数人造出,并为多数人所维持。因为是少数人造成秩序,少数人去维持,则天然地要用强制力方可收效;这是非理性的。中国将来的秩序,是大家慢慢磋商出来的,是从理性上慢慢建造成的一个秩序,仿佛是社会自有的一种秩序,而非从外面强加上去的。说到此,我想人家要怀疑的,就是这样的一个秩序,为什么在中国眼前是事实上的必要?为什么能成功?这个话现在不能细讲,以后自然可以讲到。底下另开一段落。

丁 从乡村入手之义

我们仿佛找到了几个原理原则,认识了一个方针,本此以建立中国的新秩序,新组织构造。但是从什么地方入手呢?那么,入手处就是乡村。中国这个国家,仿佛是集家而成乡,集乡而成国。我们求组织,若组织家则嫌范围太小,但一上来就组织国,又未免范围太大;所以乡是一个最适当的范围。——不唯从大小上说乡为最合适,并且他原来就是集乡而成的一个国,所以要从乡入手。再则,我们的这个新组织,明白地说:是要每一个分子对于团体生活都会有力的参加,大家都是自动的,靠多数人的力量组织而成;那么,为团体主体的多数人既都在乡村,所以你要启发他自动的力量,启发主体力量,只有从乡村作工夫。不但是站在乡村外面的人说是对乡村作工夫,而其主力的发动,亦必然地是从乡村开头。这都是很浅的意思。还有一个理由:如果大家没忘记我以前所说的:中国的经济建设必从复兴农村入手,从那一段道理上就确定了现在我们的新机构是要从农村开端倪,从乡村去生长苗芽;——中国新社会组织的苗芽一定要生长于乡村。而也正因为中国的新社会组织要从乡村去求,恰好也就适合了那种从理性求组织的意思。换句话说:在乡村中从理性求组织有许多合适点。掉过来说:在都市中从理性求组织则比较不容易。乡村为什么特别适于从理性求组织呢?

我们先讲一讲从乡村起手求组织而特别适合于理性的发挥的几点。——为讲此意,所以我们以前虽然已经讲了许多关于理性的话,现在我想再重复几句。我常喜欢说:当一个人心里没有事情,你同他讲话最能讲得通的时候,就是理性。理性就是强暴与愚蔽的反面,除了这两样以外的就是理性。所谓理性,即"平静通晓而有情"之谓也。我们在讨论会上我曾说过:中国人之所谓理性,与西洋人之所谓理性不同。西洋人之所谓理性,当然也是平静通晓,但是只差"而有情"三个字;中国人的理性,就是多"而有情"三个字。在西洋有法国人的"唯理主义"。这个"唯理主义学派"是对英国的"经验主义学派"而言。——法国最先讲求的学问是一种抽象的科学,如数学、天文学,等等,这些理都是从极冷静处得来的;此时就把情感排出去了。我再点明一句话,——理性主义有两种:一是法国的理性主义,是一个冷静分析的理智;一是中国人的理性主义，是平静通晓而有情的。“而有情”三个字最重要，因系指情理而言。那么，从乡村入手为什么特别适合于理性呢？

第一层：以农夫与工商业者较，从他们职业的不同、环境的不同，所以影响到他的性情脾气者很不一样。农夫所接触的是广大的自然界，所以使他心里宽舒安闲；工商业者居于人口密集的窄狭的都市中，睁眼所碰到的就是高墙。所以使他的性情非常褊急不自然。农民的宽舒自然的性情，很适于理性的开发。

第二层：农民所对付的是生物——动植物；而工商业者所对付的是死物质。生物是囫囵的、整个的、生动而有活趣的；死物质恰好相反，是呆板的、可以分割破碎的、任人摆弄的。我们常常看见有许多书（讲西洋文明之流弊者）都很发挥这个道理。西洋因工商业，将人训练成一种喜欢分析解剖的脾气。将一切都看成是机械的、可以割裂的；这正是理智。中国农夫因其对付的是囫囵的、不可分的生物，所以引发了他的活趣；这正是理性，而不是理智。宋儒程明道先生曾说此意，“观鸡雏可以知仁”，此即因其有活趣，可以引发一种自然活泼之温情。

第三层：工商业者老是急急忙忙，农夫则从容不迫。大概农夫没法子不从容；譬如种麦子，头年下种，第二年方可收获。是多么从容。工商业者则不然；制造电灯泡，一天一夜可以赶造出几千几万个，他是可以快，且出产愈快，愈可以多赚钱，为多赚钱逼迫着叫他快。农民则欲快而也不得，——种植五谷与自然的节候非常有关系，急忙不得；所以养成他一种从容不迫的神气。从他的从容，就可以对他所接触的一切印象咀嚼领略而产生一种艺术味道的文化、艺术味道的人生。反过来看，工商业者总是一天到晚的奔忙，常在一种有所追逐贪求之中。（基尔特社会主义派很说此意：西洋文化的流弊是只计较数量，不计较品质，把自己忘掉而专从事于物的追逐；中国人则是咀嚼享受的态度、从容品味的人生。）这个地方，也是让乡村人容易开发理性，而工商业者则不能。

第四层：农业最适宜于家庭的经营，工商业则不然；男工、女工、童工部分散到工厂作工。可以说：农业是巩固家庭的，工商业则是破坏家庭的。家庭乃最能安慰培养人的性情者，富于情感的人，一定要恋家庭，而家庭也适足以培养人的感情；这与我们情谊化的组织很有关系。以上四层都与我们从理性求组织有关。因为都市的秩序，非靠警察、法律、军队不能维持；乡下人则从容不忙，少许多问题，秩序很容易维持。这个意思就是说：乡村秩序原来就是靠理性维持。都市秩序原来是靠武力维持；所以从乡村入手，特别适合于理性的发挥。

第五层：这一层更重要。乡村人很有一种乡土观念，仿佛把他的村庄也看作是他的家。乡村人对于他的村庄的亲切意味，为住在都市的人对于都市所不易有者（如住在上海的人，对于上海并没有亲切的感情）。因为住在都市，原来就是往来不定；加之范围太大、人口太多，而又为时甚暂，所以不易生感情。住在都市里的人，对街坊邻居，看得很平常，并无多大关系，往往对于街坊邻居的姓氏都不知道，见面时头都不点。乡村人对于他的邻里街坊，则很有关系，很亲切。我在北京的时候，与一个乡下人谈话，他指旁边一个人说，“他是俺庄的姑爷”，原来因为那一个人是娶他同庄人家的女儿为妻，所以他全庄的人便都称之为姑爷。住在上海的人，断不能有此事。总之，乡村人对于他的街坊邻里很亲切，彼此亲切才容易成功情谊化的组织。我们的组织原来是要以伦理情谊为本原的，所以正好借乡村人对于街坊邻里亲切的风气来进行我们的组织。都市人各不相关，易引起狭小自私的观念；乡村则比较能引起地方公共观念。所以我常说：让我在乡村作地方自治，我能作得到；若让我在都市办地方自治，不要说我办不了，就是圣人也办不了！其故即因在都市中，地方团体根本就难以形成；虽然是比较有钱的人多，受教育的人也比较多，仿佛是易于办自治了；但实际上完全不然，完全没有办法！

第六层：中国固有的社会是一种伦理的社会、情谊的社会；这种风气、这种意味，在乡村里还有一点，不像都市中已被摧残无余！西洋风气——个人本位的风气进来，最先是到都市，所以此刻在都市中固有空气已不多见，而在乡村中倒还有一点。所谓"礼失而求诸野"，在乡村中还保留着许多固有风气。有一点，则正好借以继续发挥。

第七层：我们是在求正常形态的人类文明，那么，从乡村入手，由理性求组织，与创造正常形态的人类文明之意正相合。因为乡村是本，都市是末，乡村原来是人类的家，都市则是人类为某种目的而安设的。在某种事实上说，都市固也不可少；如是政治的关系越是上级行政机关，越要设在一个中心点，非如下级行政机关之可以设于乡村，所以由政治中心而来的都市是必要的。再就经济上的联合组织说，也需要有一个中心。其他如教育、文化，都要有一个中心。小图书馆，乡村可以设立，更大的图书馆则必设在县里或省里；小学可以设在乡村，大学必须设在都市。从政治、经济、教育各方面看，都需要一个中心，故都市为不可少。都市即由此而来的。如果都市由此而来，就合乎乡村为本，都市为末的意思了。其所从来是在乡村，下级都在乡村，大家联合起来而有这个中心，先有本，后有末，末从本来就对了。可是现在的都市不是如此，乃是一种倒置的。现在的社会,都市不但是中心,而且是重心;以都市为重心就完全错误了!重心本应普遍安放,不可在一处;中心可以集中于一点,可以在一处。若重心在一处,则非常危险!如将这块黑板平放在地上,则凡是着地之点皆为重心,如此再平稳不过了;但若把它立起来使其一边着地,其重心只在着地的一边,则一定不稳,非倒不可。此刻的社会构造,即重心在一处——置重心于都市,这是顶不平稳的一种构造。都市好比一个风筝,下有许多线分掣于各乡村;风筝可以放得很高,而线则是在乡村人手里牵着,乡村能控制都市,这个就对啦。若都市来控制乡村的时候,那就是少数人用力量以统治多数人,这是不对的,不是常态。现在我们是从乡村起手求组织,是自下而上,由散而集,正合乎常态,合乎人类的正常文明。这样的一个人类文明,就完全对啦!我在《山东乡村建设研究院设立旨趣及办法概要》上曾言及此意,看了那篇文章就可以解释一般人对我的疑惑:“你单讲乡村建设就不要都市了吗?”我们讲从乡村入手,并不是不要都市,我们是要将社会的重心(无论是政治的、经济的等)放在乡村。更明白的说:讲乡村建设就包含了都市,我们并不是不着意都市,因为着意于本,则自然有末;乡村越发达,都市也越发达。现在西洋社会的毛病就是政治的、经济的大权都操在都市人手里,重心集于都市,这是一个顶不妥的社会、顶偏欹的社会,所以不稳当。我尝说:天下事巧得很,中国在最近的未来,将开一个很好的社会组织构造;——这并不是中国硬要往理想处高处去奔,而是自旧的组织崩溃后,自然走上的一个合理的道路,自然的要如此,天造地设地是要如此,实在巧得很!

第八层:我们培养新的政治习惯,要从小范围——乡村着手。这一层很重要。我曾说过:“我从事乡村运动的动机是从对中国政治问题的烦闷而来的。”我由于对政治问题的烦闷而得到的一个答案,即:要先培养新政治习惯。而新政治习惯的养成,须从小范围入手,因此才注意到乡村;不然的话,我便不会注意到乡村。关于此意,我在《自述》中曾约略言及;现在更申言其意:所谓新政治习惯,即团体分子对团体事件的关切注意;欲养成这种新政治习惯,必须从其注意力所及的地方培养起才行。会运用观念的人,其注意力所及,才能及到大范围;而乡村人头脑简单,多运用感觉,不会运用观念,故其注意力所及,必从小范围——乡村入手才行。培养新政治习惯必从其注意力所及的小范围着手,这是一层。再则,也必从其活动力所及的范围入手,才容易培养新政治习惯。——本来有注意则有赞否,赞否就是方向态度,本此方向态度去发挥,就是活动。但是许多人对于团体的事情,关切是关切,而不愿活动,故非培养其活动力不可,单是注意及之,而白叹气亦不行,必须培养其活动力。怎样培养?亦必从小范围的乡村入手。因为范围大的时候,他就感到不易活动,很容易使人畏缩;必须是其活动能影响所及的范围,他才容易活动。譬如:只要有说句话的勇气,大家都可以听得见,就能发生影响;如果他第一次说的话大家赞成,则可以引起他的兴趣,有兴趣再作第二次的活动,如此则其活动力所及,可由小范围而渐扩展到大范围。其注意力、活动力能及于大范围,新政治习惯就算培养成功。新政治习惯的养成很重要,非此中国将永无办法,如果培养不起新政治习惯,则无论如何嚷打倒封建制度军阀,打倒帝国主义,都是无用!所谓新政治习惯,我们本来说过二层:一是组织能力,一是纪律习惯;还有一层意思也很要紧:我们以前曾说了许多团体应当尊重个人,个人应当尊重团体的话,我们的团体组织对于分子在某一点上要消极的不妨碍他,在某一点上要积极的帮助他。但怎样是不得妨碍他,或怎样是帮助他,(积极的帮助即含有干涉的意思,这种干涉应到什么程度?)**此间分际,很难说定,都是要慢慢的试探着从习惯上来确定**。当习惯养成的时候,分际才能确定——**确定靠公认,公认靠习惯的养成**。如果新习惯不能养成,则中国的组织问题——一是个人地位的问题,一是团体权力的问题,皆无法确定。关于这个问题,用条文去规定是无效的。并且也不能用条文去规定。因为我们的这个组织,是一个伦理情谊化的组织,是一个人生向上的教学化的组织;所以只能指示一个方向,不能用法律条文定一个死板的标准;一定的时候就翻过来,不是情谊的、人生向上的了。关于此意(只能养成一个新习惯,不能定为死板的法律条文),以后讲乡学村学时再细讲,此处不多说。现在只说:**像这种习惯的培养,除了从乡村着手以外,其他没有合适的地方**。

第二节 具体组织

甲 乡约之补充改造

以上是讲我们的组织有两点:一是从理性求组织,一是从乡村入手。这两点已经确定。今再申明一句:有形的事实是乡村,无形的道理是理性。**这两个地方,原来就是中国社会的根,除此外都不算**。我们现在就是从这根上来生长新芽。这个新的芽——新的组织,具体的说是个什么样子呢?一句话就是:这个新组织即中国古人所谓“乡约”的补充改造。大体上是采用乡约——不过此处所谓乡约,非明、清两代政府用政治力量来提倡的那个乡约,而是指当初在宋朝时候,最初由乡村人自己发动的那个乡约。那个乡约是吕和叔先生的一种创造。现在我们把它大致说一下:

在古人当初发动乡约的时候,是由吕和叔先生与他的兄弟及其邻里族党所发起的;发起之后,约会大家书诺,加入这个组织。这个组织,大体上的意思就是说明我们邻里乡党本来是很有关系的,不能够彼此不过问。在他的发起文上有这样一段话:“人之所赖于邻里乡党者,犹身有手足,家有兄弟,善恶利害皆与之同,不可一日而无之。不然,则秦越其视,何与于我哉!大患素病于此,且不能勉,愿与乡人共行斯道。惧德未信,动或取咎,敢举其目,先求同志,苟以为可,愿书其诺!成里仁之美,有望于众君子焉!”他这一段话很好。他第一句即点出来:我们大家是相关系的,人生是互依的。他一上来即认识了社会的连带关系,点明了组织的必要。从认识了我们的关系,而要求增进我们的关系。他们发起乡约的意思,就是因为他们认识了他们的关系之后,想努力把他们的关系做得好;他这个就对了。乡约中分四大纲领:一、德业相劝;二、过失相规;三、礼俗相交;四、患难相恤。四大项中,每一项都包含许多小的条目;如第四项包含重要的条目有七:一、水火(遇有水火之灾大家相救),二、盗贼(土匪来了,大家联合自卫),三、疾病(遇有瘟疫疾病,大家扶持),四、死丧(死丧事情要彼此帮忙),五、孤弱(无父母之子女大家照顾),六、诬枉(打官司冤枉者人家代为申冤),七、贫乏(无衣无食者大家周济之)。在这第四项中他提出这七个具体问题要大家来互相帮忙;如果把这七项都充实起来,每样都能做到,那么,这就是一个很好的地方自治团体。譬如在英国有许多地方，其下级地方自治团体中，皆以救恤为很要紧的一项事情。差不多其地方自治的开始，即为救恤而来，仿佛即以救恤的区域，为地方自治的区域。在上述的七项中也都可以见出救恤的意思；如果照那七项积极地作去，更可以包括很多的事情。譬如为救止水火而可成立消防队；更积极作去，可有水利之兴办；从盗贼的防御，可有自卫的组织；从疾病的救护，可有卫生医院的设立；从诬枉可有息讼会；从孤弱的照顾可有育婴堂、孤儿院等的设立；从贫困的周济，亦可有许多办法，慢慢到合作关系的密切、财产的社会化。总之，从那七事充实作去，可以包括很多事业。假定这个乡约能继续不断的增进其关系，则可成为一个很好的地方自治组织。

于此我们看出，乡约这个东西，可以包含了地方自治，而地方自治不能包含乡约，如果拿现在的地方自治与乡约比较，很显然的有一个不同。现在的地方自治，是很注意事情而不注意人；换言之，**不注意人生向上**。乡约这个东西，它充满了中国人精神——人生向上之意，所以开头就说"德业相劝"，"过失相规"。它着眼的是人生向上，先提出人生向上之意；主要的是人生向上，**把生活上一切事情包含在里边**。地方自治则完全是注意事情，没注意到人生向上。这种乡约的组织，实在是西洋人所不能想象的，他做梦也梦不到能有这么一个组织。他很容易一来就到宗教里去，成为教会组织；到宗教里去就不对了，非自觉的相劝向上之意了！再不然，他就单从人的生活、事情、欲望、权利出发，而成为一个政治的组织，不含有人生向上之意。在西洋不为宗教的组织，即为政治的组织，绝不会有像乡约似的一个组织。——以上的话，我们意思是点明乡约这个组织，即合乎我们以前所讲的原理原则，为我们所要求的一个组织，是一个伦理情谊化的组织，而又是以人生向上为目标的一个组织。以之与现行地方自治法规来比较，其气味很不相同。现行地方自治法规，恰好缺乏这两点，他是把人生向上的意思除外；同时以权利为本位，伦理情谊的意味也没有了。举例来说，在现行地方自治法规里头，代表团体的是乡公所乡镇长，而乡镇长对于乡镇居民是很没有情，没有相勉于人生向上的意思。如：《修正乡镇自治施行法》第四十一条的规定：

> 乡镇居民有左列情事时，乡长或镇长得分别轻重缓急报由县政府或区公所处理之：
>
> 一、违犯现行法令者；
>
> 二、违抗县区命令者；
>
> 三、违犯镇自治公约或一切决议案者；
>
> 四、触犯刑法或与刑法性质相同之特别法者。
>
> 有前项第四款情事，乡长或镇长得先行拘禁之；除分别呈报区公所及县政府外，并应即函送该管司法机关核办。

持此以与乡约比较，很显然的是不同。乡约是本着彼此相爱惜、相规劝、相勉励的意思；地方自治法规则是等你犯了错即送官去办，送官之后，是打是罚一概不管，对于乡里子弟毫无爱惜之意；这样很容易把人们爱面子的心、羞耻之心失掉。以后将更为不好。它完全是只注意事情，想让事情得一个解决，而无爱惜人之意（只注意事而不管人，近代的政治就是这么一个组织）。乡镇长对乡村人是如此，乡村人对乡镇长，以及监察委员、调解委员等等，彼此之间也是无情的，没有相勉于人生向上之意思的，遇事都是依法律来解决。如监察委员可以检举乡镇长,或召集大会罢免他。检举、罢免,这在中国是很让人难堪的一种手段,是一个很粗硬的对付人的办法;这样一来,伦理之情完全没有了,人生向上之意也没有了。一个在乡村中比较有面子的人,如被大家投票罢免了,这很让人过不去！在中国富于情谊富于人生向上之意的人,如果自己被一村的人罢免了,他很受不了;但是他虽受不了,法规也是不顾,因为法规就是只注意事而不注意人,只图眼前事情的解决,眼前事情的解决指什么说？就是大家能安生过日子。安生过日子能说不对吗？似乎不能说是毛病;可是他的毛病很细微,细微处正是重大处！他只求眼前生活的苟安,而不顾生活的向上学好求进步,就有毛病了。只差这么一点就不得了了！底下有两句话很要紧:你要去解决事情,越不能解决事情;要去安生过日子,越不能安生过日子。**你能超过了这一步,有一个更高的要求**——人生向上,则事情亦可解决了。不只求安生过日子,倒能安生过日子;不只图解决事情,事情反得解决。如果像地方自治法规一样,大家用粗暴的手段相对待。以求解决事情,则除了捣乱之外,没有别的好处！那么,为什么要如此呢？这完全因为他是学自西洋,其出发点即与乡约不同,——近代西洋政治是从自己权利出发,以自己权利为出发点,从自己生活出发而不从人生向上出发。今之地方自治组织,完全是因袭的那一个意思——近代西洋人的权利观念。他为什么要结这个团体？为什么要有此组织？完全是为满足公共的欲望,保护个人的权利。(因为他完全看成是一个权利问题,组织的根本完全看成是个人,是个人本位的组织。)我们可以举一个例子,用以见出他的出发点、他的精神。

按照地方自治法规,凡公民都有选举权,但什么样的才算公民,是有条件的。如年龄不到者、有神经病者等等,除了这几个条件之外,才可以有选举权;因此在浙江办地方自治的时候,就发现了一个疑问,即:“娼妓是不是公民。她有无选举权呢?”关于这个问题,就由省政府请示内政部,内政部又到行政院,行政院又转咨立法院,据立法院的解释:凡人已到相当年龄,既无神经病又未受过刑事处分,就算公民,就应有选举权。我们并不是否认娼妓有公民权,我们举这个例子的意思,是让大家见出那种法规完全从权利观念出发,将人生向上的意思从政治里除外;这纯粹是近代西洋人的精神,与中国人固有的精神很不合。

我们此刻在中国讲地方自治,应当要地方上的人彼此认识他们的相互关系,而求增进他们的关系;应当从此意来讲地方自治,不应当从个人权利出发。乡约就是如此,就是让大家认识他们的相互关系,而求增进他们的关系。这就完全对了,这样才能让散漫的中国人渐走往团体里去。如果从个人权利出发,那如何能使他合!并且从个人权利出发即抛开了人生向上之意,抛开了伦理情谊;不从伦理情谊、人生向上之意,是不会增进中国人的关系的。只有从人生向上之意,发挥伦理情谊;从这个地方才可以建立中国人的团体组织。从个人权利观念出发,每人有一票,谁都有公民权,我们初无意否认。——如前面所说的妓女有公民权,我们无意否认,可是也无意承认;我们以为这个话就不能讲,我们愿意从一个更自然更合理的地方来做起。所谓更自然更合理的地方做起者,其意即说:在我们大家认识我们的相互关系,增进我们的关系的时候,当然要彼此尊重,对任何人都尊重。然而这是自然的尊重,但不一定要每人投一票。一家有四五个人,其中能有一个比较明白点的人出来参与我们乡村的聚会就可以了(也许将来更进一步，能慢慢做到让每家多出来几个人）。照现在地方自治的办法，即让一家中每一个人都出来——年满二十岁者皆有选举权，但这在现在事实上是做不到的，且亦不必要也。照我们的办法，在聚会的时候，一户有一个人出来，就是最好的气象了。在讨论时，村中比较有资望、有信用、知识较高的人，他的话大家都要多尊重一点（这是我们具体的意思）。本来在乡村中也没有妓女；假定在一个乡村中，以一个品行很好的念书的老先生，让他与妓女一样投票，也不一定合道理。大家就说，“如此才算平等”；但在我们觉着这种平等是一种机械的平等。这等于不问人的饭量大小——一个饭量大的人、一个饭量小的人——同样的每人只给他两个馍馍，是一样的没有道理。在北方多是比较不很大的村庄，又比较没有阶级分化等情形的村庄；这种村庄，很像一个大的家庭。在这种村庄中，大家都要尊重年长的人，尊重有德望的人。如果本着每人投一票的办法来表决于多数的时候，则会有这样的事实：假定有一个七十岁的老头，他有五个儿子，十个二十岁以上的孙子；那么，他们如果每人投一票来表决的时候，老头一定要失败，他也准不干。然则，我们是不是要叫他的儿孙就得听老头的话呢？当然不是；我们根本就不用机械的法律来定。我的意思是说：我们要互相尊重，但这个互相尊重须是自然的合理的；若一从权利出发，说我有什么权利，则一切话都不好讲了！反过来说：如果我们能在一个村庄中，为要他们能认识他们彼此的相互关系，并增进他们的关系，因而每户出一个明白人来参加开会，且每人都肯用心思去讨论他们的问题，让大家对每一件事情都找出一结论来，我认为这是最好的民治、最通的民治。这个结论如何找出？大概是由于少数比较明白的人，资望较高的人，他说的话能够合理，大家同意承认，于是就算决定。总之,要紧的是大家都肯用心思就行了。每人一票,是很呆板很不高明的一种办法;如照这种办法去作,一定作不通,因为他与乡间的事实隔离太远。乡约与现行地方自治法规的话,即止于此。

我们拿现行地方自治法规与我们的乡学村学比较的时候,也可以看出现行地方自治法规很违反伦理情谊、人生向上的意思;它是从西洋抄袭来的那一种彼此牵掣防制以求均衡的意思,所以总构成一种对抗之势——西洋因团体干涉力过强,遂来一个反动,把权力分开,而有一种互相牵掣防制彼此对抗以求均衡的作用。现在中国的政治制度中即处处模仿这种办法,而地方自治亦然:如乡公所乃专司行政,另外又有一监察委员会监察乡镇长以下的负责办事人员,此即对待防制的意思,在中国乡间很不合适。譬如在北方,比较多是自耕农,如果在一个通统是自耕农而同时又不很大的村庄中,那么,全村的人,大概都很和睦。假使遵照地方自治法规而成立了那样的一个机关——即设一监察委员会,也一定不会发生作用。如果偶尔的监察委员要行使一下他的职权,那么从此村中就要开始捣乱。我的意思是说:乡村中原来是极和睦的,若设立了监察委员会则使他们彼此分离对立起来,无异替他开了捣乱的道路。监察委员若检举乡镇长,彼此便伤了情面,反目之后,将要越来越捣乱。从此你办事我捣乱,我办事你捣乱,公事无法举办。在现行地方自治法规上,检举、罢免的规定很多,如第十八条,第十九条通统如此。第二十一条、第二十五条、第三十二条都是说可以罢免谁,可以罢免谁,都是用一种粗暴的不客气的手段相对待。在中国,一个乡村原来就像一个大的家庭,在像一个大家庭的村庄中用这种粗暴的手段相对待很不好,很容易伤大家的感情,并且完全没有尊重对方、期望对方向上的意思,全是为的解决当前的问题,而没有彼此爱惜相劝向上之意。中国人本来是重伦理情谊的,这种办法他受不了,将他领入此道,一定过不惯。同时这种办法,不啻为坏人张目,让他借此更可捣乱,以致好人不肯出头,而坏人容易出头,将更日趋于乱。所以我常说:地方自治不是地方自治,简直是让地方自乱,如其中有一项:"调解委员会由乡民大会或镇民大会于乡镇公民中选举调解委员若干人组织之,乡长或副乡长、镇长、副镇长均不得被选。还有"关于乡长或镇长本身事件,应由监察委员会召集之;关于监察委员会本身事件,乡长或镇长延不召集者,应由各该乡镇过半数之间长联名召集之"。我想他这些规定都是无用的,事实上并不能因为条文规定了如何,便能如何;也不是因为条文没规定如何,便不能如何。你制度上规定了给他这种权,而事实上他不一定能行使这种权;可是因为这个规定的结果,倒让乡村人更容易捣乱了,这完全是只看见事情而忽略了人生向上之意。但你越照顾事情,越怕事情出毛病,而事情越照顾不了,非出毛病不可。你只有超过了这一步,事情方能照顾得了,也可以不出毛病!说至此,我想起了民国十八年春间到山西考察村政的时候,当我尚未亲到乡间去看,初看见他的条文法令,就知道他不行。他那种法令,自民国八九年至十八年屡次改变,都是为防制出毛病,越改越细密,越密于防制出毛病的规定。如村长一职,从前可连任,后则改为村长不许连任,好让新村长上任时,旧村长必须算账,以防制旧村长永不算账的毛病。再如从前村长可以兼息讼会长,后因其容易滥用职权,遂又改为不许兼职。不许连任、不许兼职之外,又添设一个监察委员会。当时我就向阎百川先生说:"添监察委员会后的成效若何？村长能好了不能？”他很聪明，晓得我要批评他，于是赶紧说：“这是一个暂行的办法。”接着又说：“因为告村长的人太多，村长太容易出毛病，没有办法，才设立这个监督机关，并且这也是一个适应潮流的办法——各级党部均有监察委员会之设，故今亦仿行之；法子好歹，此时尚不敢说，所以我曾嘱咐赵次陇先生，请其订定全国自治法规的时候，慢点添上这个机关。”我们看山西村政，可以见出它的法规，都是越改越密，越密于防制出毛病之意，其用心不为不细；可是实际上并没有什么用，且越防越糟！如：村长不能连任，使县长苦痛得不得了；因为村民不愿意更换村长，而县长为遵行法令，又不得不强迫村民依法行事。有一位县长亲自对我说：“在某一地方，于选举村长之前，即对大家说明村长不能连任；而选举的结果，仍是原来的村长。再选，又选了原来村长的儿子。监选人宣布选举作废之后，大家一哄而散。再选时经我一再劝说，大家又选举出一个在村中最坏的人继任村长。”大概走防制牵掣的路，越走越窄，大家都是不好的心理，彼此相待不高，心气越降越低，弊端越来越多，这个完全不是救弊之道！只有超过一步，把路放宽了，把气提上来，振起精神，迈开大步走路，这样才能有办法。所谓振起精神，迈开大步走路，就是说把人生向上之意提出来，像乡约似的，上来即将很高的意思提出来，这与气低路窄的样子完全相反！我们说一句痛切的话：照现在这样子的地方自治法规，虽名为地方自治，实在是让地方自乱。现在地方自治也是如此，也是让乡村内部自乱。如果真能把土豪劣绅打倒，把土地重新分配得平均，这样痛快的干一下，也还不错！而现在的地方自治，则只有让乡村自乱，别无意义。这是多余的话；继续说刚才的意思：我们必须要明白，凡事要抢前一步来作！与其防弊，不如提倡向上；要把向上的劲提起来，则弊不防自无。譬如你要求大家能安生过日子，事情能办得好，则必抢前一步来说话，不说求生活的安定，而提出人生向上之意，则生活的安定自然包含在内。如果不敢抢前一步，单是注意眼前的事情，单求生活的安定，则总无办法。必须超过问题，问题才可以解决；单在问题上求解决问题，问题永不得解决！还有现在中国人老怕民族灭亡；我觉得单“怕”不行，我们能把“怕”搁下，偏要创造世界文明，不要单在问题上打转。怕死，则非死不可！我们的话，大概就是如此：我们来组织乡村的时候，大体上是要像乡约一样，大家认识了彼此的真关系，以求增进彼此的关系，把大家放在一种互相爱惜情谊中，互相尊重中；在共同相勉于人生向上中来求解决我们的生活问题。

开头我们说我们的组织是对乡约的补充改造，其实不仅我们是对乡约要有补充改造，即在清朝的陆桴亭先生已将乡约由消极改为积极的精神了。

在明清两代研究乡约的人很多，而要以清朝的陆桴亭先生研究得最好。他何以为最好？就是把乡约的消极者已变到一种积极的路上来，已经很有办法。可是陆桴亭先生研究得虽好，但他未能实行，只有种种著作；如他所著的《治乡三约》，大意即说：乡约的内容，必须包含三大项。古人的乡约虽好，而有待于充实。古人的乡约，只是一种精神，是空虚的，故必以事实来充实它。它只能算是纲，尚须有目；所谓目，即所谓三约：社学、保甲、社仓。乡约为纲，三约为目；精神为虚，三约为实。关于陆先生的所谓三约，杨开道先生曾替他画了一个图，表明三约的意思：

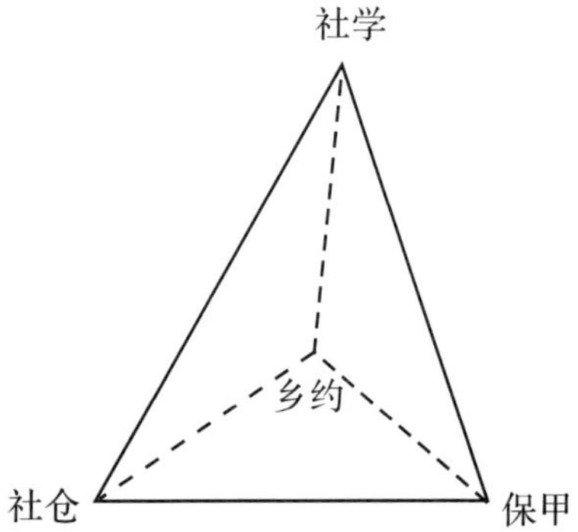

三约都属于乡约，而乡约是虚的，所以要有实的三约以充实之。按陆先生的意思，认为：乡约是干什么的呢？就是要大家相约来办这三者：社学、保甲、社仓。乡约只有精神不行，必须见诸实际；这个很有积极的意味。他所谓社学即一教育机关，社仓是经济机关，保甲则是自治自卫—政治机关。教育、经济、政治都包含进去，这真是一个很积极的乡约。我们现在对乡约的改造，不过是对于陆先生的《治乡三约》更补充一点而已。陆先生在距今二百余年前已将乡约改得很好，我们的改造，并无什么新鲜；假使古人生于今日，对于乡约也一定要改造，并且改造的结果，也许与我们相同。因为人是活的，是变通的，居今日之社会一定要如此也。其补充改造的方向都是一个——改消极为积极。而补充改造之点，可以分开来说：

第一点：将消极的彼此顾恤，变成积极的有所进行；这个是指在乡约里面所谓患难相恤，水火、盗贼等等而言。我们是不等到患难来了再去相恤，我们要进一步来作。譬如贫乏问题，是中国人的大问题，我们就要大家合作生产，合作运销。不要单是消极的周济贫乏，我们要积极的使其不贫乏；这个意思当然与乡约的原意是相合的，不冲突。乡约只是嫌消极一点，我们则要变为积极，添一种积极的意味进去，不等到事情临头再行补救；顶好是不让他发生事情。譬如我们成立健全的自卫组织，不让他有盗贼，变水患的救济为水利的兴办，这都是乡约中应有之意。本来在乡约中对于各种事情，也都照顾很周到——如患难相恤中之七项，不过所差的只是一点（消极）；我们则是把消极的相顾恤，变为积极的有所进行。中国古人对于生活的方法上，不十分讲求进步，如：有手推车、牛马车，即可不再讲求汽车、火车，这种态度在乡约中也可以看得出来。我们则是把他改为积极，在积极的进行中即包含了讲求进步之意；因为积极进行就是讲求进步。

第二点：在乡约中有可注意的一点，即人生向上，志气的提振，这是乡约的一个根本。人生向上，志气的提振，是很要紧的。因为我们如果要让社会有秩序，那么，这个秩序的建立，总不外靠此二者：强力与理性二者互相维持。如西洋近代虽然是进步的社会，而其秩序的维持，仍少不了武力；中国过去社会秩序的维持，虽然多靠理性，少用武力，但也少不了武力。可是要注意的：武力与理性这两个东西是冲突的，有不相容性的。你借重武力，就破坏了理性；反过来说，你当真要靠理性的时候，就要拒绝武力。在当真要用理性建立社会秩序的时候，则这个维持社会秩序的力量不在外而在内，不在人而在己；所以这个时候，如何能使理性伸张、发挥、开启，为非常必要。这一种理性的开启、伸张、发挥，除了由礼俗影响到我们，让我们的理性开启、伸张、发挥之外，主要的即在自己志气提振。我早与大家说过：人只是一个可能性，你如果不努力充实他的时候，他就没有了；因为他不是一个现成的、机械的，而是给你留出一个空来，等你去充实。你不去充实他，他就没有了，不去提振他,他就没有了。这个志气或说是善,就是一个可能,必须等你去充实他,才能有,不是机械的、现成的。我们为什么对善赞叹欣赏呢?就是因为必须用力,方能作到善。如果用力不用力皆可有善,则善尚有什么价值?所以人生用力是必要的!在乡约中就是要发挥理性;怎样发挥理性,则非提振志气不可。所以古人说:"莫先乎志。"志气最重要,如无志气,则一切无成——这是乡约原来的意思。我们的补充改造:

我们觉得中国古人在乡约里面仿佛是太看重个人的善、个人的品德怎样才能完善;对于善的理想仿佛稍有所限,而不很像:善是永远在一种开展中,这个意思也就是说:在中国古人的乡约中,可以看出他心目中好像有一个标准的礼俗,以为将这个标准做到就行了。其实善是一个无穷的,时时在开展中的;而在乡约中仿佛是有一个标的,又仿佛是偏乎个人的善——其缺短就在:一是偏乎个人,一是有所限。我们的补充改造,即把偏乎个人的一点看成是社会的,把有限的一点看成是永远开展的。换言之,我们组织乡村时一上来就要提振志气,要来发愿。发什么愿呢?就是:改造社会,创造新文化,创造理想的社会,建立新组织——我们与古人的乡约只差这一点。我们就是本着古人乡约之意来组织乡村,而将其偏乎个人者稍改为社会的。我们要来发愿改造我们的乡村,更大而改造我们的社会,创造人类新文化。这也就是非说大话不可,非有大的勇气不可;没有大的勇气,完全不行!大家不要以为这话(改造社会,创造新文化)太大,以为与乡下人讲改造社会,创造新文化,恐怕他很难懂,好像是说不通;但我觉得是可以说得通的。说不通也要说,非说通不可,说来说去就说通了!不让他——乡下人——有小志气。我们除了不说话,说话就说大话,我们除了不讲，讲就讲大道理。拼命的往大里去！现在乡下人正在疑闷中，从此疑闷，你能点出来社会是要改，文化是要变，我们要往前去，这些话很可以说得通！如果将我们自己的缺短说出来，将新风气的不对加以批评；批评近代的西洋，批评过去的中国，而要求一个对的；一本人生向上之意则无不可通；因人生本是向上的，固应如是也！

第三点：这一点就是一个事实问题，把前两点落到事实上就是这一点。落到事实上是怎样？我们的乡约非只一乡之约，不是一乡之人能共勉于为善就行了。我们是要往外去，与外边的远近各地联络。过去的乡约，虽然也有这个意思，但不积极。我们是要由乡与乡的联络，而渐及于县与县、省与省的联络，要普遍的去联络，相往来，通消息。为什么要如此？因为我们是要改造社会，创造新文化，不是单为个人的善。单为个人的善不必如此；若要改造社会，则我们自己改造不了，非联络不可。一面从事联络，一面再设立一个讲求进步的机关——我们不但相勉为善，即在古人所不讲求的生活方法上，我们也要讲求进步。广大的联合，与讲求进步的机关之设立，就是前两点落到事实上，这也就是第三点。如此就够了，可以无缺憾了。我们讲求进步的机关是什么？即以前叫乡农学校，现在邹平为乡学、村学。乡学、村学是个讲求进步的机关，同时也是一个团体组织。从前的乡约太看重个人德性的完善，而忽略了生活方法上讲求进步的意思，所以我们不能不有乡农学校这个机关，以为各种知识方法的讲求。也可以说是其中应有之义，我们不过稍一引申；可是这一引申就使乡约成为一个非常有价值的团体了。

第四点：这一层意思为乡约中原来就有的，如果对于乡约有了解，一定也可以了解此意；不过也很容易被人忽略忘记，很容易弄错;这一点是什么呢？即乡约组织不可以借政治的力量来推行,至少他是私人的提倡或社会团体的提倡,以社会运动的方式来推行,政府只能站在一个不妨碍或间接帮助的地位,必不可以政府的力量来推行。为什么呢——在未能回答这个问题之前,要先说一说乡约在以前经政府提倡的失败,因为要说失败,就又想起来一段话:宋明儒者之提倡乡约。自从吕氏乡约发动之后,紧接着就有最著名的宋儒朱子来提倡研究实行。朱子在中国的学者中,算是一个有大力量的人,所以一般人皆受他的影响。在朱子以后差不多所谓宋明儒者,无不注意研究乡约;有机会的时候,他们都要提倡实行。并且除朱子是个成功者以外,他如明代的吕新吾先生(在山西),与王阳明先生(在江西),都是很伟大的学者,对于乡约的研究,无论是在宗旨意义的发挥上,或方法的讲求上,都有很大的进步。他们且都操有很大的政权,借政治力量,本其研究所得,从而实行乡约。他们本来也都算是成功者;可是认真说来,大概还是不行。他们的成功,还是靠他们本身是一个真干的人,他本身是能代表乡约的精神,能发挥乡约的精神的人;以其讲学家的人格,与其所培养出来的学风,领导着他的学生去提倡实行,才能有点成功;所以认真讲,还不能算是政府提倡的成功。

我们再讲政府提倡乡约之失败:宋明儒者提倡乡约已如上述。到了清朝的时候,政府提倡乡约更力,但亦终归失败。关于此意,我们可以参考杨开道先生的《乡约制度之研究》一文。杨先生对于乡约的研究,很用过一番工夫;据他的研究,自清初至清末,皇帝督促各省实行乡约者有很多次,每一次都是由皇帝下上谕,责成各省督抚实行,但过几年就不行了。不行,再下上谕;过几年又不行,再下上谕;如是再三再四。杨先生曾将他列出表来。这都足见他的失败。因为如果实行有效，则用不着屡次下上谕；所以要屡次下上谕者，就是表示他的失败！他虽然是失败以后，再行提倡，然而提倡以后，仍归失败，而至于终无成功。借政治力量提倡乡约，非失败不可。对于乡约的实行，政府是没有办法，决办不好；可是在从前私人也办不好。我们先讲政府办不好之故：

我们要知道乡约的主要之点，就是立志。必须从立志开头，才能有乡约；必须把人生向上之意提起来，才能有乡约；所以我们的乡约也要从发愿来。可是这种立志发愿，不是用强制力能够往前去作的。志愿者何谓也？即自动自发之意；而强制者为被动。自动与被动是不相容的；被动不能发生志愿；**出于强制则无志愿，无志愿则完了**。用官府的力量就是强制，强制则使乡约成为假的，落于官样文章，而真义已失。如你叫他叩头，他就叩头，则已失了真义；因其非出于自动，而是因为怕官或希求官的奖励。无论是怕罚或贪奖，都不是自动；不是自动即没有志愿，将越作内容越空虚，所以我刚才说朱子、王阳明、吕新吾三先生之实行乡约不算政府真成功。因为他们是以自己的人格，领导着他们的朋友，与他们的僚属，以自己的人格感化启发乡村人的向善之意，如此才能有点成功；否则只落于怕官或贪奖。还能有什么结果？自己不能启发别人的志愿，不能发动别人的力量，纯靠官府强制去行，那只是破坏乡约，让乡约丧失其要紧之意，丧失其真精神，故非失败不可。

再说私人为什么办不好，亦不能成功呢？本来私人提倡乡约没有强制力而是自动的，当然很好了，可是他干不动，为什么呢？我们看：最初创办乡约的吕和叔先生，他们兄弟四人，他的二哥做宰相，大哥也做官，只有他自己是不做官。当他居乡提倡乡约的时候，他的哥哥很感不安，屡次写信劝阻他，说你不要纠合许多人，不如改为我们吕氏一家的家规好了。这种不安是一定要有的。私人提倡乡约，只能找一个离朝廷远的偏僻的地方来作，才不致招惹皇家的注意；否则不行。这种事情——乡约，官府纵然愿意提倡，可是他不放心在底下的人去作。因为中国是一个散漫的社会，上无统治阶级，统治者没有力量，在这样的社会中，是以散为安。你若兴师动众的结合团体，则不大稳当；所以皇家不放心，感觉不安。你联合得越大，他越感觉不合适，这是很自然的道理。所以私人提倡，如果规模很小，举动平常，尚不要紧；若范围很大，且内容充实的时候，那简直不得了。因为这与从前中国之所以能太平的原则相反；从前的太平就在散漫消极无为，而现在大家无为，你要有为，必不为人所容。

乡约的实行，借政治力量不行，私人提倡也不行，所以虽然在历史上屡有意思发动，而实际上都不算成功；恐怕这个成功，还要在今日方可看到。我们明白：借政府的力量来作事情——用一种命令强制力，这个力量用下去，他一步一步都是机械的。上级交予下级，下级已经机械，一级一级的再往下去，则一级一级的更加机械。每下一级，离开发动的地方越远一步，越是被动，越成为机械的，越没有生机，越没有活力，越不能适应问题——因为能适应问题的是靠活力。越不能适应问题，越失掉他的意义，越成为无用的了。所以对于政府的力量，应怎样用法，必须要有眼光，要有一个分别斟酌。在我们的乡村建设中，对于政权是怎么样的一个分际，或说是怎么样的一个关系，大概要在以后再一层一层的讲，我们可以具体的讲得很详细，不过现在只能大略的说一说这个意思：

我们的乡村建设，是建设社会组织；而此社会组织，我常爱说他是一个生长的东西、慢慢开展的东西，从苗芽而生长，从端倪而开展。其苗芽端倪在乡村,从乡村慢慢开展成一个大的社会。这个开展或生长,是有待于事实的进步(我们在社会中如何去生活的事实)。组织是从社会生活的必要来的,不能凭空添上,不能随你意思添上。凡是真正在开展的东西,必须是真的事实的必要;所以说组织的开展,必有待于事实的进步。更具体一点说:必有待于经济的进步,在经济上生产技术、经营方法、经济关系渐渐开展进步,才能行一个新的社会组织的开展。而经济的进步,又有待于他的政治条件;换句话说,我们要解决中国的经济问题,必须靠政治的力量,否则解决不了。可是为经济主体的还是在人。尤其我们希望经济操在众人之手,从我们多数人为主体来开发我们的经济,促进我们的经济。并让经济始终不离我们的手,所以人很要紧。那么,如何发动人往前干的精神,来发展经济;如何让经济始终在我们这一种人手中,受我们的驾驭?这是很重要的问题。经济进步有待于人,而人要是不活起来,则经济(尤其是我们要求的这种经济)不会进步。如何让人活起来?则须发动中国人的精神;如何发动中国人的精神?则须借人生向上的力量,提振起志气来;否则中国人将更狭小,更不能进取。我们要提振起志气,把经济放在这种人生中,让人生驾驭经济,支配经济,享用经济,不叫经济支配人生(西洋人则是经济支配人生)。要作到这一步,就更是一个精神问题、人生问题,或说是一个文化问题。我们始终是要以这样的人生运用经济,所以在我们的组织中经济固然是不可少的条件;然而如果没有人生,没有精神,则组织不能合理,也许根本就没有经济的进步。所以我们的组织包括两面:一是精神(姑名之为精神),一是物质。或说一是文化,一是经济。关于经济问题一面的解决,与政治关系很密切,须靠政治力推行;唯关于文化这一面,则决不能用政治的力量。因为如果用政治力就没有了精神,将越来越机械,越来越死。用政治力推人动,越推越不动,越推越死;故只能用我们的志气激发旁人的志气,用我们的活力引发旁人的活力,用我们的生机引发旁人的生机。必须每人都有志气、有活力、有生机,都是自动才行。所以我常说:乡村运动是一个社会运动,乡村运动团体是一个社会运动团体,我们始终应站在社会运动的立场。这个社会运动,亦可名为文化运动,所以也可以说我们就是一个文化运动的团体。这个文化运动的团体,必须是有志愿的人的结合,要靠他来推动一切;如果没有有志愿的人继续不断来发动,就不行!在其他的社会改造运动,常常是由社会改造运动的团体来夺取政权,以完成他们的社会改造工作;可是**中国恰好不能这样。中国将成为两个系统:一是乡村运动或曰文化运动的系统;一是现政权的系统**。乡村运动为主力,现政权则为助力,以完成新社会之建造。这不但是理论上的必要,并且是事实上自然的演化要如此。至于这两个系统彼此是一种怎样的关系,详细的话要在以后再讲。

且回头讲乡约不能用官府力量推行的意思:大概让我们确乎认识这件事情(乡约)不能用官府的力量来直接推行的缘故,是因为我们一面有鉴于过去官府推行的失败;一面是丹麦教育启发了我们,让我们很明白“自动”的重要。丹麦的教育,有一点与我们相同。哪一点?即对人生精神的启发;在这一点上很与乡约相近。乡约就是提振大家的志气——亦通常所谓道德;丹麦教育的用力亦在此。丹麦教育的妙处、丹麦教育之所以成功,完全因为他的民众教育最富于自动,在世界上再找不出那种自动的教育来。于此可参看《中国民族自救运动之最后觉悟》二四〇页《丹麦教育之八要点》的第三点：

> (三)丹麦民众学校都是私人所经营；学生就学全出于自由的志愿(第五十三页)。年纪幼的人进学校常出于被动；年纪长的人进学校，或为有所诱慕。唯此丹麦学校既收已成年者，又无学位或职业予人；其来学自为志愿的。学校私立，故校长即为校主，学校为他所有的(第四十八页)。自非出于志愿，亦没人来干这事。两方皆志愿出发，不夹杂二心他意，此其所以一则能感，一则能应，精神不期而逗合融贯，扩充开达也。假使办学的人是被派来办学的，一定无此效果。原书叙校长波拉自述其创办经过之艰难挫折而结语云："(上略)这都是许多年前的旧话。但这许多年来，实在没有一日没有新的失望、新的进步；没有一日没有警觉我们的艰难，勉励我们的收获。我回想这种种的艰阻和成功，始终心里充满着快乐和感激。"(第六十三页)志愿以磨砺而愈挚切愈有味，发之于事业者，又安得不愈见精神！

从丹麦教育上给我们一个启发：他许多的巧妙处、许多的成功，都是成功于左也是自动、右也是自动，通统都是自动而来——来学者是自动，办学者也是自动，两面都没有别的心，一是为来学而来，一是为办学而来，意思都很单纯，都很真，所以就把他的教育弄活了。反过来说：如果不是这种教育(人生精神的启发)，而是开办一个技能传习所(如教开汽车)，或军事学校，则官办亦无甚妨碍；只有道德这个东西，不能拿官府的力量来发动。因为道德必须靠志愿，志愿是自动，被动的就不是志愿了。我们的《乡约》也是靠自己愿意学好、有志向善。于此大家可接看前书二四九页：

我们知道丹麦教育正是一种乡村教育、一种民众教育。今日中国教育的新觉悟新趋势不期乃与数万里外异国之八十年前旧事相合。此不事模仿而自然巧合者本是最好不过——模仿反倒不好。然我们虽不想处处求合于丹麦教育，丹麦教育固尚有足引起我们觉悟亟图改变之点。窃以为我们的教育当前有两大问题亟待考量的：

一是教育将趋重知识技能，抑要着眼人生行谊的问题；

一是教育将主于官办，或听由社会上私人经营的问题。

丹麦教育很明显的，在前一问题上是着眼人生行谊；在后一问题上是私人经营而国家从旁补助。但三十余年来我们的新教育恰一一与之相反——于前趋重知识技能，于后主于官办。

本来近世西洋人的长处，就在其超进于往世的知识技能；而中国人之所短亦正在此。初无待职业教育之提倡，中国之兴学自始即着眼在各种专门知识技能，期以西洋之"实学"救我夙昔空疏之弊。况学校制度仿自西洋，在西洋原是以科学的讲习为主；由是三十余年来教育上风气一变于旧，竟以"知识欲"相标榜。乃其结果，此"实学"教育顾未见有何实用之效，科学亦讫未发达。此诚何故？这自亦有很多缘故，难以一言赅尽之。然试以丹麦教育来相比较，**乃彼始未尝着力于实用的知识技能如我所为；而实用之效我所亟求不得者，在彼翻大著成功是不可深长思耶？**此其所以然，我想至少有两层可以说的——

（一）知识技能是生活的工具，是死的；只有生命本身才是活的。必待活泼的生命去进求，而后知识技能才得有；必待活泼的生命去运用，而后其功用乃著。生命消沉无力，则知识技能一切谈不到；而果得生命活泼，亦自然知所进求运用，正自不难著其功。如前所述，格龙维、柯尔德、施洛特的教育，正是为其民族生命作的一番鼓进振导功夫，使颓废的丹麦人平添了无限活力。因此丹麦民众学校虽不直接讲究农业学术，而讲究农业的学校团体机关都由此滋殖出来。柯尔德、施洛特均与农业教学无关，而大家都公认他在丹麦农业上著有奇功伟绩。这正所谓“有体必有用”，不在用上求而自有。反之，在中国入手便讲知识技能，专在用上求，忽略了生命本体，结果无体亦无用。

（二）中国旧日书房教育，于科学知识、实用技能完全没有；其必须采取西人长处以补我之所短，夫复何疑。然中国文化至清代而益成定型，外面光华，内容枯虚，似盛而实衰；其教育正亦不能外是。从来中国教育特别致意之点在人生行谊；所谓“读书明理”，其理正指人生之理。清代率天下为八股时艺，一宗朱注，演孔孟书为游戏文章；学术界风气又以名物考订为事，鲜及义理。故在高等教育上，此“人生之学”浸僵浸腐殆已成僵尸。同时，礼教之威严愈著，人情真意愈以衰薄。故在一般社会上，此人生行谊教育亦已僵化而鲜生意。于此际也，欲言吸收融取他人长处实难。譬如艺果树者之插枝接木，欲在此树木上得为如彼之开花结果非不可能，但头一条件必须此树木之生意充足。我诚欲融取西洋教育之长，必须从来之中国教育先自重苏。乃清末兴学，眼光所倾注既在彼而不在此；学校课程虽有“人伦道德”、“修身”等目，而枯燥为学生所厌，中国旧教育至此无复绪余。以是求所谓知识之花、实用之果，三十余年来曾亦不可得。非独不可得也，时至今日，新教育制度不几已穷乎！

我们可以断言：中国学术除非不复兴盛则已，如其兴也，必自人生问题之讨究入手，乃引起其他一切若近若远之科学研究；抑必将始终以人生问题为中心而发展一切学术焉。中国教育除非从此没办法则已，如其有办法，必自人生行谊教育之重提，而后其他一切知识技能教育乃得著其功；抑必将始终以人生行谊教育为基点而发达其他知识技能教育焉。如前所陈，中国教育今当置重于乡村教育、民众教育。**然使所谓民众教育徒琐琐于识字、于常识、于农业改良，而于吾人如何处兹历史剧变的世界无所启发指点，则可云毫不相干。**今之乡村社会于千余年风教不改之后，忽而变革激急，祸患迭乘，目眩黑白之辨，人无乐生之心；而时则旧文化既毁，若政治、若经济，社会生活之方方面面乃非有伟大的创造，开民族历史之新局必无生路。一方农民心理既不胜其窘闷消沉，一方时代责任所期于彼者顾极重且远，自非有极深之信仰、绝强之意志之大教育家，从人生问题上启发指点，俾其心理有大转移，则一切谈不到。更无论所谓识字运动、农业改良运动等，在其本身各有难于推行之点，可断言其无功也。窃愿努力民众教育者省识及此，而亟图之。此在我们非必求符于丹麦教育；然观于丹麦教育，固有引起我们对此刻中国教育问题之认识者。

今日中国教育之主于官办，亦是时势所必致。盖新式教育原从异方社会摹取而来，不是中国社会上自然而然的产物；如果不是借着国家权力在提倡，他将不能在中国社会上出现乃至推行。有的借国家崇高的名义，有的借法令的强制，尤其在经费上要靠公家才得措办。所以在当日倡导新教育运动的人，对“官办教育”一层，似不发生什么疑问。到近年来国民党的政纲政策，更像是一切事归国家包办才对。虽然现在私立学校亦颇有；而曾未闻有人大声疾呼反对官办教育。其实教育这桩事，既不同于军事、外交、警察、司法，唯国家乃有权执行；又不同于交通事业要统一管理才方便；何况教育最忌的是机械呢！丹麦教育的最大长处就是不机械，处处富于自然真趣。假使丹麦教育亦是官办的——是政府派来的官校长，支官款，办官事；那恐怕所有一切的精神真趣都没有了。因办学的人根本便非是自发的志愿，而是被派遣来的——机械的。一切依据官厅法令章程办事，而不出于办学者的自己意思——又是机械的。款项非从辛苦自筹，便无爱惜之意，翻或令不肖者生觊觎贪竞之心。纵然防弊甚严，涓滴不失，亦是机械的。总之，是一套机械。什么人格感应的教育，什么师生同学的友谊交情，什么学校俨如家庭，什么课程自由，适应个性，一切的一切，全无从说起，根本取消。我们敢说要想中国教育有生机，非打破推翻今日官办教育的局面，得一大解放不可。官办教育，教育愈办愈死。官不办教育，而听社会上有志教育的人去办教育，才得愈办愈活。

在我们想：一个教育、一个自治，都是要采取这个态度。采取哪个态度？就是一种实验的态度，或者说是听大家去摸路子走——政府对于办教育办得好者即予以表布，政府只在旁边站着看，只是予以接济援助。对于教育要如此，对于自治也要如此；因为所谓自治，要紧的一点就是自动，不是被人支配的。所以政府对于自治问题，也要持一个听其实验的态度，不可定一整齐一致的法规，强让地方去行。自治要自己办；若一归政府举办，则非落于呆板的形式不可。因为如果不是一个形式，而是一个拿不出来的东西（精神），则不是一般的而是特殊的，政府就没法承认。政府只能看见摆出来的形式，只能问一般，特殊的即出了规矩；政府不得看见，不能承认；所以从政府作事，顶不能够创新。现在我们的所谓乡约、所谓乡村组织，一方面是教育，一方面是自治，正好放在另外一个系统——文化运动团体的系统里。先放在文化系统里来，所需要的只是政府开放给我们一个机会，只需要政府于事后承认，可不是政府来发动；如果靠政府来发动就不行了！更要紧的是政府应当作它一面的事情，就是它从种种方面有一个安排，促进中国产业的发展、经济的进步。在中国产业的发展、经济的进步中，我们的乡村组织慢慢地生长——我们的乡村组织好像一个活的苗芽、一颗种子，种子不能由政府去预备，必须是社会上有志愿的人去种。乡村组织，就是一个种子，政府好比风雨、日光、肥料等等，政府只能从四面去培养，帮助乡村组织的自然生长。因为组织不是一个虚文，必须是一个事实，而事实之成为必要，尚有待于经济的进步；经济进步一点，组织即开展一点——种子吸收养料，即生长一点，愈吸收愈能生长，愈生长愈能吸收，如是则组织长成。文化是我们的责任，经济是政府的责任，二者相待相成，本来一个社会改造运动者，照常例都是夺取政权以完成其改造工作；可是在今日的中国，社会改造运动恰好不是如此，恰好须分为两事。我们不能推翻现政权，使社会更加纷乱，我们不能用暴力破坏，只能作培养的工夫，使社会慢慢进步。但我们并不是不顾政权，更且必须利用政权，因为你不顾他，他也要干涉你；所以你对他一定要把关系弄好，断不能任他去！这个时候，在现政权方面本不成系统，可是虽然不成系统，他也有一个不成系统的系统，譬如此刻（二十三年春）的四川、广东，与中央几乎不发生关系，不成系统，其实它仍有它的关系，也算成系统。对于这样的现政权，我们既不能推翻他，又不能不管他，更且要利用他，所以此时要认清楚我们与它的关系。——我们的乡村建设理论解决问题部即分四大段：一是乡村组织，二是政治问题的解决，三是经济建设，四是我们所可成功的社会。在政治问题的解决中，即说明我们与现政权是怎样的一种关系——让现政权顺乎我们的方向作事，现政权为我们所用。不过待经济进步，新的组织长成之后，自然就代替了旧的现政权。最后两个系统还要归成一个，不是始终是两个。至于现在怎样让现政权顺乎我们的方向作事，为我们所用的话，要到第二段才能讲，现在不能详说。且回头来讲我们的乡村组织。

乙　乡农学校

我们本着补充改造乡约的意思去做的时候，可以有许多事情要做。譬如有彼此不和睦要打官司的人家，就要给他们调解，按情理解决，此即类乎调解委员会（或许较为更进一步）；它如风俗的改良等等，也是乡约中应有之意。乡约原是叫人向上学好的；不过这还不够，我们补充改造的乡约，主要的一点是要求进步。这个意思在从前的乡约里很少。从前的乡约虽有社学，但不过读书识字讲道理而已，不会像我们的乡农学校一样。我们的乡农学校很注重新知识，很注重社会的改进问题。换言之，从我们人生向上求进步的意思，要有这个乡农学校；非有乡农学校，不足表现我们求进步的要求,发挥我们求进步的作用。以下我们就要讲乡农学校。

所谓乡农学校这个东西,是补充改造后的乡约中自然要有的机关。这个机关主要的是讲求进步;而同时我们即以乡农学校来表示乡约,表现我们的组织。乡农学校,一面是为讲求进步所不可少,一面是用以形著我们的组织。现在我们所用的乡学、村学,与乡农学校不十分相同。现在的乡学、村学已见出它是一种组织——从前的乡农学校已是一个组织,不过现在的乡学、村学,更可以明显的看出它是一种组织。在以前我所讲的,都是用乡农学校这个名称(乡学、村学是一新的办法),现在还是用这个名称来讲;因为乡农学校的办法,是在我们未取得地方自治实验权以前的一种办法,在一般的地方比较容易作,私人即能举办,绝不与现行法令冲突,所以现在仍用这个来讲。

我们的这个旧办法——乡农学校的构造——有四部分是很重要的:

(1)校董会,(2)校长,(3)教员,(4)乡民(学生)。

这四部分合起来则构成一种乡村组织。很有一些人只注意乡农学校为一个学校;而忽略了它是一种组织,实是错误。假定办学的人与来学的人是两部分,办学的人是主动的,来学的人是被动的;则只是学校机关,或者够不上说是一种乡村组织。例如我们到处所看见的民众学校,不能算是乡村组织;它不算是组织那个地方的民众,它只是派一个人到那个地方找一个房子,成立一个学校,再有许多人来学,则成为民众学校。这个时候办学的人为主,虽有许多人来学,亦不能算组织民众。如定县平教会的平民学校,即不能算乡村组织。它有一个机关叫做"平民教育促进分会",与我们的校董会很相近。它在一个地方未成立平民学校之前,先联络地方领袖，成立平促分会，以平促分会来提倡设立平民学校；故其平促分会与我们校董会很相近，同是乡村领袖所组成。我们的校董会也是乡村领袖；我们的乡农学校也是靠乡村领袖的提倡才能成功。可是我们的校董会是乡农学校内部的机构，平促分会则不然；它不在平民学校的机构内，换句话说，它没把领袖与乡民合到一块，组织在一起。这个至关重要。我们这个乡农学校所以能构成一种乡村组织的缘故，即因其为四部分配合，在一定范围内的社会，构成这么一个组织。换句话说，如果不注意划定范围，不注意内容的配置，那么，大概就不能成功一个组织。普通的民众学校，所以不能成为组织，即因未划定地方区域范围，没有组织乡村之意，故不能成功组织。我们的乡农学校所划的范围，是由一百五六十户至三四百户，在此范围内，先成立校董会。校董会中都是些领袖人物，再从校董中推出一个校长，来主持教育的事情；教员可以从外边去聘请，聘请一个有新知识、更明白的人来作教员。学生即本地农民（尤以成年农民为我们主要的学生，也可以说是从成年农民入手，而不止于成年农民，男妇老幼皆在学生之列）。只有教员是外来的，其他三项人都是本地人。范围如此划定，内容如此配置，则构成为一种组织。定县的平民学校，本身只能算是一个教育机关；其平民学校毕业的学生，虽有同学会的组织，但这种组织，仅为乡村中某一项人的组织，而不是乡村组织。我曾说过：我们不愿意用旁的题目来组织乡村，亦不能用旁的题目组织乡村；如地方自治组织、自卫组织、农会组织、合作社组织等等，都不妥当，都有不完全的地方，所以我们才用乡农学校来组织乡村。

乡农学校与南方的农村改进实验区所成立的乡村改进会倒很相近。乡村改进会是用乡村改进为名义，把地方人——领袖与民众组织起来，以谋社会之进步；我们也是以乡农学校名义把地方领袖与农民组织起来，大家向上学好求进步；所以说我们的乡农学校与乡村改进会倒很相近，而不与一般民众学校相同。但就是与乡村改进会一样吗？也不一样！乡村改进会很着重事，着重办种种乡村改进的事情；我们的乡农学校着重的是学。这可以说是各有所偏。它着重事，提出事来做，则不空虚；可是缺乏学的意味，对于大家齐心向上学好的意思太缺乏，只见一件一件的事情，人生向上的意味不很够。所以在乡村改进会里每每以事为主，把学放在事之下，把学也算作一种事情——如办平民夜班、平民问字处等等。我们的意思是想以学包事；它则不免是以事包学。这很有分别，我们以学包事，把人生向上之意放在前面；他们以事包学，单是着重事情。着重事情所以要注意乡村领袖，因为非联络乡村领袖不能做事；但对乡村领袖拉拢，对一般农民就忽略了，这也是自然的落到这一步。可是如此则乡民成为被动的了。如徐公桥乡村改进区，参加乡村改进会的农民仿佛不足其区域内农家户数的十分之一；假定其区域内有二千五百户人家，则参加的农民尚不够二百五十人。每户平均以五人计，当有一万二千五百人；有二千五百个农民参加才是每户有一个人，不过占全数五分之一；现在参加者尚不够二百五十人，尚不合全数的五十分之一，未免太少了！这就是说：因为他太着重事，故只拉拢领袖，而忽略了农民。

北方的平民学校却能注重农民，可是又忽略了领袖；平促分会与平民学校不相联系，无大关系，仅在学校开办之初尚有作用，待平民学校成立之后，则平促分会无形消灭，所以说它是忽略了领袖。而南方的乡村改进会又忽略了农民。平民学校忽略了领袖，乡村改进会忽略了农民，二者恰好相反。就大体上说。乡村改进会与我们相近，因为它也是划定区域范围的（此为一要点，划定范围才可以谈组织，无范围则无法谈组织）。但是它常常忽略了学，忽略了农民。我们是想倒过来，着重学，以学包事，以乡民为主体。在乡村改进会的改进区中，它没有教员，主要的人是个干事（教员与干事意味大不相同）；以此也可以见出它是以事为主。以事为主就麻烦了！当你自己往前去干，则把地方人都丢在后边；你等着地方人自己去干，又要干事作什么？所以这个人——外边派来的干事，应当叫做教员，不应当叫做干事。教员是一个顶妙的人，他是不高不低、不大不小、不他不自的一个人。何谓不他不自？就是说教员是领着人教人去动，不是单纯的自己去动，也不是单纯的让别人去动；是我们叫他去动——此即是一种推动的意思。何谓不高？他不是有权的人可以发命令，不是在位者，所以说他不高。为什么不低？教员怎能低！他是个教人的人，他是个老师，怎能低！这个时候，知识分子作乡村工作的人，不能作干事，而应当是我教你干，你不会干我领着你干，这样就对了！教员应当是帮助他干，教他去干，此与所谓干事者不同。在乡村改进会里的干事，好点的容易自己跑到前边去，把民众抛在后面；不好的又容易落到不干；所以干事很难当。

我们的乡农学校，是讲求进步的组织，它是乡约里边的——它也就是乡约。所谓“就是乡约”怎么讲？因为在乡约里边，有所谓约长，此即相当于乡农学校的校长；常常办事的有所谓值约，此即相当于常务校董；约史即有书记的意思；约众即相当于学生（我们名之曰学众）。在乡约内所有的，乡校内也都有，只有在乡校里边的教员一名词，在乡约中无与相当者，所以大体上说乡约与乡农学校就是一个东西。乡约也就是乡村改进会。怎么说呢?约就是会的意思,乡约就是乡民大会。约来干什么呢?作好事情,作改进乡村的事情。乡约是一个旧名词,用新的名词来说,就是乡村改进会。乡约、乡村改进会,名词虽不同,其意义则是一样。不过我们的乡农学校与乡约是合二为一的,但与乡村改进会不同。我们是着重学,以学包事,以人生向上放在前面而包括了事;乡村改进会则是以事为主。还有,它在组织上没用心,我们则很注意组织。那么,我们的组织是怎样呢?——

以上我们虽然讲过我们的乡村组织是用乡约的意思,是用乡农学校为一个组织,可是我们要知道:天下事没有是为摆样子的,都是真事情。这个组织必真有其作用,真能够干什么,才能有组织;组织不发生作用,则此组织无存在的可能。所以我们欲促进组织,不能不方方面面的给它一个安排,让它真能够干些事情。所谓干事情,如用另外一个名词,就是解决问题。解决问题就算是干了事情,也就是有了作用。我们这个乡村组织,它所以能够成为组织,都是因为它能有解决乡村问题的作用。如现在的地方自治组织,都是假的摆面子,没有作用,不能成为组织,除了上面的法令还要它之外,人人都讨厌它,不愿要它。我们现在所进行的这个乡村组织,则能够解决乡村问题。至于乡村问题的解决,必靠几个条件——先粗说两个条件(底下再补充):

乡村问题的解决,一定要靠乡村里的人;如果乡村里的人自己不动,等待人家来替他解决问题,是没这回事情的。乡村问题的解决,天然要靠乡村人为主力。我们组织乡村的意思,就是要形成这解决问题的主力。但是有了乡村人为解决问题的主力就够了吗?单是乡村人解决不了乡村问题。现在的乡村问题,乡村人本身不能够解决,乡村人对于问题只能直觉的感觉到,而对于问题的来源,他不能了解认识。譬如以经济问题的复杂,乡村人不会了解,不会认识,他只能直觉的感受痛苦而已。所以乡村问题的解决,第一固然要靠乡村人为主力;第二亦必须靠有知识、有眼光、有新的方法、新的技术(这些都是乡村人所没有的)的人与他合起来,方能解决问题。没有第一条件,固然乡村问题不能解决;没有第二条件,乡村问题亦不能解决。粗略的说法,是这个样子。底下再补充言之:

就第一点(解决乡村问题靠乡村人为主力)来说,我们可以看出乡村里的人虽然是普遍的同样的感受乡村问题的压迫,问题加在了每一个乡村人的身上,使他们同在问题中;但是他们自己缺乏这样的一个自觉,看不出来他们的问题之解决,必然靠他们自己的齐心合作。他们不知道,任何一个问题——大事小事新事旧事,无论是什么问题,除非是不去求解决,不去进行;假使去进行的话,没有不是靠大家齐心合作的。这就是说不是分散单个所能去作的。虽然合作也有程度的不同、方法之不一,但总要合作。我们虽看得出来他们是须靠合作。可是他们缺乏合作的要求,他们没看出这个路子——合作;所以关于这一点(解决乡村问题要靠乡村人合作为主力),我们就要把我们所看到的,给他一个安排,从这个安排上让他发生自觉,发生合作的要求。我们看出来啦,再给他点明,给他们摆出来;那么,就可以成功所谓解决问题靠乡村人为主力的条件了。我们怎样点明,怎样摆出来,怎样安排呢?就是我们的乡农学校。我们的乡农学校就是点明摆出来让他们能有自觉发生合作要求。于此大家可看《乡农学校的办法及其意义》内这一段话:

我们试加说明：在一乡村社会中，他们的乡村领袖不一定常常见面，就是彼与此、此与彼常常见面；也不一定是大家聚合；就是聚合，也不一定同多数民众一起聚合。我们办乡农学校的第一个用意，就是使乡村领袖与民众因此多有聚合的机会。在平常的时候，没有聚合的机会，有什么困难的问题，只是心里苦闷，各自在家里为难叹气。现在聚合了，就可将他们共同困难问题拿出来互相讨论，相向而叹气；自然就可以促他们认识他们共同的不幸命运，促他们自觉必须大家合力来解决。如匪患、兵祸、天旱、时疫、粮贱、捐重、烟赌等盛行，见面的时候最易谈到，谈到以后，自然就要设法解决；因此或许就能发生大作用。假使他们不十分聚合时，我们的教员（乡村运动者）要设法从中作吸引的功夫、撮合的工夫，使他们聚合。假使他们虽聚合而谈不到问题上，则我们要提引问题，促使讨论。假使他们虽谈到问题，而想不出解决之道，将付之一叹的时候，我们要指示出一条道路，贡献一个办法，或彼此两相磋商研究出一个办法。因为单使他们设法，往往没法可设；单是我们出主意，又往往不能切合实际而可行。现在我们要与他们合在一起，则想出办法或能合用也。我们不但帮助他想办法，我们还要引发鼓舞激励他们的兴趣意志；如此则乡村可以活起来。

中国近百年史，原可说是一部乡村破坏史。国际与国内的两重压迫、天灾与人祸的两种摧毁，使得乡村命运益沉沦而就死。如此严重的压迫与摧毁，在知识短浅而又零散单弱的农人或农家有什么办法呢？非我们（知识分子作乡村运动者）使他们发生公共观念，教他们大家合起来如何解决问题不可。

合起来成为我组织的力量，然后乡村才可以起死回生。此力量所作的事、所解决的问题越多，则越能增厚而开拓出去；如此则可以达到我们的要求。我们的要求，便是乡村人有自觉、有组织的来自救……

我们必须启发乡村人的自觉，因为乡村问题虽然是很严重，能让乡村人很难过，可是他们缺乏大家同在问题中的自觉。对于大家齐心合作自救的要求不够。我们的乡农学校就是给他一个安排，摆出来，让乡村领袖与农民多有聚合的机会。在他们聚合的时候，就容易谈到他们所痛苦的问题，谈到他们本身的问题。如没有聚合的机会，则只有各自在家里发愁叹气。能够常常聚合，就可以渐到自觉里去，渐往大家齐心合作解决问题里去。乡农学校是一个安排；这个安排干什么？就是让乡村人发生自觉。并有齐心合力解决问题的机会。我们不但预备一个地方让他们多聚合的机会，更安排一个教员在那里提引问题；如《村学乡学须知》中之乙项工作，即是讲教员的工作分为提引问题、商讨办法、鼓舞实行三项。试看提引问题：

（1）提引问题。村众及村中领袖既常在村学聚会闲谈，则势必谈到其自身当下所感受之种种困苦问题。盖今日天灾人祸、国际的经济压迫、国内的政治压迫，固无不加于乡村人之身；而在乡村人则尚缺乏一种起来想办法之自觉。此由问题太大，乡村人知识短浅，无从了解而发见其解决之道；更且是散漫单弱，无从逗合为一大力量以求解决。遇到困难问题，只是心里苦闷，各自在家里为难叹气。今使其彼此聚合，将必互

> 道其苦，相向而叹气。如匪患、兵祸、天旱、时疫、粮贱、捐重、烟赌等盛行，见面时最易谈到。谈到自然就要想办法，由此或许会发生大作用。如其乡村人不往问题上谈，则教员应作提引工夫，启发其同受问题压迫之感觉，与如何协力以求解决之意识。

提引问题就是要让他自觉其同在问题中，往齐心合作解决问题里走。能够解决一点问题，则发生一点组织。

单有了组织这个就够了吗？不够！还须有第二条——有学问、有眼光、有新知识新方法的人。不过第二条亦必须有补充：问题的解决固然必须靠有眼光、有新知识新方法的人，没有这个则解决不了问题；可是我们要知道新的知识、新的方法，不经过一种切磋陶炼是没用的。虽然乡村人是头脑简单，没有办法，自己解决不了自己的问题；可是难道我们就能解决了他们的问题吗？也不能！我们虽有新知识、新方法，而新知识、新方法是外边来的，是很不切于乡村事实，所以很多用不上。——大概凡是一个能用得上的法子，或说是能走得通的道路，必然是一个经过切磋陶炼的新知识、新方法。现在所苦的就在此：新知识、新方法在上边、在外面，而实际的问题却在下边、在内里。乡村内里诚然是很苦痛、很着急、很没有办法，可是上边的新知识，新方法也一样没有办法，多半是用不上。如果勉强去用，更与乡村人添问题。譬如地方自治，本来是一个好法子，但乡下人能用得上用不上呢？如果强迫乡村人去行，那只有给他添痛苦。他如农业上的改良种子、改良技术种种问题，都不是站在乡村以外的人可以替乡村人出主意的。好法子的产生，一定要经过：一面是对问题顶亲切的乡村人，一面是有新知识、新方法的有心人，两面接头，两边逗合；把他们的意见、他们的方法，经过切磋，经过陶炼，然后才能是一个合用的法子。这个法子，从其效用上说，因其是新的，一定有效用；从其切合实际问题上说，因其是经过切磋陶炼的，一定能行得通。于此可看《村学乡学须知》二五页《商讨办法》的一段：

> (2)商讨办法。问题既经提引出来，自随之要商讨办法。办法之得有，大抵必赖三个条件：一、大众齐心协力；二、教员之知识头脑；三、本地人之实际经验。所谓商讨办法，意在商得大家同意，更在以教员之知识头脑与本地人之实际经验交换而切磋。许多事所以不能办，都为乡村人零散不齐心合作；只要齐心合作就有办法。许多事所以不能办或办不好，都为上层知识分子所出的办法不切合实际，而乡村当地人又缺乏知识头脑，双方不接头，始终没办法；双方接头切磋，好办法才得产生。所以商讨是极重要工夫。

关于这一条（新知识、新方法）的补充，就是如此。新知识、新方法必须是这样（经过切磋陶炼）来的，才能解决问题。以上几条件都合了，那么，我们想着乡村问题应当可以解决。

我们尽力在想，解决问题所需要的条件都给他想到了。我们推想，照乡农学校的组织安排，是会要促动乡村人，帮助乡村人往前去解决一点问题；因为我们把许多条件已替他安排好了。如果他们能借着这个安排，大家齐心合作，以切合实用的新方法解决一点问题时，则乡农学校的组织才不是空的。若只安排下了谁是校长、谁是校董、谁是学生，等等，而不能解决问题，则仍等于无组织，没成功为乡村组织。大家能齐心解决一点问题,则可形成一点组织,促进了他们的一点组织关系。经过一度的齐心合作,由商讨而找着了一个办法,解决了一点问题,就是他们的关系促进了一点;关系促进了一点,底下将更容易有第二度的齐心合作,商讨办法,往前去作,更容易发生第二步的作用,解决第二个问题,亦更促进其组织关系,更有组织,更容易合作。如此则越作越有组织,越有组织越作——固然要有组织才能作,而亦须当作时才能有组织,不作不能有组织,越作才能越有组织。组织是要靠事情来充实的,不做事则不能有组织。乡农学校固为一组织,若无事情充实,则等于没有组织。乡农学校的组织,从外面形式上看很简单,并不复杂,可是其里面的意思很深。去作的时候,如果作得好,就能发生作用,成功一种很好的组织,乡村真实的组织;可是作不好的时候,也就成为一个很空的架子。所以很要靠人来作(亦即刚才所说要靠事情来充实之意);会作的人,即可将他做活了。于此可看《乡农学校的办法及其意义》中的一段:

> 乙、各乡校不必相同的功课。各乡校事实上必须应付它的环境来解决问题,才能发生我们所希望的作用与效果,故须自有它因时因地制宜的功课;例如,有匪患的地方,他们自要感觉到、讨论到匪患问题,我们的教员就可以帮助他想办法。大家都赞同一个办法以后,就可以领导着农民实地去作;例如,成立自卫组织,作自卫训练,这就是此时此地乡校的功课。再如,山地可以造林,我们的教员要指点出来使他们注意,并且帮助着他想办法,像邹平西南部即多山,问他本地人为何不种树?他们说:"种树有好处,我们都知道,但种树容易,保护

难，总不能长成材。”然研究讨论的结果，要大家合起来有组织的共同造林，共同保护，就可以解决这困难。当这去实行的时候，就是此时此地乡校的功课。邹平第二、第三区一带地方所成立之林业公会不下数十处，皆乡农学校所倡导也。又如，产棉的区域，我们要帮助他选用好的种子，指导种植方法，然后再指导他们组织运销合作社，这一切都是我们乡校的功课。因此乡农学校可以随时成立种种短期的职业补习班，或讲习班，在实地作时就与他讲解；如种棉、造林、织布、养蚕、烘茧等等。又因此可以随宜成立种种组织；如林业公会、机织合作、棉花运销合作、储蓄会、禁赌会等等数不尽。

再看《村学乡学须知》二二页乙项工作：

乙项工作　照《乡学村学办法》所规定之乙项工作，系指村学（或乡学）对其社会所行之社会式教育工作而言。其内容则社会改良运动及社会建设事业两大类。不过社会改良运动与社会建设事业有时亦待学校式教育而后完成。例如卫生、节育等知识方法须于成人部、妇女部传习之；又如合作社之簿记、某项工艺之技术，须于成人部特设一种训练班或讲习班等类是。此时孰为甲项工作，孰为乙项工作，即难强分。两项工作连锁如环，学校式教育、社会式教育适宜运用，乃村学活动之极则，此教员、辅导员所宜知者。此乙项工作实为村学乡学之主要工作，其因时因地而异其宜亦最大，在进行上尤有待时机之成熟。例如传染病流行时则卫生运动即宜乘机进行，有匪患地方则地方自卫组织正好着手。农工生产事业尤从自然地理、自然节候的关系而各异其提倡改良之所宜。

《乡农学校的办法及其意义》中所讲不必相同的功课,及《村学乡学须知》中所讲乙项工作,二者意思相同,总之,都是说必须以事情充实组织,如果他能作许多事情解决种种问题,才能更让组织密实。讲到这里,我们要有一个注意点,就是我们必须成功一个系统。这个系统或名之曰社会运动团体的系统,或名之曰文化运动团体的系统,无此系统,则乡农学校不能解决种种问题。我们在讲《乡约》的补充改造时,也曾讲到这一层——从前的《乡约》是与外面不相往来,没有广大的联合,现在我们是要作到广大的联合,即这里的《乡约》与那里的《乡约》相联,大家更与外面相联。这是因为:一面非与外面相联,得不到外面的帮助,解决不了本身的问题;一面它不与外面相联,不能解决整个的问题;不能解决整个的问题,也不能解决自己的问题。也可以说大问题解决时,局部问题才有解决;所以联合是必要的——或者仿佛先有一个局部小范围的《乡约》,然后再与外面相联合,或从外面大团体分到乡间为许多小范围的《乡约》也行。总之,须要相联,须要成功一个大的社会运动团体的系统,乡农学校的教员要直接于这个大系统。当他直接于这个大系统的时候,他才有他的效用;如果他与大系统断了气,则没有了效用。因为乡农学校里的教员,他是代表一个新知识、新方法、新眼光,去帮助乡村人解决问题的;但他所以新,所以能够常常不断的新,所以能够解决问题,不是他本人的力量,而是由于他是从这个大的系统来的。如果他与这个大的系统断了气,则他自己没有多大本领,并且即有知识方法也不是新的;因失其大系统无从与外面相交通故也。这个大系统的建立,是推进社会的一个根本,没有这个系统，则不能推进社会；有这个系统，对于各种学术的研究，各种知识技术，都能利用得上。这个系统仿佛是个总的脑筋，乡农学校的教员，是一个末梢神经；有此总的脑筋，才可以应付种种问题，解决种种问题。关于这个大系统如何组织的话，要在以后讲——讲政治问题的解决时还要谈到社会运动团体的如何组织。

现在另起一段讲乡校组织的内容配置及其如何运用。这个组织很要紧，它本身如何运用亦很要紧。从其组织的运用，即可看出它的合理不合理。组织的合理不合理，很有关系。为什么呢？因为我们以前已经说过，这个组织若能一天一天的解决问题，则将要越来越密实；那么，如果这个组织不妥当而又不密实，则很不得了！且因此组织关系亦将要一天一天的开展扩张——因为很多问题不是局部能解决的，不是一乡一村能解决的，要解决问题必须联合，联合就要开展——如果组织不妥当，即将要开展为一个不妥当的组织，这个很不得了。所以必须组织的内容妥当，然后再让它一天一天的密实开展就好了。那么，我们看一看我们的这个组织其内容安排妥当与否呢？我们这个具体方案是我的一个设计；当我设计的时候，我自觉很用过一番心，不过行不行还有待于实验。现在仅按我的设计来讲一讲：

我们的这个组织，其内容配置分四项：一、乡长；二、乡农学校；三、乡公所；四、乡民会议。这四项是组织中的四个独立不同的作用，不要轻易看过。我刚才已经说过：这个组织越能作事情，越能充实，越能成功一个地方团体。成功团体为地方作事，则是地方自治。那么，我们就以我们的这个组织，与现行的地方自治的组织列表比较一下：

名称	其发展所自	作用	与现行法令表面近似而不同	直接系统
乡长	原乡农学校校长	监督教训机关	表面若即现行法令之乡长，而语其作用乃替代现行法令之监察委员会与调解委员会掌教训而不负行政责任	属于文化运动团体（社会运动团体）系统而得现政权之承认
乡农学校	原乡农学校	推动设计机关	表面近似现行法令之国民补习学校及国民训练讲堂，而作用大异	
乡公所	原乡农学校校董会	行政机关	相当于现行法令之乡公所	属于现政权下之政治组织系统
总干事	原乡农学校校董会常务董事	事务领袖	略同现行法令之乡长	
乡民会议	原乡农学校全体学众	立法机关	相当于现行法令的乡民大会	

从上所列表，可以见出我们的组织之四个不同的作用，亦可见出它往前发展的线索。明白了它的四个不同的作用，才可以明白这个组织的内容是如何配置，如何运用，或说是如何运行。

我们的这个整个组织的运行，必要靠这四个作用，缺一面则此大的机器将全盘运行不好。上所列表，即是说明这四面的作用；并且这四面永远是四面，再往前发展，还是四面。这个表含着两个比较：一个是未发展的乡农学校与后来发展成的乡村组织之比较；一个是我们的乡村组织与现行地方自治组织之比较。我们的这四面，未发展是四面，将来再发展时仍是四面；地方自治组织，则只有两面，或者说是三面，没有四面。现在我们就来讲一讲四个作用的话。

本来在一个团体组织中，必不可少的要有两面：一面是团体意思决定的机关，再一面就是本着此意往前去作经管团体事情的机关。大概必要有这两面——也可以说是一面为立法机关，一面为行政机关。立法就是一个团体意思的决定；团体的意思没有决定不行，而团体是大众所组织的，所以团体意思的决定，当然要付之于公众。可是团体事情不能由公众来办，必须推出几个负责的人来办；故决定意思的是一面，负责进行的又是一面，有此必不可少的两面，团体事情才能进行。在现行地方自治组织内，也可以说是两面：一面是区公所或乡镇公所，一面是乡民大会或区民大会。乡民大会就是团体意思的决定的机关，乡公所就是负责办事的机关，大体上说是如此。但是我们刚才为什么又说它也是三面呢？这就是因为它还有监察委员会。不过这个监察委员会的产生，是由乡民大会选出三人至五人组织而成的。它的责任，在平时是监督乡公所的财政，若遇到乡长违法失职时，则监察委员得向乡民大会检举之，换句话说，就是可以向乡民大会来告乡长。所以这个监察委员会的作用，就是防备负责办事人，如果办得不好，就要纠察他。这是怕他出毛病，出流弊，滥用职权，所以必有这么一个监察机关。其实这个机关也可以不算一个独立作用。为什么呢？譬如监察委员会发见了乡长违法失职时，向大众检举，由大众方可讨论表决罢免之；它这个监察作用，还是由乡民大会中分出来的。当初选举乡长是由乡民大会，罢免乡长仍由乡民大会，监督权仍是在乡民大会，只是由乡民大会推出两三个人特别司监察之责而已。所以说现行地方自治组织的作用是三面,也是两面。

从表面上看我们的这个组织,有许多地方与现行地方自治组织相同;其实内里的意义很不同。再补说一句,我们最初的自治组织就是一个乡农学校,当乡农学校慢慢充实起来的时候,这个组织就要渐渐开展、分化,分成四个——乡长、乡农学校、乡公所(总干事)、乡民会议。在先只是一个乡农学校,后来分成四个;这是因为事实上有了分的必要,不得不开展、分化了,所以才分为四个。很多事情都是如此——由简而繁,此乃进化的道理。在严几道先生译的《天演论》上有这两句话:"由简而繁,由浑而分。"天下事莫不如此,譬如做小买卖,在先不能多用人,故管账的人同时也就是小伙计;及至买卖大了,事情多了,就须分工。我们的组织也是由简而繁,由浑而分。我们开头只有一个乡农学校就够了,后来因应事实之需要,自然会要分。我们现在推想,后来发展分开的时候,乡农学校在我们的自治组织中还是一个要紧的作用,很占重要,少不得它。这个作用却为普通所没有,可是我们认为这个作用顶必要。那么,这是个什么作用呢?即推动设计作用。表面上我们的乡农学校,很像一个成人补习学校——在现行法令中有所谓"国民补习学校"与"国民训练讲堂"两个名词,从表面上看也与我们的乡农学校相近,然而内容完全不同。那两种学校,只是他法令中所要举办的事情。在《乡自治施行法》第三十四条上说:

> 乡公所或镇公所应设立下列教育机关:一、初级小学;二、国民补习学校;三、国民训练讲堂。

这就是说乡公所或镇公所应举办这两件事情;这两种学校的

设立，等于要设立小学或医院，不算是构成组织的一面作用。我们的乡农学校则是构成组织的一面，在我们的组织中它是不可少的一面，它有它的独特作用。什么作用？就是“推动设计”。“推动设计”是我所想的两个名词，别人或者觉着很新鲜，看不出是什么意思，但在我想这是很必要的，是中国此刻的乡村组织中所必不可少的东西。

我们必须知道：中国此刻不是一个平常的时期，乃是一个文化转变、社会改造的时期，我们此刻的社会，须要赶快进步，并且须要是一个有方向的进步，尤其是内地乡村。本来往前进这件事情，是谁都会的，进是天然的事情。人都是活的，那个地方好，那个地方合适，他自会往那里奔。这个意思就是说，本来他自会往好处进，可以听他自进，不要你格外用力。论理是用不着推动。论理地方的事情，付之于地方公众去办就是了。譬如一乡有几千户人家，有两三万人，那么，这一乡的事情，就付之于这二三万人去决定、去举办就好了。论理应当如此。团体的事情付之于公众，这才叫做自治团体，不过，中国此刻不是如此，须要一个有方向的进步。那么，如果你不去推动他，等着他自己进步则不够，不能适合现在的需要；你不领导他，他没有方向。所以推动他进步是必要，领导他有方向的进步更是必要。中国此刻顶要紧的就是有意识的、自觉的、有计划的往前推进社会；也就是以上所说的我们要想法子构成一个大的系统（即文化运动团体系统）。这个大的系统，也可以说是一个大的网。我们要有眼光的看准方向去推进社会；不能等着内地乡村没有眼光、没有方向的农民去瞎碰瞎摸。推动设计本为立法机关的事，我们把它分开了，我们从立法机关中又分出一个推动设计的机关——本来团体意思的决定应付之于公众，一件事情要如何办法,须大家表决。我们也是把意思的决定付之于公众;不过要由有知识的人(教员)提醒大家,大家再想一想之后以为不错,都同意承认了,就算是团体意思的决定。现在的农民,非有人替他出主意不可,这个机关非特别提出来不可;因为现在的农民对于很多重要的事情,他都是模糊、因循、迂缓,不知注意。例如卫生的事情,本来很重要,但是卫生的习惯,他们(农民)一点没有;所以非要有知识的人提出来警告他们,要他们去作不可。还有一件事情,在眼前或者无人看成问题,但在不久的将来,在乡村中将成为很大的问题:这就是节制生育问题。如果家中生计艰难,而小孩又愈生愈多,这个问题很大,将来在乡村运动中节制生育非办不可。这个问题与将来乡村文化的建立很有关系,假使不作节制生育的工夫,则乡村文化总不能提高。因为即令是经济进步,大家生活得好一点,而小孩子愈生愈多,经济生活总不能很好,文化总不能增高,所以这个问题很重要。不过现在普通人还没有注意到;但在不久的将来,非注意不可。类乎此节制生育问题,乡村人不能知道这个道理,不会自动去作,必要有知识、有眼光的人提醒大家,替他想办法去作方可。一切事情都是如此:从对人的提醒上说,谓之推动;从事情的办法上说,谓之设计。乡民大会虽有,然一般农民不会设计,譬如你对他说这件事情如何重要,往往他们虽承认了,而终于想不出办法来。所以非再替他们设计不可。推动、设计,本来与公共意思的决定是在一块的,我们则把它分开独立成一机关,这在西洋及其他自治组织中都是没有的。可是我们认为必要。**我们把中国几十年来的变法维新革命等所有没有作好、没有作了的工作,我们都放进这里头来——放进乡农学校里来。**乡农学校(推动设计机关)实是完成中国社会改造,完成中国新文化建设的一个机关。

这个机关所以能发生这么大的作用，即因其是在一个大的系统中，能够利用各地乃至全世界的知识技术。

如果不照我们的这个办法，在自治组织中安上这个推动设计的机关，那么，一定会陷于一种矛盾：一面让他自治，一面又事事干涉他、督迫他，弄得很不通；这就是因为不明白此刻中国的地方自治要放在教育里面来作。自治要活讲，不能呆板的死讲，我们只要能竭力启发地方人对于团体生活为有力的参加，使之对于团体事情关心、考虑，此即地方自治；不一定要开会表决，才算自治。只要他听话而能听进去，就算自治；只要他不是好歹不管，完全受上边的指挥，就算自治。完全被动固不对，而在主动中接受他人的领导不为不对。关于此意，我们在以前讲中西具体事实的沟通调和时已经讲过，兹不多赘。

以上我们曾经说过，中国此刻不是一个平常的时期，而是一个文化转变、社会改造的时期，在这个时期，推动设计的机关是必要的。此意即说：这是一个变例。但将来社会进步，多数人程度增高之后，是不是不要这个变例而恢复常态呢？是不是取消推动设计的机关，而全听多数乡民自己决定呢？大概不是如此！我们现在设这个机关，仿佛是个变例；但此变例也很合常理，它始终要如此。这是因为知识学问这个东西，天然是多数人不如少数人，天然不能普遍齐一。知识学问越进步越专门化，越专门化越不普遍，人类在知识上讲，在生活方法上讲，都是要常常受教于人的。也可以这样说：理智越发达，文化越进步的社会，越应当尊重学术，尊重专门知识，这恐怕是一个永远的必要。这也就是说要有一个大的系统、大的网，靠着有专门学问、有眼光的人领导大家去作。假使有这么一个大的系统，常常替大家出主意，要大家了解、承认之后再去作，这是最理想的社会、最好的社会、**最富于理性的社会**（理性社会天然要尊重贤智者的领导），不然的话，多数无知识的人妄自作主，那才真是无理性的社会哩！但要紧的莫忘立法作用。我们所要改革举办的事情，必定要乡村人了解、承认、同意——这就是团体意思的决定，这就算是立法。**立法作用必不可少，因团体分子居于主动地位是必要的。**

我们再讲乡长的作用——**监督教训的作用**。这个作用也是现行地方自治组织中所没有的。那么，什么叫监督教训呢？我们来讲这个意思。我们要明白在一个团体中，有三样是最不幸、最为我们所不愿有的事情。第一样是“出毛病”“有流弊”。譬如负责办事的人滥用职权，作许多不应当作的事情，或从中赚钱等等；第二样是“捣乱”。他给你过不去，你给他过不去，弄得大家不安，因而让团体事情不得顺利进行，这也是很不幸的；第三样是“团体事情停摆，不能进行。”这个结果更不好，是更不幸。出毛病固不好，而尚能进行，虽是不好的进行，总还是进行；但是等到事情停了摆，则根本上即等于团体取消——团体之所以为团体，即在其不断的活动，若不活动即等于团体取消，这是顶大的不幸。三样都是团体中的不幸。普遍在一个团体中，总要想法避免这三样不幸。在一个团体组织中都有一个安排，即：想法子不让它出毛病，不捣乱，有了争执即有机关来排解纠纷，纠纷解决，毛病防治，让团体事业得以顺利进行。如刚才所讲乡自治组织法中的监委会，就是为防止办事人出毛病的；乡民大会的罢免权，也是要让办事人不出毛病。大体上说，在西洋式的组织里头，是借着一种彼此监督的力量，让他少出毛病；借着每一方面都拥护他自己所应得的一份权利而毫不让步的态度，让各方面都不能超过，不能越分，仿佛是让他自然相济而得平。可是我们不能用这条路。我与大家讲过，我们的这个组织要放在伦理关系中，即应当尊重对方，处处是情谊的；那么，自然就不能用这个办法了。这个办法是从自己出发，以自己为主。与我们尊重对方之意相反。他这个路每方面都是向外用力的，是一个争的路。不适合于伦理，与情谊正相反。这个路是凭法律来解决问题的，把人生向上的意思，教人学好的意思没有了。中国乡村本来就是情谊化的社会，你给他不讲情谊，要彼此对抗，他很受不了！所以我们虽然仿佛是对于监督、罢免也是看公众的意思——公众以为不好，即为不好，公众要换他，即换他；可是我们不愿意让乡民与负责办事的人正面冲突，正面对垒。我们自然也是怕事情出毛病。然而我们是怎样让事情少出毛病？就是要用这个人——乡长负责从中调停。我们不要等到成了问题，出了什么毛病，才来检举他。如果走"法"的路子，则不构成一个过失罪名，没有铁的证据之前，你不能检举他的罪。我们不愿走这个路，**我们是于事先让这个不幸的事件减少**。让乡长是一个师长，站在最高的地位，对一乡的人（众人、办事人），他是站在一个监督教训的地位；如果乡长发见了办事人将要出毛病了，即早本善意去劝告他，好意的去忠告他。可是对于劝告他这个事情，如果我们不是预先即标出我们的组织是一个人生向上、教学相长的意思的时候，那么，你忠告他，他要误会，现在我们把这个意思——向上学好的意思提出来，以这个意思、这个精神大家相勉，而超过防弊一步，不谈防弊，而是大家相勉，要往好处去；则凡于好有缺欠者，师长即可说话。然亦不得当着众人说他，当着众人说人不好，就是给人下不来台，他多半受不了；必须从暗中劝告他才行。所以我们的办法是不在事后而在事前，不当着众人而在暗中进忠告，不唯无伤于他的感情,而且能增厚感情。并且因为由乡长负责忠告之,众人一面有什么意思则不必直说,要由乡长转告他。于此可看《村学乡学须知》中《学众须知》第十三条:

> 第十三,要知道爱惜理事——何谓爱惜理事?就是要监督他。“君子爱人以德,小人爱人以姑息”;监督他,勿使他陷于不义,正为爱人之道。凡有劝谏的话,无妨以友谊进一言,不过要避免正面冲突,最好有话对学长先说,由学长转告他。

《学长须知》第五条:

> 第五,要监督理事而调护之——理事为村中(或乡中)办公事的人。大凡公众的事,公众没法都去办,必得交托一人负责掌理。在此公众与负责人之间,很容易有问题争执,或发生流弊。所以遇到公事,大之一国,小之一家,总都不易办好。一面是一人难满众人意,众人每每不晓得局中负责人的难处,而责望太过,挑剔太多;一面是事权在手很容易措置失当;或滥用职权横行霸道,或借公营私。此时为学长的须要监督理事勿使生出弊病;同时还要调护他,勿使众人肆行攻击。怎样监督他呢?例如看他有骄横之处就背地忠告他,看他有阴私之处就赶紧规戒他。怎样调护他呢?事先忠告规戒,不让他闹出乱子来,就是调护他;要默察众人之意,而时常转告之,就是调护他,众人要说的话,先都由学长代为说到,自不致激出众人的话来。如果有人反对他,要设法替他解释。而劝阻反对者,总不要众人与他发生正面冲突。到必不可调停之时,即

劝理事辞职，或速谒见县长报告，以便撤换。

这都可以见出我们这样安排是多转了一个弯，不使众人与办事人成正面冲突，而转弯到乡长这个地方。如此就好办了。我们的团体是为大家相勉于向上，不是单为解决我们的事情，解决我们的生活问题。我们是把人生向上、教学相长的意思提出来，把这个话说在前头，始终把情谊的、爱惜人的意思放在前头；所以乡长能劝告理事，使毛病消灭于未形。我们防弊，不单从防弊处来防弊；而是从往好处去的地方来防弊，如此方能防得了。刚才说过团体生活中有三不幸，我们为避免这三不幸，就是这样安排；众人的意思，固应尊重。但若直接表示，则不好转弯，众人对负责办事人，如果有一个不客气的表示，则太缺乏情谊礼让的意思，那就要冲突。一经正面冲突，相持不下，结果事业就要停摆。这个地方要紧的一层意思，就是要明白我们的这个监督教训机关是一个独立作用。它何以能够成一独立作用？是因为我们的这个组织乃一特别的组织——人生向上的组织；所以才能有这样的乡长作用。如近代西洋式的组织，则纯为满足欲望的，为解决事情的，故决不会有这个机关，不会发生这个作用。我们的组织很特别，乡长不负行政责任，而居于一个超然的地位。于此且看前书《学长须知》第六条：

> 第六，要明白以上的意思而自处于超然地位。——总括以上的意思来说，就是要学长超居众人之上。好来监督众人，调和众人。所以他自己不可再负责作事；作事就不免惹人反对，落入问题争执之中，再无人可以出来调和转圜。《村学乡学办法》上规定："学长为一村师长，主持教育，不负事务责

任”；又说“村自治事务经村学倡导，由村理事负责执行，而学长立于监督地位”。其意皆在此。

再看《学董须知》第八条：

> 第八，要接受学长的规戒。——照《乡学村学办法》的规定，学长正是监督理事的人。学长有忠告或规戒的话，应当接受服从。照现在各处地方自治，对于乡镇长都有监察委员会监察他，我们不设监察委员会，但其事则交给学长了。

以上已经约略讲了两个作用——推动设计作用，与监督教训作用。我们的组织是有四个独立不同的作用，四个作用合起来才成功我们的乡村组织。我们的乡村组织之所以能够往前活动作事情，全靠这四个作用。于此为让大家能更彻底明了这四个作用起见，再把《村学乡学须知》请大家看一下，就可以格外清楚了。先看《学众须知》——这是四个作用中的一种，即表中第四项《乡民会议的作用》，亦即所谓立法作用。这种作用是一个根本。在《学众须知》中，我们处处可以看出来是让每一个人对于团体（乡村）生活要为有力的参加。且看《村学乡学须知》三页：

> 我们先要知道村学是个团体，乡学是个更大的团体，自己是在团体中的一个人。邻里乡党本来相依，古人所说的“出入相友，守望相助，疾病相扶持”便是。我们现在更进一步，要使父老兄弟合村的人结团体，成立村学；全乡的人结团体，成立乡学。

结这个团体干什么？为的是齐心学好向上求进步。一家兄弟同居，弟弟要强，哥哥不正经干是不行的。夫妇俩过日子，这个好好的过，那个不好好过是不行的。合村的人大家不齐心，没有能办好的事。不但一人不好。连累一家；一家不好，连累一村；并且村里情形不好，影响一家；家里的情形不好，影响到一个人自身。要一身好，还须要一家好，要一家好，还须要一村好才行。因此我们阖村的人要联结起来，共谋一切改良的事，大家振作，合力整顿。

此处附带要说：大家必须注意我们是要让每一个人都认识社会联带关系（或说是人生互依），而求增进其关系；完全不从个人本位说话，不从权利观念出发。——从权利观念那个地方说话、出发，就完全糟了，不能再促进关系。而中国人现在所需要的就是要合不要分，所以我们要让他认识关系而增进关系，这亦是西洋最新的最进步的思想。再看前书《如何作村学一分子》的一段：

第一，要知道以团体为重——村学是个团体，我们各人是团体中的一个人。团体事靠我们各人；我们各人还要靠团体。若一个人只图自便，不热心团体的事，团体散了，累及众人，还害自己。

第二，开会必到，事事要从心里过一遍。公众集会，众人到，我必到。凡关本村之事或开会宣布的话，都要自家心里想一想，知道不清的事要勤问。

第三，有何意见即对众说出——我们既关心团体的事，自然就要有一些意见主张，应即说出请大众参酌。凡事经过讨论才得妥当,各出己见,实不可少。有话便说,不必畏怯。

第四,尊重多数,舍己从人——自己意见虽要说出,但不可固执己见。凡众意所归,应即顺从,不要太过争执,致碍公事进行。

第五,更须顾全少数,彼此牵就——有时少数人的意见亦不可抹杀。若以多数强压少数,虽一时屈从,终久不甘服。总以两方彼此牵就,商量出一个各都同意的办法为好。团体之内,和气为贵,倚强凌弱,断乎不可。

第六,要知道应为团体服劳——村中公事,人人皆应服劳,轮到谁人身上,谁要认真去干。公众推举,更是光荣的事,必当竭尽心力,勿负众人期望倚托之意;不应辞拒,更不可受任之后随便敷衍塞责。

第七,好人要勇于负责,出头作事——从前所谓好人,只是自己不作坏事就完了。现在的好人要能主张公道,要热心办事,要干涉坏人,除去旧日不管闲事、不多说话的习惯。以前好人只顾自全,不愿出头,以致坏人胆大横行,阖村无不受害。其实无论哪里,好人总比坏人多,好人联合,正气申张,坏人自然退缩,亦就没有不好的人了。

第八,遵规约,守秩序——村中公同议订规约,必须人人照办;有一人不照办,则规约为之破坏,实为团体之贼。我们必尽先遵守规约,并且劝邻右共守。要知维持规约,非独学长、学董之责,实人人之责也。

第九,要知敬长睦邻——一村父老兄弟之间果真亲爱和睦,则必自然而然彼此见出长幼之序来;以其敬长慈幼之情,透露于见面称呼声音笑貌之间,不期而长幼之序已明也。反过来说，能敬长则长幼之序即明；长幼之序既明，亲情睦谊便寓於其中。非和睦众人不能使公事进行顺利，非敬长无以和睦众人，故敬长为要。

第十，要知道尊敬学长——村学之中自以学长为最尊；不尊学长，何以为村学？学长为一村之师长；吾人果有恳切向上学好之诚心，则自然要尊师。抑非尊师亦无以提起阖村人众向上学好之精神，故尊师为要。

第十一，要接受学长的训饬——学长以其在父老的地位言，众人大都为其子弟；子弟应听亲长的话。更以学长居师位而言，众人都算学生；学生应听师长的话。凡学长对村中众人或那一个人有训饬教戒的话，众人或那一人皆应接受。

第十二，要知道信任理事——理事为我们一村办事的人；既要他为我们办事，便当信任他，不可存挑剔反对之意，他办事若有疏忽错失，应原谅他。他一个人太忙，凡可以帮他忙的即帮他一点，凡可以替他省事之处即替他省事。

第十三，要知道爱惜理事——何谓爱惜理事？就是要监督他。“君子爱人以德，小人爱人以姑息”；监督他，勿使他陷于不义，正为爱人之道。凡有劝戒的话，无妨以友谊进一言，不过要避免正面冲突，最好有话对学长先说，由学长转告他。

以上几条的意思，通通可以用一句话说明，就是要让每一个分子对团体生活为有力的参加。这是四大作用之一——即立法作用；这个作用很重要，缺少不得，缺少了它，则不成其为团体。再看前书四五页：

> (十三)村理事办理政府委任事项及本村自治事务,除应随时在村学报告于村众外,每月应有总报告一次。

这一条轻描淡写的好像是很平常,然而这就是我们的乡民会议,就是来表现立法作用的。因为我们一上来不愿意采取会议的形式,所以只是让办事人要勤于报告就是开会了。于此我们再补说一句:我们不但要办事人于事后报告,且于事先要去倡导。请看前书四四页:

> (乙)相机倡导本村所需要之各项社会改良运动(如禁缠足、戒早婚等),兴办本村所需要之各项社会建设事业(如合作社等);期于一村之生活逐渐改善,文化逐渐增高,并以协进大社会之进步。

此项即刚才所说的本村自治事务(二者名词虽不同,实是一回事);对于本村自治事务,我们要办事人于举办之先就先去倡导。为什么要事先倡导?是为的要取得大家同意(要村理事勤于报告,也是为的取得大家同意的意思)。我们一面告诉办事人要勤于报告与倡导,一面又在《学众须知》中,告诉学众要开会必到,事事要从心里过一遍,有何意见即对众说出。这个时候——村理事报告或倡导之后,大家听罢,如果无人说话,没有什么不赞成,即等于大家同意通过。如果某件事情与他们不利,他一定要说话,话说出之后,就可以引起讨论;在讨论的时候,假使众人都说不行,则理事亦无法强做。如系政府委任事项,则理事只好将众情转达政府。所以我们的报告,就是开会议,就是立法作用的表现;但我们不说是开会议。

村学不开会,乡学就要开会了。请看前书四六页:

(二十二)乡理事办理政府委任事项及本乡自治事务,除应随时召集所属各村理事在乡学会议进行外,并应每月举行例会一次。

这里说明了乡学要开会。再看前书第四八页:

第七条——本会于左列事项付讨议后,交常务学董执行之:

(一)推举本村学学长及聘任教员事项;

(二)筹划本村村学经临各费及审定预算,稽核支销款目事项;

(三)拟定本村村学一切进行计划事项;

(四)倡导本村各项社会改良运动及兴办本村社会建设事业事项;

(五)答复县政府及本乡乡学咨询事项;

(六)本村村理事提请本会讨论进行之县政府令饬办理事项;

(七)本村村理事请本会讨论进行之乡学公议办理事项;

(八)其他关于本村学务进行及学长提议之事。

我们的学董会本来可算是行政的合议制;不过亦非单是如此。因为在乡间常常是一个人可以代表一家,一个比较有信用,有资望的人往往可以代表许多家，几个人即可代表全村，所以学董会议，也可以说是一个准立法作用。以上都是讲立法作用，下再讲另一个作用——监督教训的作用。

学长就是表中的乡长，也就是乡农学校校长，三个名词都是一回事，所以我们看《学长须知》就可以知道了监督教训的作用。前书一一页：

> 学长亦为村学（或乡学）的一人，凡《学众须知》之事，学长都应知道，此外还须明白他如何作学长之道。如何是作学长之道？
>
> 第一，要知自爱自重——学长是经学董会公同推举而县政府礼聘的，于一村之中（或一乡之中）为最尊。人家都尊敬我，我亟须自爱自重。只有自爱自重的人可以让大家尊敬。若不知自爱自重，人家本来尊敬的，亦要渐渐看不上了。应知身为一村师长，处处要为众人作表率。要谦恭，要谨慎，要公平办事，要宽厚待人，最不要与人争闲气。要如下面所说的尽为学长之职。
>
> 第二，要抚爱后生，调和大众——村中众人皆在子弟学生之列，应加抚爱。村中人为公事常有两方意见不和者，调和之责全在学长。人与人不和之事均所难免。独不许学长与人不和。必须自己与人没有不和的，才能调和众人。

在我们的团体组织中，我们是有意的留出这个人（学长）来担负调和众人的作用，有了这个作用，然后我们整个组织的轮子才能转。所谓“独不许学长与人不和”这句话很要紧；因为他若与人有不和，则不能尽其调和众人的作用了。接着：

> 第三，于村中子弟有不肖者应加督教——学长是要领导众人学好的，凡不学好的人应本爱惜他之心而训饬他，或背地里规劝他，不令人知，以给他留面子。不要等他小恶养成大恶，触犯刑罪，即为阖村之幸也。

这一条与《地方自治法规》中之乡长对众人犯法后即送官罚办的办法正好不一样，他是毫无爱惜之意，我们则是本伦理情谊，本人生向上之意，以爱惜人、教训人，这与《地方自治法规》正好作一个对照。接看：

> 第四，于邻里有不睦者应加调解——邻里街坊本为早晚照顾、彼此相依之人，犹家有兄弟、身有手足。些小嫌隙亟应消泯，若兴讼到官，结怨益深，不但耗财败家，此后子孙亦难共处。乡村不祥之事莫大于此！同村之人均宜劝戒，而调解之责尤在学长。学长必须抱定两个主意：一是主张公道，偏私不讲理之人必折之以正义；一是化凶怨为祥和，总期村内自了，不必到官。但学长倒非必定要亲自奔走双方；可先由村中明白能了事之人劝解调处，到八九成学长再出面。

在我们的组织中没有调解委员会，也没有监察委员会，这两项事情我们都归责于学长办理。不过如果团体扩大，需要调解的事情多了之后，也可以添一个办事处；但仍需学长主其事，不得算是一个独立机关。从《学长须知》的许多条内，可以看出这种作用为如何的不可少，若无此作用，则我们的这架大机器将发生滞碍，不能运转。于此我们说一句要紧的话：我们在团体——乡村里面，遇有问题时，不想用“法”来解决，要想用“理性”来解决；因此则必须找一个代表“理”的人，把理放在他身上。我们组织中的学长即代表理。代表人生向上的一个人。他是一个师位，遇着什么问题时，就靠他来解决，要他来监督教训众人。跟着说一句话，因为学长的作用是如此，所以我们为保持学长的尊严，不把他放在行政系统里去，而以村理事或乡理事与县政府接头。县政府对于学长不能用命令，要尊重他，恭敬他，要对他有礼貌。非如此不能提起尊师的意思。尊师的意思提不起，则提不起人生向上的意思；人生向上的意思提不起，则一切事情都没有了原动力；所以我们让学长不负事务责任，而站在一个超然的地位，学董则是行政作用的一面。且看前书一六页：

第二，注意开会，用心讨论——学董会应按照暂行规程，有应付讨议之事就要开会，开会时并应用心讨论。因为事情原规定是几位学董合起来负责，若事情只有一两个人知道，一两个人决定，是不行的。凡该开会不开会，该讨论不讨论，即为学董不尽职。

第三，凡经决议，即倡导实行——凡经学董会决议通过实行之事，各学董应首先倡导实行。村中众人向来看领袖行事，领袖果先实行，则事情自然办好。

第四，领先尊敬学长——学长应须尊敬，前已言之。各学董尤应首先尊敬学长，以为众人倡率。

第五，协助理事办事——学董会即是村学（或乡学）的一个办事机关。虽其中一人经县政府委任为理事,算个办事人,其实各学董亦要一样帮同办事。理事忙不过来,可以从学董中再添一位助理。即没有助理名义的,亦应遇事协助,不分彼此。

以上为各学董须知之事;其为常务学董兼理事者,更须知下列各事:

第六,遇事公开讨论,以求多得人了解与赞助——无论县政府交办事件,或乡学议办事件,或本村照例举办事件,均应提出学董会公开讨论,并应于村学向村众报告,以征求众人意见。这样可有两种好处:一是事经讨论,则办法自比较妥当,一是多得人了解,多得人赞助,进行上顺利。凡真想求公事办好的理事,必然如此作。

第七,希望大众监督公事——办公事的人要希望大家察考监督,不要以旁人监督察问为不便。我们心地光明,人家愈督察才愈了解。自己一个人总不免有照顾不周、疏忽、错失之处,大家监察才是帮助我耳目心思所不及。一个有权力的人,总容易用权力太过;有旁人监督我,正是免我做事过了头。我替村中(或乡中)做出许多事业成绩来,不如为村中(或乡中)留下这好规矩,好榜样,后来办公事的永不出毛病。

第八,要接受学长的规戒——照乡学村学办法的规定,学长正是监督理事的人。学长有忠告或规戒的话,应当接受服从。照现在各处地方自治,对于乡镇长都有监察委员会监察他;我们不设监察委员会,但其事则交给学长了。

第九,要礼待教员——教员是村学(或乡学)聘请来,指教我们众人的。而理事是村中办事人,好比东家一样,必须礼待先生,并要使众人亦知礼敬先生。

第十,要代表乡村对县政府说话——理事虽是县政府委任的人,但原是地方上人,为地方办事的;所以要代表乡村说话。在县政府委任他之意,亦非单为县政府跑腿,而实是意在与乡村接头好办事。

第十一,要善将县政府的意思转达于众——凡县政府要举办的事,理应将其意思善于转达说明,以免乡下人误会。这是理事对县政府应尽的责任。如理事本人对这件事有不赞成的意见,可在县地方会议上陈述,或面见县长陈述,不宜勾结乡下人与县政府为难。

第十二,要与其他各学董和衷共济——一个人办不了事,必仰仗大家帮忙,所以理事要能将各学董意见融归一致才好。如看出谁对谁有意见,必设法化除。学董开会或村众集会,讨论事情不宜用表决方式,致显有一边胜利、一边失败的样子。理事身为主席,最好将各方意见调和接近,算是全体同意的样子。

我们的这本《村学乡学须知》包括四个须知——《学众须知》、《学董须知》、《学长须知》、《教员辅导员须知》。这四个须知就是四个作用。学长即监督教训作用,教员即推动设计作用,学众即立法作用,学董即行政作用。也就是我们以前所说的四面。我们乡农学校的主要点就是推动设计,而让乡农学校能发生推动设计的作用者就是教员,因为他是代表大团体、大系统,以新知识、新方法而尽其推动设计之责者。再看前书二〇页:

第一,村学乡学的教育是广义的;教员的责任亦即是广义的教育工夫——村学乡学的教育，本以阖村人众为教育对象，要在推进社会为主，而亦将通常学校教育归包在内。故教员责任不以教书为足，且不以能教校内学生为足。(1)应时常与村众接头，作随意之亲切谈话，随地尽其教育工夫。(2)应注重实际社会活动，向着一个预定目标进行(此目标或为村学公议要进行之一项社会改良运动，或一项社会建设事业，或教员自己心中想作之事亦可)。(3)更要紧的是吸引阖村人众喜于来村学内聚谈；如能将村学作成村众有事无事相聚会的地方，此教员即算有头一步的成功。

第二，村学乡学的工作尽可能地作，不勉强着非如何不可——《村学乡学办法》上规定工作，明有“视力之所及又事之所宜”字样，又有“酌设成人部……”、“相机倡导……”等字样，可见是尽可能的作，不勉强着非如何不可。成人部、妇女部、儿童部，可以全设，亦可以设两部，还可以多设出几部(如耆年部、幼稚部或其他)。社会改良运动，社会建设事业，更是活动的，可以办这件，亦可以办那件，可以多办，可以少办。如此岂不无凭准？有凭准的，凭准全在机会，机会全在自己去寻，或自己去造。

从这两条，就可以见出教员的推动作用。以上所谓甲项工作、乙项工作两项，也都是说教员要去作推动设计的功夫。

总起来说：我们的乡村组织包含四面，包含四个作用；四个作用合起来，才能让乡村组织有一种活动，往前进行，四者缺一不可！这个时候要紧的有一个要让大家注意的地方，也可以说是大家应当有疑问的地方(如果大家用心的时候，于此应当有疑问)；什么疑问呢？就是：照这个样子的组织，它往前去作事，仿佛太无凭准。怎么太无凭准？譬如说学众开会必到，事事要从心里过一遍，那么，开会到不到，尚可看出来，而事事从心里过一遍，不过一遍又怎能看出呢？况且只说开会必到，如不到又怎办呢？并没强制力呀！还有，要学众有何意见即对众说出，不说又将如何？再如，一面说我们要尊重多数，一面又说要顾全少数，究竟怎样好呢？又如，大家要接受学长的训斥，但是应当听什么样的训斥？一切的训斥都要听吗？假使他不听又将如何？从学长方面说，对村中之不肖者应加督教，而督教与否亦无凭准；或有人不听督教又怎么办？学董要注意开会、尊重学长等等，话都是很活动！再如第七条，希望大众监督公事。一言希望，岂不是太活动？而监督又怎样监督法？亦极无定！理事要接受学长的规戒，不接受又怎办？总之，很多地方都可以见出：一则是太活动没有凭准；二则是不照办没有最后制裁办法。这些地方都是大家要起疑问的，也是我们必须要说明的。

在多数人生活——社会生活、团体生活中，本来有两条不相同的路子：一、如果范围小，人数少，感情亲切，人的理性程度又高，每人都很明白而情感通达，那么，在此小范围内一切事情，很可以以情理为准据，不必靠一个外面有形的标准。只要大家每人心中都明白，则你作这件事情如果作的不合情理，自己固然明白，人家也明白。你要手段，自己固然知道，别人也知道；使手段就不行，那就不是以情理作事情了（团体公众的事情，必须大家同意，才是一个情理）。二、如果团体范围大，人数多，程度又不齐，就要有一个外面有形的条件作标准，必如此一切事情的解决才简便。譬如规定出来每月要开几次会——如按法讲，开会的日期、地点、主席为谁、手续如何，都不能马虎，一丝一毫都不能苟且；如不是法定日期、地点、主席，则虽开了会也不算数。再如过半数出席即能开会，在开会表决时，又过半数附议即为通过，这都是借外面有形的条件作标准，这是解决问题的一个省事简便的方法。但是此中有许多地方不能与情理十分吻合！过半数的过半数，不过是全数的四分之一，在团体全数中，不能算大；并且人人意思不同，不当以少数人的意思如何，即算通过。况有的人，平时极为多数人所依靠尊重，若今天他不到会，按情理说就不行了。按情理说，在开会的时候，不必按外面的标准，大家说通了就行；把标准放在里面，只求情理之恰当，不是从外面求解决。本来是可以有这么两条路：一以情理为准，二以外面有形的条件为准。在这两条路中，有的要走第二条路，因为不如此则不好解决问题，第二条路就是一个省事简便的办法，是一个很浅的东西！他就是为省事简便而有一个外面有形的标准；有一个有形的标准的时候，则大家都没有了争执，最能省话。省话是很要紧的，能省话事情才可以赶快进行。我们想用两个字来表示这两条路：**一条路谓之“法”，一条路谓之“礼”**。凡一事之从违，行之于团体生活中，人情以为安，此即谓之礼；**它表面无所拘定，而内里自有不可易者**，错一点就不是——标准是有标准，不过是把标准放在里头了。这个标准，**我们要把它作到大家相喻而共守**，大家都承认——你也承认，我也承认。应当是这个样子。如果大家都承认了，则凡事都可以说得通。所谓《村学乡学须知》中的种种，就是要大家都承认，大家相喻而共守，养成这么一种习惯。成为习惯即叫礼。所谓“礼”这个东西，除了道德上的义务或舆论上的制裁之外，它没有其他的最后制裁（如法一样有打有罚）。我们再说法：凡一事之从违，行之于团体生活中，借外面有形的，可凭的标准以为决定，可行者行，不可行者止；**取决于外面，于事为便，此即谓之法**。在法表面上的标准很清楚，很明白，很确定；**然与内里人情不一定就相洽**。在法上来解决一切问题，凡不合法者，他都有一个解决或制裁。譬如说这个样子开会不算数，无效，那个样子是违法等等，都是一种制裁，事事都有一个明确的制裁在后头。礼与法是两个很不相同的路。我们的这个组织，是一个伦理情谊的组织，以人生向上为目标，故天然不能用法。那么，既不能用法，即须赶快认清方向——任何事情皆须认清方向，你不能往东走，你就要赶快往西去。不要徘徊，天下事总要彻底的靠一边。刚才讲我们的办法太活动：一、无一定凭准，二、无最后制裁，我们究竟应当如何呢？我们可回答说：我们走路只能走一边，不能走法的路，就只能走礼的路。那个无凭准就是一条路，我们走的就是无凭准的路。若以其无凭准、无最后制裁，而给它添上一个凭准、制裁，就糟糕了！我们的精神，必须是一贯的，不能添，不能改，一贯则能走通。我们原来走的是与西洋恰好相反的路，**我们就要反其道而行之**，我们正要从反的地方通过去。我相信这是一个走得通的路子；所以对无凭准、无制裁，不成疑问！

我们看《村学乡学须知》，这个须知不是法律条文，仅是说："你可要知道呀！"底下便没有了下文，没有说："你不如此，便如何办你！"因为这种种须知，都不是法律的话。都是讲的许多指点教训的话。不但须知不是法律的话，即《乡学村学的办法》第二十三条，也都不是法律条文。如：

> （十一）村学学长为一村师长，于村中子弟有不肖者应加督教，勿使陷于咎戾；于邻里有不睦者应加调解，勿使成讼。

这就是一种近于礼的话。再如：

（十二）村自治事务经村学之倡导，以村理事负责执行，而村学学长立于监督地位。

这也只是学长要立于监督地位，至于如何监督没有说，不服监督或不监督又如何亦没有说。我们的许多规定，都只是规定出一个方向，本此方向以培养出一个习惯，将来可凭的就是习惯，我们说建设新礼俗亦即此意。礼而成俗，就是一个习惯。非养成一个习惯不可（养成一种大家相喻而共守的东西）。谁不合习惯，则大家皆以为他不对。等到养成习惯之后，则违反习惯是很不容易的！养成习惯有了规矩可循，则作学长、作理事者，并不一定要贤哲圣人去担任，是一个平常人也能作得很好。他把他该当说的话说了，该做的做了，就算完了他的责任。

我常常看见政治上有两件事情让我顶起兴味，心里非常注意：一个就是英国的政治。在英国政治，其国会、内阁、君主三方面的关系，并没有一种死板的条文来规定，可是三方面的进行，走得非常圆转；这就是全靠他的习惯，大家有一种相喻而共守的习惯。譬如什么事情君主不该问，他就不问，几时要君主说话，他就说话。内阁的去留也是如此；在某一种情势之下，该某人上台、某人下台，就很自然的上台、下台，谁上来、谁下去，如何上、如何下，都靠其相喻而共守的一个习惯，并不靠条文，并没人发什么疑问。仿佛是都太没有凭准，其实是有凭准的，其凭准即为情理习惯。况且有条文之后，或者反倒有人借条文来纠缠——这个人这样讲，那个人那样讲，反倒要纠缠解决不了问题。今既无条文规定，一切全靠习惯——是非寓于习惯,区别是非全靠情理,倒不致有什么纠缠。

再一个就是日本的政治。有人批评日本,说他够不上一个立宪国家,其实他从一个没有什么民治基础的社会而能过渡到一个近代国家,走上宪政的路,也很不容易。我对于日本的政治,极欣赏其枢密院。日本政治的好处,就是其元老重臣皆在枢密院中,日本天皇在其政治上固然占一个很重要的位置,可是他的枢密院关系也很重大;但在条文上又看不出他的枢密院关系重大,只是在事实上、在习惯上他的关系是重大。日本内阁的进退,即须要取决于枢密元老,要得到他的同意。譬如:照各方面情势,内阁不行了——此时大概他自己也要辞职;当他辞职的时候,天皇就咨询枢密院的元老重臣,以定其去留,或推荐继任人选。枢密院荐举人亦非条文规定;并且荐举那一个人,也只是话经他说,而其决定全在大势,大势所趋,已摆出来要那个人继任,才荐举他,元老很少以己意作主。此与其政局的稳定、政治的进行,很有关系。当其政治走不通的时候,就借枢密院来转一下,则又通了,所以他的关系很重大。——从英、日两国的政治,让我们明白:大概我们在团体生活中很多好的轨道,都是习惯,不是条文。

结束以上的话:大概我们组织的内容、配置及其如何运用,就是像以上所讲的那个样子。我们这种组织的运用,与西洋比较起来,是各走一路。所谓各走一路者,即刚才所说的一条是法的路,一条是礼的路。所谓礼是指社会制度而言,不一定点头鞠躬算是礼。礼的根本、礼的重要、礼的大端是在制度,不过这个制度运用去行的时候,还是要靠礼貌之礼、礼节之礼——如:我们《村学乡学须知》中的各种须知都是礼,学众、学长、学董等各尽其所应尽的职责即为礼，全盘组织即是礼，而行的时候，全靠礼貌、礼仪之礼。照我原来所设想的，与现行的乡学村学不同——现行的乡学村学除大体不悖原意之外，情势不同一点（其不同回头再讲）。我原来设想的：乡约或说是乡农学校这个组织的成立，应当由众人（团体范围内的分子）聚会开会来推定乡长；在未推定之先，乡长应是谁，大家心目中已有，开会时再来表示决定。乡长推出之后，或是大家一起，或是推出些年长有资望的人去请他（众人心目中的乡长）出来担任乡长，表示请他之意，表示众人愿意跟他受教之意。在这种开会时及表示请他、表示愿意跟他受教的时候，都应当有一种礼仪，以见出我们的实在、郑重、恳切。在开会的时候，有没有礼仪，礼仪合适不合适，关系很大。譬如开会的时候大家随便出入，说话乱嚷，座位没有次序，则这个会一定开不好；因为他没把开会这件事情看重。不以事为重，则每个人的整个的生命力量就出不来；生命力不出来，则事情做不好。——礼仪就是让每个人的生命力出来。生命力出来，耳目心思都用到现在，气不浮动，不敢粗心大意，说话走路都很郑重，这就叫恭敬。所以开会时应当有秩序、有礼仪。能如此，商量事情才可以得到结果；不然的话，会一定开不好！照我的意思，当推定乡长的时候，在众人应很有礼仪的对乡长有一个表示，表示请他之意，表示众人愿意跟他受教之意；在乡长他又仿佛是很不敢当的样子而接受了。至于负责办事的人，照我的意思也不用外表众人推举的形式，然而内里当然是要合乎公众的意思。譬如在一乡之中可以看出来谁可担任学董，谁可以担任理事等等，纵不能看得清楚，也可以大家商量，或由乡长领头去商洽、去咨询大家的意思，商洽有结果，再召集大家开会。在开会的时候，大家已明白开会之意，知道要推定某人为理事（总干事）了，此时由乡长领头说话，说："我们请某人负责办事好不好呢？"于是众人表示十分欢迎赞成（只要众人赞成，提出还是要由乡长提出为好），对于被推定的人表示请他偏劳、请他多负责的意思。在我想，办事人的产生，应当是这样的方式。我常常这样想：众人的意思，总是让他不要直接表示，而借乡长之口替他表示出来——我们所谓众人的意思，本来就是众人的意思，没有什么高深的讲法；不过实在尚有所指，我们是指着情理——指着此时此地这件事情最恰当的情理。本来众人的意思，如果不是一种被激动的情形的时候，则众人的意思即是情理至当之处。不过，至当之处虽有当于众人的心理，但有时他心里不能十分清楚，或心有所蔽，为私意所蔽，不能清楚；所以此时我们想让乡长把自己的心放在腔洞，不存成见，他要体察众人的意思，以众人之心为心，这样表示出来的，仿佛能比众人所表示出来的较为恰当整齐。——众人也许不会表示出来，或表示出来而不恰当不整齐。那么，怎样能作到乡长常常体察众人的意思，代表众人的意思呢？我以为这全靠众人对乡长的尊敬与信托。就是：**如果众人对乡长的尊敬与信托越到家，则乡长越能体察众人的意思，代表众人来说话。**所谓代表众人的意思来说话的机会也是很有限的，不是常常如此；譬如在开头推定负责办事人（理事）时要乡长代表众人说话，至于以后事情的往前作，事情的决定，则以少问为好。因为乡长只负监督教训的责任。不负事务的责任，只有组织内部有问题时——众人与负责办事人有问题时，或办事人（负责办事的不止一人）彼此不合时，或有两种意见时，则要乡长去体察公众的意思（即体察情理），来折中一下，总要将两方面不同的意见折之使其归一。这个归一，就是归于一个情理。使其归于一个情理的话，本来很难讲；不过我们可以说这么一个原则，就是：在团体组织中如果发生不合，则你无论是怎样用力（由乡长说话，或明说，或暗中劝说）使之复合，**总要以情动，以理喻**，而**必不可以势相胁，必不可**含着一点强硬性，含着一点说：你不能不听我的，不听我的你就要如何如何。而必从正面的直接去取得你的同意，要你点头，要你答应；并且你点头答应，就是诚心点头答应，并不是由于你别有贪求或有所害怕，才勉强点头答应。守定这个原则去行，结果一定可以归一。及至养成习惯，问题自然更没有了。

在西洋的社会组织构造中，也总想得一个平衡，得一个组织的运用之道；可是它那个平衡、它那个运用之道，是一种强力在那里相质相济，让它在那里碰，自然的得到一个平衡。换句话说，它是拿"势"来决定。在我们组织里边则是要极力躲避这个，不以势相胁迫。只要守定这个原则——不以势胁迫，结果自然要归到情理上去；因为找不到情理就不能通，好比关住了以势相胁迫的门，那么，走来走去，即走往那个门——情理的门上去了。大概这个样子，可以让组织内始终见不出什么党派。这个时候调和众人，解决问题的是乡长的作用（这是用乡长的时候，此外都用不着乡长）。此外，虽然我们是把调解的事情也归之于乡长；可是这个调解的事情，不是我们组织中的独立作用。让我们的组织运行的只有这四个作用：推动设计、监督教训、立法、行政。大概就是这个样子作成一种局势——我们的这种安排，是一种制度，是一种格局，方方面面作成这一种局势；作成这种局势时，他就能够运行。而这种局势的作成，则全靠此礼仪以及相喻而共守的许多习惯。局势作成之后，则处处都很自然，很平淡，很容易，就像日常走惯了的路一样。如果我们这个社会中的团体生活是这么个样子，即是一个纯乎理性的组织。这个组织好像是一个很理想的路；可是我觉得为现在的中国人打算，他没法子不走这个理想的路。因为他不此则彼，不彼则此，既不能往那边去，则非走这边不可。虽费一点事，也得走这边。伦理情谊、人生向上的路，中国人不能不走；纵然说这是一种很理想的路，但除了这条路之外，没法子有旁的道路可以解决眼前的问题。法律的路、权利观念、个人本位的那条道不能走；那边不能走故只得走这边。不过在开头的时候来安排，来定这种秩序、礼仪、规矩，让他慢慢的养成习惯，亦是很难的。虽然有人怀疑，以为在开头的时候，当乡长的人不容易找到那么好的；可是其难尚不在此。因为人是没有一定的，你说有就有，说没有就没有。你不要以为没有这么好的乡村领袖，而其实是有的。你不本此方向去作，则不会有；若本此方向去作，则不难找到，并且是越作越有。诚然在开头的时候，得人与否很有关系；可是到后来规矩养成时，人就没有多大关系，并不一定要一个特别的贤智之士才能担任乡长。所以说其难尚不在此，而顶难的还是难在对于全盘规矩（包含礼俗习惯）的创造时，来领导着创造新礼俗的人——这个人要是一个有大学问的人，这是顶难的。等到新礼俗养成之后，大家在礼俗中去走时，倒很平常，毫不费力气。

我们以上所讲的这个组织固然是一个乡村组织，或曰乡村自治组织；可是我们想着我们将来的整个的国家政治制度，也就是本着这么一个格局、这么一个精神、这么一个规模发挥出来的。所以我常常喜欢说：我们是在创造一种新的社会组织构造，我们是要从乡村培养新组织构造的苗芽。这个意思就是说整个社会制度（政治制度、经济制度），都是在乡村中生它的苗芽，后来的东西就是它的发育。将来的政治制度，大意不外此，就是从这个根芽长成的。有几句闲话与这一段的意思很有关系，可以在此地说一说：

曾有人问我："你老是讲中国文化，老是说党治民治都是西洋玩艺儿，那么，你能不能订一套中国人的政治制度？不然的话，他们有一套，我们没有一套呀！"我说：我不能订！不过在将来的时候，中国人一定有他所适用的一套政治制度；这个政治制度，我相信它全然不是西洋玩艺儿。**可是这个政治制度，只能从事实上去创造（并且亦是创造事实），**才能慢慢创造出来，现在尚不能有。现在虽是有顶大本领、有高明眼光的人，也只能望得到大势是如何如何，大方向是如何如何，只能看出它是如此的格局、精神，细的条目是定不出来的。细的条目，须从事实上创造，走到哪里是哪里，须从事实上定。不要说没有这么一个神仙，能前知五百年，后知五百载；即令有这么一个神仙，能知道未来的事情，看得出将来适用于中国的宪法是如何，但拿到现在来也没有用。所以我说：如果是关上门要我伏在桌子上写条文，我也可以写好几十条，但是没有用，无取乎此！

将来的政治制度，在我推想，大意不外乎此——不外乎我们的这个乡村组织。我所谓新政治习惯、新礼俗、中国的民主政治，都是指这个说。所谓人治的多数政治，也是指这个而言。在这个乡村组织中，可以见出来政治制度的大意——将来的政治制度是怎样的，我现在还是不敢说，我只能说其大意是如此。将来怎样，还是靠从事实上创造，从事实创造事实，事实上作到那一步才算。我们要等他自然的长成一个样子，没长成的时候，不能说它要长成一个什么样子——多少枝、多少叶、开多少花，须长出来以后才能知道，现在不能说。所以现在定宪法的人，在我看完全是关着门瞎写无用的文章，他们不明白中国的社会组织构造已完全崩溃了！

中国将来的政治制度是怎样，不去说它。我们且回头来说我们的这个乡村组织。在我们的这个乡村组织中，除了那四个作用（或者说四面）之外，不必多写旁的机关。以后他能多办事情，事情越办越多的时候，也许会分开多设机关；但虽分设机关，亦始终不外乎此四面。譬如在行政上多办事情，有分开的必要，就可以多设机关；如卫生为自治事务之一，在初可以归之于乡公所去作，但以后如事实有可能——（经济进步）亦可一乡设一个医院。然而设立医院只能算是办一件事件，不算是一方面作用。再如乡公所中事务繁多的时候，也许要分股，可是不必写明。照我们的组织，乡长负有调解词讼的责任，邻里乡党有不睦者，应行调解，勿使成讼；在人口多的乡村，也许因为须要调解的事情多，必须另外成立一个调解办事处。然亦不能算是一个独立作用，仍是要附属于乡长。总之，将来事情发展，或要分设许多机关，但无论它如何发展，必不出乎这四种作用。这四种作用，是必须写出来的，其余的不必写，多写这一股、那一处等许多花样都无用。再则，在这个组织里面，按我的意思，是要乡公所与乡民会议（行政与立法）那两面，与现在国家的政治归到一个系统里去。可是乡长与乡农学校这两面不能够归到那里去。照我们的安排，是想让它另外成一系统。在表中有所谓直接系统者，即是说乡公所直接与国家行政系统相衔接。乡长则非直接于国家行政系统，他是站在外面。上边的行政机关对乡村有命令时，则让它与乡公所说话，不与乡长说话，乡长不直接于那个系统；所以我们的所谓乡长与其他所谓乡长不同。在我们，表面上只乡公所与乡民会议成其为自治组织，与上面的国家行政系统相衔接；乡长与乡农学校则仍仿佛不在自治组织中。因为我们想另外成一个系统，即文化运动团体系统。其实并非无关系，乡长与乡农学校当然也要得到政府的承认。可是只是承认而已，决不放在他那个系统里头。同时文化系统对于乡公所与乡民会议，对于地方自治团体，它也承认，对于地方自治团体也发生关系；可是他——文化系统，与乡长、乡农学校才是直接的（这个意思将来讲解决中国大局问题时还要讲到）。在我认为，中国大局的解决要靠两个力量：一个主力，一个副力。主力即文化运动团体，全国成一文化运动团体。质言之，全国的乡村运动团体，成一个大的联合组织，这个是解决中国问题的主力。所谓副力，就是现政权的行政系统。现政权这个力量，他是帮助来解决中国问题的力量。所以成功为两个力量的必要，就是因为他不能够成为一个；乡村运动团体不能取现政权而代之，不能把政权拿过来；若拿过来则全盘错了，那就是完全不明白中国的问题，不明白中国社会的形势，并且还有一个意思：如果把政权拿过来，则自己亦成了政权者，除了弄乱形势之外，更将什么事情都不能作。因为以政治力量推行事情，则一切都成了机械的（在以上我讲乡约不能用政治力推行的时候，曾引证丹麦教育家的话，都是说的这个意思）；所以他天然不会归成一个系统，如归成一个系统，则全盘都要毁了。文化运动团体系统是一个主力，是一个创造发动的力量；现政权是一个维持现状，开出机会来让社会进步（尤其是经济进步），让新社会组织的苗芽生长。新苗芽长起来之后，才可以把现政权替下来。在新的苗芽未长起来之前，还是要靠现政权维持现状，开出机会让苗芽生长——关于这个意思，后来我们还要细讲。

说到这个地方，要说一说现在的邹平。本来在我们的意思是要由乡村运动团体倡导乡约来办乡农学校的，或者说是借乡农学校来创造乡约，这与现在的自治组织是没有冲突的。现政府看我们的乡约，也认为是一件好事情。现在的地方自治——乡公所等组织，越来越空虚，越假，越不能办事；所以我们的乡农学校，如果能充实起来的时候，则自治事务隐然都归到这里来（从乡农学校的发展，即可分化出来许多机关——如乡长、乡民会议等等，如上表所示者）。不过乡农学校断乎不能由政府来办，顶多是要政府的承认与赞助。如果由政府来办，则将失其作用，不能发展成功为一个地方自治组织。可是现在的邹平就是如此。现在的邹平，是我们作乡村运动的人从国家取得一种实验权来作的。——原来我是要乡村运动者与政府分家的（分家才有办法）；而现在的邹平，则乡村运动者与政府成了一家（政府就是研究院，研究院就是政府，文化运动团体还是研究院）。原来我是想他那种不合适的自治组织亦听他去，待我们的乡农学校发生作用，组织长成之后，政府即可承认了这个，以之替代了那个，可是现在邹平是由我们自己当家，所以我们不能再维持那一套旧的无用的地方自治组织——乡公所、区公所等。我们取消了旧的那一套而代之以乡学村学（亦即乡农学校）。不过现在的乡学村学尚未成熟，尚未成功为团体；因未成功为团体，所以团体作用不发生，负责办事的人（理事等），都不能由团体作用来产生。这个时候，我们就把他劈开了：在一方面努力把乡学、村学作成团体，而另一方面在县政府做事，只认定乡理事、村理事个人。——认个人怎样讲？就是说：团体尚未完成，故只能认定个人，若认为团体已完成就又错了！我们把个人加入乡学村学里去，给他一种环境形势，让他成功为团体里的一个机关、一个作用。这是与以前所写的表不一样的地方。

我们的乡村组织，在最初的意思，很想用教育的力量提倡一种风气，从事实上去组织乡村，眼前不与政府的法令抵触，末后冀得政府的承认。原来的意思是如此，邹平过去的作法也是如此；可是现在不然了，现在自己操政权，自己可以改订法令，仿佛是两个系统（文化运动团体系统与现政权系统）合成一个。这样的方式，就全国大局说是不会如此的。邹平既合成了一个，所以不能不想法子将行政机关教育机关化，——自己操政权又作社会运动，故不能不将行政机关变成教育机关的样子。请看《村学乡学须知》二六页：

第三，本县整个行政系统悉已教育机关化，应知以教育力量代行政力量　《邹平实验计划》上说：本实验计划既集中力量于推进社会则自县政府以次悉为社会改进机关。社会改进即是教育。不过此教育机关化的县行政系统，愈到下级（如村学）愈成为教育机关，愈到上级（如县政府）愈不能不带行政机关性质而已。愈到下级即愈近社会而直接民众，愈应当多用教育功夫而不用行政手段。凡下列几点皆为教员、辅导员所应留意者——村学虽像是代替从前的乡公所，乡学虽像是代替从前的区公所；但村学、乡学本身实是教育机关，并非地方自治组织的一种预备，不是正式自治组织。又不过以其中的一个办事人（常务董事）接受上级行政机关委办事项，至多这个人算行政人员，而并非这机关（村学、乡学）是行政机关。此等处不可混淆。

在邹平因为两个系统合成一个，所以不能不想法子使行政机关变成教育机关；这是一个补救的办法，与普通不同。但若进一层说行政机关教育机关化，虽然比较是好，比较算是进步；可是如将教育当作一种行政来办，则这个教育一定不容易办好。行政而变成教育，不用硬的力量，而用软的工夫，是顶进步、顶好的。教育的好处即**在能以他力引生自力**。以他为主，而不以自己为主，引生社会民众自己的力量。能如此，社会进步方算真进步；所以说行政变为教育是顶好的。可见若将教育当作一种国家行政或地方行政来办的时候，则一定办不好（在讲《丹麦的教育与我们的教育》一文时曾说到这个意思）。我们现在邹平如此办法，比较还算好一点，毛病还少些；换言之，在邹平如此办法还能行，但若旁处要想模仿的时候，一定办不好！因为邹平的这个行政机关，原来是作社会运动的团体来组成的。当初大家都有一团活力，愿意来做社会运动，所以大家还很富于生气；如其不然，就不行了。我们讲过政府做事最没有生气，只能作到规矩好、形式整齐，这是它的长处；可是正因为它要整齐划一，故不能不注重形式，考核表面，此则恰好妨碍了创造。创造就是破例；政府取于整齐划一，则不能破例，故缺乏创造。而教育正是创造的事情；所以政府把教育当作一件行政来办的时候，决办不好。如果在最近的未来，这种乡村运动的风气开展——政府自己来提倡乡村建设，举办乡村建设事业，添设乡村建设机关，这种风气开了之后，那么，我们要退出官办的乡村建设事业。如不退出来，则乡村建设事业将缺乏活力。我们能退出来，倒很容易办（不是说退出来容易作，而是说退出来能有作法），能让乡村建设事业可以更深一度的往深刻里去；若乡村建设变为行政，则不能往深刻里去。所以我相信一定要成功两个系统，才能完成乡村建设；如其不然，成为一个系统就糟啦！但我敢断言它必不会是一个系统（以后可以讲到这个道理）。

第三节　组织的作用

我们的乡村组织已讲了两节——第一节组织原理,第二节具体组织,现在我们要接讲第三节组织的作用。所谓组织的作用,就是说:这样的乡村组织,可以干些什么事情?可以解决些什么问题?于此我可总起来说两句话:一、我们的乡村组织可以解决中国眼前的几个大问题;二、我们的乡村组织可以开出中国民族的出路,实现一个理想的社会。我们先讲头一句话——乡村组织可以解决中国眼前的几个大问题。

甲　我们的乡村组织可以解决中国眼前的几个大问题

眼前的中国社会有三大问题而农村经济破产尚不算在内。第一是乡村自己腐坏的问题。此中之最著者即毒品问题——毒品问题是乡村腐化之可指的一点,其实乡村腐化堕落,一言难尽,只是此为最著而已。有一位王镜铭先生,他曾在河北正定、大名一带调查过毒品问题,作过一度研究的工夫,对于这个问题,别人都没有他这么注意。他曾大声疾呼的说:"中国乡村之破坏,大家都说是由于帝国主义的经济侵略与封建军阀、土豪劣绅的垄断剥削所致,其实在我看,破坏乡村最厉害的还是毒品问题。毒品问题之为害比苛捐杂税都厉害,比帝国主义的经济侵略、封建军阀、土豪劣绅的剥削等问题还要严重。这是乡下人自己不好,不能责备任何人。"关于他说这个意思的文章,我看见过很多,后来又遇到过此人

(他现在天津工业学院,过去他仿佛是北大的学生,是研究经济的)。据他谈:“吸食毒品者起初我以为是富家有钱的人,其实不然,而正是无钱的人多;有钱的人间或有不吃的,而穷人吃的格外厉害。”这是经过了他的实际调查才能知道的这种情形。毒品问题在北方,尤其山西全省更厉害。起初我们以为南方或者不厉害,但后来听到自浙江温州来的朋友说在南方也是闹这个问题,只是毒品的名色不一样,有的叫作白面,有的叫作红丸,有的叫作金丹,等等。山东表面上比较别的省份好一点,其实有些地方也闹得很凶。毒品的流行,对于中国社会的毁坏很重,实在是一个大问题。那么,这个问题如何解决呢?据我们的看法,若单从政府一面去作,简直没有好办法。先不要说政府没有力量,即假定政府有力量,单靠他一面去作,也解决不了这个问题。因为政府只能从外面用力,用严重的刑罚来禁止,结果多半是没有用的。如民国二十年与二十一年,山东的韩主席亦曾严厉的禁止过,但并无大效。政府顶多只能在都市中用力严禁(都市中亦不能全照顾到),乡村则是政府力量所不达的地方,因警察没有那许多。政府对于乡村,只能以乡村治乡村,政府本身没有法子治乡村。若对于乡村没有办法,容其蔓延流行,问题何曾解决分毫?并且政府愈用严重的刑罚,则蒙蔽包盖隐藏越多,愈禁止不了,不唯禁止不了,更使人假借名义以行敲诈,弊端百出。质言之,**非乡村自身生出一个力量来,解决不了这个问题,单靠外力(政府的力量)绝对不行**。在这个地方,山西禁烟的经过可给我们作一个参考:

在民国十一年至十三年,是山西村政最好的时候。在那个时候,山西当局差不多拿整个的精神放进去,曾经用过很多心思。他的村政原名“六政”;六政之中有三条是积极的,三条是消极的,禁烟即其三条消极中的一条。从其禁烟的结果上，证明了严刑峻法的无效。山西的禁烟，详细讲有三个曲折，其中重要的一个就是试验出严刑峻法之无效。因为愈用严刑峻法，则其包盖亦愈严，凡与之有关系者都成了替他包盖的人，他的亲戚朋友固然都替他包盖，就是一个与他没有关系的人也不想报告他，陷害他；所以完全发觉不了。因此山西当局后来不再用严刑峻罚，而完全以爱他的意思帮助他戒烟，说明烟的害处，预备了很多的戒烟药品帮助人戒烟，并且让乡下人明白对于自己家里有吸食毒品者，都要劝戒他才是爱他之道。这样就完全反转过来了，可以使与他有关系的人都要催他戒烟。一个人吃烟，本来就不是绝对的，他一面吃烟，一面也想戒烟，若再经众人一劝，那么，这个时候，只有半个他自己要吸烟，其余的人都是帮助他戒烟的。这个形势与用严刑峻法者恰好相反。先是他周围的人都替他掩护，等于帮他吸烟；此时他周围的人都向他进攻了。弄成这个形势，则他自己的那一半也将要活起来，那么，戒烟的事就容易办了。

山西的禁烟，曾经达到一个很有成绩、很有结果的时候，那个时候差不多可以说有七八成的成功——七八成的成功已是很大的成功。不过后来就不行了，尤其到现在，鸦片烟的问题，进而为毒品的问题，在山西毒品问题，比较哪省都要厉害。所有多年的功夫到现在可以说是完全失败。他失败的原因在哪里呢？照我们的分析，是失败于两点：

第一点——他不晓得想解决问题要从超过问题的地方来解决问题；禁烟就是禁烟，是禁不了的。我常说单是防弊防不了弊，超过了防弊自然无弊；可是他不晓得这个意思。所以他没从积极倡导好风气的地方去作，而只作些消极对治的工夫。十一二年是山西村政最好的时候,他曾举办所谓“整理村范”。就是说村有村范,村范是最好、最够上模范、最够上标准的意思。从表面上看这仿佛是积极的工作,而其实他所标列之十项,都是消极的。他之所谓模范乡村,就是没有下列十项人:

一、贩卖烟丹者;

二、吸食毒品者;

三、窝娼者;

四、赌博者;

五、窃盗者;

六、凶殴者;

七、游手好闲者;

八、家庭有残忍情形者(长上对幼辈);

九、幼辈忤逆长上者;

十、学龄儿童不入学者。

没有这十项人的乡村,就算是好的模范,算是乡村的标准。所谓“整理村范”就是整顿乡村,让乡村中没有这十项人,纯粹是作消极工夫。岂不知消极工夫是不行的,与其去祛除邪气,不如提倡正气;要在正面去做,不要在负面去做。此其失败的第一点原因。

第二点——他引生乡村自力的工夫不够(虽有引生自力的意思,但是不够),这是他失败的大原因。他过于用外边的力量来治乡村,岂不知用外力是不行的,**天下事都要靠自力**。他为什么由已经做到有七八成的成绩而后来又弄成毒品遍地呢?此皆因其专用外力,而缺乏扶植引生自力的工夫;所以只能一时见效,待不用外力就完了。山西办村政,当初原非从乡村着想,而是为省当局要推行几项政令,造成模范省,感觉政令不能下达,于是取法军队中节节相制的办法，由省长而县长而区长而村长而闾长而邻长而家长，以次下来，各有责成。其要点不过在将下层编制起来（区、村、闾、邻）而已。原在省府内设有六政考核处，后来改名村政处，他这完全是用外来的力量贯注到乡村，而不是想启发乡村的自力，让乡村自己有生机；虽然他有这个意思（启发自力），可是不够。譬如当他做“整理村范”的工夫时，阎锡山先生很费过一番力气，曾亲自到各村去走，在各村演讲。后来也觉得“整理村范”太靠外力了，乡村太被动了，所以后来让乡村自己订定村禁约，不由政府来禁止什么，而要乡村人自己来禁止什么。这虽然有几分觉悟，可是分数太少，尚不够；并且我们试看他那个村禁约，只是要禁止什么，只是消极的对治，而非积极的倡导，只是要祛邪，而不是扶正，这是不行的，仍非失败不可。

我们的乡村组织，容易推行不容易推行，固是问题，但没有山西那两种毛病。

一、我们开头即标出人生向上，这是积极的、正面的。大家彼此相勉，往好里去，则一切不好的事情之禁止，自然就包括进去了。此有很大的不同。照这个方向去作，则作一点即能开出一点好风气，这个时候不好的事情虽然不能全去掉，但自然越去越少。乡村中应当整顿的事情很多，如缠足、早婚、迷信，以及其他不好的风气陋习等等，都应当极力整顿，尽在不言中。我们的乡约有这个好处，尤其是我们补充改造后的乡约，标题很大，我们的标题是创造新文化，我们是发大愿；这样才能整顿了乡村，才能治了病，若开头就说治病，反倒治不好病。

二、我们的乡村组织，是极力以启发乡村自力为主，极力想法子形成其地方团体的组织，极力让众人对团体生活为有力的参加。

一个地方能形成团体组织，则什么事情都好做。但是他（山西）不明白这个意思，只做了点编制工夫，不知道注意形成团体组织。因为有此不同，所以他便以行政力量支配一切，而我们则是以社会运动团体做教育功夫来引生其自力，来培养其根本。必须采用乡约精神造成地方团体之理，及乡约不能靠政府倡办之理，前已言之甚详，此处不再多说。在效果上我们也许不能很快，但断不致有山西那样的失败。

我们用社会运动的方式倡办乡约或乡农学校，就是启发一个地方的生机，让乡村腐坏堕落的趋势转过来；**只有转过来的时候，才可以不更往腐坏堕落里去而向上。毒品等的为害才可以解决。**归结来说：非用乡村组织没法解决毒品问题，并且非用我们的乡村组织不能解决毒品问题。

第二是匪患问题。匪患问题在此刻的中国社会，是一个很大的问题。原来中国社会是消极无为散漫和平的，防匪的力量本来没有——中国过去，没有多少军队，更没有警察，所以他只能希望匪乱不生；如有土匪，则横冲直闯，如入无人之境，没有力量能够制止。记得我到淄川、博山去的时候，曾听地方人说："在过去的时候，从未曾有过土匪，并不知道有这个名词。记得光绪末年有一个地方发现了一个盗杀案，大家都以为很奇怪，当作一个很新鲜的事情。到宣统年间及民国初年，才渐有抢劫的事情。但尚不怎样厉害。至于绑票的办法，实是近些年来才发明的。"的确，土匪之为害，是入民国才成了大问题。到现在扰害乡村的力量太大了，乡村非自己想办法不可。所以在现在乡村自卫成了一种必要，而国家也许可乡村自卫。国家也许可乡村自卫，实在不像话——国家本应维持国内秩序，不使发生问题，用不着乡村自己保卫自己。而现在则以国家力有不及，故政府亦提倡乡村自卫，如在江西、湖北、安徽一带，皆极力去作提倡乡村自卫的工作，说是，如果乡村没有自卫的力量，简直是与土匪造机会。可是乡村自卫这件事，很不容易办——也可以说不难办，**而自卫办起来之后能没有流弊则甚难**！此意即说：自卫也许能挡得住土匪，但不能保其不出其他毛病，所以自卫如何能办得好是一个大问题。

我记得在广东的时候，见广东政府曾经对于乡村自卫的问题很下过工夫，想于此找一个治匪的办法。因广东自清末以来即多盗，广东人比北方人有时还要残酷，拿杀人不当一回事，常有用手枪杀人的事情，把性命相拼看得很轻；并且由澳门、香港、广州湾等地方军械——手枪子弹很容易运进来，资以为盗之具，所以多盗。因为多盗，所以在广东乡村中到处都有碉楼和民团的组织。民国十三年国民党改组，共产党居中主持了农民协会，他们借农民协会把农民武装起来成为农团。这个时候乡村中就有了两种武力：一为农团；一为民团。民团是乡村中有资产的人办的，是有资产者的武力；农团为共产党假农民协会名义所组织，将有产者除外，故显然是无产者的武力。这两种武力常常火拼，并且打得很厉害，时常有多少县的民团合起来，多少县的农团合起来，作大规模的战争，政府调大批部队去制止都制止不下。清党以后，政府的方针变了，对于民团、农团想加以调和，想把农团、民团划一编制，划一训练，划一名称，以泯除界限；那个时候广州还有商团的组织，政府也想把它和农团、民团融合为一，养成地方上自卫的武力，所以就成立了一个“地方武装团体训练员养成所”，借这么一个机关，想统一地方自卫的事情。当时我去作过一次演讲，在我演讲的时候，我提出一个问题。我说：这种事情，没法子办好，因为“地方”只是一个空的名词,地方既是空的,则自卫即没法办好。什么时候地方能成为一个实在的自体,自卫才可以讲。

广东是想培养**地方上自己保卫**的力量,不愿再落于民团、农团,或成功一种军队——成功军队,就不算地方保卫的力量了。同时也不想成功为民团(此处所谓民团是指广东握在地主手中的民团),也不愿成功为农团。但是他们虽然不想落在这三样东西上,而在我推想,他还是要落在那上边。现在是清党以后,落在农团的机会固然少了,可是很容易落到那两样。如在编制上、训练上,很往统一里去做,乃至调动指挥之权,亦操之于上边——县或省,那样便成为变相的军队了;如调动指挥权,不提到上边来,那么,比较可以成为地方上的东西,可是恐怕它又很容易回到民团的路上去。回到民团的路上去,固非我们所求,但很难不回到民团路上去——其难即在"地方"这两个字是一个空的名词。为什么说地方是空的呢?因为说地方是指地方社会而言,如果地方社会不能形成一个健全的组织,则地方不等于一空的名词吗?譬如说邹平县,当然指邹平社会,如果邹平人自己不能形成一个地方团体的时候,则邹平县只是一空的名词,邹平这两个字就无处交待。所以我当时就对他们讲:民团的不好,不在于训练的如何,这个事情乃是一个权力机关何在的问题,因为保卫的力量是一种武力,是一种工具,而**操武力的主体最要紧**。怎样有一主体来操武力,乃能让武力成为一种地方公共的所有。换言之,如何成功这个地方组织是很要紧的问题。武力好比一个利刃,利刃必须拿在一个身体、精神健全的人的手里才行,如果交给一个精神病患者,或一个小孩拿着,就危险了!如果地方组织健全则不怕,可是我相信没有那个地方的地方组织会健全。很简单的理由就是:中国人还不会有一个进步的团体组织——所谓进步的团体组织就是团体中的各个分子对团体生活能够为有力的参加。这种民治的团体在中国尚不会有，没有这个就没有办法。所以各处办保卫工作者，没有不出流弊的。如从前四川的民团，曾经很发达，而发达的结果，致有团阀之说。团阀的权势很大，差不多可以到处设卡设局去收税，武力扩张得很厉害，超过了事实的需要。这就是因为地方组织不健全，地方本身没法子控制武力，所以武力落于少数团阀之手；武力横行，为地方之害。再如河南各处民团之害，亦说不完。我在《中国民族自救运动之最后觉悟》中曾有"敢告今之言地方自治者"一文，即讲到这个自卫的问题，并讲到土豪劣绅的问题。刚才曾说：不愿意落到民团，那么，落到民团有什么不好呢？即因民团很容易帮助地主去武断乡曲，威福自恣。本来土豪劣绅是社会方方面面的形势把它造成的，而现在讲地方自治、地方自卫，可说是更加重这个产生土豪劣绅的形势。的确，现在是一面讲打倒土豪劣绅，一面又做了许多事情更加制造土豪劣绅。普遍对于土豪劣绅，都喜欢说是封建势力，其实土豪劣绅并不是传统的东西，在中国从前的旧社会，没有许多名目，没有许多机会，让人成为土豪劣绅，所以那个时候土豪劣绅并不多。只是近年社会上的种种形势恰好构成了土豪劣绅。可看《中国民族自救运动之最后觉悟》一九八页：

> **所谓土豪劣绅即指乡间一般人之愚懦受欺，一二人之威福自恣的事实；却非某个人的品行问题。**破获烟赌而罚款，军警机关行之，其祸犹小；自治机关行之，为害实大。禁烟禁赌，诚然最宜由地方自治来作这功夫；但假使自治区公所亦能破获烟赌，随意罚款，那便是形成土豪劣绅的绝好机缘了。

乡民愚昧懦弱，自是社会经济问题、文化问题；从根本上讲，非经济进展，文化增高，无法免除土豪劣绅的事实。但若本着数千年无为而治的精神，让他们度其散漫和平的生活，却亦不见得有几多土豪劣绅。所怕的是根本说不上自治而强要举办自治，那就没有土豪劣绅的地方，亦要造出土豪劣绅来。我们试想想看：

第一，本自容易受欺压的乡民；

第二，将他们划归一个区域而安上一个与地方官府相衔接的机关；

第三，此机关时时向他们发号施令，督迫他们如此如彼；

第四，此机关可以强制的向他们加捐要钱；

第五，此机关可以检举他们某项罪名（例如烟赌）而处罚他们；

第六，此机关或且拥有武力——保卫团。

这简直是替土豪劣绅造机会，让他正式取得法律上的地位，老百姓更没法说话罢了。不独给他以法律地位而已；**并给他开出许多可假借的名色名目来，又且资他以实力**。最近中央政府盛倡要以人民自卫组织为根本方法，谓必人民如是起来协助政府，而后匪患可除。这自然是不错的。我们希望树立乡村自卫组织之念，比政府还切，然而这岂是一片期望心就成功的吗？第一，这项军械和常备团供给的负担，乡民是不是能负担得了？第二，“人民自卫”、“民众的武力”，自然好听不过；但事实上怎能逃于土豪劣绅之手？我们试想想看：

第一，军械一定是地主有钱的人购置得多；

第二，养这些常备团兵的费用，一定是地主有钱的人出得多；

第三，军事重在有统制有指挥，所谓“平民共和”的精神是不适用的；

第四，有果断专制性的人物乃适于为军事首领，而事实上的陶铸，更养成这种习惯势派。

由是地主绅士一二人的尊严威猛遂以建立；怎能保他不滥用权威呢？多数乡民是素来愚懦的；怎能免于受欺压，被鱼肉呢？我们并不是说作团董的没有好人。这是事实要如此。何况今日的社会是什么社会呢？我们试想想看：

第一，今人欲望比以前高许多，而生活的艰难及风气的丕变，更使人歆慕金钱势力；

第二，频年的变乱，使人变得险诈狠毒，残忍胆大；

第三，社会旧秩序（法律制度习惯教条等）已失，而新秩序未立；于此际也，多数谨愿者莫知所凭循，最易受欺，而少数奸猾乃大得乘机取巧纵肆横行之便。

在这种社会形势之下，好人能有几个呢？其生活稍高，或沾染嗜好者，在乡间正当生业实不足以济其欲，则唯有巧取豪夺，借损人以利己，时势所演，理无可怪。再加上“地方自治”、“人民自卫”，适以完成其为人民之蟊贼、一方之小霸王而已！然而当局之提倡地方自治自卫者，似绝未留意到此。究竟是智虑短浅呢，还是毫无心肝呢？

这都是说：讲自卫不难，而难在自卫办起来不出流弊。我们不容易有一种健全的地方组织去操纵武力，武力势必落到个人之手，这个时候，顶多是希望能遇到一个好的领袖，乡村尚吃亏吃得少一点，但这是顶特别的，好的领袖不一定有。所以一谈到治安问题，谈到保卫问题，则不能不注意到地方组织问题，而我们的乡村组织，就是要对于此点有一个贡献。用我们的办法有两点好处：

第一点：我们的组织是本着乡约的意思，大家相勉于为善，把人生向上大家相亲相爱的意思提起来，又用乡农学校的方式，把教育的意思提起来，这个时候，假使有武力，而武力放在一个较开明的组织中、较和平的空气中，应当少许多危险。

第二点：我们的组织，比其他组织从西洋传来的大不相同，他是唯一适宜于中国人的。质言之，用我们的组织，团体分子对团体生活乃能为有力的参加。才能让中国人往民治里去，才能实现中国的民治，才能让组织健全。以这样的组织——大家都为有力参加的地方组织来运用武力，主宰武力，那么，自然不出毛病。

第三是共产党的问题。自某一意义上来看，共产党的作为，实是中国的一种农民运动。农民运动为中国今日必定要有的，谁若忽视农民运动，便是不识时务。我们与共产党的异同，我在《乡农学校的办法及其意义》中，曾经提道：

> 有两种与我们相近似的工作：
>
> 一、以往革命工作中的农民运动；
>
> 二、近年教育界里新兴的乡村教育运动与民众教育运动。
>
> 一、以往的革命工作中的农民运动，据我在广东看见的农民协会和农团军，名为国民党的组织，而实在共产党领导之下。南北各省后来都有这种工作。在某一点上说是与我们相同的，就是要农民自觉、有组织而发动力量，解决他们自身的问题。但从另一点上看是不相同的。他们的农民运动是在乡

村社会里首先做一种分化的工夫，使乡村社会成为分离对抗的形势，在乡村社会之内就发生斗争。我们则看乡村社会的内部，虽然不是全没有问题，然而乡村外面问题更严重——就是整个乡村的破坏。所以我们现在必须看乡村是一整个的，至少我们于中国社会多数乡村，是必须如此看法。我们要求整个乡村社会的改善与进步。故我们所作的工夫，是积极的、培养的、建设的。我曾见毛泽东分析广东乡村社会为八个阶级，只其中低级之三四阶级准他加入农民协会，其余那些人不准加入。划的界格非常严。农民又武装起来，为农民自卫军，简称农团；与绅士们领导的民团，彼此之间，就发生冲突。在花县一带地方曾有过大规模的战争。现在我只说到不同为止，而不评论他的是非优劣。因为我们对于中国问题的解释与估量，与他们不同，此问题太大，须专文说明。

二、近几年来从教育界的觉悟产生了一个新的风气，就是乡村教育运动与民众教育运动。现在南北各地都很盛行，政府当局也很提倡，如乡村师范与农民教育馆设立之众多，都是这种风气的表现。这种运动与我们颇有相同的地方；就是积极建设乡村，改善农民生活。但在另一点上看也可说不相同。他们比较缺乏一根本的注意——要农民有组织发生力量而解决自身问题的注意，不免枝枝节节的帮忙农民，给他一点好处。尤其是政府所提倡的农民教育馆之类更不免如此。可以说恰好我们与革命工作中的农民运动相同的一点，就是一般办乡村教育办民众教育所缺乏的一点，我们与乡村民众教育所同的一点，恰好也就是革命工作中的农民运动所缺乏的一点。他们都各站两极端，而我们则居中间兼而有之。从这比较中就可以明白我们的工作。故我们的运动,不称农民运动,而称乡村运动;不称乡村教育,而称乡村建设。但最好是称乡村自救运动。乡村自救运动这一名词,既可以表现乡村的整体性;又可以表现工作积极的建设性;更重要的是表现靠乡村自身的意思。因为近百年来乡村在国际与国内两重破坏之下,更无可依靠,天然的逼成乡村自救。从现在许多省份要乡村武装自己保卫来看,就完全可以证明这句话。

中国农民运动的正当途径,就是一乡一村各自组织起来,而又彼此联合起来,自救图存求进步。有人说过:斗争于中国乡村内部就等于斗争于家庭之内。乡村的整体性,至少在中国较大部分地方是可见的;而同时都市与乡村的分殊、乡村地位的不利,则以西洋文明进来而益严刻。这样就规定了农民运动的正当路线是在团结自救。乡村内部的矛盾,亦是有的,要等待后一步解决,要尽可能的避免斗争,从理性求解决。也许有的地方,乡村内部矛盾到团结不可能,那就管不了。天下事只能从多分,从大体,把握一要点以求解决,其他则在大局解决之下随着而解决,怎样在日常生活中使他具备做团体生活的条件,而慢慢养成其组织能力,是农民得以抬头的唯一途径。那就是说,农民要随着乡村建设而抬头,乡村要随着农民抬头而建设;两面辗转循环,向前推进。农民的自觉,就是要在"如何处今日社会"中自觉;农民的组织,就是要在"如何营现代生活"中组织;所谓以自身力量解决自身问题,均不外此。尤其要紧的,农民运动不能单从农民运动来做,而要放在整个文化运动里面,要从整个社会立场为全盘的规划和指导。那么,知识分子在这运动中的作用和地位,就不可忽。总之,中国的农民运动要照我们这样来做才行。

这里还有一个错误观念要纠正。作农民运动的人喜谈农民利益，这本是应当的；但他们把利益几乎讲成就是“多得钱少作工”那狭窄意思，则不免错误。何谓利益？就是好处。所谓好处，就是能增进我们生命之活动的，有裨于生命活动的。诚然，适当的物质资料，适当的闲暇休息，皆为生命活动所不可少。但他们只是一些相关系的条件，并非这就是好处，更非好处就是这个。因此错误观念，行动上就蹈入了两种错误：一是领导农民专向人家争求这些利益，不惜伤和气毁交情，造成嫌怨仇忌心理；一是领导农民抛下当前工作，而争求一切现成的（土地、租谷、钱财），养成其侥幸心理。人情和洽，最能增进生命的活动，论到好处这是根本可贵的好处；毁伤了这个，有形无形不知有多少损失，实非所以帮助农民之道。工作中的乐趣是生命活动的源泉，侥幸追求现成的，便丧失生命活动的根本。以此领导农民，无异使农民都变成流氓。

中国社会老教训是：孝、悌、勤、俭，这四个字在今日自然不够用的；我更不是以此为农民运动的指针。但若不于此处有体认，则亦难免隔阂不通。孝悌是人情和洽的根本，勤俭是要生命力量踏实地用在当下，而领略人生真趣。这其中精义无穷，却是伦理本位、职业分立的社会自然有的产物，同时也就是阶级社会里所万不能有的东西。阶级社会逼着人向外抗争，也难顾得什么人情和洽。一切机会都被垄断，没有什么在分内在当下可尽力之处，则勤俭二字便用不着——勤为谁勤？俭为谁俭？其逼得走侥幸一逞的路，亦属当然。但在中国社会，职业分立，各有前途可求，一分的勤俭，一分的努力，一分的创造，也就有一分的成功。心思气力都发挥在工作上，工作都表现在成绩上。此时最忌的就是侥幸心理，两种社会恰好不同。今日中国社会需要整理改造,而不是阶级革命;农民地位**需要增进,而不是翻身**。以侥幸心理领导农民,以仇忌心理留贻社会,更非所以建设新社会之道。我们终究目的,在农民跻于经济上政治上的平等,刻刻本着这个目的,来调整社会关系,改造社会关系;而此调整改造则需不断地将农民本身力量充实起来,次第以完成之。这就是中国的农民运动,亦就是我们的乡村建设运动。

乙　我们的乡村组织可以实现一个理想的社会

一　理想社会的基础条件

我们这样的乡村组织,实为进达理想社会的途径。那么,如何是理想的社会呢?这话很难一一讲明,若只说如何如何好的空话,尤其无味。我曾讲过一次人类社会建设应有的原则,于此相关系,且容末后再讲,现在唯指出理想社会必须具备的条件。

理想社会的基础条件是什么?就是经济上的生产与分配都社会化,这样就是实现了社会主义;为消费而生产,非营利的生产。所谓社会主义,实不像普通粗浅的看法,以为在求物质生活的均平。自然从贫富不均的事实而来的不平之感,也许是发动社会主义强有力的动机;可是社会主义之为社会主义,其意不单在均平;并且均平,亦不一定就是好处。社会主义之所以好,就是在那个时候的人类社会,大家能站在一个立场上,来共同对付自然界(人类对付自然界,即所以解决生存问题,亦即所谓经济),而减除了人对人的竞争；也就是说，人类的生存问题，由社会解决，而不由个人自谋。换言之，即对个人的生存问题，有社会来做保障。不像现在这样在经济上，各自为谋，甚至于人与人为仇为敌。马克思的朋友恩格斯的一段话，足以证明这个意思，恩氏说：

> 社会掌握生产手段的时候，商品生产已取消，同时生产物对于生产者的支配，亦已取消。在社会的生产内部，以计划的意识的组织，而代浑沌的无政府状态。个人的生存竞争，亦随着停止。接着人类在某意义上决定他与动物的王国分离，由动物的生存条件进至真正人类的生存条件。围绕着人类，而在今日已是支配着人类的世界，于此时乃服从人类的支配与统治，而人类对自然乃开始为意识的真实的主人。

大家看了这段话，当明白社会主义的意旨所在。将来社会主义的社会实现之后，人类才能共同联合控驭自然，利用自然，以满足人类共同的需要。所谓“经济”者就是这么一回事。所以经济问题，本来应当是自然科学上的问题——农业上、工业上技术的问题。可是现在自然科学的技术方面，已有长足的进步，对于自然征服力已不小。倒是在人与人之间的关系上发生问题，所以现在的经济问题，成了社会科学上的问题。如美国生产技术已很进步，产业亦极度发达，可是一面生产过剩，一面挨饿的人还是很多。去年芝加哥没有面包吃的人示威暴动，同时政府则把许多麦子烧掉，水果投海。从这些现象，均可见出今日的经济问题不是自然科学上的问题，而是社会关系的问题。最好是社会上大家合为一体，共同对付自然。能如此，个人生活即可得到社会的保障。这是减除人类一切罪恶的开始，同时亦是发挥人类美德的开始；好比美善之门于此开启，罪恶之门从此关闭。此即我们所谓理想社会的基础条件。

我在十几岁到二十岁的时候（一九一二年），曾经一度非常热心社会主义。社会主义本是西洋的产物，什么资本家劳动者的问题，差不多与我们没有什么关系。那年我偶然从故纸堆中检得张溥泉先生翻译的日人幸德秋水《社会主义之神髓》一小册，内容仍不外一些劳动者资本家的话，引不起兴味来。这也许因为我不是资本社会的人，没有事实刺激的缘故。不过，我在读了此书之后，常常容易想到在经济上人与人竞争的问题，让我仿佛发现了这个问题的严重。我愈想，让我愈看清楚，社会上一切罪恶的源泉均在财产的私有。显而易见的如街上的乞丐（在北京乞丐的数目就很不少），这一批不得其养的人，自然其中也有年轻力壮不好好干的，而大体上说，都是老弱、妇女、残废，他们在这个生存竞争的世界上，怎能不落伍！可是所谓老弱、妇女、残废，是谁都免不了的；我不能免于老弱，也不一定今生就不残废；那些妇女更说不定就是我的亲人。照这种情形看来，人人都有危险。常常看见朋友忽然死了，家小就没有办法，靠亲友帮助也不是常策。对老幼残弱不相顾恤，使他们因没人管而流为乞丐，不能不说是社会的罪恶。再则，就是盗贼问题。盗贼的范围很宽，固然土匪算是盗贼，其实彼此之间，稍有骗诈，也是盗贼。或以巧取，或以豪夺，莫不算盗贼。社会上这类的事情太多了，我们出去旅行，处处都是要占我们便宜的人，处处都是危险的，四周围都在那儿打算你，四周围都是你的仇敌，我们就是坐在家里，不去旅行，亦难免不有危险。说不定不遭祸灾，不遭土匪。所以说每个人都有被骗诈抢夺沦落的危险。总之，在这个社会里，经济上是互相竞争的，而不是相保的。你占了便宜就是你的便宜，我占了便宜就是我的便宜。居此世界，有巧智有暴力的人，当然就要施其诈骗强夺的一招了。睁眼看看，这种事情到处皆是。被伤害被劫夺的人固然不幸，而骗人或抢人的人，亦太可怜，太不像人类了！人类不应当这个样子！这样真是岂有此理！此外如娼妓、如优伶，沦于不幸的地位，亦无非是由于经济上的竞争。我记得当民国以前，北京尚没有女戏子，有女戏子是民国元年以后的事。这是袁世凯的一个政策，因为北京市面萧条，他要繁荣市面，故出此计。当时一般小户人家的女儿，爱好学戏成了一个普遍的传染病，走到街弄巷口，到处听见胡琴响，吊嗓子。因为这个事情真能发财。时常听说某一个贫苦人家的女儿，唱戏发了财，以前吃窝窝头尚虞不足，现在以牺牲色相，学会唱戏，马上出门可以坐马车！（当时北京还没有汽车，马车就算顶阔了。）此时，让人家安贫的话，谁亦没法出口。不要说他们没有受过教育，就是我们受过教育的人，尚不一定能安贫，何能责之于人！同时有多余钱财的人，又没法子让他不用，因为在这个社会里钱的权威太大了。在这个社会上，性命系于衣食，衣食靠着钱财！握着钱财，即可左右人的性命，尚何所不至呢？有多余钱财的人，为自己享乐，而拿别人不当人待，娼妓生意兴隆者以此。在这样的社会里头，你不杜绝罪恶的源泉，只顾讲道德说仁义是不行的。罪恶的来源不绝，法律何能对付了许多？其余社会上的慈善家、政治家，都没有用！办警察也干涉不了许多，甚至教育家也没有用！于这不安宁、罪恶、痛苦、种种不合理之外，还有一层社会退化、堕落、低降的问题。在这时候，普及教育是不能讲的，他衣食尚且难得凑合，拿什么来入学买书？没有教育，拿什么来提高社会程度？只有退化罢了！在这时候,公共卫生,是不能讲的;他衣没得穿,饭没得吃,污臭的布片、腐败的食粮,也是好的,说什么清洁卫生?通常应用的仪容礼节,更是讲不来,自不待言了。总而言之,一切让全社会增高的事,都不行的。而种种罪恶,种种的坏事情,滋长无已,都足以使社会道德堕落,疾病增加;心理方面、生理方面愈趋败坏低降,都是必然的事!

总之,这个问题(财产私有)不解决,一切都没有办法。当时我如此越想越对,于是非常热心社会主义。眼见种种问题刺激我,简直使我要发狂!(后来我由热心社会主义的高潮,又转变到佛家出世思想。)

现在的社会制度,一面制造罪恶、一面更妨碍人类美德的发挥。罗素之反对现社会制度,即由此立论。他将人类行为的源泉,多放在冲动(impulse)上;而冲动则分为创造冲动与占有冲动两种。人类一切的善,都从创造冲动来;而一切的恶,皆出于占有冲动。现社会最不得了的就是助长人的占有冲动,减煞人的创造冲动。只有推翻资本社会,而后一切制作不复商品化,人们心理不复商业化,人人才得本着志愿兴趣以发挥优美的个性及创造的天才。他所说的关涉心理学的部分,对不对且不谈;不过现社会制度确教人狭小自私,一切牵诱于外,而不容你有理想有个性。伟大的人类,由此斫丧不堪。理想社会之所以能达于美善境地,就在其解除生存竞争的压迫,给人以创造的机会;人类生命中所有的聪明与德性,由群趋于创造而表现出来。因此要紧的就是这理想社会的基础条件;有此,便可以有一切。

二　理想社会的实现要靠进步的生产技术

理想社会,在有思想的人们,几乎各独抱有一个。但在过去多半是幻想,没有实现的可能;这就是为生产技术的进步尚不够的问题。生产技术进步到很高,亦许理想社会仍不成功;但理想社会的成功,则非生产技术进步到很高不可。此理可分两层来说:

1. 理想社会就是"社会掌握生产手段的社会",此前已言之,生产技术简拙的社会,其生产以零星各自分开来自行生产为便,根本没有将生产手段交代给社会的必要。要知其分开来方便,则求其集拢就不可能。必待生产技术进步到很大规模的生产,生产手段分拆不开,此时你也不能独有,我也不能独有,才不得不交给社会团体。明白的说,私产的废除,需要到私产不可能的时候才行。

2. 理想社会必须不是阶级社会;再重复一句:阶级社会就非理想社会。但生产技术不进步,所生产的不富,则不能无阶级。中国有一句古话"不患寡而患不均",其实寡了就不能均。要达于均平,必须人的知识能力差不多才行。不是享受的均平,就是均平;要能力的均平,才是均平。换一句话说,非大家同受相当教育,阶级不得消灭。教育实是一种高等的享受,这其中表示着有空闲;空闲表示着社会的富力。像我们这一般人,得以享受教育,实为生产技术有相当进步,而又有好多人在生产上服劳,才腾出空闲来给我们;如若那些在生产上服劳的多数人亦同时受教育,恐怕大家便都没饭吃。要想同受教育而大家还有饭吃,那必须到生产技术进步到很高很高,人力用得很少,物理的动力(汽机、电机等)用得很普遍才行。

总起来说，社会的均平和社会的一体性是相联的，做到都做到，做不到都做不到（社会主义所要求的是在一体性而均平自在其中）。社会的一体性，一定要在经济上表现才不虚，那就是生产与分配都社会化。这期间生产技术最关重要，完全是一个事实问题，走得一步算一步，没有法子从主观的要求便可实现。

三　我们到理想社会之路

人类在不同的社会内，有各不同的文化表现，但其中进步的社会，似乎都在向着社会一体性而前进，不过各有各的路线过程，目标亦难完全相同。中国的社会构造和历史背景，既甚特殊，从而其到理想社会之路，亦将不同。其不同，据我看到的有两点：

1. 理想社会的成功，一面要生产技术进步，一面要社会组织合理；这两面颇相关系，但其关系非必一定比例相随。西洋一些国家之到达理想社会，像是生产技术先进步到高度，而后求社会组织之合理。中国不然；中国似将两面同时地、辗转地相携向前进，不能分开。此由于眼前形势不同的缘故，后面可以有说明。

2. 理想社会，总是社会要对个人负责；但在西洋一些国家，似将由其国家负最大的责任，地方社会负较小的责任。而中国不然；中国似将由国家负至小的责任，地方社会负较大的责任。此由过去背景不同的缘故。例如在西洋，其国家是从来有力量的，好多事情都由国家负责；过去常有许多的社会政策，而自欧战后各国的新宪法，又每有国民生存权和受教育权的规定；保障个人的生存和受教育，为国家的义务。民国十二三年，中国起草宪法，亦曾为此模仿，增添生计与教育两章。而不知中国从来所走的路就与西洋不同,不能从彼到此,在中国从来国家是没用力量的。一切问题似在社会上自有其解决之道;一切事情似在社会另有其负责机关;统不由国家经手。社会一体性的实现,彼此也许差不多。但各有各的路道。

关于后一点,在这里再举个例子,较详细地说两句:例如小学教育在许多国家,皆看做国家应办的事,其经费皆由国家负担。但在中国仿佛是乡村里的事,经费都出于乡村自筹者多。在将来我判断必然更成为乡村的事,虽然大社会(国家)亦有其提挈规划的工夫在内。又如许多国家对于失业工人的负责救济,一个人可以向国家要工作,要面包。在将来经济既社会化了,自无所谓救济,但主持计划殆仍在国家。中国固然从过去到现在未曾有过国家负这种责任的事,即在将来我判断亦必与其他国家不同。我推想从乡村一级一级上去到大社会,将由下面小范围内先负责,而以其余责任归之于上;自下而上,下重上轻。其他国家颇似自上而下,上重下轻。两两对照,侧重之点恰有不同。此其来由就为西洋社会本是集团的,而中国则是伦理的。以打官司一事来说,西洋人大事小事,都要诉之于官,凭法律解决;官与法,就是代表团体的。中国人的纠纷,很少闹成官司,从亲友乡党早给排解了结了。亲友乡党就是伦理,其所折中取决,亦完全本着伦理,而不是团体法律观念。像前所说失业救济,在中国固无国家负责,却早有伦理关系四面八方互相顾恤分别负责了。此意前经讲过,可参看。总之,社会结构中外不同。中国今后将从伦理互保进而为乡村自治,由小范围的团体自治扩大到整个民族社会的一体性。

我们的乡村组织,像前面所讲的,就是要从认识社会连带关系而增进社会连带关系这个地方做起,走伦理情谊的路,由个人彼此照顾，进而为团体负责。像是从前有的族产、义庄、义学以及其他同乡同行各种组织所有的义举，本来均为团体负责的雏形（不过只有消极的保障，没有积极的做法，是其欠缺）。现在要发挥此意，从地方社会一村一乡着手，形成团体，积极去作。再加上我们是由走合作社以增殖财富的路，而如此增殖的财富，可以多数归公，可以用之应付大家生活的需要，办理公益的事情。如此一步一步地往理想社会里去。所谓一步一步往理想社会里去，包含两层：一层是说社会区域由小而大；一层是说社会功用一步一步增进。假定达于理想算是十分，那么我们便是由一分做起，从而二分、三分而至十分，依次开展，卒达理想之域。像我们安排的乡村组织，实在有此可能与趋势。这样由痛痒相关的小范围，慢慢扩展到大范围，是最亲切合理，是最自然的办法。如一上手即交给国家政府办，那么，就要与乡村隔阂了。我们稍一留心，就可以见到现在的政府，不知做了多少与社会隔阂的事情。许多新建设在政府虽然出于好意，而于社会反为苛政！**所以只有逐步地让社会自身发生作用，慢慢地从小范围扩大起来，解决社会自身的问题，最没有毛病。**

从我们的这个安排，是要做到政治一面、经济一面、文化教育一面，三者合而为一的这么一个组织。很显而易见的，我们一上来就把地方团体自治与文化教育合起来做，使它逐渐地发展充实；同时从合作的方式，往前求经济的社会化，让我们的这个乡村组织亦逐渐成为一个经济的组织体。三者合一是我们乡村组织的最后目标，我们的用意和预期全在此。孙中山先生也曾说过："地方自治不但是一个政治组织，并且是一个经济组织。"这不单是孙先生的理想或我们的理想，大概是中国社会往前进的必由之路。我常说中国的政治问题和经济问题，不会分开来解决；经济上的生产问题和分配问题也不会分开来解决；要解决都一并解决，不能解决就都不能解决。但我们所说的一并解决，是逐渐地辗转循环而解决，分不出先后，不是说一下子便可解决。仿佛生长一般地，慢慢生长成熟就是解决。造端果得其正（乡村组织是造端），开展果有其道（经济进步是开展之道），那么，顺着这个方向往前去，自然会走往理想社会。

在中国期望国家如何如何，是绝对做不到的；如把许多问题归到小范围的地方社会解决，倒很轻而易举，很自然，很合理。我们现在且举教育问题为例来说一说。此刻中国教育上的问题也很多，可是我觉得有两个顶大的问题：一是常常说到的受教育没有用，他不唯不能帮助人在参加社会生活上有更多的能力，而反使人成了废物。教育与社会需要不相切合，这是一个顶大的问题。还有一个大问题，就是现在的教育，快要成了少数人的高等享受，多数人都没有受教育的机会。上小学已经不易，而要上高级小学、初级中学，更没有办法了。中国多数人生活，都是靠农业，而农产都换不出来多少钱；勉强养家，已经不易，子弟升学，便非出地不可。家中非有多少地，不能培养一个初中的学生。让大多数人没有受教育的机会，如此相演下去，这真是顶严重的问题！保障人人受教育，我想在中国没法子由国家来做；虽然有人想着叫国家出一笔大款来办义务教育，但事实上恐怕做不到，并且也是不合算的事情。因为中国太大了，政府高高在上，社会散处于下，相距甚远，那么从底下抽了钱到上头去，再从上头办教育到底下来，这个多费事！**多不经济！**假定从乡村出钱，就为乡村办教育，这样多近便，少转弯！

生命是一面有其痛痒知觉，一面能应付其痛痒问题；我们无论**干什么事非体会“生命”这意思，因生命自然之道，发挥生命之作用**

不可。比如现在的教育，为什么办不好？就是因为不是以生命自然的痛痒需要来的，不是自生自长的，而是另外安上去的。中国几十年来的教育，其所以错误之故，就在全由国家负责，国家用力太多，便与社会相远，终至于隔阂脱离。假如从社会自己痛痒需要，而有所因革损益，绝不至于错到像现在这样！如果我们要把教育弄对，非反过来不可。尤其小学教育和民众教育，要交给乡村，要交给地方，从其自身亲切的要求，因地制宜来办。国家的提携功夫、调整功夫亦不可少，但有宾主之分。这样，不单是免得隔阂，而且事情亦容易办。比如一村的人不想叫他们的儿童失学而兴办小学，此其关系既甚亲切，事情亦属轻而易举。无论什么事情，自己直接去找办法，总是比较简易。我听人家谈办赈务的利弊得失，可以作个印证：赈务化钱最多而最容易办不好的，就是替灾民包办一切——吃的、烧的、住的，都由赈灾人一手承揽，结果必要落到事倍功半；如一切让灾民自己找办法，你再从旁帮助他，他倒会弄得很好。因他本来是活人，自己原可为自己找办法，你再一帮他就行了。如果你要包办，他自己便不想办法，而一心依靠你，这样无论如何是包不下来的。据他们放赈的经验，最好不要让灾民集中，以便吃的东西、烧的柴火各自就近取资利用。如果集中起来，则问题扩大而可利用的却少了。大家必须记取：**我们不能把问题的解决放到另外一个地方，只能交给生命本身**，最好谁的事谁办，最不要为人代庖。“谁”，就是指那个活人；活人有所不足，从而予以帮助，仍是要他发挥自己生命的作用。你若替他包办，让他自己的生命停下来不动，那就非糟不可。

从上边的话，仿佛我们是倾向于零碎解决，而不希望为总解决；但并非就是这个意思。总的解决本来是很好的、很经济的、很智慧的；可是我们认为有的是要总解决，有的是要零碎解决；这是一层。更一层，是我们现在虽想总解决而不可得。“总”是谁来总呢？照我们的分析，这个“总”尚有待于建造。我们不是不希望总解决，我们正是去建造或养成总的解决。我们不是说到了理想社会生存与教育才有保障，而是乡村组织一开头就向此作去。我们是想启发每个人的生命力量，结合而成一大生命力量。这个结合，顺其自然之势，自必从小范围的乡村着手。我们先把乡村结合成为一大生命力量，继续扩充，发挥光大，必会成为更大范围的生命力量。此所谓结合，就是组织团体的意思。乡村是小团体，国家是大团体，而其内容则均为生命问题的解决离不开生命，生命要慢慢扩大；我们的意思，彻始彻终，如此而已。

现在小学教育的急需改造，是毫无疑问的。要改造的，一面是让小学教育如何能有实用；一面是让这实用教育享受的机会如何能够普遍开放给儿童。于此两面之中，要对就两面都对，要错就两面都错。换言之：不能普遍也许就因为没有用处；没有用处大概就不能普遍。但怎能让它实用而且普遍呢？如果政府或教育家，站在乡村外头说“我给你们办一个小学吧”，一上手即与其本身隔离，一定是办不好的。现在只有交归给乡村自己，他会知道那个有用，而往有用的地方去办；并且他一定会往简易切实里办；抑唯简易切实，才能普遍的为大多数人所享受。然此非乡村活起来，成功一个有力的生命，自己去找办法不可。我们的乡村组织就是要启发乡下人的力量，形成乡村的团体生命。我们现在不愿意把生存和教育的保障归于国家负责，就是因为我们不愿意抑蔽这个痛痒亲切的生命所在——乡村。我们要靠乡下人来纠正小学教育的错误（我们要想纠正小学教育的错误，亦必得自己先变成一个乡下人），来开辟小学教育的新途径。

不过，此处有一点大家不可不明白：我们虽处处怕从大处远处来做，要从小范围切近处做起；但不能忘记远者大者。照我们的做法，固然很直接亲切，却要留心：这样很容易浅近短促而流于没有眼光。我们早注意及此而预有安排。我们乡村运动者要联成一大文化运动团体系统，由此系统领导推进大社会，这是我们先曾说过的。这样就无浅近短促没有眼光的毛病了。可以说我们是由高明远大的眼光，来启发痛痒亲切的地处；乡下人没有眼光，需要有眼光的文化运动团体作启发功夫来帮助他。设或不然，将会有很大的缺欠出来。必照我们的设计，那就两面都照顾到了。在我想，中国的教育制度，无论小学教育、民众教育、职业教育、中学教育，乃至学术研究的大学教育，都须造端于乡村而生长起来，成功中国的一整套。中国教育制度，有待创造，创造不能不靠高明的眼光；但高明的眼光却不能一上来就草拟一个制度方案来推行，须在事实上慢慢探求，慢慢生长。现有的制度统统不能算数，一切均要重新创造。不但教育如此，其他如政治、经济等等莫不皆然。**我们的乡村组织实是一切制度的端倪**，只待培养、生长、发展、充实而已。

四　我们的乡村组织对于经济建设的几点贡献

我们所拟的这个乡村组织，是新社会构造的一个苗芽、一个端倪；从苗芽而生长，由端倪而开展，可以开出一个新的社会构造。但这个生长、开展，要随着经济进步才能起来；否则这个苗芽、端倪终不过是一个苗芽、端倪而已。这个乡村组织是理想社会的苗芽、端倪，也就是中国向前经济进步的必要条件。现在就讲在中国的

经济建设上,我们的乡村组织能作些什么事。自然他不是能作所有的事;他的贡献,可分几点来说:

第一,使农民的精神复苏而发动其进取心。我记得在民国二十年我于第一届研究部讲《促兴中国农业以引发工业的安排设施》时,当时有一位毕耀东同学对我说:"无论这个方案安排得如何巧妙周到,恐怕亦促兴不了中国的农业。先生不知道现在乡下人正在一个如何烦闷消沉的状态中,若于此点无办法以解决之,一切安排再好都是没有用的!"他这个话我是承认的。普通人有个错误的看法。他总是觉得现在乡下人太穷苦了!你讲乡村教育、乡村自治、农业改良等等,于眼前生机不能给他一点好处,则任你什么事情、什么道理,他亦不接受;因为和他没有关系。所以他以为最能动乡下人的是"利",而主张乡村运动应以"经济"为主为先。这真是太粗浅的见解,似是而非。我不是说经济不要紧,也不是说利不足以动乡下人。我正是说你在这里动他,他当然有点动,而终归动不起来!我以为此刻乡下人最大的不好即贪图近利;看利看得太近、太小,这是此刻乡下人的致命伤!他于稍远一点、大一点的事,便不敢作此想,可是现在的事情,非大作不行,非往远处看不行。要知道大的创造之气没有,是开不出前途来的,只有窘死在当下完事!即以组织合作社而论:现在显著的趋势就是非大家合作,有大规划不行。若大家仍是各不相顾,各自应付各自的生计问题,结果谁也应付不了。但是大家若都看小利、近利,则合作社必办不好,办起来也要散了。我们必须从另外一个较高较深的地方入手,而最不要以利诱乡下人。我们应当从根本上复苏了农民的精神,发动其进取之心才有办法。如此,先要认识农民精神上苦闷消沉的由来。有一段话,可以节录在此:

现在中国的乡村社会,不止是经济破产,精神方面亦同样破产。这是指社会上许多旧信仰观念、风尚习惯的动摇摧毁,而新的没有产生树立。以致一般乡民都陷于窘闷无主、意志消沉之中。此其所以然:(一)是因我们文化或社会生活变化太厉害。农业社会照例是最保守的,尤其是老文化的中国乡村社会有他传之数千年而不变的道理观念。自近百年来与西洋交通以后,因为受国际竞争的打击、世界潮流的影响,乃不能不变。最近二十余年更激烈急剧的变化,或由上层而达下,如变法、维新、革命等是;或由沿江沿海而达内地,如一切生活习惯等是;而最后的影响都是达到乡村。他们被迫的随着大家变,却不能了解为何要变,并且亦追赶不上,但又没有拒绝否认的勇气与判断。失去了社会上的价值判断,是非好歹漫无衡准。即有心人亦且窘闷无主。(二)是几十年来天灾人祸连续不断,他们精神上实在支撑不了。消沉寡趣,几无乐生之心,况复进取之心?此种心理如不能加以转移开导,替他开出一条路来,则一切事业都没法进行。

乡村建设实际上大部分都是经济建设,谁不知道注意于经济呢?不过,单从经济上做功夫,是解决不了经济问题的;你必须注意经济以外而与经济相关系那四周围一切的事情,而做功夫才行。这其中最基本的就是农民自身;因事情要靠人做,所以人的问题当先。试看丹麦教育,当初并非讲求农业技术、合作组织,而以其能振起丹麦农民精神之故,农业与合作卒赖以成功;兹前已讲过,不再多说。所以我们必须先为农民寻得精神上的出路。我们的乡村组织，本乎古人《乡约》之意而来，充分发挥中国古人的理性精神，从伦理情谊来调整社会关系，增进社会关系，以成团体；而团体则以大家齐心向上学好求进步为目标。“个人的向上”、“社会的向上”，只有从这个较高的地方，才能打动中国人的心，才能振起中国人的气，只看眼前的利，是让人往更没出息里去。利，不是不能讲，但要在这一面讲才行。浅薄的功利思想、反乎伦理的个人主义，只是让中国人精神更受伤，更气短，更压迫得喘不过气来。非走我们这条路，不能昭苏；不能一面稳定其自信心，一面开出其进取心。

第二，导农民于合作于组织。前一点是说人要活起来，经济才有办法。人活起来，接着就是大家要合作要组织起来，才能对于经济上的事有所进行。农民散漫的时候，农业推广实不好做。乡村有了组织，大家聚合成一气，农业改良推广的功夫才好做，举凡品种的改良、病虫害的防除，水利工程新农具的利用等等。一切莫不如是。有的是需要大家一齐动手；有的是一家两家就不能办，必得联合举办它；有的是或者无妨各自进行；然新事业的创行需有勇气。也必须人多了互相鼓舞，兴趣才浓，勇气才有。我们的乡农学校，就是要把散漫的农民聚合起来，而促成其组织。这于经济上一切新事业的进行，供给一非常必要的条件。

第三，将科学技术引进内地农村。前一点是说的我们乡农学校（乡村组织）两层用意中之一层；两层是：一、促进乡下人的团体生活；二、引进外面新的科学技术到内地乡村。现在说的是后一层，一切进步的事（包含经济进步在内），使老社会转变为新社会的全靠乡农学校，及其大文化运动团体系统以完成之。此系统好像构成一输送管，将许多滋养料输送进去，而乡农学校恰好在此输送管之一端，助其吸收融化。于此想起一件事，报载浙江建设厅因推广新蚕种取缔旧蚕种，派委员四十余人分赴各县，与农民发生误会，致被殴打；同时建厅正在推行新度量衡，也受波及，而有剖斗折衡之事，风潮甚大。推广蚕种，本出好意，何竟遭此不幸？推原其故，委员下乡与农民初不相习，而使命在身，心理不免急切。你越急，农民越不接受，不接受则更急，不免出于强硬手段，其惹起反响也固宜。若以乡农学校为推广机关，便不致有此。乡农学校教员常住乡村与农民相熟悉，讲话可以讲得通；即讲不通也不至被打。其好处在从容做功夫，取信于平日；更要紧的是与乡下人切磋商讨（参看前讲《乡农学校》段），期其切合事实，沟通新旧，不以片面意见行之。至于不必有一件事情派人下乡，又一件事情又派人下乡之烦，较为经济合理，更不待言。

第四，提高农民信用有助于金融流通。要乡村产业振兴不单是技术改良的问题；金融问题要比技术问题还在先，进步技术的采用要靠它。而金融说到实在处，只是一个信用问题。农民有了组织，就有保证，信用就增加；而照我们那样的组织——伦理情谊人生向上的组织——当更易有信用。这当然于金融活动上有很好的帮助，极容易把外面都市的资金输进内地农村，使金融在枯窘的农村中，可以活泼流通起来，这样就是对产业的兴发，供给了一个很好的条件。

第五，无形中为极好的合作教育。合作社之所由起，实在是经济竞争压迫下弱者散者的一种联合自卫自救。英国的合作社，就是由工人的消费问题做起的，德国是从农民信用做起的；总是弱者散者才需要合作，才容易走上合作的路。中国是出名的散而且弱的社会，没有大工业，都是小工业，农村中也多是小作农；无疑的也都是散者弱者。在此国际竞争底下无法不走合作社的路。还有中国本为农业社会，向前去，仍是要由农业引发工业。农业与工业不同，最不适宜于资本主义自由竞争。资本主义自由竞争能刺激工业技术的进步，但于农业则无同样的效果；农业在资本主义底下受抑压，农业也不能从竞争促其进步。农业的进步，一定要靠农民的合作才行。因此，中国经济建设的前途，全靠合作。今日中国产业的开发，技术的改进、分配问题的解决，统统有所待；待什么？固然个人资本主义、国家资本主义，像是两条大路；可是这两条路，中国都不能走，而专有待于合作。从大势上看，中国必然要成一合作国家。合作之重要如此，而我们的乡村组织恰适于培养好合作社。因为我们的乡村组织（乡农学校或村学乡学，）有形无形直接间接都像在作很好的合作教育。合作如果单看成是达到经济目的的一手段，则合作社不会办好。做合作运动的人，必须对合作有信仰，以合作为其理想要求，不以其为手段，而看它就是目的。我们从认识社会关系而增进社会关系的伦理组织，正相符于合作哲学；又以人生向上为主旨，正富于理想主义的精神，而不是功利派。且极富于教育的意趣；在这样组织中处处是教育，处处是很好的合作教育；实是产生好的合作社的一个根本。

第六，从经济上充分地加强社会的一体性。什么事情都是由于适应需要而来的。因此，合作运动为着社会需要不同，在不同的国度内，就有其不同的发展。若以中国与其他国度相较，似乎中国对于合作的需要特别大。这就是因为其他国度大体上技术已进步很高，产业发达已很可观，在经济上或者已有其一方面之成功，或者正在有路子走；那么，自然无甚需要。他们不需要合作来解决大问题，合作运动在他们那里可能的发展就有限。例如欧美、日本，不过在工人消费问题上，或者农村里边需要合作，对于其整个经济组织只是一些补充救济而已。又如苏俄正在从国家资本主义向共产而前进,合作似不过其诱导农民向着集体经营之一过渡方式,或其他问题上之补充办法。唯独中国在经济上,尚在启蒙时代,都还没有路走;前说中国将成合作国家,正是为此。再则,此刻中国顶大的问题、极迫切的需要,就是俗说的“造产”,就是开发各项生产事业,增殖财富;那么,在其他国度恰巧不用它(合作)来担负这方面工作的;而中国合作运动的发展,却偏重在此。人家以合作来解决消费问题,我们则以其解决生产问题;人家用以解决农业上的问题,我们或更以解决工业问题。总而言之,都是缘于社会需要而不同。

假如我们的话是对的,中国的财富是靠合作才能增殖起来。那么,这样增殖起来的财富,个人性小,社会性大,将慢慢减去人与人间的竞争,而趋于互助互保。本来从前的中国社会,就有伦理互保之意;常有族中的公产,多半是个人发财而捐出的。现在由合作而增殖的财富,以多量归公,其势更顺;以村产乡产来代族产,意义还是一样。所谓村产乡产也不是置些地存些债票股券之类,而是为大家消费享受上,举办一些必要的事项。譬如大家要培养子弟念书受教育,要卫生防疫、养病治病,要年节娱乐,就可以举办学校,设备医院及娱乐场所等。此学校、医院、娱乐场等,便是村产或乡产。有的事可由合作社来营办,视为合作之一项;有的则视为地方公益,归之地方公有。合作社则慢慢要做到以一村一乡为一组织,则合作社所有与地方公有也不分。总之,生产经营如出之以合作,则社会在经济上自然增强其一体性。这是在我们的乡村组织里不难做到的。

第七,帮助消除阶级问题。照我们的认识,中国原来缺乏阶级，及至今日，社会陷于崩溃混乱，也未构成阶级问题如其他国家者。但如贫富不均，及阶级剥削（业佃、劳资）则是有的。工业在中国既未盛，则当以业佃土地分配问题为重大。土地问题之解决，需要政治力量；此能解决土地问题之政治力量，今日尚未形成；而我们的乡村运动，就是想要形成此力量的。除土地问题另谈外，关于贫富及剥削二事，均由我们的乡村组织及合作社，可以消除大半。试分别言之，如次：

（一）贫富问题。孙中山先生曾说："此刻中国只有大贫小贫之分，无所谓富"；这就是因为产业尚未发达的缘故。贫富问题现在还不算数，全看今后产业如何开发。如果走个人本位自由竞争的路，诚不免要演为严重问题。不过，中国现在已是此路不通；而如我们所测，将走合作之路，那便不会成什么问题。所谓合作之路，也是从其大体言之。有的产业或者要国营，有的或者要地方公营，有的是合作社经营。将来产业开发，新增殖起来的财富大过今日所有，不知几多倍；而所增殖的，或属国有、公有。或多量归公，则个人间纵然多寡不均，其差数在比例上也就甚小，不值得说了。合作社虽不能"均富"，却能使贫富不齐的人，在经济上同样地向前增进。再加土地问题有所解决，则贫富问题可降低至最小或没有问题。合作之路（包括国营、公营）既以我们的乡村组织奠其基；那么，它对于消除贫富问题上，就有很大的力量。

（二）剥削问题。除土地问题之解决，可以取消剥削，在此不谈外。关于合作社与此问题的关系要说一说。本着合作社不营利的原则，就应当没有剥削问题。但中国合作运动似有其特殊情形，即是它所要解决的以生产问题居先，所以就不是一种经济上防卫态度，做到自己不吃亏而止。换言之，它将不能不营利以累积资本而扩大再生产。生产只有两条道：一是为营利而生产；一是为消费而生产。所谓非营利的生产，那就是为消费的。但我们一开头做起，无法就为消费而生产——如果那样，便等于从交换经济返回远古自然经济了！生产了，一定要卖出去，不能就自己用。在卖价上总要希望高过成本，这就是营利。这种营利在开头不能没有，到末后则自然可以没有。营利出于分别人我，看旁人都不是自家，各自打算盘，不顾旁人。合作仿佛联合一些旁人，都成了自家，站在同一立场上，打一个算盘。在开头时合作范围有限，对外就要营利；若本合作之路向前开展扩大，将会没有旁人不成了自家的，自然无可营利，只有为消费而生产了。譬如邹平的棉农，不能不将棉花向外卖；向外卖就要赚钱。在生产运销上成立合作社，此合作社仍是要赚钱；即在此运销合作方面，总是希望棉价愈高愈好；至于纱厂方面，原料贵的问题它不管。倘如我们就邹平开办纱厂的计划能实现，从种棉花一直到纺纱织布，统统由我们合作社经营；农业工业联成一气，生产消费只是一家，此时哪还有营利呢？可是这个范围需要扩到很大才行。棉花产量小，社员人数少，是不行的。至少要超过邹平联合到几县地方。如范围尚不够大，关系不够密，种棉花和织布虽是一家，而织布不全为社员自己用，有一部分卖出去，也是可以的。那就是此合作的纱厂，开头时也可有其营利的生产。但总有一天，归到为消费而生产。因为合作关系的开展与加密，自然不断进行，不会半途而止。**营利与合作适成反比例：合作愈小，营利的性质不免愈多；及至合作愈大，营利性质愈减；此长彼消；到**了社会联为一体，则营利性质消除，完全符合了合作社的原则。

此时要注意的，上面所谓营利，是指一种商业利润而言，不是产业利润。譬如工厂主人，借着工人的劳力，来完成一种商品卖出，其卖价大过成本，除工资原料之外，所盈余的即为产业利润；其中包含着有对工人的剥削。此种利润，在合作社自始即不应有的。合作本是要免于人家的榨取剥削，岂能自己剥削人。譬如棉花运销合作社，以自己的生产向着纱厂卖高价钱，尚属无妨；但若打包轧花雇些非社员为工人，便不免有营取产业利润之嫌最好能避免。我们能谨守此原则，则合作运动的开展，即是剥削问题的消除。我们乡村组织于此，是顶有力的。

第八，完成合作主义不偏于个人或团体之一极端。人类往前去，社会关系一天一天要增进密切，是没有疑问的。但是不是就像共产主义者那样的只重团体，而抹杀个人呢？我们认为西洋过去集团生活干涉太强，近代个人主义实为其反动；个人主义发达太过，而又有今日团体最高主义之反动；翻来覆去，各为一极端，都不是中道，都不是常轨。在常轨上，个人与团体应当并重。《国际译报》，六卷十期载有《泰戈尔论苏俄》一文，为其游俄后所作。他说：共产党抬高团体，抹杀个人，太趋于极端。这乃是对个人主义的反动，并不是常态。这话很对。个人与团体并重，乃得其平。此平衡并重之局，唯发挥伦理互以对方为重的精神，乃得做到，前已讲过。合作社是联合个人组成团体，于团体之中不废个人；两面都有，正与我们的理想相合。考合作之兴起，乃先有此事实，并无人当作一种理想来倡导，只看做应付问题的办法而已。但现在未尝不可以演为一种主义。一面为手段方法，一面为理想目标，同时具两层意义，从其较重者而言，则曰“合作主义”。尝闻胡石青先生有“普产主义”之说，其意：人类对于财产，不止是一种享受的态度，并且借以表现自己的生命，欣赏自己劳动得来的结果；私产或共产各有悖于此要求。顺此要求，则财产可分为个人有、地方有、国有等；使大小范围、公私分际，各得其当。在思想上与我们不无相近。但这些都是理想，落到事实上究竟怎样，不易确切言之，只有走到那一天表诸事实，才能知道。就是共产主义，我也只是怀疑，不敢彻底否认。今日中国社会为大势所迫，必将由分而合，由散而集，实无疑问；但从其历史背景，天然不能产生一强霸力量强制共产，而只能产生乡村运动。乡村运动代表有时代自觉的人，以其自觉转而启发众人之自觉，走向合作集体去；大体出于理想思维而非强制，则也只有任事实之推移，走到哪里是哪里。我们此时倒不必拘执，一定要共产，或一定反对共产。走到那时再说：如果事实上需要共产，大概谁也阻止不住；如果不需要，走着走着，自然适可而止。不过我料想，不会走到共产去，而是要适可而止的；因为我相信合作主义在人类生命有其深厚根据，而唯我们的乡村组织能完成此理想。（中国要完成共产主义也只有走我们这条路，我们这条路与共产同其方向，所差只在分寸不同。）

二　政治问题的解决

中国问题是整个社会的崩溃，是极严重的文化失调，而其苦闷之焦点，则著见于政治问题之没法解决。假定于政治问题的如何解决没有成竹在胸，而谈其他的，都是白费。我们的乡村组织是理想社会的一端倪、一苗芽，预备从这里重建中国文化。但必待经济进步，此端倪、苗芽者才得开展生长而不虚枉；经济进步则又必待政治问题的解决，才得开出机会来往前走。我们现在就预备谈一谈政治问题的解决。于此，我们先要分疏几个问题；将这几个问题分疏清楚，则政治问题解决的途径自见。

第一节　社会与政治

我们先来分疏“社会与政治”或“政治与社会”的问题。

近些年来，有许多朋友看我们只是埋头作一种社会改良运动，仿佛不想管政治，也管不了政治；误会我们是要把政治问题放在最后，以为社会好了，政治自能好。有此误会，就对我们深不谓然。他们说：你不过问政治，政治却要过问你哩！撇开政治而专致力于社会能做得通吗？这让我想起来，这实在是一个多年的老问题了。从清末到现在，一切有心人不断地有这个疑问：还是赶紧解决政治问题呢？还是先致力于社会呢？一时倾向于此，一时倾向于彼，翻来覆去有好几次。大略说在清末大家都热心政治改造，不论是立宪派或革命派，全集中心力于此点。革命成功后，便分出两不同倾向。像宋教仁一派，就注意政治不肯放松；另一派如蔡元培、汪精卫、李石曾、吴稚晖等，则愿从社会一面或文化上、学术上尽力，他们结盟相约都不做官，都不做议员。到民国三四年袁世凯当政，并且进一步要做皇帝，此时国民、进步两党素不相合的也结合起来，一致奔走倒袁。可是当时有一个人，即黄远庸先生，为有名之政论家、批评家，他独有新觉悟。他写一封信给章行严，在《甲寅杂志》上发表。他大意是说：政治我不干了，这是毫无结果的努力！大家忘记了欧洲的文艺复兴吗？欧洲的文艺复兴是近代文明的根本；中国现在也应当在根本上求，我们要努力于中国的文艺复兴运动。但当时则无人赞成他这见解；章行严也驳他说，不倒袁，不解决政治问题，一切都是无办法。

但不几年，到民国六七年上这风气就大变了。民国五年蔡元培先生出任北京大学校长，引陈独秀、胡适之为助，于是有新思潮、新文化运动影响全国。当时便有人说这是中国的文艺复兴。在这个时候，办大学，出杂志，创学会，出丛书，南北报纸讲究办副刊（如《学灯》等），谈学术思想、社会运动，风起云涌，极一时之盛。许多人从政治又回到社会上来。转变最清楚的，是梁任公、林长民一般向来热心政治的先生；他们组织一“新学会”，有篇《新学会成立宣言》，最足以表示他们的转变觉悟。他们也要舍政治而致力社会，致力文化。此风气发展的结果，因有共产党的产生；同时（十二年）以曹锟贿选政治上腐败混沌之极，乃有民国十三年国民党的改组，自此以后便又转入热心政治时期了。十五、十六、十七年之北伐，革命热潮达于最高度；十七年而后，则又为之一变。因北伐完成，全国统一，大家的注意点又从上而转移到下，如地方自治、民众教育、乡村教育、乡村建设、县政改革等，作种种调查、研究、设计、实验。此唱彼和，影响传播直到现在。虽然其问题名目非一，然而由上到下，由整个总解决到零碎个别研究，注意社会实际问题，取途于文化运动，则总为一个风气。

从事一阵政治，觉得不对，用不上力气，还是致力于社会；致力于社会，觉得不行，又归到政治。二十多年来的转折反复，见出了人们的烦躁和不知所措。本来社会与政治是互为影响的；政治不过是从社会来的一个反映，有什么样的社会就有什么样的政治。同时社会要想进步，也不能不靠适宜的政治环境为前提。总之，社会的良窳视其政治条件；同时政治的良窳又视其社会基础。两面相影响至为迅捷，无论从哪一面用力，都可通到另一面的。实无所用其着急烦闷，也并没有用力于社会就放弃政治，用力于政治就放弃社会的嫌疑。然本来不应成为问题的，而在我们竟成了一个二三十年不能解决的老问题。仿佛政治与社会、社会与政治，距离都很远的样子，岂不可怪！其实不是的，社会与政治仍是密切相关的。不过，我们眼前立脚的地方，距离我们要求达到之目的地则真是很远。在此距离的中间或称过渡期间，中国社会正在崩溃，我们一切的努力自不易见效，于是就着急了。

过去的错误全在不了解中国社会崩溃，一切努力中通没有将它打算在内；因而预期的效果就不能见。预期的效果固不能见，然力气也不白费。——中国局面就由此而推移到现在。现在的局面就是一面社会崩溃到最后，一面萌露新生机。在今日却不容再失误，而必须认识中国不是在常态中。在常态中，你致力于社会两眼就只照顾社会，奔走政治两眼就只看政治，也许就够了。在崩溃混乱中，而求局面的好转，则必须合社会与政治当一件事来做，同时注意两面才行。此时你愈要求政治好，愈不能单在政治上用力，而需致力社会；你愈要求社会进步，愈不能单用力于社会，而需努力政治。我们的乡村运动表面上埋头于下层工作，但何曾一刻忘记上面的政治呢（《乡村建设论文集》自第二至第八各篇均明爽地论到政治）！我们常说政治力量比什么都大；它有三个优越点：

一、它占了一个顶正大的名义。　它说它代表公家的；它以国家或地方的名义压倒你。你是私人，想干什么都干不了。它要干什么，就能干什么。

二、它有强制力。　强制力一面从它的名义来，一面因握有武力。武力独握，是为政府的特征。以武力制裁一切，尚何所不可呢？

三、它有钱。　有了大名义和强制力，它就可以征捐敛税，将人们的钱集中在它手里。钱的力量是大的，有了钱则所往无不如意。

这三个优点，前两点为我们私人所不能有；后一点虽可有也万不如它。因此我们如想为社会或国家做什么事，最好以政治力量来做，那最痛快，最方便，所不必言。最怕与政治力量分家，它是它，我是我；此时彼此所抱方针稍有出入不同，此一点不同就成了大问题。因为彼此都是动的，而不是静的。所以不相顺则相逆；逆则只有它而不容有我了。譬如我们做乡村建设，若政府与我们不是一个方针，我们的力量太小，它的力量太大，我们不曾做得一分，它那面做得八分九分；早相消而有余。所以除非我们不做；要做就得控制了它，要它听我们的才行。但你如果看政治要紧，就来干政治,其他且待政治解决了再说,则又错误。**我们非双管齐下不能解决中国问题;非一只手把握着两端向前进,不能解决中国问题。**详细办法待后说出。

第二节 眼前与将来

我们再来分疏一个问题——在政治问题的苦闷中,我们的要求究竟在哪里?我们看见中国人都为政治问题所苦,而追问他们的要求在哪里,则似乎又不一样。这自然各有各的背景立场,不能从同;但似乎从中国政治问题本身,也就让我们有两个要求:一个是对眼前的要求;一个是对将来的要求。我们在数千年旧政治制度废弃后,当然要求一个新制度出来。此新制度一定要它合于理想。不然,是不甘心的。因为世界交通,我们的眼界已经开了,许多理想皆在活动,如不得满足势难稳定得住。这是说我们的计较很多,不肯放低我们的要求,而宁为远大的创造。但同时竟有一相反的心理,其势力也很大。就是:我们什么都不计较了,任何制度皆可以,谁来掌握政权也好。我们只希望大局统一稳定,对外好应付国际环境,对内法律渐得有效,政治渐趋清明。这是为二三十年扰攘不宁,望不见一点出路,不复敢望高处想。从前非民治不可,现在独裁也好;从前反对资本主义,现在就是资本主义也好。尤其外患日亟,非得统一有力政府不可;但能得此,不求附任何条件。此两不同要求,不但同存在这社会,而且可以看见同具于一人之身。这是矛盾呢?是不矛盾呢?我看不矛盾的。这并非思想不统一,而是中国政治问题原要分两步解决。在眼前应求一相当解决;

在未来应求一根本解决。

不晓得双管齐下合作社会与政治当一件事来做，是错误的；不晓得分开两步来解决政治问题，而并两步做一步，也是错误的。这两层意思同是为中国社会已崩溃到最后，要重新慢慢建造的缘故。关于后一层，我曾有《中国现在尚不到宪法成功的时候》一文说过，可参看。有人以为国民党分训政与宪政两时期，也就是要分两步来解决中国政治问题。诚然有些相近，而其实不对。我们根本的着眼，是在调整社会关系，开出机会来以求中国社会的进步；从进步上，就使社会关系有一点新开展新建立，而社会更得进步。如是辗转相生，重建一新中国社会。所谓分两步走，粗说是两步，其容易指见者是两步，实则细分是无数的（因为是循环的）。所谓政治问题的相当解决，就是指社会关系的一种调整，还说不上为某种政治机构的一时安立。因为社会崩溃到最后，任何一种政治机构也难形成于其上。像训政那种制度，若能安立在上边，则中国社会早不算是什么崩溃了。他想借训政来过渡到理想的新政治制度之建立，其过渡的意思是对的；其借重于政治来负过渡的任务是错的。除了没深切认识社会的崩溃，没深切认识要从头做起，没深切认识过渡的意义之外，同时也是不明中国历史。历史上的中国，其政治从来是消极无为没有力量的，社会生活的进行从来不倚靠它；**当此过渡期间，更如何能靠它来过渡呢？**中国社会的支点重心向来在社会不在政治，到了这没办法的时候，仍只有反求于社会而不能乞灵于政治。这一个问题和前一个问题相联；前若明白，此也不烦言而解。我们着手于社会乃可收效于政治；着手于政治乃可收效于社会。过渡期间的政治是一个政治问题；所以其解决不能靠政治，而正有赖乎社会。

必须分开两步解决是要看清的；过渡期间其支点在社会是要看清的。

第三节　政权属彼与政权属我

我们不要求现在就建立一新政治制度，我们只要求从现在过渡到新政治制度的实现。眼前任何制度也建立不起，制度问题用不着谈（这实是从讲认识中国问题之部起直讲到现在一贯的意思）。那么，还有没有政权属谁的问题呢（属谁才好，属谁才对）？从上面（第一节）我们要控制政治的话，好像政权要属于我们才行。但其实不然。这里也没有政权谁属的问题。**因为这里没有我，也没有彼**；彼我无从分也。试看下面的分析。

我是谁呢？我是乡村运动者吗！彼是谁呢？彼是军阀吗！假令这样分，我想也是分不清的。在今日中国就没有凭借法律制度建立的政权，一切政权都直接从武力而来；政权只是附属于军权的。那么，一旦乡村运动者掌握政权，必是先已掌握了军权，成了军阀（若寄附军阀之下，或与军阀相结托，虽不是握军权，却也不算自掌政权，因那政权是从人家借来的）。这是逻辑上，也是事实上，一定而不易的。同时，军阀若一旦高谈乡村建设，也何尝不就是乡村运动者。所以结果彼我之界，实无从分。想要分只是两条道：

一条道，是乡村运动者自己始终不直操政权，——这实在是乡村运动者应抱持的态度；后面有说明。

一条道，是乡村运动者要自有其来历背景，划然不同于其他；所谓乡村运动者不单从其主观志愿来说，更以其客观背景为决定。

则乡村运动者就不是人人都可以算的了。

前一条道，是从事后来严彼我之界。彼我之界诚可从此而严，而政权用不着属于我才可完成乡村运动者的意思也就有了。后一条道，是于事先来定彼我之界。彼我之界诚然这样来定最好，但无奈这客观条件实在寻不出来（后面自详）。那么，人人皆得而为乡村运动者，则政权用不着定要属于我，也就可以明白了。

照上边所说，那么，当真政权无论属谁都是一样的吗？诚然，无论谁全是一样的——一样可以完成乡村建设。因为任何谁的政权，都没有妨碍我们乡村运动的必然性，却皆有跟着我们走的可能性。于此，我们先来说一说我们意思要求的申达机会并不难。我们知道有两种不同的国家：一种国家，大体上说，是把政权公开于众，容社会上各方面的人发抒意见，社会上的众人，有力量来推动政府，申达自己的要求；并可循着法律轨道，取得政权，行其所志；还有一种国家，其政权不是公开的，而是垄断于一阶级一集团，在此范围外的人，就没有参加的机会；好多人的意思要求很难申达，除非你推翻现政权，自己上台。仿佛世界上的国家，都可以分别归类在这两种里面；但中国则两种都不是。表面上，现在政权是属于国民党，以国民党的全国代表大会为最高权力机关，旁人都没有份；前些年高唱着“党外无党，党内无派”，“党权高于一切”，很像是第二种国家。而其实党界不清，直等于没有，派别则分歧不可胜数，实际政权分属于几个军事领袖，根本国权未立，不成其为国家。在这种局面下，我们固无从循轨道以求政权，申达所志；也难实行革命，自己上台。凡我们主张要求的，倒别有其申达机会，并不为难。

这种局面（军阀割据之局）已是二三十年，其祸国殃民自不用说;然也有其好的一面。那就是,谁也包办不了,而给各方面不同的意思要求以申达发挥的机会。在这局面中,**政权是分裂单弱而不固定**。分裂为人所共见;单弱是以其分裂故单弱;不固定是因其没有根故不固定。二三十年来的政局,不知变化了多少次,最强如袁世凯也不过三四年,最长久就是现在的蒋公,而数年间也下了几次台。如此情形下,谁还拦挡得了谁呢?试以我们自己来说,就是很好的例子。我们的乡村建设主张,固不违反三民主义,却是自成系统,不同于人。这个地方不容,还有那个地方;那个地方不容,还有第三个地方。当初容了下来,由此就有后来的发展。总而言之,散而且乱的中国社会,反映到政治也是散而且乱,**没有自由的空气,却有自由的事实**。我尝讲过"统制与实验"的问题。我说:中国需要讲统制,中国也需要讲实验。但统制就不容实验,实验则统制讲不了。二者不可得兼,我将舍统制而取实验。从表面情势上看,对于统制极其需切,所以普通人都可以见到。但骨子里当此文化上大转变时期,非给各方以实验机会,则生机杜绝,一切创造将不可能。而且事实使统制不能讲;事实使实验能够行。这也就是告诉我们此刻要实验,而不要统制了。不过,统制的需要,终不可否认,统制的可能,慢慢要加大。**到能统制,也就是要统制**。我相信中国是要从实验到统制的。眼前的中国政局,就还在容各方实验的阶段。

照普通之例,政府为一面,社会为一面,中间总有点隔离。国家愈大,则政府愈高,离社会不免更远。说句笑话,中国幸好不统一,政府是多个的,社会与政府间的隔离得以缩小些。好像政府与政府间的分离空隙,和社会与政府间的隔离空隙,成反比例。即政府分得愈多,社会与政府隔离愈小。假若全国分化为一万个政府,那么，我想许多不同的意见主张，将更得着各自申达的机会；许多社会隐曲痛苦要求，也许比较容易宣通。倘若所有的政府与政府都合起来，总成为一面，而与社会相对；那就彼此各为一立场，俨然两个营垒了。两方情感要求，此时恐怕就难以相通；矛盾隔阂未有不大的。就在彼此一分一合之间，而形势大异；这个必须体会认识，现在好的是，**中国社会散，政府本身也散，大家都散到一处去；所以没什么不可越的鸿沟界限，没什么尖锐的矛盾严重的冲突利害痛痒，说它（政府）同我们一致，这个话固难讲；说不是一致而全然两样的，恐怕也不衷于事实。**所以常有人问我：乡村运动与军阀不冲突吗？我说：不致冲突。他们说：现在虽不感觉冲突，照你们的计划干下去，怕不见容吧？然我相信终归不冲突；我敢包不冲突。这就是因为军阀没有其特殊一定的根据背景在社会，因而它也就没有一定不易和我们不同的立场。更其没有什么后盾势力，与我们冲突到底。中国社会向来就没有本有源的两种势力。我们代表大社会，他代表什么？他没有后盾，他干什么与我们冲突？偶然小不合，不算数的。我们代表大社会，他也在大社会中间，最后他只有同化于我们完事。

若明白军阀不会与我们冲突之理，则我们不能自操政权之理，也可明白。这都是一个理，其理皆在彼我根本不可分。盖必从社会上有划然可分之彼我，则冲突不可逃，而后反逼出我有自操政权之必要，而后反逼出我有自操政权之可能。什么是可能呢？什么是不可能呢？如果乡村运动者能成功一个党团，则操政权为可能；**不成党团，则不可能。**此成党团与否，决于社会形势，而不决于我们自己。中国社会从其形势上说，是不能产生党团的。所以三民主义成不了党，乡村建设也成不了党。因为三民主义成不了党，所以中国政治问题在北伐以后,还同北伐之前一样没曾解决。那么,乡村建设成不了党,乡村运动者自操政权,又岂有两样?即便政权属我,又有什么用呢?总不过是一隅之地,固不能统治全国;总不过是两年短命,断不会什么长久的。在二三十年"分裂单弱而不固定"的戏剧里,添演一幕,好没意味!所以问题决不在政权属谁。

第四节 何谓中国政治问题的相当解决

有人叹息乡村建设的主张,没能为政府采用作国是、国策。其实,在中央,在各地方,像乡村建设这一类的设施提倡,不已经很多吗?在中央,除了农村复兴委员会之外,和它类似的大小机关组织,听说还有四五个。如嫌不够,再增几个也不难。然而,这有什么用呢?又有许多人,以为自己拿到政权就有办法;其意似乎就恨政权不在手。其实要上台有何难?上台之后,一样的没有办法。说起内战,还是起内战,武力横行,还是武力横行;法律失效;政治腐败,乡村常被牺牲,没有建设机会,种种还是一样免不了!不要说你上台不行;就是圣人上台也不行!问题不在这里。问题在哪里?问题本只一个,而眼前感受的痛苦或说是病象则可列举为几点:

1. 武力横行,法律无效——武力本来是最后的手段,而中国此刻几乎变成最初的手段,一上来就是武力。社会的秩序性已降至最低度。社会之成为一社会,全靠秩序;武力的露头、武力的横行,实在是不能再严重的社会问题。其予我们的痛苦祸害,无法细数。怎样把武力慢慢收起来,而理性抬头,秩序渐复,是我们第一个要求。

2. 政府的腐败——此指用人行政一切浮滥不经济，贪污不法。在此贫乏的国家为最大的浪费消耗，且集中人才而毁坏之，以种种不良习惯影响于社会；最可痛惜之事莫过于此。常听到有廉洁政府的呼吁，政府也或以此为口号。其实是一句解不通的话。如果一切都有预算，一切都有规矩条理，那么，循守无违就是了。有什么贪污廉洁问题？贪污就不容于法，格外廉洁也用不着。难道一月一百元薪水，偏要拿八十吗？从廉洁的口号，就见出行政上漫无凭准，未上轨道。要国家有转机，不能不先从政府改好做起。这是我们第二个要求。

3. 下情隔膜措施不当——这里面包含问题多得很。在政府，尤其中央和地方上级政府，不知做了多少为国为民的政令计划，而结果反而给老百姓加重痛苦，为害无穷。要真了解下情是很不容易的。即以我们在邹平天天讲乡村，说乡村，而所作所为尚不免隔阂之讥。试问高坐在各部、院、厅、府的长官，和留洋回来的专门家，其发号施令，有几成可以有当于事实呢？多少好力气都用在错道上，这绝不是小问题。如何宣通下情，使政府措施皆得其当，为我们的第三个要求。

4. 内战及内战前内战后的一切——内战的直接破坏损失，固不可胜计；内战前，为养兵为购军火而滥用去的民脂民膏，和战后间接的破坏损失，更不可胜计。二三十年来国势的沉沦，国际侵略压迫的加重，全由于此。如何制止内战，是我们最根本的一个要求。

总而言之，以上四点都是使国势急剧地向下，足以毁灭我们民族的。必须免去这个，社会才有向上进步的机会。这四点其病源皆是一个，就是军权政权分裂，国权树立不起。只要能稳定大局，统一国家，则其余一切自然可以就绪。内战问题是不统一不稳定的直接表露，固不必说；其余问题也总由大局扰攘不宁，常在一种临时状态中，一切讲不起而致。大局稳定下来，好比浑水慢慢澄清，有什么问题才可以觉察发现，才可以讲求解决之道。要紧的就是要开这发觉问题解决问题之门。所谓中国政治问题的相当解决，就是这个；就是要做到"统一稳定"四字。这样才开出来机会让社会进步。乡村建设非他，就是有方针有整个计划的，使社会进步到达一个理想社会的工作。这工作的开始，不能不以大局统一稳定为前提。但如何可以做到统一稳定呢？

第五节　解决中国问题的动力在哪里

上节我们指明了我们迫切要解决的问题；现在则想求得解决问题的那个动力，问题便好解决。有人爱谈计划、方策、办法（类如中国应如何行经济建设等），而问其如何能见诸实行，则答不上来。这样，就可证明他未曾想到解决问题的动力，其所谓办法显然无用。办法实在不忙讲，要紧是寻得解决问题的动力；没有能动的力量，一切都是白说。能动的力量有了，他自然会想办法，比你替他想的还周到切实。又有人勇于自任，仿佛国家问题、社会问题，从个人的志愿、同志的号召，就可解决。其实我们在社会中甚为渺小；社会决定我们，我们却难要他听我们的。**天下大事非你我可以解决；解决的力量天然存在于问题之中**。任何聪明有本领的人，也不过有眼光能发现这力量所在，而投身于其中，借着自然形势的力量为他的力量。必须这样，而后拿出来的办法，才是从眼前脚下可以一步一步往前走的；而不是托希望于不可知之数，这眼光也不是天生的，是从历史启发出来的。

关于解决中国问题动力的研究，我早曾写过《中国问题之解决》一文，又《我们政治上第二个不通的路》一文均曾谈过（均见《中国民族自救运动之最后觉悟》）。兹节录前文于次：

一、中国问题之解决的主动力何在？换句话说，靠什么人来解决中国问题？

二、中国问题之解决的方式如何？是改良，抑或革命？

要决定这两点，必先认识中国问题是个什么样问题？譬如认定中国问题是在外不在内，如同印度人受制于英国人一样：那么对第一点，就应当是整个中国民族来解决这问题；对第二点，就应当说是民族革命。又如认定中国问题在内而不在外，如同一七八九年法国革命爆发，或一九一七年俄国革命爆发一样；那么对第一点，就应当是社会中某阶级或其如何联结为原动力；对第二点，就应当是民主革命或社会革命。诸如此类，可推而知。

从一九一一年的中国革命看去，很像是中国社会内部问题，即是对待满洲皇帝之一种民主革命；但从一九二六—二七年的中国革命看去，又像是对外打倒帝国主义的运动，而且含着浓厚的经济革命色彩，现在对中国问题的看法，不独国民党与共产党不同；即在国民党内或共产党内，也复见解纷歧派别对峙；至于其他如国家主义派等更不须说了。又如胡适之先生不认中国为对外问题，也似不认中国为对内问题，而有其五大魔之说；殆认中国问题在其本身文化上的缺欠。本来自数十年前之变法维新运动，以及十年前之新文化运动，大家都是着眼在自己文化缺欠，而从事于改良运动的。罗素也尝说中国问题包有政治、经济、文化之三者。大概中国问题是在内或在外，是政治或经济或文化，几乎因时而异其向，因人而异其词；但似乎只有畸轻畸重之不同，没有专执一面或一点者。

照我想，我们的中国问题大概就是这样复杂难言的一个问题，原不如别人家的问题之简单决定。中国问题的特征，一则是"不一"；二则是"不定"。"不一"，是说外面内部以至种种都有。"不定"，因其不一自然不定；而我们意思更指问题中的各方面，其关系不决定。关系决定者如封建地主与农奴、资产阶级与无产阶级、帝国主义者与其殖民地。但中国问题中，方面既多，关系复合混模棱不定。就外面说，压迫侵略我们的欧、美、日本帝国主义者并不能一致对我，形成彼此简单的两方面；而且我们也只是半独立国家，未曾干脆地作了人家殖民地。就内部说，则中国社会在封建社会与资本社会之间，谁也说不清是个什么社会；俄国共产党干部派尝名我们为"半封建"。——大概遇到中国事加一"半"字都颇适当。其实中国社会，一半因其不进步，一半因文化的特殊，乃异常散漫而流动。他不独没有形成阶级的对抗，乃至**职业的或经济上同地位的联结，也每为家族的或地方乡土的关系之所掩**。（中国社会构造密于家族，亲于乡里，其他关系皆轻。）自满清推翻，共和宣布，法律上看去更像是政治机会已经公开而平等，但实际上则任何法律制度均未建树得起，廿年来已陷于无法律状态。**于是乃由散漫流动，而更进于混乱不清**，此时而欲于其间分出几方面，判定其关系，直为不可能。

中国问题既如此不一定，因而于我们所要讨论之两点，自有许多不同意见出来。关于第一点大概有下列几说：

一、全民革命说　国民党中吴稚晖先生主之；又国家主义派也同此主张。大意在反对沿用共产党之阶级斗争观念，为农工小资产阶级联盟之说者。他们大都声明“全民”非中国人全体一个不缺之谓；但表其为各阶级大家合作，不出于某阶级或某部分人。

二、各阶级觉悟分子团结革命说　国民党中汪精卫先生主之。他说国民党是超阶级的，由于各阶级觉悟分子的结合来行革命。他从民族对外来立言；其意也在反对一阶级革命说，及某某等阶级联合革命说。

三、农工小资产阶级（或小市民）联盟的革命说　国民党中所谓改组派如陈公博等许多人倡之。他们说国民党要在这三项人上成立其革命队伍，并且最好有一定比例即农百分之五十，工百分之三十，小资产阶级百分之二十。其意革命必有某阶级或某部分人为被革者，及牵于利害不肯革命者；若云“全民”即等于不革命。

四、被压迫民众的革命说　十七年南京中央党部颁发出来的党员训练大纲，于上列三说均不取，而说：“中国社会大体只有农工商学兵妇女各界地位职业和性别的区分，而没有资产阶级无产阶级的阶级对立之显著事实；而农工商学兵妇女各界民众互相间不仅没有激烈的普遍的深刻的利害冲突，他们所受痛苦和所欲消灭的敌人大体又复相同；所以全国被压迫民众不能不团结一致，共立本党旗帜之下，谋全民族的解放和全社会生存问题的解决。”

五、有产者革命说　一九二三讫一九二七年以前的共产党，大都认中国革命属于对外的民族革命及对内的民主革命；而这种革命都是要出自资产阶级的。一九二七年以后共产党里面对中国问题分开两种不同见解，其中斯大林派（或称干部派）仍不出此意；所以他们以为中国将来的政权应该是资产阶级性的工农民主政府。

六、无产者革命说　共产党中反对现在干部之托洛斯基派，认为中国社会已资本主义化，而且自经两度革命（一九一一年及一九二六—一九二七年）后，资产阶级也已掌握政权；此刻正革命高潮一时歇落之际，将到临之第三度革命应当是无产阶级起来树立其无产阶级专政的革命，如同俄国的十月革命一样。

上列各说，有的不能令我们满意，有的我们认为错误。论者若非否认中国革命之对内性，即不应将革命力量笼统地属之中国人，如所云“全民”，或“一切各阶级”。我们本来问，靠谁革命？乃回答，全都革命；实没指得出来。汪说也不能稍愈于吴说。所谓觉悟分子之“觉悟”何指？必不能是和尚悟道之“觉悟”；自该是觉悟要革命之“觉悟”。说各阶级觉悟分子来革命，即等于说：“谁革命？要革命的人革命。”这话如同没说一样，何能令人满意！被压迫民众说也不能稍胜。这等于问，谁起来反抗压迫？而回答，被压迫者起来反抗压迫；宁非无味。况且眼前的中国社会已完全陷于无法律无秩序状态，压迫者与被压迫者已失其决定性，而没有分野。因最高权力寄于枪杆，大小不等，头绪纷纭，又且是转移无定，得失瞬变的。

凡此近于滑稽，无当事实，囫囵吞枣的说法，一半固由中国人喜作不着边际的巧文章；一半正为中国原是这么混乱复杂没从指划剖别的一个东西。其他三说的批评，及各家说法的真正短处，则讨论到后面比较之可见。

我对于第一点的答案是：

中国问题之解决，其发动主动以至于完成，全在其社会中知识分子与乡村居民打拼一起，所构成之一力量。

欲说明此答案，还须返回说明中国问题。照我的分析研究，**现在之中国问题并不是其社会内部自己爆发的问题，而是受西洋文化的势力**（欧美并日本皆在内），**压迫打击，引起文化上相形见绌之注意，而急求如何自救的问题。**大家要注意，中国社会内部并不是没问题；——至少满洲统治者是一个问题。但若东西始终隔绝，中国还是中国，不受西洋文化影响，即有问题爆发出来，其性质其形式也必非如现在这样。他将为旧日历史的重演，而必不会有新式的民主革命、民生革命、共产革命。**“现在之中国问题”，发自内部者轻而来自外面者重；或也可说，由外面问题引发内部问题，并以外来的新形式演之者。**孙中山先生的三民主义，颇能点出中国问题的内涵是些什么。其民族主义就是外面问题；——民族对外自求解放。其民权主义与民生主义，就是内部的政治问题与经济问题；——虽曰内部问题，而实从外面引发的。所谓“外面引发”，具有三义：

一、受外面的压迫打击，激起自己内部整顿改造的要求；

二、领会了外来的新理想，发动其对固有文化革命的要求；

三、外面势力及外面文化实际地改变了中国社会，将其卷到外面世界旋涡来，强迫地构生一全新的中国问题。

因此，其所谓政治问题经济问题乃含有多份世界新性质，而不能不与外面相关，直可说成了世界问题之一部分。问题虽如此具有外面性，然而语其问题之如何解决，乃又重在内部。外面迫害所以有不可抗之势，及新理想为什么使中国人对固有文化起革命，乃至中国为什么不能改变推动外面世界而被改变于外面被卷到世界上来，胥由自家文化的特殊性与其很大缺欠而来。唯有将内部文化补充增高，使其物质与其人渐得跻于外面世界水平线的程度，是其问题解决所必要的功夫，而断不是以排开外面迫害为解决的。说到此处，使我们想起胡适之先生于打倒帝国主义不置意，而独创其五大魔之说，虽立言不免稍笨，而正非无所谓也。本身的缺欠由外面相形而益见。中国人于其固有政治、固有经济，初未必到了不能安不能忍的分际；其所以成为问题，实有文化改良、文化提高之意义，与其不得不然之势在。故我以为中国问题的内涵，虽包有政治问题、经济问题，而实则是一个文化问题。

按照上面的分析与说明，就可知道中国问题的发动，**不能不靠其社会中之知识分子，而且必须是最先与外面接触的知识分子**。因为问题虽普遍地及于中国人之身，而看见了解这个问题的只有他；问题之紧迫虐苦或更在蚩蚩无知之分子，而感触亲切成为问题并有一方向摆在面前的，则必在他。我们试按之于历史事实，自变法维新运动、立宪运动以讫两度革命运动，其发动奔走者何人，就可证明了。日本人长谷川如是闲的话是对的；他说："中国革命几为知识阶级的事业，在一种孤立状态”;又说:“这知识阶级,人虽是中国人,但产生他们的是欧美日本近代国家的历史。”我们还可加上一句注释:第一度革命多是游日学生;第二度革命则是游俄学生。而革命人物多出自沿海的南方各省,革命势力且必以广东为根据地,似也皆由问题性质所规定而然。

不但问题发动,非于问题有认识的知识分子不可;尤且是解决问题的功夫,即是文化之推进增高,更非富于世界知识的知识分子不办。所以我们说,中国问题之解决,其发动主动以至于完成,都要靠其社会中知识分子的。似乎一社会问题之解决,原无不靠其社会中有头脑有知识者;一革命运动之前驱,原无不是思想家知识分子为领导者;何必独于中国为然?这其中却有个分别。在问题简单决定的社会,其问题是摆出在客观的,**凡在问题中人于其方向所指,不必宣之于口而已喻之于心**。大抵是两方面:一面是要维持现秩序;一面是非破坏现秩序不可。所谓思想家者,不过于此时供给一套否认现秩序的理论与建设新秩序的理想;其破坏现秩序之革命基础力量,原别有在而不在他。新秩序之建设完成,自也要假手有头脑的人才行;然而方向之决定不在他身上。于此际,思想家有头脑者是宾不是主;主人自有在也。然若中国问题之真正主人为谁邪?以民族问题言之,宜为吾全民族;以政治问题言之,宜为有资产者;以经济问题言之,宜为无产阶级。问题复杂牵缠,主人多歧不定,互相消而等于无。如前所示国共两党各派领袖之聚讼纷纭,是有头脑者且迷于所向,彼社会中一般人更不自辨其出路;此时所得而依为解决问题之能动力量者果何在邪?于此际也,所谓在孤立状态的革命者之知识阶级,已自落于主人地位;欲不为主人其又让诸谁?更进一层言之,中国问题的特殊性,其民族问题并不径直对外排开迫害,而引发内部问题;其政治问题、经济问题均非径直自己发生的问题,而实于对世界为文化增高上有其意义。若果径直对外抗敌,或可合全民族为一力量;今引发内部问题,则何可能?若果径直自己发生的政治问题,或径直自己发生的经济问题,则资产阶级或无产阶级或可当主人之位;今顾非是,则何可以相拟?**要知道,中国问题根本不是对谁革命,而是改造文化,民族自救,重大的民族自救文化改造问题,早掩盖了其他问题;纵有革命亦是在民族自救意义内的,此民族自救运动,求诸全民族则宽泛无当;求诸某阶级某部分人,则狭窄不洽;而谓不在接触外面之先知先觉感触亲切之志士仁人而又在谁?文化改造之任,不在一社会文化中心之知识分子而又在谁?**于此际也,先知先觉知识分子明明是主而不是宾矣。

我们现在可以看出许多先生呆笨地想从农工、无产者、被压迫者,寻求中国革命的动力之错误。在他们是设想这些人都是在政治上经济上机会最不好的;则要起来推翻现状,求政治上经济上机会平等的,必是这些人。他们殊不知:

一、散漫流动又加混乱失序的中国社会,其政治上经济上机会之种种不等,**非限于阶级大势之定然,顾落于个人运际之偶然;个人自求出路于现状之中,较诸破坏现状为社会谋出路容易得多;**"非革命不可"形势造不成。不要说他不革命;革命了,他个人稍得地位机会,便留恋现状而落于不革命或反革命去。

二、在大势上定无好机会者,则唯穷乡僻壤蚩蚩无知之人。可以说:在中国现社会受压迫剥削最甚者,即于知识智力最低者。他不但没有新知识而已,同时他大半是离开外面世界最远者,陶铸于旧习惯最深者。他不动则已,动则为翻转回去的动。天下岂有问题中正主人,其解决问题的方向,走向反面去者?与其认他为解决中国问题的动力,**不如说他正是中国问题的对象**;前所谓文化改造民族自救,其功夫正要在他身上做也。

反之,如果我们承认解决中国问题的人,必对于现代问题有判别力;则无论从其知识程度之取得测之,或既得后推之,其人在政治上在经济上机会固已甚优越。中国问题可说是一个变例:**革命的,不在多数被压迫剥削的劳力生产者,固在少数可以压迫剥削他人以自了之人。这全为中国革命,是受外来文化刺激而为意识地牵拉使之向前改变;不同于因经济演进而社会自尔机械地被推动向前变化,如西洋往例。**

据说中国不识字的人在百分之八十以上。此百分之八十以上之不识字的人,大概被压迫剥削之劳力生产者占成数很多;其百分之十至二十识字的人,则军政各界土豪劣绅一切混饭寄生之辈占成数很多,而革命分子正也居其中。中国革命至少要出于识字的人;**因为不像在西洋社会里,纵或受不到有形教育,其无形教育影响正大;在中国社会里,不靠有形教育作接引,更靠什么?**但虽说中国革命必出于知识分子,而不能说知识分子一定革命。其革命或否,全在他意识的自由,几乎就是热心不热心的问题。在共产党自不爱听这话,然而他自己正也不能逃于此例。北平的大学学生虽多,究不胜洋车夫多,而共产党多是大学学生。此大学生之愿意作共产党,正如他同学之或愿作传教士，或愿作买办，或愿作官僚政客一样。

我们对于感受迫害虐苦的多数人之亟求解除苦痛那件事实，原不否认；只是他自己大没方向。然此自是社会中潜伏的解决社会问题之一大力量，为有革命方向的知识分子所必凭借。否则，知识分子而热心革命者为数几何；又何能斡旋得全社会成此远业？不过照我们的认识，**他是宾而不是主耳。主与宾，何由定，方向在谁身上，谁是主；从乎其方向来完成其事者为宾。**于此，可以打个譬喻。一社会知识智力之士，是其社会头脑心思之所寄；社会众人离他不得。一个人的行动，虽无不经过头脑判定而身体活动出来；但方向有早决于体内者，有待决于头脑者。唯社会亦然。西洋革命往例，好像一个人饥饿或干渴的问题先发自体内；而头脑为之觅饮求食。虽问题的判明与如何活动无不经过头脑者，而方向固已早决于体内，且上达之于脑，头脑不过从而映现于意识完成其事耳。饥一定求食，渴一定求饮，无容商量。现在的中国革命，好像一个人病了，身体内种种不适，而头脑为之觅药求医。此时问题的认取，——病在哪里？解决的方向，——当吃什么药？一待头脑慎思明辨而后决；甚至身体初时尚不爱吃这药，待服下去后，方感得好。是则头脑决定方向，身体从而完成其事，比之前例，主宾互易，正自不同也。

所谓革命的知识分子所必凭借的社会中潜伏之一大力量，**我是指乡村间居民而说。我们可以看见历来对于中国问题之发动，有两种不同形式：**

一种是通习外面世界情势之知识分子所发动者；历来的各种维新运动、各种革命运动皆属此例；

一种是不通外面情势之内地无知农民所发动者；同治、光绪年间闹的无数教案、1900年义和团之扶清灭洋运动，以及近年北方各省之红枪会、天门会，四川之神兵等皆属此例。

虽然前一种也未见得果能认识中国问题，而为有眼光的发动；但其所认识的在当时就算最有眼光，而仿佛无以易之的了。**若后一种则正同于一个病人为痛痒苦楚所激起的身体乱动。**许多先生期望径从这里得着解决中国问题的动力，当然是错想；**然事实上却也不能外乎此，而成其为解决中国问题的动力。**解决中国问题的动力，**殆在引后种动力并入前者，而为一种动力。**然而这引的功夫，是要由前者来作的。换句话说，**革命的知识分子要下乡间去，与乡间居民打拼一起拖引他们上来。**

于此，我们要分两步说明。

先说明我们为什么不用“农民”“农工”“被压迫民众”“无产阶级”等词，而特标“乡村居民”。我以为“有产”、“无产”是不适于拿来分别中国社会的。“产”若作生产工具讲，则有二亩地的贫农与自营手工业者都应有产了；有产无产相去不能以寸。产字若即作钱字解，则有钱无钱其以多少为准，更不好分。以“压迫者”与“被压迫者”来分，没有指实，不成一句话；而且已混乱无序，分别不来。农工二字似有所指，然其散漫与不一致，亦几为一空概念，没有实体。现在中国社会，其显然有厚薄之分、舒惨之异者，唯都市与乡村耳。此厚薄之分，在旧日固已有然；自西洋式的经济、西洋式的政治传入中国，更加取之此而益于彼；近年军阀与土匪并盛，一切压迫掠夺所不敢施什一于都市者，骈集于乡村；既饱则扬于都市。固然中国无所谓逃于封建领主的自由市民；然身体生命财产的自由，在都市居民比较还有点，乡村居民已绝对无可言者。**乡村居民的苦痛，表现中国问题的灼点**不堪其苦者，避居于都市或外国租借地，便仿佛入了另一世界。故中国社会本不好分判得开，**唯乡村与都市无论就政治言就经济言，却见形分势异**。避离乡间者皆地主乡绅；其所余乡村居民内部非无问题，**然宜待后一步解决**，我们所以不称“农民”而称“乡村居民”，其意盖在此。又交通不便，阶级不明，散散漫漫的中国人，其职业的或阶级的联系，远不如地方同乡里的关系之深、团结之易。而在都市中人则不足语此；他们是疏落不相干的。只有同一个乡村的人较为亲切，有时能形成一个力量。一面激于痛苦，一面易有团结，此所以为革命的知识分子所必凭借也。

从历来中国问题之两种发动看去，**其间有一大苦楚，即两种动力乖离，上下不相通**，在下层动力固盲动而无益于事；在上层动力，**以其离开问题所在而纯秉虚见从人事**，其结果乃不能不落于二者：

一、**搔不着痛痒；**

二、**背叛民众。**

所谓离开问题，即指其离开乡村；所谓纯秉虚见，即指其但袭外来眼光，摸不着自身问题，不为欧洲近代文明之景仰，即为欧洲最近潮流之追从。欧洲近代文明，一都市文明也；景仰都市文明，岂所以振拔乡村痛苦者？自教育实业警察陆军之兴，法律政治种种之改良，而乡村痛苦乃十倍于前！然此其背叛民众犹为不自觉的。欧洲最近潮流，一都市文明（或工业文明）之反响也；追从都市文明之反响，其何当于解决乡村问题？自国民革命兴，而军阀益以强，捐税征发益以重；自共产革命兴，而土匪日以张，乡村墟里日以毁。纵将巍巍的中央政府成立起来，其如早已离开民众而至背叛民众何？当初固自号代表多数民众，现在也非不自知其离开民众，背叛民众，而究竟无法纠正，无法善后！盖**不从乡村起，自不能归本乡村；离开乡村，即离开民众；入手即错，其不走向背叛民众去固不止也。**

我敢断言，**如果这上层动力与下层动力总不接气，则中国问题永不得解决；而上下果一接气，中国问题马上有解决之望。**

最要紧的一点，是中国问题自外引发，而非内部自发的。如果没有外力进门，只顺着它自己历史向下演，它只能为一治一乱的循环，而不会有近代式的革命。清廷固然有一天要倒，但不过再出一个明太祖，而不会出孙中山。因为问题不在内，**所以不是阶级性的**；因为问题自外来，**所以是民族性的**。因此，就不要以阶级眼光寻求动力。再则，中国问题是整个文化问题，而包有政治问题、经济问题。要谈政治问题，要谈经济问题，**须不要忘记它原是一个文化问题**。因此，知识分子、教育工夫，遂为解决中国问题的要件。留洋学生在动力上，几乎要占第一位。中国的革命领袖孙中山先生必生于澳门，长于香港，而不出于陕甘等内地；中国革命同盟会，在东京开成立会，独缺甘肃人；也就是为此。

从中国社会的成分上看，除知识分子外，还有三项重要的人。一是军人；二是工商业者；三是农民。表面上看，首先军人最有力量；其次工商业者有钱，也有力量，最后，农民虽多，而太散漫固陋，不见力量。知识分子虽在解决中国问题动力上极重要，却不能单独解决中国问题。过去总是结合军人，以为这个最有效力。然中国军人在经济上，无其地位根据，他非间接取之于旁人没饭吃，就非得旁人拥护不能稳固其势力。你靠他，他还不知道靠谁！在社会上真正有根的势力，还是在经济结构上不可少的人（地主、资本家、农、工、商）。军人绝不能代表社会；与军人结合，则自己也同变成一种无根的势力。所以知识分子不联合工商业者，就要联合农民才行。工商业者的力量虽可见，而在中国大社会里还是太小。农民的力量虽不见，而在中国大社会里还是大的。工商业者似乎好联合，而其实怕联合不上。农民看着不好联合，而其实必然还是他。并且联合工商业者，不免遗漏农民；联合农民，却包含得工商业者（后面自详）。知识分子今后要想在解决中国问题上表见力量，非与农民联起来，为农民而说话，以农民作后盾不可。

上说联结农民，就是要去组织乡村。所以要组织乡村的，上面所引文中亦说及。就是三点：（一）地方乡土关系，重于职业的联系；（二）乡村有其整个性，更且我们此时要以乡村作整个看；（三）一乡一村团结较易。再从工商业者要依于乡村而存在那点上看，则工商业者也未尝不可一同联包在内；那么，不仅代表农民，也就可以代表大社会了。

第六节　解决眼前政治问题的途径

我尝想写一本书名为《中国政治问题之社会形势论》，现在未暇去写。大意是：要解决政治问题须理会其社会形势。凡事都有个窍要，解决政治问题的窍要，须在这里求。那么，中国社会形势是如何呢？且不忙一口道破，先从事实上来指点看。那就请看，中国的内战、中国的分裂，是和外国不同的，例如美国从前也有南北战争；例如英国也有爱尔兰要求自治独立的事。但其性质、其事实内容，与我们显然两回事。他们是社会与社会冲突，而我们则只是政府与政府的冲突。他们是这一方社会与那一方社会不合，而反映到政治上有分裂有战争出现。我们则尽你政府与政府开战，于社会并不相干。我尝说，如果许我们说一句不通的话，我们可以说：**若将政府除外，中国国家原来是统一的**。不过，可惜当说国家时，没有把政府除外的道理罢了。因为我们亲眼看见，当南北战争时，全国各省教育会，还照常举行全国联合会；乃至全国司法会议，那还可以开。这在外国人无论如何弄不明白的了。像从前齐（燮元）卢（永祥）之战，并非江浙两省地方上人有什么问题，而且两省人士还联合起来呼吁息兵呢！又如刘湘与刘文辉打仗，绝不是川东人与川西人有仇。二三十年来的内战，哪一件是问题发生在社会的呢？**可知中国之分，分于上；外国之分，分于下。**

我们早说过了，中国人向来过的是散漫和平的生活；西洋人过的是集团斗争的生活。他们的国家虽是统一的，而其社会则有许多不同的分野，此疆彼界，隐然敌国。这许多分别或从宗教来，或从种族来，或为地域关系，或为阶级分化，或因职业联系，或因身份不同，种种问题多的很。大约最早的关键在**宗教**，后来的问题在**阶级**。所以背景来历，都不是很浅；利害冲突，每每躲避不开。生在散漫和平社会中的我们，简直意识不到其意味之深刻、情势之严重。中国人恰好与他们相反。谁和谁也不是仇敌；谁和谁也不是一家。也没有不容躲闪的冲突，也没有利害一致的相联。说分不分,说合不合,此其所以为散漫。从整个大社会说,倒是雍雍熙熙大家怪和气的。尤其浸濡在中国文化的中国本部地方,人口尽管数万万之多,南北东西千万里之遥,大山大川的阻隔,旧日交通之不便,曾没有什么分裂离异问题发生。反观西洋,英伦三岛已经很小,而爱尔兰与英格兰还要分;爱尔兰已经很小,而南爱尔兰与北爱尔兰还要分;简直让我们不可解,以中国之地面,以中国之人口,若搁在欧洲,不知分成若干国家,演成多少国际竞争。然在中国,竟是情感相通的一个社会而不分。此中消息正应该仔细参详。

我们再来看二三十年来的内战,其间军事首领彼此为友为敌,忽离忽合,前后变幻同于儿戏,恐怕他自己本人事后想起来都会失笑。同时在政争上的政治人物各大党派,思想之左倾右倾,主张之忽彼忽此,转变离奇前后矛盾,也有同样情形。追源其故,恐怕就是因为各人均没有一定背景,所以就没有一定立场。若在西洋社会的政党、革命党,各从其社会上一定基础背景而来,哪能没有其一贯的立场。所以我尝说,中国社会天然不能产生党团。强要模仿外国组党,组出来也是假的。外国是从其社会分野,已先分为几方不同的势力,相抗衡,相竞争,从而有党的组织。其党也真,其争也公。中国人则先无所依据,只为有所争夺而结党,其争也私,其党也假。否则,如国民党、如国家主义派,超然不着边际,想要代表全体,代表一切,结果是一切代表不了;空荡飘浮,不成其为党。在外国一党的政纲政策一切主张,多半是从他自身发出来的亲切要求。而我们的三民主义,则只是三句好话,人人得而赞成之;却是毫不亲切。我为此言,不是指摘国民党,我是点明这正是中国社会的产物,全不合西洋格律。

我们反复申明的,不外要大家深刻地认识中国旧日社会之散,深刻地认识今日社会之乱（这均在前讲认识问题之部讲了很多）。散漫而又乱了向的中国人，表见在政治上，自有如上所说那可笑的情形。而因其夹着武力一个因素在内，就变成了人间的惨祸。武力是一工具，待人来用。人是散的，武力何能不分？人是乱的，武力何能不为祸？武力这工具，至少在今日还不能废，不但用以卫国，并且国内秩序的维持仍少不了它。普通都是法律摆在前面，而武力为后盾。法律显，而武力隐。在极有秩序的国家，连警察都少用，更用不着军队；但始终有武力在。这就是统治被统治未能泯然化合一体的缘故。当前的问题，只是**"如何善于控制武力而用之"**的一个问题。武力问题安排妥当，政治问题就得一相当解决。

我们来看人家外国武力问题是怎样安排的呢？表面上他们武力是属国家所有。但国家一半为实体；一半是假名。所谓假名，是指其社会里面分成几方不同的势力，矛盾冲突并非一体。但此矛盾冲突之几方面，实又互相依存而不可离，对外尤见其统一性，所以一半还是实体。其武力所以很少对内用而多为对外用，就是其一半实体的表现。其武力总不免有对内维持秩序意味，就是由于内部矛盾而有的必要。从对内说，武力属国有的话，就非真。此时武力实属于一方面或一阶级，虽然也许不很直接不很明显。于是其社会就隐然成为两面：在武力之上者为统治一面；在武力之下者为被统治一面。两面是粗分着说；若细加体察，**实像一复杂的机械，在巧妙地结构着**。因为是其社会内大小强弱几方不同势力都在参加，而且若分若合，一起一伏，关系位置各有不同。在统治一面，大约是一种势力，或以一种势力为主。也许他原来就占优势，也许凭借政权就更以强越。遇事当然要听他的。他对外就代表国家；对内虽不免有其自己立场，但总是以公家名义维持大社会。所以内里非一事,而外则处处表见为统一国家者,就赖此。质言之,在一国里面必须有此一较强势力隐然为中心支柱才行。

前说:中国之分,分于上;外国之分,分于下。所谓分于下,就是下面尽管有相抗衡相竞争的诸不同势力,而无碍上面政权的统一。所谓分于上,就是下面尽管不见有此疆彼界隐然敌国的各方势力,而上面政权却不免分裂。不留心的人一定以为外国内部没有什么分裂问题,只有中国才四分五裂。其实颠倒了。中国这种分裂浅浅地在表面;哪有外国内部矛盾的尖锐、冲突的严重呢?不留心的人一定以为中国社会既然没有什么此疆彼界的分野,那国家还不应当统一吗?其实颠倒了。**正唯其为有此疆彼界,融浑难分,所以没有成片段成形体的一种势力,可以为中心支柱,可以越居统治一面**。而在经济组织实际关系未达于社会一体的时候,统治被统治就非分不可;你融浑难分,也得分!有本有源已成片段的势力既不可得,临时凑合又凑合不像(国民党等党派),于是只落在姓张的姓李的这一位那一位的个人头上。然而若大一个大社会,那一位也包办不来,则"分裂单弱而不固定"就为不可逃的局面了。

或者有人要问,历史上的中国不亦是一人为万姓之主吗?这个我们早讲过了,历史上的中国是没有政治的;武力是收起来的;以教化代政令,以礼俗代法律,是消极相安之局,非积极统治之局,在今日消极既非环境所许,强调的统治就得武力才行。武力必须操于阶级,不能掌于个人之手(此层前已讲过)。且在反对"家天下"之后,军队地盘属个人私有,众情不容;在推翻专制皇帝之后,大权独揽也为群情所不平。往日的一切迷信和礼教已经破除;新兴的"革命"与"打倒"正好借词;实在谁也维持不了这个局面。然而核心问题还在武力无处交代。我尝在乡间看见大批军队走过,我就纳闷:这是谁的武力呢?这是中国的吗?在逻辑上当然可以这样讲。但中国又在哪里呢?实在太空泛,不亲切。他们名为西北军,那么,算是西北地方所有的吗?按之事实,亦不是。那么,他是冯玉祥个人所有吗?这倒亲切一些了。然而他实在也没有这么大家业本钱来养这么些人,来置备这一切;他也没有这么大家业需要这么大武力来保护。究竟谁要养这武力?养来干什么用?真成疑问。冯先生也不过其一时的指挥者,一个带兵官,似不能算一主体而据有之。那么,这竟成了天地间无主之物!你说玄不玄呢?无主之物当然容易被人利用,二三十年来合纵连横忽彼忽此,无目的,无主宰,完全失去其工具性(川局即为中国之缩影,研究中国问题者最好看四川)。散漫无力的乡村社会,就整个在这下面牺牲(参看前讲乡村自救运动一段)。而不晓事的人,还在做武力统一的迷梦。其实武力统一中国不难,倒难在谁来统一武力呢!

谈至此,好像我们要想为武力造成一阶级势力为其主体了。不是这样;若这样,那便是不从中国的社会形势里去发见中国问题的解决途径;而硬要比照外国社会形势一步一趋地效颦了。况此主体也万万造不成的(社会无秩序则阶级培养不成,阶级不立而秩序更没有,二者如连环相扣,可参看前讲中国社会崩溃一段)。问题解决的窍要就藏在问题里面,近在眼前,何必远求。**这边走不通,就走那边**将外国统一的法子,倒转过来就是中国统一的法子。**那就是不求统一于上,而求统一于下**,天下事情,短处翻过来就是长处,原来都是如此的。所谓求统一于下怎么讲呢?那就是求统一于社会。人家都说:国家统一则社会粗安;我们却应该说:**社会统一则国家粗安**。在外国是把上面的统一掩盖下面的不统一。中国走那条道,既不可能,就把下面的统一来统摄上面的不统一,好了。中国社会不见此疆彼界，并不是联系融合了，而是散漫不成片段，反映在政权上，自然是分散的，现在就是要从社会方面做到下列三点：

1. **要从散漫进于联系；**

2. **要见出一共同要求趋向来；**

3. **要比以前有力量。**

这三点是相联的一回事。没有共同要求趋向，便联系不成；而联系成了便有力量，无待更求力量。我们须知在外国社会里，所谓一方面的势力，即是一方面的要求。**强越的势力，即是强越的要求。其国家的统一实在就统一于此强越要求之上。**全国一致的要求，偶然可以有，不是常有的。散而且乱的中国社会，**就是苦于寻不出一强越有力的要求，掩盖其他；同时又说不上全国一致，而只见其散漫迷糊，离奇复杂，今日唯一要紧的事，必须调理出一个大方向（大要求）来，则大局夫何难定！**明眼人一定可以看到此点的。

中国社会，果然从一个大致地共同趋向要求而相当地联系起来，**则无主的武力此时便隐然有了主；**没遮拦的武力此时也不致没遮拦。二三十年来，内战说发就发，武力横行，人民的生命财产自由不当一回事，实为社会太无力量，一味消极忍让放纵所致。一种力量要它不滥用，自己约束没有外力牵阻的容易有效。社会的联系体也不能直接地自操武力；**而只能是间接地控制了它。**此控制不外两面：一面可说是约束；一面可说是遮拦。中国武力问题的妥当安排，只有此道。——这是从中国社会形势所看出来的唯一的一条道，再没有别的道。

第七节　一个具体的设计

上面将如何解决眼前政治问题的途径说了一个大意。底下我们再将具体的设计说出来。

我们的主张用一句话说，就是启发社会力量来稳定大局。这也不是新发明，许多人都曾看到此。记得曾有人（胡适之先生等）主张全国各职业团体联合起来过问政治；又有人（吴鼎昌、张伯苓诸先生等）提倡过废止内战大同盟，用意大都相近。可惜方法浮浅，缺点甚多，当然不会成功。职业团体联合之议，缺点在现来制造力量现用。要知新力量是要一边养一边用的；未及培养锻炼就用，必不成功。而且所谓职业团体多半是空的，只想利用现成的东西，不想从社会深处来启发力量，也是不行的。所以有两个原则要记住：**一是植根不深，便没有力量；一是新力量要在养中用，用中养，不得其养则力量不成。**废止内战大同盟缺点在专从内战损失之大，为祸之惨说话；徒以感情动人，而缺乏理智的分析判断。好像一个病人要不要开刀施手术，应当有很科学的诊断；不能说我怕痛，我怕流血。这样说话是太没力量的。我们对于中国问题，也须有一科学的诊断才能说话；说出话来才有力量。而且它只有消极的要求（废止内战），并无积极目标，可以往前进行。好比走路，只说不往西走；"不往西走"这句话，只能包含在往东走那句话里边。若单说不往西走，谁知道你往哪里去呢！这个断不会发生力量出来的。于此我们又有两个原则要记住：**一是人类的力量在理智，缺乏理智便没有力量；一是力量生于积极活动，若只消极的要求不成**

其为力量。

我们具体地设计，就是将我们分析认定的解决中国问题的动力，给他组织起来。照我们的分析是：中国问题之解决，其发动主动以至于完成，全在其社会中知识分子与乡村居民，打拼一起所构合成的一种力量。解决中国问题的动力，要在知识分子和乡下人身上求；已是无疑，不必再说：要研究的是他们以何种方式构成一力量。那自然就是我们乡村运动这一条道了。且不忙谈乡村运动，先来看看知识分子这一项人。

知识分子这一项人，无疑地是在完成中国社会改造文化改造上顶重要的人；他们的力量是大的，几十年来兴风作浪，好事歹事都是他们干的。但力量虽大，多半枉用了。要想他们一改其在过去政治上、社会上有害无益的作为，而发生其正当作用，那必须先治两个病：一个是"散"；一个是"乱"。"散"、"乱"本来是中国社会的病，却特别表著在他们身上。散莫散过他们；乱莫乱过他们。他们领着头散；他们领着头乱。要想中国社会不散不乱；必自他们不散不乱始。他们的散，根于中国无宗教而理性开发最早来的（参看前讲《认识问题之部》及《中国民族自救运动之最后觉悟》一九五——二〇〇页）；他们的乱，就因为他们容易超然无一定立场，遇着这历史大转变、社会大改造时代，自然就思想纷歧，趋向靡定了。上天下地，由他去想；左倾右倾，一时而变。再加文人相轻，谁也不服谁。你有你的主义，我还有一套呢！心服口不服；口服心不服。在今日一个人若能说降十个知识分子，这本领就很大。怕圣人复生，也难将中国知识分子思想统一。废止内战大同盟，只说消极的要求，不标积极的主张，何尝只是有一个消极的要求而止。他实在晓得一提出正面主张，肯于签名随着走的，就没有几个人了。只说到废止内战而止，或者能广结同情（民国六七年间，我有《吾曹不出如苍生何》一小册子发表，就是一种反对内战运动，当时也从消极立言，正同一心理）。此中苦心，足可证明在今日要想标出一主张倡导一运动之难了。然没有一共同趋向目标，又怎能组织起来；不依旧是乱的散的！此一问题，谁能答复？

再来看乡下人如何呢？乡下人头脑没那么复杂，散虽散，大致还不很乱；心地实在，也不至于不肯服人；这是比较知识分子好的地方。然而他们有一大缺欠，就是十个有九个不识字，缺乏人与人之间交流沟通的工具。现在要为广大的联络，不是很小的组织，岂是口头约会就行的？非用文字不能谈组织，而他们就是不通文字，这一问题又如何办呢？

说到此处，几乎智穷路绝。然而天下事，许多办法凭你想是想不出的，事实却会来凑泊你，殆有所谓天不绝人者。于是就有近十年来的乡村运动发生。从乡村运动不费力的就解答了上面两个难题。乡村运动由何发生，我们从一开头就讲过了（见前《讲乡村建设运动由何而起》）。现在叙一叙乡村运动发生的事实经过。乡村运动如不追溯很远，大概是发动于民国十四五年间。例如平教会成立的虽早，但其定县实验区则开始于此时；陶知行*先生的晓庄师范，也创办于此时；今在无锡的教育学院，当时则经赵叔愚先生等各位以民众教育的名义，倡办于苏州；中华职业教育社在江南一带的农村改进工作，也于此时创始；还有华洋义赈会在河北各县乡间的合作运动，稍前于此时也有限。河南村治学院成立于民国八年，然豫鲁地方乡村自救乡村自卫却也萌芽于十五年间。就是王

* 即陶行知（1891—1946），教育家，名文濬，字知行，后改行知。——编者注

鸿一先生规定了农村立国制的《中华民国治平大纲草案》，也出版于此际。我个人所谓“乡治”那个意思，则决定于友人王平叔等自武汉北归之后，那恰是十五年尾。略就所知，屈指数之如此。时期虽如此凑巧相近，但实在各有各的来历不同。平教会是从识字运动，进而为乡村运动的。华洋义赈会是从救灾工作，不期而转到乡村运动的。晓庄为近年乡村教育的开山，那是从教育改造的动机而出现的。无锡的工作，则本于民众教育民众运动而来。中华职教社之农村改进，则为其职业教育运动之一新转向。河南山东的乡村自卫，是受刺激于兵匪之祸。若鸿一先生同我，则从中国问题多年烦闷后之一种开悟而来。至于各方面从救济农村而有的那许多乡村工作或事业，似乎是较后的事。

在这面，有很可注意的一点，就是乡村运动很像是中国的一种新教育运动。这不但如平教会、如晓庄、如无锡、如职教社都本来是在办教育，研究教育，其为新教育运动固不待言。就如我们本非从教育转过来的邹平工作，自己也无意谈教育，而总是被人看作一种新教育运动。美国霍金（Hoking）教授以及教育家罗格（Rugg）等，全是这样看法；庄泽宣先生出席世界新教育会议，也以邹平当中国的新教育工作而报告。可巧我们的工作，也是借着“乡农学校”“村学乡学”这些形式而进行，自己回省起来也确乎就是一种教育工作。又中国社会教育社，屡次开年会皆以“乡村建设复兴民族”为其讨论的中心问题。社会教育运动与乡村建设运动，殆已合为一流（参看《漱溟教育文录》，二六九——二七六页。最近四川乡村建设学院改称教育学院，也可为证）。国内各地乡村工作，统算起来，形式上当作一种教育而进行的居多数。我们虽原初没想谈教育，而至此也不得不谈了，故有《社会本位的教育系统草案》一文，提出我根本改造中国教育制度的具体意见（见《漱溟教育文录》，一八〇——一九八页）。其中指点出社会改造期间的教育，必须不同于常时；为完成中国革命，格外须有其教育设施。所谈的固然是教育，也就是乡村建设。

随着这新教育潮流而来的，还有两点可注意的事。一是现在流行的所谓“政教合一”（用此名词殊不的当）。其内容就是：办社会教育的机关，借政府力量施行他的社会教育，而政府则借社会教育工夫，推行他的政令。或将下级行政机关，合并于社会教育机关（江苏昆山等处以区公所合并于民众教育馆）；或就下级地方组织，而设教育机关（江西等处就保甲组织设保学）；或以教育机关，而兼负下级行政的任务。种种不一。很多人说此风气以邹平开其先。不管是谁开的风气；也不管这里面用意安排浅深粗细各有不同；总之大家都要走这条道，似不难普及全国。还有一点，也同在流行着的是“建教合作”。其内容是建设和教育合起来进行。因为各省都有建设厅和教育厅，各县都有建设局（或科）和教育局（或科）；经济一方面的如农业、如造林、如合作等向属建设范围，实有放在民众教育里面来推行的必要；而同时办民众教育，单在文字上不在经济上做功夫也不行。彼此互相需要，此即“建教合作”口号的由来。这些风气都与乡村运动联混地在开展中。同时还有“县政改革”一件事，从实验区实验县而亦联在一起了；地方自治遂也包含在内。留心时事的人，更可以看见最近学术机关和行政机关，彼此渐相联络，作着一些研究改革的事，亦正为进行上几项工作，彼此有相需之处。种种名色、种种工作，牵联混合，让人看见很欠整齐条理，简直莫明其妙。然而这是事实的演变要到这一步，你能怪得谁呢！

我们谈这些话，是为什么呢？我们是想从近年社会上一些事实的发展，来证明我们对中国问题的分析，从而也就可以指点出知识分子和乡下人构合的方式来。我们以前分析中国政治上没办法的来由，曾指出“社会事实与意识要求不合”一层，非常重要。照通常的例子，旧社会秩序被推翻时，必其新社会之机构已孕育相当成熟；类似蝉之蜕壳；新旧之间自有一种交替。但今日中国问题不自内发，旧秩序以遭外来理想之否认，与激于民族自救之急切心理，骤被推翻；而新社会之机构初未有若何历史的孕育，遂致青黄不接，要想完成新社会的建设，自必先求社会的进步；而社会进步，则有赖经济建设。所以我们常说，中国要“以建设完成革命，从进步得到平等”，就是此意。然此推进整个社会向前进步的工作，表面上是经济建设为主，骨子里无在不是社会教育工夫。建设、教育二者，不能分开。新社会之所以为新社会，要紧的还是在人上，在社会关系上；不过人的提高、关系的合理，离不开经济条件就是了。从人一面说，就是教育；从物一面说，就是建设。物待人兴；建设必寓于教育。乡村建设本没旁的意思，就是要求中国社会的平均发展真实进步，其不能不归于教育一途，势所当然。

所以有“建教合作”的话，从上也可明白。“政教合一”，则因为此新教育运动与政府的兴革设施，只能相顺不许相逆，亦不致相逆而必能相顺。其必互相借助，亦势所当然。但此新教育若径纳入行政系统，变成下级行政，则大不可。此层前讲“乡村组织”已经谈过从社会改进而联及行政改革，亦当有之事。无论社会改进或行政改革，大事小事，任何问题，都需要学术研究来指导。学术研究机关与实际工作机关，渐渐取得联络，亦是时势需要使然。所以从学术研究以至学校教育社会教育，应当融合贯通成为一个系统，与各级行政机关大小地方组织，相配合相沟通，来担负推动社会谋一切改革进步之责。此一大机构实为建设新中国所必要。此新机构成功，自无名色杂多，条理不清，如今日之弊。所有知识分子，无论为专门为普通，均可于此系统中，有其地位。或居实验室，或入乡村，各尽力于建设新社会之大业。并不要知识分子全都下乡；不过比例上，下乡者当居最大多数。其与乡下人相结合的方式，当参考我所讲之"村学乡学"。在原则上，那是最能适应中国问题的。其详，还请看《社会本位的教育系统草案》。

似上不觉说向将来去了。就眼前说，一时还不能那样合理化系统化。乡村运动此刻正从不同的来历，在不同的地方，各自活动开展而互相影响着。大约将先为横的联络，纵的系统才得跟着而有；纵横辗转扩大去，逐渐走入系统化合理化。因事实在先，理论在后，结果自当如此。**能于推进社会有最大效率的，要在纵的系统机构建立之后；而能于稳定政局开出社会进步机会的，则在横的广大联合之时。**前说中国问题苦于上层动力与下层动力总不接气，上下果一接气，就是转机到来。其头一步全在知识分子下乡。我推想是如下的：

一、知识分子于回到乡间去之前或后，必须有相当联络组织。

二、即从回乡的知识分子间之广大联络，逐渐有于散漫无统纪的中国社会，形成一中心势力之望。今日社会太没力量（尚不如清末），而只见滥充执行国权的军阀有无限威力；由此形势可望转移。

三、知识分子下乡后，其眼光见解乃剀切问题而不骛虚蹈空，其心志乃一定于革命而不移；——知识分子若徜徉于空气松和的都市或租界，无望其革命；只有下乡而且要到问题最多痛苦最烈的乡间，一定革命。在乡间人一面，则渐得开化，不再盲动于反对的方向去；不为土豪劣绅所操弄，乐近知识分子而不疑，双方各受变于对方，相接近而构生一个新动力；于是仿佛下层动力得了头脑眼目，又像上层动力得了基础根干。

四、此广大联合而植基某乡村的势力一形成，则形势顿即转移过来，彼破坏乡村的势力乃不得不软化威胁克服于我。这好比病人身体元气复，生机开，则一切客邪不成问题一样。所谓社会中潜伏的大力量之开发而现其功用，即指此。

此乡村运动之广大联合，我推想将始终为一联合体，为二重组织；而非单一团体。那就是说：各地的乡村运动，各为一组织，再联合起来；亦许联合之上又联合，总非单一团体就是了。

我们再来说明这里面含有的意义。第一，知识分子下乡工作，可渐渐免除乡下人缺乏交通工具的困难；同时并促进其彼此间的联合活动。更且从乡村工作的联合，以知识分子为媒介，而农民亦不难广大联合起来。或有人问：这样不会知识分子冒充农民代表吗？我们可以回答：乡村运动除非将来不开展，如其一天一天能开展扩大的时候，其结果一定是将乡下人搅动起来，而不会只是知识分子唱独角戏。开头固然知识分子地位重、力量大，不敢说没有以知识分子的意思为农民意思的事情。可是乡下人跟随着亦就起来了；他们的知识头脑渐渐开发，活动力量一天一天增长。终归有一天，这个势力的轻重大小慢慢地倒转过来。知识分子不能左右乡下人，而乡下人能左右知识分子。表面上也许乡下人听知识分子的话；实际上知识分子要为乡下人尽力，真能代表他的要求，他才听你的，不然，他是不听的。这个转变趋势完全涵在乡村运动之中，愈久愈见。所以从大势上看，前途是很稳的；知识分子没法子背叛民众，出卖民众的。更且要知道，我们的乡村运动与过去的农民运动在启发农民力量上是两条不同的路，过去的农民运动其所以领导农民者，每每目标太远太大，如打倒帝国主义、打倒军阀等等在农民都看得不切已，他没法子跟着你走。他要跟着你走，只有抛下了他的锄头拾起了枪杆。这在多数中国农民是不能干的，不肯干的。又如打倒土豪劣绅、废除苛捐杂税，虽然切近他的问题了；但纯属破坏行动，没土地没生路的少数农民也许跟着你走，大体上还是不行的。即令一时引动起来，也许走到半路仍废然思返。在此破坏性的运动中，于农民自身的培养进步往往无暇做功夫（从某一面上也许有些进步）。终不如乡村建设运动在农民切身的问题上指点他向上求进步的路，从比较容易进行而于他有好处的事情做起，一定可以引动他起来，而养成他的力量。——这是说，乡下人只有借着乡村运动才可组织起来。

更巧妙的，是解决了知识分子散乱纷歧的问题。试分几点说明：

一、乡村运动只拈出问题，要大家注意，共谋解决；他和历来所有的运动径直标举主张者不同。历来各项运动莫不提出一个主张来，如主张废科举兴学校，如主张开国会行共和等；而乡村运动则只点醒人注意乡村，要向乡村下工夫而已。他于乡村的许多的问题，并未有一定之主张，很可以从容商讨。以主张示人，便有正反两面，或赞或否；谁能轻易相从？以问题示人，问题本是客观存在的事实，谁能否认？大家正无妨一同注意；注意之后，还无妨各本所见去下工夫，彼此不必强同？这是能容纳不同意见的人之一点。

二、乡村运动如其说他有主张，那只是主张建设，主张进步，主张要合理化，像这样主张，又有谁能反对呢？我们常说乡村建设是求中国社会的平均发展，真实进步。进步是大家所共求，平均更易得人同情。所以提起乡村工作，人家总赞为好事。这是能广结同情之一点。

三、乡村运动均不高谈主义，而切近事实去工作；这是人所共见的。谈主义则生争论，并且是永不得完的争论。着重事实找办法，事实只有一个，办得通，就是办法；办不通，不能算数。所以，不谈主义是关了纷争之门；着重事实是开了彼此接近归一之门。此两门一关一开，大不相同。知识分子间所闹的许多不同，常常是名词之争、意气之争。愈争则愈争。什么事情本是相对的，而说起话来容易趋于一端。譬如倾向社会主义者，临到事实，社会抹杀个人太过，他怕也觉得不合适；倾向自由主义者，临到事实，个人妨碍社会太过，他也未必赞成。所谓人情大抵不相远，事实未到跟前，彼此总是争执的，要想以意见消灭意见，是做不到的；只有以事实消灭之，乡村运动者很少发生口舌之争，而彼此在工作上倒颇能互相观摩，取益于人，就是为此。这是借着事实使大家自能归于一途之一点。

四、乡村运动既各有不同来历，而中国地方太大，风土各异，也正须分头工作，没有一家包办的必要与可能。所以我们可以推断全国将永为一联合体，而非单一团体。这样，意气相投的人可以组织在一起；然后再与其他团体联合。联合的关系先来是宽泛的；顺着事实需要而加紧切。联合的中枢亦慢慢随着关系之增进而权力加强。这样就不是从一个中心向外扩大，而是从四下里集拢来，树立一个中心，这样就不是谁来包办，不是强人从我，而是各自都要舍己从人。此为最能将不同的许多方面收合在一起之一点。

五、乡村运动并不像组党一样要拥戴一个党魁，号召一切。其将来最高领袖人物正可从小范围内陶炼而慢慢拔露，得到较高地位，以至最高。在团体组织中万不能无领袖；而领袖问题常有很多困难,凡以领袖问题而致组织上之困难者,这样可以减少许多。因人的不和而不能合作者,却可以增加大家彼此合作的机会。此第五点。

总之,散而且乱的中国社会,天然不能产生西洋式的党团;而只能这样地凑拢联系起来,从分散而集中,从疏远而密近,从杂乱而到有条理。这是崩溃后的大社会向前去的一种转变。——唯一可能的转变;也就是促成知识分子可以合作的唯一机会;就社会说,是唯一的转机,舍此更无旁的转机可求。就知识分子说,只有这样才得有其贡献于社会;不然,只有为害或不得其尽力之方。

我们前说要启发社会力量,应注意之四原则:第一,植根要深。我们植根于乡村农民身上,就合了这条件。第二,新力量要一边用一边养,不可用之太骤。如我们这条道,农民在乡村中,乡村运动在大社会中,正都是这样慢慢以成其力量。第三,缺乏理智便没有力量。我们这条道,全从对于中国问题的深刻分析而来。真金不怕火炼;尽你批评,更增认识。第四,要有积极目标做积极活动。乡村建设正是积极的,而且目标远大,又能从眼前从脚下做起。他的活动由粗浅到精微,由一方面连到各方面,正不难从活动而养成力量,所有原则都是相合的。

第八节　几点的解说

关于从乡村运动解决眼前政治问题,我们还有几点的解说。有人对于乡村运动能以解决大局问题,相信不及。其实二三十年来的大局问题,据我们看见不都是决于人心之向背吗?清廷为什么必得退位？孙总理革命为什么能成功？决不是实力的较量，袁世凯于统一中国之后，为什么几十天工夫便倾覆下来？蔡松坡云南孤军起义，又靠什么成功？十五年北伐，为用兵最多之一次，而其成功还亦不在实力。若以实力相较，则广东出来的三万多支枪，如何抵得吴佩孚、孙传芳、张宗昌、张作霖，这些大军阀多少万的军队呢？总之，大局问题并不决于实力。一胜一负、一成一败，更非偶然。凡躬预其事，或留心时事者，都亲眼看见人心向背的力量有多么大了！本来散漫的中国社会，其人多半没有一定不移的立场。"得人心者昌，失人心者亡"的老话，就从这里产生。不过，总是要在大问题上才有较明白的反应；又只见其为消极的反应，不容易见其积极的表示罢了（消极否认，不积极拥护进取）。这其故亦是由于散漫。散漫了，有谁敢来积极呢？因此，"人心"这一大力量不易见得出，也就不好利用。虽不好利用，却不是没有。要对外复兴民族，非启发这力量不可。要对内解决社会问题，都非启发这力量不可。**如何得从痛痒亲切处，条达出来多数人内心的要求，而贯穿统一之，是中国的生死问题。**得着这个法，便起死回生；得不着这个法，便只有等死！然而这个法是有的，明眼人自能看到。中国大多数人不是在乡村吗？经济上不是至今还靠农民支撑吗？他们的痛痒要求，抑闭而莫能伸；而他们的生死利害，又适为整个社会荣枯之所寄。那么，除了抓住这一点而导达之、启发之、贯穿之、统一之，还有什么话说呢？人心在大问题上有反应，随那个问题都可有反应；消极上有力量，积极上更可有力量。只是没有人肯发深心大愿来做此巨大迂缓工夫而已；果然做去，解决大局问题何难之有。

有人以为：乡下人数量诚然极大，但穷苦蔽塞，论其力量比都市人差得很远；启发社会力量不求于都市而求于乡村，似乎不行。

不知在资本主义国家，其乡村与都市诚然非一事，而且其间显有矛盾；但中国不然。中国未走上工商业的路，大小都市皆不过军事、政治、文化的中心，以及土货洋货进出的商业中心，而不是生产的；其生活全靠农村维持。本末相联，说乡村未尝遗弃都市。这就从救济乡村的呼声，不发于乡村而发于都市，可以证明。自民国十九年后，全国农业生产力大被破坏，乡村购买力随以降低，国际贸易出口进口相牵的急剧减退，影响百业，牵动全国。（今年二十五年，全国农产丰收，工商百业立见起色，如响斯应。）此时最先感觉到问题而着急说话的，实是上海金融界。盖上海为全国经济总枢，而金融机关又像分布在全国的神经网系。它对于全国经济从农业这一根本点而动摇崩溃的线索关系，知之最清；其本身的利害甚切，所以前途的可怕看得最明。其次教育界虽眼光敏锐不如金融家，而热心注意则甚早，所以都从乡村立场而要求教育改造。其次政府，也很注意而图挽救，不过其自身陷于矛盾形势中，建设不及破坏多，可说有心无力（参看前讲《乡村自救运动》一段）。倒是身在局中的乡下人，苦痛也苦痛惯了；有苦痛也不会说；更不知其关系牵涉之大，尚认为一己的命运不济，所以正有待于启发。了解这形势，抓住农村不就是抓住全社会吗？还有一个很好的证明。在历届的全国乡村工作讨论会上，到会的各方面的人都有。有的是中央机关，有的是地方行政官吏，有的是大学教授，有农业家，有工业家，有医学家，有银行家，有教育家，自高等教育以至初等教育，自学校教育以至社会教育，有学术团体，有宗教团体，还有社会服务团体，如是种种。其包罗之广，为任何集会所不能比。假使我们掩起乡村工作讨论会这题目，而要想从到会人身上发现这是一种什么会议，简直不可能。而且这是自动集会，并非命令召集；每个人都要自出旅费，并无哪个人招待。**这就是告诉我们，乡村问题是全国各行各业各阶层各部分一共同的问题**；除此而外，更难找到第二个这样的题目。自此会场上看，我们觉得散的中国社会连为一体的机会到了。乡村运动的广大联合，实不难将全社会联系为一体，哪里止于是乡下人呢？

有人以为：要知识分子下乡，怕不容易；乡村运动既然是知识分子的下乡运动，其前途是很可怀疑的。诚然，今日知识分子与乡村间，有很多扞格不通的地方。一边骛新，一边守旧，一边生活欲望提高，一边生活最苦不过。所以无人肯去；去了，也不免做不通而跑回来。但如果明白几十年的社会变迁，和此时的社会大势，就知道知识分子虽然下乡不易，而终归脱不了下乡。所谓几十年来的社会变迁，就是中国自受西洋文化影响以后，不得不学西洋，而教育上的改变、学术上的改变居先。这种改变的结果，便是将乡村间的许多青年子弟引出乡村之外，不复能回去。因为西洋都市与中国乡村两边距离最大；而所谓新教育便是西洋化的教育，并且是都市文明体系中的一种制度。无论从知识思想、生活习惯，哪一点上说，合于此者便不合于彼。所以乡村子弟受教育的那天，便是脱离乡村的那一天。恰好那时中国在政治上、军事上、经济上乃至一切事均在模仿西洋。虽脱离乡村，仍不患无去处，至少还可以教书、办教育（此所以有轮回教育之讥）。但最初很稀罕的洋学生，到后愈来愈多了；而真正西洋都市文明的路又走不上去（工商不发达，都市无生产），就无出路可寻。于是自都拥挤在所谓军政学界。其饭碗竞争之激烈，未尝不是二三十年来政潮迭起一有力因素。乡村的负担入民国后便重于前清，几乎与年俱增，愈到后来愈重；亦无非为新知识分子愈充塞于都市，所谓军政学界不能不借种种名色强取之于乡村。初时乡村未甚破坏,尚可担负。入后乡村破坏愈甚,知识分子不独不能耐受其苦,兵匪骚乱亦受不了,走入都市者愈多;乡村竟成人财两空之势。而捐税敲剥仍有加无已,更遇大水大旱;"九一八"之变(北方各省受影响最大),"一二八"之役(南方各省受影响最大),于是就陷于大崩溃(从二十三年至二十四年全国经济景象最惨)。到此时减轻农民负担,救济乡村的呼声,乃遍于上下。中央为此特召集全国财政会议,督饬各省厉行废除苛捐杂税。据财政部报告,各省自二十三年七月至二十四年八月,已实行裁减者共计五千余种,为数四千九百余万元。实际上其裁减究竟如何,不得而知,但往前去,恐怕有加无可加之势;知识分子再不为社会求出路,其自身也唯有陷于绝境而已。须知大家都要吃现成便宜饭是不行的;终有吃塌了的一天。如今已到此时际。只有转过来,合力为社会求出路,就在社会出路中有自己的出路。果为社会尽一份力,社会哪里能负你。所谓为社会求出路,头一步只有尽力于复兴农业生产,求全国经济的复苏;跟着从农业引发工业,完成经济建设。这是中国社会唯一的一条生路,也就是知识分子的生路所在。质言之,社会的生路要在乡村求,知识分子的生路也要在乡村求。这条路,初去是难,但愈走愈宽。都市里过剩的知识分子,尽你不愿回乡,而形势所逼恐怕非回来不可。自从乡村运动提倡以来,知识分子回乡已见其端。但难关尚未打开,只待运动再开展,而后乡村愈安定,生活愈好转,到那时一切转过来,自然没有什么难了。末后,乡村建设完成,则乡村都市不分;知识分子与乡下人也不分。统观社会前后变迁,好像当初有意地将乡村子弟引出来;现在又送回去。当初若不出来,不行;现在不回去,亦不行。当初不出来,如何能洋化?不洋化,如何能与西洋文明接气,而引科学技术团体组织于中国？不洋化，如何能脱离乡村而逼成乡村崩溃？乡村不崩溃，如何能引起人注意乡村，而发动乡村运动？没有乡村运动，知识分子如何能回去，而建设新社会？一步一步相引而至，相逼而来，而结果是绕一个大圈，完成东西文明的沟通工作。

中国原来是一大乡村社会。中西相遇，引发中国社会的变化，此变化的结果就是乡村破坏。所以我们常说一部中国近百年史，从头至尾就是一部乡村破坏史。然在此大乡村社会中，知识分子跃居经济机构之外，其负担生产之劳者则无知识；即商人亦无甚知识（中国文化是经济与知识学术分离很远的一种文化）。乡村一天一天破坏，在农工生产者虽感痛苦，因无知识，不能说话。知识分子虽有说话资格，而未易感觉若何切肤痛苦。同时复以没有在乡村以外的一种势力，与乡村相对待，乡村意识不分明，自没有人专为乡村说话。所以乡村尽管破坏，却从来不闻人呼痛，也没有发生激烈的争执。然而到最近这些年农村经济大崩溃，实达于此破坏史的最后阶段；好比利刃直刺到命根上，到底不能不痛，这才呼声四起。虽说为时甚晚，**然而天下事大都不到最后不见转机**。到此才见转机，固甚惨痛；**然而转机就是要从惨痛中才得有**。散漫麻痹的神经顿得凝聚苏醒。痛极而呼的还是知识分子；因为在此社会中知觉最敏的还是他。

今所谓知识分子，便是从前所谓念书人。如我们所讲，他是代表理性，维持社会的。其在社会中的地位是众人之师，负着领导教化之责，很能超然照顾大局，不落一边。在辟建理想新社会的工作上说，他是最合条件不过的。因新社会的辟建，一定要能先知先觉，一定要用教育工夫（不过教育的内容，从前偏于人生行谊，此则知识技术的成分要重)。尤其要紧的在没有阶级立场,才能调整社会关系使进于理想社会。三条具备,所以他天然适当来做这工作。如果不能尽其天职,只顾自己贪吃便宜饭,而且要吃好饭,那便是社会之贼。今之知识分子其将为师乎?其将为贼乎?于此二途,必当有所抉择。这好像是一个道德上的问题,不能保其必为师而不为贼。在分析社会问题的时候,就不能作何论断。然而不然。中国问题不自内发,革命的不在多数被压迫剥削的劳力生产者,顾在少数可以压迫剥削他人以自了之知识分子;恰不能为机械力的解决,而必靠理性解决。其最高动力就在人类的向上心,可说原是一个道德问题。如果过去的知识分子没有向上心,早不会有过去的维新革命。过去既可有维新革命,今日就可有乡村运动。几十年来民族自救运动,再起再仆,再仆再起,虽或一时寻不出方向而沉闷,但并没有衰歇。那次运动无不以知识分子为前锋,决未看见其没出息。或为师,或为贼,两途果然分明,就可推断其走向乡村而无所难。以知识分子下乡不易,而虑及乡村运动前途者,似未能看到这里。

有人以为:军阀是中国实际上的支配者,不能除此祸根,则中国政治问题不算解决;而乡村运动似未能提出消灭军阀的办法。说军阀是中国的祸根,自然没有错。人人想消灭他,而总像是消灭不了;其实亦何难。凡事来有来踪去有去路;若问他怎样消灭,还须知道他怎样长起来。历史是最能启发我们眼光的。若从头至尾,将三四十年来大局变化统看一遍,则对此问题便可了然于胸。他并非传统存在着的东西;俗语称“封建军阀”,实有未当。在前清时,军权政权都是统一的。袁世凯练新军,所谓北洋军队经其一手造成。然而清廷说将兵权收回就收回(收归陆军部);再则让他退休，就得退休。一九一一年那次革命，何曾闻有军阀这句话来。军阀之有，实在从有民国那一天才有的。因民国的成立，是成立于各省都督联合之上。都督便是军阀的开头。我们说军阀就是指自己握有武力者而说。在此以前，武力属于清廷；在此以后，武力论理应属于革命团体应属于民国。然而革命则有之，团体则难言；民国则更难言。谁是民国呢？民国是谁呢？事实上还不落在某个人某个人之手吗？一大批队伍为自存计，亦须好歹拥一个领袖，据一个地盘；军阀割据之局由此而成。然割据之势虽成，军阀势力还不大。军阀势力是慢慢长起来的。就为政治上相竞争的各方面都要利用他；利用一度，势力增高一度。政客群来奔走其门，气焰自为之大涨。初时发电报说话，总先说："我本武人，不谙政治"，"军人本不当干政"几句话，后来也不说了。都被知识分子恭维的糊涂了。傲然以政府后台自居，而高于一切。这些事实都是我们亲眼见的。那么，军阀之为物；**与其说为传统势力，毋宁说为新兴势力**这句话，不单在一九一一年那次革命后是正确的；即在十五年北伐后的今日局面，不还是正确的吗？因为无论新军阀旧军阀，都是借着革命潮流才起来的。说军阀是中国的实际支配者，就近处看，自是如此。远里看，则知军阀也是被支配的，尚有一大势力高越其上。此绝大势力维何？那就是三十年来国内一时一时的思想潮流。武力虽强，独不能抗潮流。试看三十年前武力全属清廷，清廷有那样大武力，可曾抗得革命潮流来？袁世凯也唯能顺应潮流，才得据有中国；一旦背逆潮流，随即倒败。十五年北伐，北洋军阀如摧枯拉朽而尽。唯早迎合潮流者，能苟存。不是武力的制胜，全是革命空气吹倒的。**武力本身实无威灵，武力和潮流结合起来方有威灵；武力离去潮流，威灵便失**，其一起一落，皆随潮流为变化，无能久者。久而不败，莫如山西阎公。然他是一机会主义者，一识时务的俊杰，善于应付环境而已。所以军阀非脆即弱，何足言强？总结起来，支配三十年来大局的是潮流而非武力。

思想激流其力强于武力，此理也不难明白。人类本是用头脑的动物，武力不过等于拳脚之用，如何做得主宰支配一切呢？武力还是工具；脑筋中一转，武力随之转向。制胜于武力是末；制胜于脑是本。若得其本，何患于末。思想潮流在中国这几十年来，三年五年一变，不但古所未有，即外国也没有。盖此所谓潮流者，就是中国人对中国问题一时一时反应不同。中国人为中国问题所刺激，急切求一解决。初时望着前面像一条道，马上赶去，赶过去又不对。折而望着那面，又像一条道；赶过去又不对。屡试而不得其门，再仆再起，在前领导者都是知识分子。因为他有眼，他有脑。然而，本身社会构造微妙，外面环境瞬变不息，谁也看不准。所以一时有一时的朝向。其间一往一复，自有许多关系在。事后未尝不可发见其谬误；在当时却都能主宰一时的人心，从而左右武力，变更政局。自闽变失败，我们尝推断南京政府大约不容易倒了。这不是说南京政府武力更强固；乃是说闽变似在国民党共产党之间开一条路，代表一小小潮流；现在既不中用，再没有可以起而号召的主义旗帜。南京虽不是代表什么潮流，但在没有新的有力潮流起来之前，他没有法子倒；虽欲倒，也无人接替。单纯的武力是不配出头的。及今国际压迫严重，国人向心力强，也算一种潮流；南京之稳固可无待卜。但这决不足以解决军阀问题（可参看前讲《解决眼前政治问题的途径》一节）。**若想解决军阀问题，必须抓住潮流而善用之。**试言之如下。

照我们的认识，乡村运动是民族自救运动之最后觉悟；说潮流，他便是最后的潮流。近四十年间，民族自救运动总算起来可大别为一个前期、一个后期。此前期后期者，倒不是我们自成分段如此。特以西洋有近世的个人主义，又有最近的反个人主义；前后转变不同，其给我们的刺激也就不同，于是我们也就被动的截然有二期了。无论前期运动、后期运动，总都仿佛机械的反射运动一样，未有自觉的意识。方其造端经始，亦非没人看到其错误，预断其失败。然个人的先见可以有，社会则是没有先见的。当一世之人，心思耳目方有所蔽之时，要扭转得这社会的倾向，实有绝对地不可能。远从世界来的剧变，将这数千年历史长久不变的庞大社会卷入旋涡，而扰动发生的大转变，其波折往复有非偶然。我们以往的错误，或者一一皆是铁的。然而民族觉悟的时机，今天是已到了。自近年从经济上将资本帝国主义揭穿，一切欧化的国家——或云近代国家——是一个什么东西亦既明白矣。"欧化不必良，欧人不足法"，是后期运动在中国人意识上开出的一大进步。此时还要复返于前期运动，真是所谓思想落伍，谁则能从公等之后者？自前两年革命热潮过后，沉下来讨论中国革命问题，乃知补作中国社会史的分析研究工夫；今后之革命运动将非复感情冲动的产物，而不能不取决于理性。**要知今日已是被动于西洋的中国民族自救运动之终局**。前期运动过去了；后期运动过去了；再不能有第三期。就中国一面言之，一向懵懂糊涂，既没认清他人，又不了解自己者，由事实之推演，而逐步进于认识与自觉。就西洋一面言之，西洋戏法到得这一步，亦就穷了，更没什么新鲜的了！中国人学西洋，学到这一步，亦就完了，更没有什么可学的了；不觉悟，也会要觉悟了！今**后除非中华民族更无前途，即也没什么自救运动再发动起来；如其有之，新运动之趋向，将不能不从"民族自觉"出发。**

民族自觉的头一步，便是觉悟到乡村；从这一步就可以觉悟到一切。觉悟到我们原来社会构造的特殊，觉悟到我们不能不自有我们的前途；——虽然西洋的长处必要尽量地采用。十年来的乡村运动正是民族自觉的开端。无疑地，向前就是要从这里发展去，为一大潮流。过去潮流最强大者，当数一九一一年及一九二六年两度革命；那是破坏运动，当然急骤热烈。这是建设运动，便天然是慢工夫而要沉着用力，其潮流的起来不能很快，表面上也难见热烈情绪。进展虽慢，但是很稳；他是长久下去的（不似其他潮流三年五年便成过去），其力弥大而不形。你不要因为看不出什么来而轻量了他。所谓抓住而善用之，**就是乡村运动团体要守定在野的营垒，自己不操政权。这样，军阀自然可以消灭。**何以言之：

一、军阀自其产生以至势力长大，都是借着时代潮流和政治上的种种风气。一句话说，全是知识分子捧起来的。好像俗说水母借鱼虾为眼睛，知识分子若不帮忙他，他自己有什么好办法？从前长起来的，此时就可消下去。尤其有资望的知识分子，若真有心救国，最好不上台。因现在所苦就是上重下轻，社会太没力量。大家都上台，则社会愈空。坐在社会一面，隐持清议，比较自己任一部长亲理行政所贡献者要大的多。并且照我们所计划的，在野不徒主持清议而已。树立起来乡村运动的联合中枢，就隐然为此一大社会的总脑筋。果有抱负，非不能施展。即此是消灭军阀之道。

二、中国社会本来缺乏对立的两面；然而政府与社会、社会与政府，却隐然有相对之意。站在政府，便像脱离社会，所以代表潮流的必不可以上台。潮流上台，则失去社会基础，也就是失去其所以为潮流，反而无力量。此其中有一个要点，就是武力的关系。政府拥有武力，社会则讲理性。理性就是彼此能说话，所以同处于社会立场,情意很容易相通。武力则挡住人说话,所以政府与社会两个情意很难相通。试问与社会情意隔阂的时候,还算什么潮流呢?武力不但于社会是分着的,是对立的;更且武力与武力是分着的,是对立的(因为中国的武力天然不会成一个)。所以乡村运动团体,若守定在野地位则与社会为一家,而且其自身团体也可稳固。一旦上台,恐怕自己也要分家。就是自己不分家,也难免与其他政权鼎立。**谁若与武力结合起来,谁便陷身问题之中,不复能为解决问题的力量了!** 反之,抓住潮流;守定社会;潮流本是一大力量,超居武力之外,不用来解决武力,武力就可驯服。军阀就于此消灭。

三、大家说到要除军阀这一祸根,就仿佛他真是一个有根的东西,要斩除才行。其实他是无形之物,国家秩序建立,武力就范,军阀自无。军阀就是要用空气包围他,加以软性的压迫(最忌与之斗力)而化之使无;这是唯一的消除军阀之策。我担保中国军阀必可消灭;其消灭就是这样消灭,更无他途。

综而言之,中国现在是要从调整社会关系以达于新社会关系的建立;却不是要造成一不平等社会关系(阶级统治),将来再求平等。调整之道,先要稳住它,再徐徐调理它;只在顺乎自然大势的转变推移,而无须多少人为的造作。我们一面建立否认一切内战的理论,让国人在这一点上有个明确的认识(这是我们目前应做的重要工作之一);一面很斩决的不要政权,并让大家都晓得自操政权之无味。我们分析得很清楚,军阀不是革命对象,现在是没有秩序,而不是有一不平等秩序。我们绝对不承认有任何理由任何名义可以对内作战。中国此刻正在一过渡时代,只有大家各自小心谨慎,委曲求全,才可以渡过。中国社会问题不能为机械的解决,因为他原是从意识觉醒而来的文化改造,不是机械性的冲突。只有发挥理性去求解决，我们拒绝所有暴乱的行动。同时从乡村建设这个方向条理出大众的要求，而使散漫社会得一联系。上面不必要的分裂冲突消除，下面各方的了解与关系增进。一消一长之间，社会关系得到调整，便若有其意志可见，便自然有力量。唯社会有权，而后国权乃立。——这是和其他国家不同的地方。乡村建设运动就眼前说，其使命实在于形成一个社会意志，以立国权。在此以后，一切建设才可如飞地前进。我们也可以说，乡村建设需要一个机会才得进行；谁能开出这机会来呢？就是要它自己开出这机会来，更无其他力量可以替它开出机会来。乡村运动的最大意义正在此处；后来的建设尚在其次。

三　经济建设

在中国好像顶急的是经济建设，然而非政治问题有相当解决是谈不到的。所以讲过政治问题，现在来谈经济建设。要谈经济建设，须先谈中国近百年的经济破坏。要谈这个，那又须知道中国原来社会经济是怎样一回事（被破坏的一面），和西洋自近代迄今经济上的发展变迁（能破坏的一面）。我本是对于任何学问无一不外行的，像经济这样专门的东西，像上面这几个大问题原不敢谈；无奈事情急了，哑巴也会说出话来。我且以我所见，依次分说于下。

第一节　中国旧日经济的特殊

中国旧日社会的经济构造，既非封建社会的，也非资本社会的，实在另外是一回事。什么"封建残余"、"半封建"、"前资本主义"，都不能积极地表出其特殊面目。至于什么"亚细亚的生产方式"，那更讲不清。你要问我，我头一句告诉你，就是：后一两千年的中国文化在经济上已盘旋而不进；像近代的生产技术、像近代的资本主义经营，他永远没有达到的可能。第二句话：他生产始终靠人工而不会靠物理的动力；因为他走艺术的路而不走科学的路。

无论为农为工,你说他拙,他也很巧;但是艺匠的巧,而非科学家的巧。从而只能为零星小规模的生产。生产手段是分散开的,各人各家各自营生。这是中国社会趋于散漫的根本。第三:为行生产固然没有集合起来大规模经营的必要,而在生存过日子上面则有连带负责互相保障的伦理组织。如果资本主义的经济是生产本位的,这却是消费本位的。艺术而不科学,消费本位而非生产本位,这两点都是陷于盘旋不进的原因,也是他的结果。第四:生产技术不进步,就停顿在农业社会里,——永远是一农业社会。第五:商业虽然发达得很早,但因为始终不出一农业社会,农家生活总是偏于自给自足的;更加交通工具的缺欠,就保持了此一大陆社会的自给自足。第六:像这样的经济,最缺乏竞争的意味,也不堪与人竞争。至于向外侵略,更说不到了。他缺乏征服自然的威力,是他的短处,他不为经济而经济,而意在供给人类领略人生的条件,则是他的长处。这样恬淡乐天与世无争的民族,遇着以经济竞争擅长的西洋民族,就不得不失败而几乎无法自存。

第二节　西洋自近代迄今经济上的进展变迁

西洋人到东方来,就是为要通商而来。通常都说西洋是工业国家,其实不如说他是商业国家;因为他的工业是由商业引出来的,并且始终放在商业里来经营。所谓竞争、所谓侵略,都因为他是商业的缘故(非因其为工业之故)。中国这自给自足的大陆社会,就因为通商而起变化,而崩溃,而不能自存。西洋工商业所以有这样大威力,其实总起来说不外两个字:一个“巧”字;一个“大”

字。“巧”是说生产技术的巧,商业经营的巧、交通上的巧、金融上的巧等等。“大”就是在生产、在经营、在种种上的规模大、气魄大。若对照来看中国,恰好一切都是拙而且小。中国所以不能自存,也就在此。中国果欲图存,也就非往“巧”里去,往“大”里去不可。不过,其必须巧且大虽同,而如何进达于巧且大之途径不必同。西洋在经济上的进展变迁,仿佛可分作前后两时期看。前一时期所发达的偏乎巧,后一时期的则偏乎大。工业先进国是从巧而大。后进的国家则似要从大而巧。这就是因为西洋经济进步,先得力于个人本位自由竞争,科学技术的不断发明多半由此而来;及至欧战以后,乃转而讲保护干涉,讲统制计划。后进国家为要迎头赶上去,为要抵御先进国的竞争压迫,就不能不多运用政治力量。英国是工业最先进的国家,正好代表前一时期;苏俄于工业为后进,也就是后一时期的代表。说到大,以苏俄为最大,因为他是以整个国家来统筹一切,来对外竞争(巧大二者相联,本不好分,以上都不过是比较相对的说法)。

第三节　受西洋影响后的中国

中国自被西洋强迫通商以来,旧日经济就生变化而破坏;其破坏似也可分作前后两时期看。前一时期是手工业破坏而农业变质。手工业的破坏是因为外国货精美(巧)而价廉(大),再加上他们商业、金融、运输、外交、政治,种种有利的因素,就使土货无法竞存。然而此时农业还不错,并且因为他们要买我们的农产原料,所以农业还相当的兴奋。不过农产渐渐商品化,向外出口,改变了从前自给自足的意味。此时手工业虽破坏,还可以靠农业吃饭,以农产换来的钱买洋布洋油,农家的日子也还可以过。但就全局来看,则变化已非常之大,我们完全变成了人家的市场和原料取给地,而落于被支配地位不能自主;同时则生活处处要仰赖外国,离他不得了。后一时期是农业继手工业而破坏。显著的是一向依为出口大宗的农产出不去(最近两年我国农产品之输出贸易:二十一年之总指数,仅当十九年之百分之六二点九九;二十二年之总指数,仅当十九年之百分之四六点〇三),而反有大量农产入口(二十二年农产进口为四万万余元,二十年农产进口为三万三千四百余万元,均占每年入口总值之十分之三强)。这缘故是为有农产如丝、茶等项,从前外国没有讲求到,现在讲求到了,不必定用中国的;有的是世界不景气,不要那么多;有的是外国农业技术上经营上进步,生产过剩,倒输入中国来。再加上商业、金融、运输、外交、政治,种种不利的因素,就使中国农产无法畅销。于是农产卖价惨跌,农业生产力就被摧毁,而全国经济从根本上崩溃了。此时新式工业既未发达,旧手工业又已破坏。所余下的只有农业一条道;农业破坏还靠什么吃饭?就农家说,在从前时代,原用不着花钱买东西过日子,现在变得处处要用钱才行,而农产偏偏不卖钱,其苦痛实为前此所未有。全国经济原建筑于农村之上,工商百业悉随农业为盛衰。没有生产力就没有购买力,土货不出去,洋货进来也少,国际贸易在出口进口两面无不急剧降低(以民国十五年为标准,二十年进口为一二七;至二十二年降为五九;二十年出口为一〇五,至二十三年降为四〇;均减去二分之一以上),全国经济破坏景象之惨,无过于民国二十三年者(二十五年全国农产丰收,卖价也好,工商百业马上恢复繁荣,如响斯应)。这仿佛已到最后关头,是死是活,决于今后了！

归根来说，不外两句话：假若你当初不顺着他通商交换的路走，不卷入竞争旋涡，那守着从前老道路未尝不可自存，他也无奈何你（像丰收成灾的事断不会有）。但这一层是绝不会有的事，那么，卷入竞争旋涡以后，就非赶快由拙进于巧、由小进于大不可。在中国人自受西洋影响后，也何尝不想追踪西洋；但总不得放开脚步向前进的机会（主要的是为政治无办法）。在那前一时期，要赶还容易赶，而竟自错过了；到现在后一时期，巧者更巧，大者更大，敻乎不可比拟，简直压迫得不能翻身；要想翻身，真是难上难！

第四节　需要有个方针路线才行

在强烈的竞争下，只有进步与毁灭两途；——不进步就得毁灭。但进步怎样进步呢？没有方针路线，糊里糊涂地进是不行的，死用力气是白费的，碰运气是更笑话的。明眼人当已看出我们今日实无路可走。而有好多人全不看看环境，只顾喊生产教育！生产建设！生产！生产！仿佛大家都不晓得要生产似的。试问谁不想生产呢？农人不想生产吗？工人不想生产吗？商人不想生产吗？除了喊口号的先生未必真从事生产外，几万万的农民、几千万的工人、几百万的商人，都在那里并力生产。而无如环境不许，尽管并力生产，却只见生产降低，不见生产进步。在复杂曲折的问题中，原不是没有眼光空努力所能生效的；我们需要发见一个方针路线才成！

说到路向，仿佛不外个人营利自由竞争，和社会本位统制计划的两条路；两条路比较，我们似宜于后者。这不但因为我们是产业后进国，要这样才合于迎头赶上去的话；更要紧的是为外围环境不许我们走前一条路，此刻国际竞争之烈，苏俄是以整个国家对外，固不消说；即其他自由主义的国家，也莫不以国家权力统治内部，而为对外竞争作后盾。我们如果走前一条路，即不啻以我们零散的小农小工小商与国际的强大力量相竞争，焉有我们立足的余地？然而中国国家权力建立不起来，是过去二三十年的事实；如其明白过去并非偶然，则知今后便无可侥幸。所谓后一条路，又如何能走？现摆着的事实，要讲统治，第一，外国人为阻碍，第二，社会本身缺乏这条件（这样的组织机构）。空有理想，办不了事。经济上虽有其必要，政治上实无此可能。在各不同国度内，经济建设之所取径，将一视其政治条件（政治环境）为转移决定。凡要想解决中国经济问题的人，我以为宁以多分力量研究政治问题才好（同样地凡想解决中国政治问题的人，宁以多分力量研究经济问题）。经济问题政治问题同时通得过。才算是通了。一面通不算通。

环境所逼，需要我们走统治的路是很明的；困难就在社会本身和政府本身。因此，政府本当有方针的，而第一没有方针可见的就是政府。若论十三年改组，十五年北伐的国民党，不是很有主张的吗？而转来转去竟莫明其妙了（二十一年左派当政，陈公博也且说出中国还得走资本主义路的话）。统治之说虽曾一度高唱，究竟作不到（勉强作到，结果或者更坏）。做不到，则有方针亦不能表见。使国民党失去其理想，使政府失去其立场，都是事实使然，倒也不能责备谁。**大概政府天然没法有方针**，或者离开政府倒能有方针；中国的事就是如此的，可惜许多人看不到。所谓离开政府反倒有方针，就是顺社会自然的要求、事实的推移，未尝没有一条路线；只待我们认取，只待政府从而辅助进行。照我们以前的分析，中国政治问题的解决须待社会力量起来。这自一面说，正是为中国社会从经济问题的刺激自然要走上一条路，自然要有一种力量起来；自另一面说，则中国经济问题的解决不能靠政府，正也可见。有两点要请大家特别注意：

一点是经济问题政治问题在中国两下纠缠的特别紧；

一点是问题的解决都落到社会自身，而难靠政府。

这不为别的，这就为社会已崩溃到最后，问题已经问到根本，不能再从各方面分门别类来看。各专门家倒解决不了他们的问题（经济学者解决不了中国的经济问题，政治学者解决不了中国的政治问题，教育学者更解决不了中国的教育问题）；唯有超出这些分别，而当他是一个囫囵整个问题，从历史的转变可测其前途才可以。要有眼光能看通这问题，自然于各问题同时看通他。所谓一通百通；一处不通，就是全不通。同时也就为社会已崩溃到最后，一切都要从头做起，当然没有什么健全政治机构可以靠得住。虽不能多靠他，还是离不了他，不过不能以他为主。

我从前曾说过这个话：

> **中国政治问题必与其经济问题并时解决；中国经济上之生产问题必与其分配问题并时解决**；圣人复出，不易吾言矣，求中国国家之新生命必于其农村求之；必农村有新生命而后中国国家乃有新生命焉；圣人复出，不易吾言矣！（见民国十八年《河南村治学院旨趣书》）

这就是所谓一切都从头作起。所谓并时解决，却不是一下子解决，而是政治经济生产分配辗转循环，一点一点又一点地解决。这就是看通了整个问题后才说的话，读者也需看我全书才可明白，这里且不多说。

第五节　方针路线在哪里

上面说顺着社会自然的要求、事实的推移，未尝没有一条路线；只待我们认取，只待政府从而辅助进行。这条路线是什么？就是散漫的农民，经知识分子领导，逐渐联合起来为经济上的自卫与自立；同时从农业引发了工业，完成大社会的自给自足，建立社会化的新经济构造。分析起来，这里面包含几个要点：一、**非个人营利，也非国家统制，而是从农民的联合以达于整个社会的大组织；**二、**从农业引发工业，而非从商业发达工业；**三、**从经济上的自卫自立入手，以大社会自给自足为归，自始即倾向于为消费而生产**，最后完成为消费而生产，不蹈欧美为营利而生产的覆辙。我们慢慢来说明这意思。

我们动辄要讲经济建设，其实八十年来通商的历史，将我们卷入竞争旋涡，到现在差不多没一点不受世界的牵掣与影响，没一点不受国际的威胁与压迫，在经济上我们完全成了被动的、附属的，处处难由自己作主，同时在政治上又缺乏统一的国权，哪里能自由自主地去建设一切呢？此刻不过在强暴摧毁下力图自保，在严重压迫下力图翻身而已。说经济建设，未免口气太大。我们不要从主观方面设想，我们先要来观察审度四周的情势。

第一，要看在外力压迫下哪个地方比较松缓，多少还容我们喘气；

第二，要看哪个地方要求喘气最急切；

这是从我们自己一面说。

第三，要看哪个地方比较有自保可能，有翻身可能。

第四，要看有没有从此翻起身来的路子。

从客观形势中发见了一线之路，再从而设计规划尽可能地加工夫来完成它。——我想这就是最善的努力。

甲　农业所受压迫比较和缓

第一，在外力压迫下哪个地方比较松缓，多少还容我们喘气呢？如果这样问，我们可以回答：比较还是农业。本来国际经济竞争我们农业工业是普遍都感到压迫的；然而比较上农业终不同些。这一面固由工业先进国嫉妒我们工业起来和他争回市场，而于农业尚可放过我们一步（如所谓"农业中国、工业日本"，他希望华北棉产发达，而不愿意纺织业发达，即其一例）外，主要的还是为农业与工业根本是两回事。大约在资本主义营利的生产之下，有两种情形必须知道的。一是工业抑压农业的情形；二是农业上竞争和缓迟钝的情形。此可从三层来看：

一、工业为无机生产，农业为有机生产。在无机生产上，人的控制力大，受自然的影响小；在有机生产，则人的控制力小，而受自然的影响大。水旱风雹的问题、自然节候的期待，就使得农业不如工业好发财。投资的人就投向工业而不向农业；人随钱走，也都走向工业而不到农业上来。

二、土地没有资本那样活便，容易集中为大量资本，土地不容易集中为大段土地。而进步的生产技术总是要相当大规模；这也是农业进步受限制之一因。又土地私有，在农业上就发生业主佃户的事情；在资本私有的工业上却无此事。业主佃户各都没有改良土地增加生产的热心；因此农业就在租佃制度下不得进步，有时且不免退步了。

三、无论农业工业，要为营利的生产，都须借着工资劳动；然而在农业上对工人的管理监督，对工作效果的考查测定，远不如工厂对工人那样容易。那么，借着工资劳动来赚钱，也就不易了。

总之，商品生产而不能适应市场，生产手段私有而不能活便利用，工资劳动而不易监督考较，在资本主义下农业是种种的不利，乡村是种种的不利。要想农业工业为平均的适宜的发展，要想乡村与都市为均衡的自然合理的发达，必须在推翻资本制度之后。

所谓农业没有像工业那样激烈竞争的情形，从两点上可以见出。一是像工业上大规模经营驱逐小经营的情形，在农业上是没有的。在学者间还有大经营小经营孰为优越的争论，事实上小规模经营在许多国家也普遍的存在着。一是像工业技术那样不断地发明改良，很快地进步，在农业上是没有的。即或有新技术发明出来，也不易就被采用，所以农业技术进步要慢得多。大概有许多条件，一面固然不容易让农业进步，一面也让农业不容易失败。总之，农业经营彼此间的竞争是和缓迟钝的；也不能从竞争而刺激它由拙进于巧，由小进于大。

所谓中国农业工业虽同受外力压迫而农业较松的，如上面所讲农业上竞争和缓迟钝，自为其有力的缘由。我想其中格外有力的一点，就是农业生产总含有自给的性质（虽说自通商后慢慢都商品化了，而天然地仍要保持大半），而中国自耕农又相当得多，最富于勤俭精神。生产了为自己吃用，便已超出商品竞争之外，任你外货怎样价廉物美，对我也压迫不着。工作上的勤劳周到，过日子的俭约耐苦，虽受压迫也能维持。在工业上就没有这么大的伸缩性。尤其因为有外国得在中国设厂制造之例，他可以就近取原料并利用廉价的劳工，在我受逼实在太紧。彼此同开纱厂，一个资本大、一个资本小，一个技术巧、一个技术拙，则那小纱厂趁早不必开。这是很显明的理。

但中国农业受压迫较松，更有一层巧道理在。那就是上面所讲工业抑压农业的道理，为反面的使用。论理中国这农业社会被卷入世界资本主义潮流中，也应当跟着资本主义化，工商业兴起而农业衰落。资本劳力都应当走向工业，走向都市才对。然而八十年来此趋势并不十分显著，尤其到最近几年，银行家都愿意向内地农村放款，不是很奇怪的吗？这就为国际竞争借着不平等条约阻碍了中国工商业的兴起，同时亦就阻止了中国之资本主义化，**好像给中国农业作掩护的样子**。这样，恰好给中国农业留下一点活动余地，真是很巧的事。上海等地方许多过剩资金，专作些交易所和地皮的投机生意，而不能用到工业生产上，完全为正当工商业发达不起来。此时转向内地农村，也是反逼出来的。假若像欧战期间那几年中国工业蒸蒸兴起，则资本早奔向那面去，而不会到农村这面来。颇有人以为中国农村的合作事业由银行家来提倡，是开世界之创例。这诚然是创例；然而若非国际竞争限制了中国工业，又何从开这创例呢？归结一句话，中国的产业虽一般都受外力压迫，而农业比工业较为轻松，不难抬头。

说到这个地方，我想讲一段近乎题外的话；这段话在我心中却是很重要的。就是当我把中国问题想通了的时候，让我有一个与众不同的见地和感想。帝国主义以不平等条约和种种经济手段，对于中国的竞争压迫，杜绝了中国工商业的兴起，使中国免于资本主义化，这真是非常庆幸之事，我愿谢天谢地。我不否认他们重重压迫，几乎致我们死命；可是八十年来极容易走上工业资本之路的，竟得幸而免，不能不说是食他们之赐。这样，**才留给我们今天讲乡村建设的机会**。要不然，像俄国那样，形成一个半通不通的工业国家，最适宜于发生共产革命；那么，我们今天就不能讲乡村建设，而得讲共产主义了！幸好几十年来虽受西洋文明的影响，引起中国社会剧烈的变化，但到底还是皮毛，没有达到骨子里边。只是沿江沿海变了些，而内地乡村则未大变动；观念习俗变而经济事实则未十分变。社会破坏崩溃确甚严重，**而新路子到底没走上去。苦就苦在这里；好也好在这里**。假若经济事实变了，则整个变了。假若新路子走上去的话，就再回不来，再也不能去走我们理想要走的路。这真是非常重大的关键。（现在受西洋影响最大，真成功工商业社会的是上海，上海实是将中西弊恶汇合为一，最要不得的地方！幸亏中国只有一个上海而未完全上海化。）

乙　农业破坏最不能忍受

第二，不但从外面看，我们农业所受的威胁压迫较为松缓，还可以活动；更且就中国社会本身说，也因为农业关系太大，痛痒太切，不堪压迫，要求喘气活动最急。本来我们缺乏工业，最急需的是工业，工业受限制应当最受不了。然而不然。工业是进一步的要求，农业是活命的根源。原来的农业底子若被破坏，便无活命。自近年农产输出锐减，同时倒有大量农产入口，中国农业继手工业而破坏,影响百业,牵动全国,因之救济农村的呼声四起,成为全国各界普遍的要求。上海为中国经济总枢,金融机关从上海分布到内地,更仿佛神经系统一样,对于此中线索关系知之最清,前途利害危险看得最明。所以他们主张救济农村最早。自二十一年度后的中国银行营业报告,年年都提出这话来说。其金融界领袖著论立说的也很多。兹引录一段于左:

沿海各埠,如津、沪、港、连等处,专代内地各埠进洋货销土货;而上海一埠,因得地之利,及外货聚集的关系,渐次成为全国的金融中心;内地各埠,则处于大小金融支流的地位。依洋货土货的进出,及信用贷借的组织,使全国金融有一种季节的流动。往常每年如四、五、六三个月,因皖、赣、湘、浙、闽等处的茶,苏、川、汉等处的丝,北方各区的小麦,及八、九、十三个月全国各地的秋收上市,在这两个时期,金钱照例是由上海流到内地各支流,由各支流再分送到各乡村去收买农产,于是金钱乃散到了乡村农民的手中。而乡村的农民,除了蔬菜及食粮等可以自给自足外,还须多多少少购买布匹、砂糖、杂货、海味、五金、棉纱、煤油、药品、纸烟、面粉等物。此种货物的分配径路,最先是由通商大埠如上海的号家,向进口洋行或厂家大量买进后,分配于各地客帮或批发商;批发商及客帮,则分配于内地城市的大商店;内地各城市的大商店,一方面门市卖出,一方面又批发于各乡镇的零卖商;复由各乡镇的零卖商,乃分配到农民的手中;所以乡村的金钱又渐次流到通商大埠。如是一往一来,乡村与都市的金融,常是流通不息;而且这样一往一来的中间,多数是利用“信用”两字。而利用的方法,大约可分为三种:一则上海的银钱业对于内地的银钱业,给予信用往来及长期往来,或自己在内地开设分行;例如镇江、杭州等处的钱庄,每年接受上海的银根,总在五六百万两。即如宁波钱业,往年也放账到汉口等处。一则上海的号家,每年对内地客帮及内地批发商,也放出不少款项;例如本埠糖号、纱号、杂粮号等每年也放账于内地,多者每家达数十万两。一则纯用赊欠方法,无论外埠内地,互相利用期票,或十天或半月或一月,上海如此,其他各埠亦然。因是洋货与土货的一进一出,乡村与都市的金融乃川流不息;而进出两方的或多或少,就成为各地对通商大埠汇价高下的基准。……无如最近数年以来,西北苦旱之后,继以长江流域空前的大水灾,乡村已陷于困苦的境地;加之丝茶以及各种土货受外国经济恐慌的影响,出口一落千丈,金融已不能再往内地输送,而洋货则反纷纷向内地侵入,内地的金钱,更不得不向通商大埠流出。而通商大埠因感觉内地资金存放的不安全,不但不能充分放往内地,且渐次紧缩信用,纷纷从内地收回;例如宁波钱业,民初放账至汉口,自民十五年以来,已顺流而下,不复放出。去年以来,各埠对汉口皆大事紧缩,以致汉口钱庄多数不能自立。他如通州、扬州、镇江、蚌埠等处,每年吸收上海银钱业之信用款项在数百万以上。单就镇江一埠而言,在民国十六年前,镇江钱庄有三十余家,每家账面以极少论假设为最小三十万两,全埠已有九百余万两之巨。但镇江并没有大工厂及大商业,镇江市面当然吸不了许多银钱。所以北达里下河清讧,西达汉口,皆有镇江钱庄的放款。而镇江又何来如许巨款?就是仰给于申苏。可是自民十七年以来,对申苏的信用已欠灵通,及至去年长江大水，镇江钱业的各埠放款当然不能收回，而申苏不但不能接济，更从而大催欠款；所以镇江的钱业断了申苏的信用线索就不能支持。此不过举其一例，全国其他各埠，莫不如此。因是通商大埠既对内地各都市收缩信用，内地各都市对各城镇也紧缩信用，各城镇对各乡村也紧缩信用，所以现金就渐次集于通商大埠。内地现金只有流出，通商大埠只有收进，乡村与通商大埠的现金，就呈了分配极不平均的现象。

一方贫血，一方充血，血脉既不能自由流通，就是一个很大的病源，其余的病症，乃因而丛生。

此文所述，多为南方情形，其实北方正也同这一样。记得二十一年北平天津一带，现洋比钞票价低，每万元相差达五十余元之巨。此事乍看甚不可解，只有钞票抵不得现洋的，哪有现洋抵不上钞票的。市面商家甚以为苦，曾由市商会去公函询问银行公会是什么理由。银行公会函复所说：第一层就为内地农产减少，现洋就不向内地走；第二层内地生活仍须购求外货，内地现洋因之流出；第三层内地天灾匪患，稍有身家者多迁居都市，现洋也随之而出（见二十一年七月三日北平《世界日报》）。这都可以参互证明。

据查上海一埠，中外银行所有现银，自十七年底之一亿七千一百万至二十二年底之五亿四千七百万，五年之间增加三亿八千六百万元。由存银过多，而通货膨胀、信用膨胀；然转过年来一九三四年，美国收买白银，国际银价抬高，上海存银一举而转输国外，又变为通货紧缩、信用紧缩了。因此，二十三年前是现洋奇贱，二十三年后是现洋奇贵，完全是两个情形；而其给予全国经济之痛苦与损害则一。尤其白银外流，举国惊慌。然其总根源就在农业生产力破坏,内地农村与通商大埠之间收支不相抵,现银涌流外埠。但此内地对外埠之入超而不得不以现银抵付,实际是中国对外国之入超而不得不以现银抵付。现银囤积上海外国银行,即与出国无异;其因国际银价高涨而外走,不过一种移动,命运早决定于农业破坏之时。我们现在不是谈金融,而意在指点农业破坏影响一切,是中国的生死问题。头一个受影响的是商业;因商业,不外将农产土货运出去,将洋货贩进来。在此大农业社会中,生产是靠农民生产,消费也是靠农民消费。自民国二十年后,入口随出口而年年降低,正为购买力随生产力而降低。出也不出,入也不入,尚何有商业可言。金融业是随着商业的一种周转流通,当然随之陷于绝境。至于工业外受国际工业的压迫,再遭受国内这样风险,当然也就完了。交通业要亦如是。试举一小例:山东长途电话局的营业,在每年棉花交易时则收入旺盛;二十四年棉花因旱歉收,电话局都受影响。如此之例,随处可见。像军界、政界、教育界,更是靠农民吃饭;等到农民没有办法,大家一起不了,救济农村的呼声四起,就表示在这个地方急于要求喘口气,不堪压迫了。

还有更直接的,是农民若没饭吃,社会秩序简直不能维持。二十二年丝价惨落,江浙蚕农都陷于饥荒,素极富庶的无锡湖州等处,皆发生农民抢米风潮,无法弹压制止。对于农村经济不想根本办法,今年混过去,难说明年不出乱子。再从入口货上分析,不但农产占大宗,农产中又以食粮占大宗(《社会经济日报》一卷九期《农产品对外贸易与中国农村经济》一文,分析农产入口者以弥补食品不足为主,输出者以提供原料为主)。近数年洋米输入,每年在二千万担以上,据国际贸易局报告,二十四年度进口商品以米谷居首位,较上年增加百分之五十二,小麦输入也较上年增加百分之二十二。当此国内购买力低落，商品输入多半减退之时，谷麦进口反而激增，可见中国粮食问题之严重。所谓“民以食为天”，问题之急，莫急于此。

丙　要凭借农业谋翻身

第三，从外面说压迫较松的是农业，从本身说最不能忍受压迫的是农业；那么，农业究竟有活动可能不呢？有翻身可能不呢？如果这样问，我们可以回答：农业是比较可以活动的。因为我们在农业上根基厚，要翻身，这里比较是个凭借。头一样，工业生产的要件是资本（指机器及一切设备）；农业生产的要件是土地，土地在我们是现成的；资本是我们所缺乏的。第二样，工业生产需要人工少，农业生产需要人工多。人工在我们是现成的；工业上所需动力是不现成的。第三样，工业生产需找市场；不要说国外市场竞争不来，就国内争回市场来说，一则适值中国人购买力普遍降低，二则正在外国人倾销取策之下，恐怕很少希望。农业生产极富于自给性，当此主要农产品还不能自给时，似乎不致像经营工业那样愁销路。总之，当前的问题，既在急需恢复我们的生产力，增进我们的生产力；而农业与工业比较，种种条件显然是恢复增进农业生产力切近而容易。中央农业实验所有全国稻麦棉三大项自给计划，固然这问题不是单从农业技术上可以解决的，然而要自给亦实在不是一件难事。即以棉花为例，自经提倡长绒棉，不过二三年，而棉田棉产增加已有可观。

国内棉产，自二十年之6,399,780担之低数上升，至二十三年达11,201,999担,三年之间增加4,802,219担,约为175%。(《社会经济月报》三卷二期《民国二十四年棉业之回顾》)

据本次调查,全国主要产棉之十二省,除浙江外,余均大增。若河北、山西、河南、陕西、安徽等省,棉田均为近二十年之最高数。总计全国棉田较上年增百分之五十七,增率之大为近年所罕有。据估计,各省棉产均较上年大增,计湖南七倍,山东四倍,湖北、河南各三倍有余。全国产额计16,479,149担,较上年增加一倍。(中华棉业统计会《二十五年全国棉产第一次估计报告》)

本年第二次估计,比较上年第一次估计,棉田增5,273,599亩。比较上年最后修正,棉田加3,987,024亩,棉产723,717担。棉田面积,殆为历年以来之最高数。如此后天气不告恶劣,则最后实收,也将有造成最高纪录之望。……本年棉产增加,纯为长绒,在纺织上关系甚著。因近年国内棉产不足消费所需,供求相差甚巨。兹者产额加多,供求差额自可稍减。再国内纺厂销棉细绒渐增,国内细绒最缺,在目前美棉价格奇贵之时,国内物产因需求关系,所受美棉之引力甚大,致在过去一二年间,纱花价格间之差率日趋扩大,形成纱贱花贵之象,棉业最大痛苦,实由于此。本年长绒棉既告增产,则今后国内棉市所受美棉引力,自可减轻。纱花价格所造成之巨大差数,或将因国内棉收,尤其是长绒棉增加而渐趋恢复其原状。(《社会经济月报》一卷九期《民国二十三年八月棉业之回顾》)

此所增棉田(二十三年),悉属长绒棉种,可知其为提倡之新成绩。稍一用力,便得如此;好似体格魁伟的大汉,在病中没有力气,但其力气若恢复一分,此一分就很大。若从工业上求增加生产,断没有这样快;一则根基厚,一则没有根基,大不同也。天下事最好是因其故然,因势利导;最怕是舍近求远,格外造作,那最容易出毛病。眼前明摆着的情势:

一、非一面求主要农产品(稻、麦、棉)之自给以减少农产之入口,更一面增加农产原料(丝、茶、桐油)之输出,无以抵补国际贸易之入超,无以平衡内外埠间之收支,而稳定大局,活泼金融。

二、非整顿农业,广行垦殖,不能养住这许多人口,不能解决粮食问题。中国工业既不能像苏俄那样整个由国家来作,则不独不能济目前之急,为多数人解决生活问题;而且走入个人发财歧途,去均平益远。

三、非以农产出口换回来进步的生产机械,则此农业国无从过渡到工业上去。翻身在工业,而凭借以翻身者则为农业。

四、最后一大要点,**非农业生产者(农民)不能走联合之路,而非联合即无以求经济上之自卫与自立**。前既言之,产业落后的国家大概要从大而巧,中国即不能用政治力量将整个社会合为一体如苏俄,亦万不能再任其分散各自为谋互不相顾;至少要尽可能地彼此联合起来以求经济上的自卫与自立,逐步地进于大,逐步地进于巧。工业若非国营,便天然从个人营利的路往前走,那只能使中国人分散,不会使中国人联合。营利就要竞争;营利而要同业讲联合,其中实有矛盾,终不能成功。例如山东煤矿业感受抚顺煤之压迫,而有合作公约之订定;又全国火柴同业亦以外货之压迫,而有火柴同业产销联营社之组织。暂时也许是一种维持之策,前途决难行之久远,决难形成一种制度。要讲联合,只有农民能联合;因农民是要生活,不是为营利。合作制度是经济上弱者的自卫,农民最相宜,工人有些处也可以,资本家却不适用。农业比较缺乏竞争性,也不能从竞争刺激其进步,农民尤不善于竞争。要想农业进步,要想农民有出路,只有合作一途。所谓进步,无非是达于巧与大。工业好像由巧而大——因竞争而技术日巧,同时规模亦大;大规模经营驱逐小经营,以吞并而更大。农业竞争不烈,彼此吞并不了;那只有借着合作而大,由大而巧——规模较大,便能采用较进步的技术。这恰好是两条路。**一是只知有己,不顾旁人;压倒旁人,护张自己。一是肯定自己,同时也承认旁人:"人人为我,我为人人。"**这并非尽是哲学上的不同,而是其势不得不然。试看:工业国家所以救济其农村的方策,在其农民的合作;农业国家(如丹麦)所以立国之道,在其农民的合作;即以共产为旨归的苏俄,其入手处也要促进其农民的合作。农业农民实与合作有相联之势,工业资本则与竞争不相离;这是千万不要忘记的。

在经济竞争压迫下,中国人即不能一下子合为一体以对外,亦得扭转分散之势,而走向联合里去。不然,只有灭亡。说到生产,**亦要联合才能生产,说到消费,亦要联合才得过日子。而说到生产者是谁呢?那就是农民。说到消费者是谁呢?那亦是农民。所以第一要靠农民的联合;**其余的人不是为数甚少,就是不事生产,在经济上没大关系。那么,我们如果认定非联合不能图存,则非凭借农业不能翻身也就可以明白了。

丁　从农业引发工业是我们翻身之路

第四，从外面看农业受压迫较缓，从本身看农业关系太大，痛痒太切，要求喘气活动最急，而同时农业又极有活动可能，似乎不难从这里缓一口气。这是如上已说了的。但是仅能缓一口气，苟延残喘，殊非我们的要求。我们的要求是翻起身来达于进步的健全的经济生活。那就必须有进步的生产技术（巧），社会化的经济组织（大），而其关键则看能不能工业化。因此要问，我们尽力于农业，其结果就在农业上呢？还是很快地很自然地引发工业？假使结果不在工业上，便非翻身之路。然而我们可以肯定地回答，**尽力于农业，其结果正是引发工业；并且我敢断定，中国工业的兴起只有这一条道。**

须知我们口说恢复农业生产力，复兴农村，而其实旧农业旧农村是无法恢复的。农业在今日亦是只有两途，一是毁灭，一是进步。譬如养蚕，蚕种一定要更换，养蚕的设备也不能不采用新工具，烘茧缫丝都非新法不可，同时经营规模一定要大。又如小麦，为适应面粉厂需要，品种就得讲求，并且货色一律，大量供应才行；那在技术上经营上显然非变不可。总之，进步而后存在；果能存在，必已进步。而所有进步的技术，没有不是科学化的，没有不是工业化的。因此在农业前进程中，许多工业自然相缘相引而俱来。例如从土壤肥料等农业化学上问题，而引出化学工业，从农具农业机械农业工程，又引出机械工业等；从农产加工农产制造，也将引出许多工业。诸如此类，都是相因而至的。更要紧的是生产力抬头，一般购买力从而增进，自有许多工业因需要之刺激而兴起。换句话说，**就是从农业生产农民消费两面来刺激工业起来**。我们不要直接来办工业，**要先制造出工业的需要来**。直接的力量是最小的；直接去作是最笨的。从农业引发工业，更从工业推进农业；农业工业叠为推引，产业乃日进无疆。同时也就是从生产力抬头而增进购买力，从购买力增进而更使生产力抬头；生产力购买力辗转递增，社会富力乃日进无疆。这是真的自力更生；**环境逼着我们只有这样自力更生**。

以上是说我们尽力农业，则工业自有随之而起之机；还没有说明工业怎样建立。此时我们须补明在农业技术前进程中，早有一段合作运动在。因为要合作才能大，要大才能巧。农村的复活，是全靠合作的。那么，一面有了工业的需要，一面布置了合作的根底，**抓住需要不予放过，而以合作方式经营之，工业就于此建立**。譬如农业生产上所需要的肥料工业、农具工业、农产制造，那一样不可以在农民合作组织之下来进行呢？规模大的就在合作组织大联合下进行，像日本农民用的肥料，就是全国购买联合会来供给。其供应农民消费的那些工业，有好多其原料就为农家所自有的生产品，那就更方便，**可以自己现成的劳力加工于自己现成的原料，满足自己的需要**。食用品如面粉，就不用购之面粉厂，而合作社自营面粉厂，又如衣用品仅可以从羊毛棉花的生产到纺纱织布，统置于农民合作自营之下。有些工业，可不由合作社经营而由地方团体经营；有的更由国营。在合作运动相当成功之后，地方自治体一定是健全的；地方自治成功，国家政治机构也必健全，总之，经营工业的主体不要落在个人身上；**中国工业的建立，是要建立在非营利之立场的**。中国工业如不采这方向，不独重蹈人家覆辙，而且根本就不会成功。这个世界里，早没有留下中国人营利的余地。唯有不为营利而生产，超出竞争的旋涡，那么，就是他像倾销也不相干；这样才立得住脚。果然认明前说的“环境逼着我们只有这样自力更生”那意思，则于“农业工业叠为推引，生产力购买力辗转递增”，其中一步一步势将归于不营利而后已，亦就可以明白。

以上是说中国工业从时代环境将必建立在为消费而生产的原则上，还没说明此中有其自然能成功之势。其所以很自然就能成功的，有几点可说：

第一、农村劳力过剩，自然要用到工业上来；照金陵大学卜凯教授估计，中国农人一年中工作时间约在一百天左右，即全年三分之二是空闲不生产的；戴乐仁教授也曾估计：“十五岁至五十五岁的农村人口中，每年至少有五千五百万人无形的失业。”这就为单靠农业为生，而农业有一定季节，其余时间都不能利用。同时单靠农业，所生产的太有限，遇有水旱虫害更不啻坐以待毙。再则从许多的研究估计，大致都证明中国人口繁密，可耕地少，每人匀不到几亩地。所以非使农民兼事工业不可。一面生活不足，一面劳力有余，两面相迫，其必出于兼事工业一途，固属自然之势，但也总要人指导。华北工业改进社即本此旨而成立。不过直接倡办乡村工业，还是太笨，难得收效。必须如我所说，先制造出工业的需要来，同时并且布置了合作的根底，则乡村工业自必勃然而兴。

第二、工业所以难兴起，一是难于资本，二是难于市场；但于此则资本市场两不为难。因先有了需要再办工厂，所以市场不为难。资本除机器设备是必需的外，所有为开发工资、购进原料、出入运输、一切垫办，都会因劳力现成、原料现成、运输省事（原料近、销路近）而减省好多好多；所以资本也不为难。如此则随着农业，不是很容易地工业就起来了吗？中国自通商以来，整个成为外国工业的市场;欲图翻身,必须渐次收回。如何收回呢?**如果要从竞争市场而收回市场是不行的**。必须一面开出消费者的购买力来,一面将消费者联合在一起;抓住他生活上对于工业品的需要不予放过,而以合作方式经营工业。这就是所说由农业引发工业,生产力增进购买力那条路,**步步为营,一步一步扩充我们的防卫线,一步一步地收复失地,最后完成一个大社会的自给自足**。超开竞争而打倒竞争,这才是中国发展工业最顺利的路。

第三、近年正有工业要移向内地来的趋势,也大可作一证明。民国二十二年中国银行报告上论及面粉厂纱厂,一再地说内地各厂营业较胜于津沪汉各埠,而认为要移向内地设厂。南通纺织专校出版之《杼声》亦说,在南通的大生纱厂,机器较旧,种种不如沪上各大厂;然而因为设在内地就可维持。二十三年纺织学会在济南开年会时,也有同样意思的提案。凡此都可见出趋势是如此;而其理由呢,大要有三点:一是接近原料产地;二是接近消费市场;三是工人易于训练管理,工作效率较高。这所论的自然还是资本主义的经营;然而若再进一步,也就到了为消费而生产吗?至少从这种趋势证明了像我们提出的主张很自然地可以做到。

第四,工业向乡村分散,农业工业相结合,都市乡村化,乡村都市化,这许多本是世界的新风气新理想。其中实含有人类自然的要求。可惜他们工业先进国已走入歧途,返回头来很难。像我上面所说的,其路向所指正与此吻合,实在很顺地——可以作到。在他们原初为向海外取原料,向海外争市场,自然集中在海口水路交通便(利)的地方,或者产煤的地方。我们则原料在内地,劳力在内地,消费需要在内地,同时复可利用现在工业界所发明高压电使电流远送到数千里的各地(周围五百英里以内)以为动力,自然不会集中的。有人主张布置工业网之说：

> 一个大工业中心孕有许多小工业中心，小工业中心更孕有许多更小工业中心；如此一层一层地相联，直至渗入最小社会细胞的农村为止。农村工业生产不足的，济之以次大的工业中心；次大工业中心不足，再以最大中心之工业生产济之。如此一层一层把全国造成一个严密的工业网。（《河北省立工业学院学报》，二十四年第二册；郑统九著：《中国工业建设路线之商榷》。）

我想这也许是将来会要计划到的罢。

戊　总结上文

现在总结上文而提要申明我们的意思。我们这条路线，与其说是主观的决意，毋宁说由于客观的认取，而恰符合于主观要求。我们认出中国眼前无论从哪方面来看，头一步必定是在农业上想办法。这是自然之势。同时也是非常之好的。其所以好，一是农业生产偏于自给；一是农业生产者容易联合。这就是两点最好的倾向；从这里将自然地走向人类经济之正当途径——为消费而生产，经济生活社会化。联合是经济生活社会化之端，自给是为消费而生产之端。其实也不必这样分开说。因为自给与联合二者互相关联。唯其自给，所以容易联合；唯其联合，更倾向自给里去。因此造端于农业，其前途就一定坦荡光明。

还有，农民原自然容易联合的，而国际经济竞争的压迫，和国家保护力量的不足，更逼着中国农民非彼此联合不可。这又是自然的趋势，也是非常之好的。因为农民正是生产者兼消费者，在中国社会占最重要部分，也是最大部分；以其一向散漫，力量单弱，不能不失败，整个中国随之沉沦。果然此最重要又最大部分的农民趋向联合，不但竞存的力量加厚，翻身可期，同时那也就是中国人的社会关系将一天一天增进而调整。在经济问题的解决中，实以调整人的关系为首要；其次才是人对自然的问题。似此联合之机当真不容放过，一定要从这里做工夫，以为解决中国经济问题之根本。何况说到人的关系，在中国就病在散漫，而矛盾冲突并不重；又当社会崩溃之余，缺乏强大统治力，舍一步一步联合外，更无他途呢？

这样，我们所走的路，就显然与西洋近代国家所走的路不同了！西洋近代是从商业到工业，我们是从农业到工业；西洋是自由竞争，我们是合作图存。其实，也不必这样分开说，**重要关键全从一个地方分：工业是随着商业起来呢，还是随着农业**？一切的命运都决定于此。归结都在工业未尝有异，然而在经济制度上完全不同了。什么叫方针？方针就是看定了向一方走，怕摇移，怕多，怕乱。我们并不反对工业，但我们反对时下一般爱谈工业自以为看重工业的人。他们于明摆出的方针不能认取，其所说工业实不外商业的工业（假使不经过农业径直可以有非商业的工业那是很好；但恐无人能指出其实现的途径），将不免以人们的糊涂而扰乱了自然趋势，那就太可惜。他们盲目向商业的工业路上走，结果走不通而回来倒是小事；最不好的是妨碍了中国社会关系的增进与调整；次则减杀全国一致猛向农业迈进的精神，不得赶快开出新局面。

向商业的工业路上走，民族工业资本断不曾因之有何成功；而中国社会关系的增进与调整则不免受妨害。病在散漫的中国社会，今将如何增进社会关系是第一大事。要想增进社会关系那就必须避免个人营利，以他人为手段；必须避免彼此竞争，造成偏颇集中之势；必须避免阶级分化，增加社会间的矛盾。中国自受西洋的影响处处不免商业化，社会关系日恶；虽阶级分化未成，而偏颇集中之势已见；贫者益贫，富者益富，人才钱财充于都市，而乡村衰蔽无人问。唯有大家转向农业也就转向乡村，才得转向均平而挽回乖离之势。若向一般人所说的工业（商业的工业）走去，是不是将破坏此方针使社会关系更难调整？很显明的，如果我们尽力农业，可使多数人有饭吃。而像所谓工业呢，能养活几个人？如照我们所说，从农业生产力抬头而开出的购买力，其所需要一定是大量的生活必需品，其应于此需要而起来的工业，也就是国民经济上所必需的工业。不然的话，像今日多数人购买力开不出来，只落少数有钱的人有购买力，其所引起的工业又是什么工业？恐怕不过是味精、暖水壶之类吧！总而言之，这完全是两条路。国人必须认定一个方针，不要徘徊，不要乱。一般人都是在资本主义路上徘徊，既没眼光，又没志气。须知中国非走新鲜的道不成，不要走人家走剩下的道！

我们这里所说工业散到乡村，和日本近些年所提倡工业到乡村去是不同的；和国内如马寅初先生等提倡乡村小工业手工业者也不同。在日本的那种提倡，一面固说是为救济农村；骨子里也是维持工业资本。其立场竟不妨说是工业资本的立场。至于马先生呢，其用心倒是为乡下人打算，觉得非以小工业手工业补农业之不足不可。就整个"中国经济改造"说，他并没拿出一个方针来。我们固然不是工业资本的立场，也并不是站在乡村的立场，而是为中国社会建立根本大计。这是须读者注意鉴别的。

我们实在应建立一根本大计,不只有方针路线,并且有具体计划。不过这具体的计划,不是凭主观可以造的;所以我们此刻还说不上来。在这计划里面,本着方针路线,从乎事实必要,产业与金融、农业与工业,自有其必然的程序连锁,适宜的配合位置,不容有一点欹轻欹重于其间,一切是客观的,用不着有什么主观爱憎。似此计划固不易制订,但总应当极力求之;万不应当像现在那样争论什么注重农业,还是注重工业?说来说去,发些空论,几乎像是唯心唯物成了一个哲学问题一样,听着简直好笑!既然是事实问题,为什么不求之于事实?大约在方针上,还可有主观的选择;在计划里,只能顺着事实为精确的设计。然而我们的方针也还不是主观的,而好像是被决定的。不过天所留下给我们的一条道,恰好是一条最合理想的道。不是我们选择最理想道走,而是其余这一方那一方都横拦竖截杜塞不通。我常常想着发叹,**这真是天造地设,再巧没有了**!直好像怕我们走入歧途一样,单留下一条笔直往理想里去的路给我们(其实还是限于中国社会背景不得不然)。

第六节　如何促兴农业

我们的方针既在从农业引发工业,那我们头一步就是如何促兴农业?说到促兴农业,很容易想到农业改良、农民合作那些话。其实最要紧的还不在此。近年农业的失败,实在是外面所加于他的妨害太大;除了国际压迫且不计外,国内就有四大障碍,必须要除去才行。什么事情总是要靠他自身生命力量。除弊工夫做到,则其自身力最得以活动起来,其功效比较在正面直接下工夫大得多。像农业改良等事当然要做的,但必先之以除弊。所谓四大障碍:

第一,治安问题——秩序不安是妨碍农民生产的第一个问题;反之,安定秩序也就是有助于农民生产的最有效的方法。在中国本部荒地的增加多半是从匪乱来的。边荒待垦之地要想开垦,也以解决治安问题为先。像西北绥远等垦区,像山东利、滨、沾、海滩河淤,据所闻情形皆相同,总不外妨碍垦民之事太多。地方稍就平安,则垦民不待招集纷纷自己前往,每亩租价随之增高(利、沾荒地二十二年每亩租价八角,二十三年涨到一元二角至一元八角,可见一斑)。

第二,运输问题——运销不便是农业产品流通的大障碍,间接影响于农业者很大。例如广东大量洋米入口而广西和湖南等处产米过剩竟不能运去。这虽然不全是运输问题,但运输不便要为其中有力原因。所以洋米入口,并非就是生产不足。若能疏通农产销行上的一切障碍(交通的、金融的、商业的、政治的),则我们相信农业生产力可以飞快地增加。

第三,农民负担问题——这个包括苛捐杂税、田租、高利贷等一切而言。农民生活愈困,则于农业生产愈无力;所以负担之重,是农业生产的致命伤。这个问题若得解决,则裨益生产者甚大。

第四,灾害问题——农业诚然是靠天吃饭。大水、大旱以至病害、虫害,其破坏力之大,直难算计。他来的时候要抗他自然不易;但预防得法,也不是不行。年来许多灾害都是人事未尽,不能怪天。这个问题若得相当解决,对于农业好处之大,可不待言。

这四个问题若得相当解决,则伟大的农业生产力,就可发挥出来。因为我国农业根基素厚，其潜在的可能性非常之大；只为外面压迫太重，妨害过甚，都给毁坏了！如果障碍除去，则马上可以恢复。这虽说是消极工夫，但比较积极工夫收效既速且大。医家治病都不外疏通障碍，恢复生理固有机能，其理与此相通。但我们如何能除去这四大障碍呢？

甲　中国大社会必须有一总脑筋

我们如何能除去这四大障碍呢？谁来安定秩序？谁来便利运输？谁去减轻农民负担？谁负责预防灾害？这显然是个政治问题。照通常说，似乎应当由国家政府负其责任。但从我们对于中国政治问题的研究，已经指出像一般国家那样来建立中国国家权力为不可能。非启发社会力量而统一之，不能奠定国家的统一。那就是要借着乡村运动来统一中国社会；以全国乡村运动大联合的中枢组织，为此大社会的总脑筋，间接操持政权。此理前经讨论明白，不再重述。

政治问题的解决视乎经济条件；经济问题的解决视乎政治条件；彼此扣合，互相关系，一点离不开。中国政治问题所以要像我们所说的那样靠乡村运动来解决，就因为经济上农业在中国关系太大、痛痒太切，定然被逼地发生乡村运动，而从农业上谋中国经济的翻身；于是，大局也就天然要借此力量才得奠定。同样地，在经济上中国果然要从农业谋翻身，**还得有个合乎此要求的政治机构来完成它**，像一般政权是不能负担此使命的。所以像一般国家那样建立的统一政权，在中国固不会有；即便有之，也不合用。为什么不合用？就因为它不能代表农业和农村的痛痒。我们不是问如何能除去四大障碍吗？障碍并不难除，**先要发出对于障碍有力的痛痒来**。天下没有难解决的问题，只怕问题隐埋着，感觉不灵通，中国整个社会所依赖于农业者如此其切，而农业之祸酿成到这严重地步，就为上下不通，问题隐埋起来。问题的解决在行动，而行动之前要有痛痒的知觉。一切力量都在生命，而知觉痛痒是生命的开端。所以宣达农业和农村的痛苦是第一要事；乡村运动第一个功用也就在这里。我曾这样说过：

> 在都市过剩的知识分子，好像没得处用；然而挪到乡村来，其作用自现。即最无多知识能力的，在乡间至少也有两种伟大作用：
>
> 1. 乡村最大病症是愚蔽；从他的一知半解，总可替乡下开一点知识，最低程度也能教乡下人认识几个字。
>
> 2. 乡村最大缺憾是受到祸害没有人理会，自家也不能呼唤人注意；而他则容易感觉问题，不似乡间人疲钝忍默，亦有呼喊的工具——即文字。
>
> 第一种作用，好比为乡村扩增了耳目；第二种作用，好比为乡村添了喉舌，尤其是回乡的人多了，此作用必自然发生无疑。果真化除得几分乡村的愚蔽，果真乡村人受到祸害能呼喊出来，中国民族的前途便已有了希望；乡村建设便算成功了一半！

知识分子于下乡之前或后，彼此要有联络组织。这样，一旦全国乡村运动的大联合组织建立起来，其分布在各地方各乡村的细胞组织，就不啻是末梢神经，其自上至下的系统，就是一神经系统；

而联合的中枢机关，就如比中国大社会的总脑筋了。**必须有此一个总脑筋，而后中国的经济建设才能讲。**中国今日要讲经济建设，总非走统制经济计划经济的路不可（但不一定照苏俄那样），其先决条件全在有此一机构。乡村建设要到那时才当真有作法。外边人误会乡村建设像是枝枝节节零零碎碎的作，其实我们始终主张要有方针有计划的作法，不过为先从下面发动起这潮流来，就不能不一地方一地方着手而已。

我们将以全国乡村运动联合的中枢组织，为知觉和用思想的机关，而以政府为行动机关。但我们并不想从法律上取得什么地位，凭借法律所赋予的权来过问政治。我们只想从事实上能够做到代表大社会的痛痒，同时对于全国各地方各种问题都有精确的知识和消息，而集中学术人才以学术头脑规划其前途，为政府施政的指针。我们知道非形成一种势力不能左右政治。但势力不必是强力。我们相信理性就是极大势力；能代表多数人的要求，更是势力。我们前头说过，方针路线，表见于社会自然的要求，只待政府从而辅助进行；又说过在完成新中国的建设上要以社会运动团体的系统为主力，以现政权的系统为副力：那都是指这个说。

一般人对于经济的崩溃都干着急，对于经济建设都迫切地要求，而没好办法。他们如饥如渴地盼望于政府；不然，就想打倒政府；或者有机会加入政府的，就一心要借政府来发挥自己的抱负。谁能说，这一一不都是好意思呢？他们表面上似乎态度各不同，但**其病都在眼中只看见有政府。**我敢断言，如果在社会方面不能形成一大势力，隐然为主宰，则**盼望政府是空的；加入政府也未必不是空的；打倒政府更是白费！**反过来说，如其代表政府的此一大势力形成了，则盼望方不是空盼望，而构成势力可以发生结果；有机会加入政府固能发挥抱负,不加入政府也能发挥抱负,政府将顺着社会的要求走,更用不着打倒它。

乙　积极使农业进步的三个要点

在"从农业引发工业"一大方针下,为中国经济建设之统盘地规划,具体地设计,是要总脑筋建立起来才好作的。不过我们于说过复兴农业的消极功夫之后,也可以说一说如何积极使农业进步的办法。

要积极使农业进步须把握三个要点:

一、流通金融;

二、引入科学技术;

三、促进合作组织。

前说的消极功夫和这积极功夫之间,还有一事,是均调地权;把握得这几个要点去作,农业的兴发进步那是无问题的。除均调地权一事另谈外,上开三点互有连锁关系,应统合进行,试为设计如下:

我们假设乡村运动的风气大开,全国的联合组织相当成功;那么,大局因之稳定,政府受空气包围,为潮流所迫,一切措施都以此为宗旨。我想中央政府最好总持大体于上,凡事情可以归到各省自作者即不必揽之于中央,尽量给各省去作。其各省独力不能举办,或必须全国统筹乃经济合理者,则当由中央任之。一切原则之确定在中央;中央拿原则来监督地方,地方于无悖原则内来设施一切,解决他们的实际问题。那么,在一省的行政机构中,实在应当有一个主管农政的农政厅与民政厅并重,而像现在的财政厅、建设

厅、教育厅,认真说倒用不着庞大的组织。此外,则下列机关的设置为不可少:

一、乡村建设研究院——这是将各项乡村问题拿来研究,同时并训练乡村服务人员的一个机关。所谓乡村服务人员主要是指导自治指导合作办理民众教育农业推广的那些人员。这一类的许多工作是应当合不应当分的;这些人员的培养训练为农村复兴的根本,也就是农业进步的前提。假令不设研究院,而设"乡村建设师范学校"来负此任务亦可以的。假令像我所设计的"社会本位的教育系统"能在一省中实行建立起来(《社会本位的教育系统草案》见《乡村建设论文集》),那么,这些机关都不必设。因为在那教育系统里面的省学县学,关于此种研究和训练自然具有了。

二、乡村教育机关——此指现在邹平的乡学村学,《社会本位的教育系统草案》中的区学乡学,前讲乡村组织时所说的乡农学校等一类机关而言。它兼着运用学校教育和社会教育两种方式来负此一社会区域(乡或村)内的教育责任;而所谓教育呢,则要在社会生活(政治经济)的改进。其组织以当地人为主体,所以也就是地方社会的一种组织了。

三、县政研究会——乡村情形的或好或坏,现在还是看县政如何为最有力的决定;所以县政改革的研究非常要紧,县政里面所包含几项专门的事情,如土地、如户籍、如卫生等等须另有其研究和训练的机关,还不在此所说之内。此所说者特指为着乡村建设而应有的了解与注意,从而为县政上一般的改善,和陶铸县长人才的意思。但我们不主张训练县长。因为县长实是一行政领袖,不同乎事务人员或技术人员可以大批训练的。主要在物色选拔,此外顶多作一点陶铸功夫。

四、农业金融机关——农业生产力的增进必以农业金融的活动方便为前提，这是不待说的。长期农业金融以至中期短期的，必须全国为系统地建立，与计划地分布。

五、农业改良试验推广机关——这自然是讲求农业进步的机构之本身了。这也是应当就着农林蚕桑渔牧等部门，斟酌本省的特产，为系统地建立与计划地分布。如其社会本位的教育系统在全国建立起来，则这项机关也不必另设，那里面都具有了。

六、乡村建设委员会——这是为上列几方面机关谋其沟通汇合的一个机构。它以委员十三人组织之：民政厅长或其代表居其一，农政厅长或其代表居其一，乡村建设的研究或训练机关代表居其一，县政研究会代表居其一，农业金融机关代表居其一，农业技术机关代表居其一，再从下面乡村教育机关同时也就是乡村组织的乡学村学，全省会合推选七个代表。乡村运动团体在这一省应有其联合组织；这七个人大约就是联合组织的中枢人物。他们站在社会运动的立场，来推动一切。其详如后说。

试列一表如下——

乍看去，这好像超越原来谋农业进步的题目，而谈到整个乡村建设了。其实并不超过；要想促进农业一定要放在整个乡村建设里面来作，单从农业上讲求农业是错误的。**天下事愈是目的之所在，愈不能在那里用力**。凡正面用力，直接用力，都是最笨最没力量的。一定要从侧面四周围去用力，间接地用力才行。所以要想农业进步，就必须注意和它最有关系的农业金融问题及农民合作运动两桩事。在农业金融上作工夫，在农民合作上做功夫，才是谋农业进步最有效的办法，而农业金融呢，又不能单从农业金融上讲求，还须注意和它相关系的那些条件；农民合作运动也复如是。所

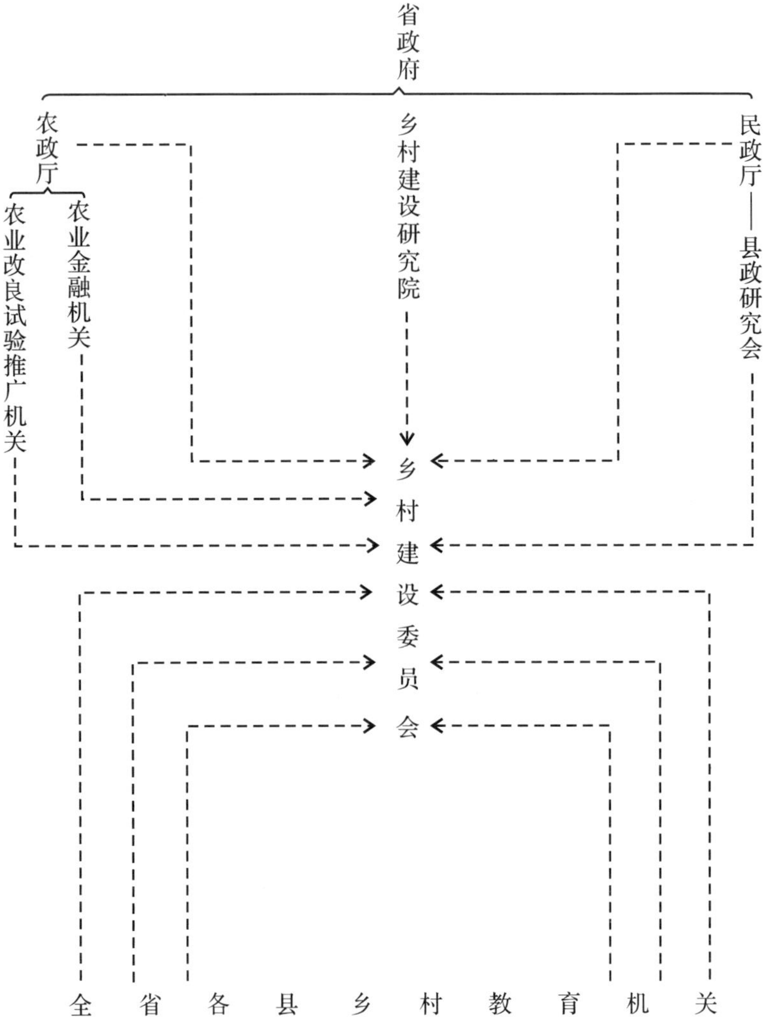

以不谋农业进步则已，要想农业进步，其势辗转牵连，必得照顾多方面，那也就是从整个乡村建设去作了。

还须知道的，我们应当从四面八方往一个地方用力，却不能从

一个地方往四面八方去用力。常见政府中人既见得教育要紧,又感觉建设为急,东也着忙,西也着忙,照顾了这个,又照顾那个,像这样八下里用力实在是不对的。真正会用力的,对准一点用力就够了!凡事原都有个窍要。你必须左也是想它,右也是想它,眼也是看它,手也是扶它,这才行啊!"它"是什么?"它"就是农业。农业起来,农民自己会办教育,会修路,会制造,会做所有的事情。社会的进步,是社会自己要进步的;因为人是活的,社会是有机的,他自己自然会向前进步。社会进步实在与生物的生长有些相似,而不像是建筑物的建筑那样。你应当以他为主,而不应当你替他包办一切。你所可作的只在能开动他的生机,生机一开,则社会里许多事自然辗转相牵而俱进。中国人现在因为种种窒碍摧残,奄奄一息,好像是死了,可是假如你从四面八方向农业这一个地方用力,稍微一拨动,机括一活,社会的方方面面就跟着统统动起来,自一面说(如前所说),是为谋农业进步必须从整个乡村建设来作;自另一面说,也是为整个乡村建设必须向农业进步这一个地方先用力。如上的设计,就是从四面八方来对准农业这一点上作功夫。要千方百计来作一件事,却不要以一个心作千百件事。

明白此意,就知道上面设置的种种机关都是为得合起来作一桩事;而非各作各的事。他们彼此互为宾主,相与协作,是有一种配合在其间的。譬如我们眼光关注在农业上,则农业改良试验推广机关为主,农业金融机关为宾;乡村建设研究院为主,县政研究会为宾;农政厅为主,民政厅为宾。凡农业金融机关作的事都所以为农业技术进步的;凡县政研究会作的事都所以为乡村建设的;凡民政厅作的事都所以为农政的。而所有上面这许多机关又都是宾，无非为的下面居主位之乡村教育机关而设。农业技术的进步决不能单在技术本身着想，也非单靠农业推广机关所能推进，因为零散的农民小块的田地，断无法采用什么进步的技术的，只有组织合作社来经营庶乎其可以。所以农民合作的指导，在农业进步上极其要紧。此指导功夫在乡村自归下面乡村教育机关去作，其上级主持规划机关则在农政厅；而人员之训练培养则在乡村建设研究院（或乡村建设师范）。但农民纵然合作了，还未必就有资本从事于改良。非金融上很活便，供给他生产资本，不容易促进他的前进。所以农业金融系统的建立，实于农业有死活的必要。这样，农业进步就是以合作组织和金融流通为条件。而同时呢，就合作组织来说，他也是不能自己向前发展的，除非在技术上在经营上从旁迫着他要合作才行，非合作不可，所以进步的技术大规模的经营实为促进农民合作之最有力量的。那么，合作又是以技术进步金融流通为他的条件。再就金融一事来说，生产不发达，农民零散无组织，他又怎得流通呢？那么，金融又是以合作组织技术进步二者为它的条件了。三方面各以其他两方面为条件，如环之相连。

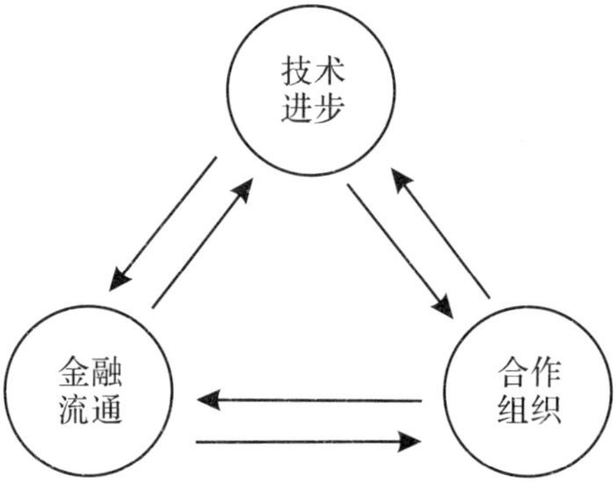

我在一九二九年所作《河南村治学院旨趣书》上说过一段话，正好引来这里：

> 夫我固无资本可言，其犹有些许资金则唯在军阀官僚商人买办之手，是皆敲剥于农村而囤之都市租界银行者；其借交易买卖由利以孳利者多有之，至若投资于生产事业，农业工业盖两无所可。此时大计，唯在因势导之以回返流入农村，集于新式农业之开发一途。窃尝计之，使吾能一面萃力于农业改良试验，以新式农业介绍于农民；一面训练人才提倡合作；一面设为农民银行，吸收都市资金而转输于农村。则三者连环为用：新式农业非合作而贷款莫举；合作新式农业之明效与银行贷款之利莫由促进；而银行之出贷也，非有新式农业之介绍莫能必其用于生产之途，非有合作组织莫能必其信用保证。苟所介绍于农民者其效不虚，则新式农业必由是促进，合作组织必由是而促进，银行之吸收而转输必畅遂成功；一转移之间，全局皆活，而农业社会化于焉可望。（《中国民族自救运动之最后觉悟》三三七页）

在那时不但银行向农村放款的事还未曾见，即说这话的也没有。真没想到不几年后这风气居然开出来。其有力原因，自然是民国二十年至二十二年内地农村现金涌流于外埠，外埠现金充斥过剩，金融界怵于形势之危险，憬然于自身及大局前途均非使资金返输于农业，以恢复农业生产，俾内地与外埠之间金融随土货洋货之交易，有出有入环转流通不可。此事既在两方面互有需要，所以三四年来进展甚速。可惜其相关的那些条件未能配备齐全，而在此金融自身一面的缺欠也复甚多，所以裨益农业者殊为有限。所谓金融自身一面的缺欠，主要的是下列三点：

一、游资偏集上海一隅，壅塞膨胀，无法疏导，而内地则金融枯竭，民生凋敝，沾润无从。

二、银行资金之运用竟至偏于投机一途（公债买卖，房地产买卖，标金买卖等），尤以公债一项利稳且厚，生产投资遂致无人愿做。社会经济前途危险不可名状。

三、农业金融系统未得如理建立；此又包括三点：

1. 农业金融在全国金融体系中地位太低微，力量太薄弱。据查全国农民银行和农工银行仅三十二家，实收资本三千三百万元，不及商业银行一家之资本。

2. 号为农业金融机关，而其中颇多从事于商业放款或证券买卖者。至于一般商业银行之从事于农业金融业务者，大半在利用其游资求取利润，其目的更觉不纯。

3. 缺乏农业长期及中期金融。盖此时农业金融差不多是附属于商业金融的样子，故所谓农业金融者多系短期通贷而已；中期已绝少，长期更无有。

总起来说，我们必须：（一）遏止投机赢利之风，而务使资本到生产上去；（二）布置内地乡镇金融机构，使资金得返输于农村；（三）于短期金融之外设法建立长期和中期农业金融，完成健全的农业金融系统。这是振兴农业的前提。不过这当然不是一省的事了。

在上面农政是农政，民政是民政，合作是合作，技术是技术，金融是金融，各归各事，不能不分。然而到下面总要汇合为一才好。“一”是什么？就是教育。无论哪项事，到了下面与民众生交涉时，无非是想推动他领导他往前进,那就是教育功夫了。所以一切最好都归于乡村教育机关去作。上面要分,下面要合;上面是政治经济各项专门的事,下面是统括一切的社会教育;上面算是后方,下面算是前线。

乡村建设委员会的用意有二:一是为上面这大机关彼此交换意见,谋其联合沟通,俾运用起来得以圆活;一是为政府机关与地方社会以及乡运团体之间得一交通,互相印证所见,遇事随时商洽而不使有所隔阂。但须注意者,此委员会不必赋予一定权力。它不是立法机关,它的决议没有拘束力。它更不是执行机关,它不直接去作什么事。它只算是一咨询机关好了。因为我们所求于它的,**就在能上下通气,左右逗合在此处**,愈是职权分明,有所限定,愈难弄得好。倒是没有决定的影响关系,可以从容商洽;不求结果,却可以有结果。而在乡村运动团体之左右政权完成乡村建设,也是这样间接地没有强制意味的最好。

大抵经济建设多要靠政府主持(类如土地问题,前说的金融问题等为尤然);而乡村运动为一种文化运动,独宜于担负教育工作。所谓乡村运动团体大概就以在下面服务于乡村教育机关的人员之一种结合居多数。在上级各机关服务的人员,或属技术人员,或属行政人员,于作社会运动不甚相近,不一定都加入乡村运动团体。唯有担负教育工作的人,尤其是我所说的乡村教育机关的人,最好都是乡村运动团体的分子。教育(包学术而言)在我们理想的社会制度内应居最高位领导一切;在今日未达理想之域,也不要附属于政权下,完全听政权支配,而应当保持相当独立性。这样,乡村运动团体与政府的分野,就是各项行政归政府,而教育归乡运团体;机关属政府(或地方自治团体),而人员属乡运团体。乡村运动既稳定大局形成统一政权于前，而在此进行经济建设之时，它更以教育领着经济建设向前走；一首一尾都是它。它的工作始终以社会大众为对象，要完成它的理想社会，而工具方法始终不离教育。政治经济都在其包含之中，而超然不身当其事。这是附带在这里说明的。

第七节　中国土地问题

和农业最有关系的当然是土地问题。常有人怪我们不大爱谈土地问题。土地问题怎么样呢？问题哪个不承认？要紧的是在有办法。办法也不难想，要紧的是谁来实行？要知土地问题，问题却不在土地，而在人与人之间。只有分散杂乱的个人意识或其较大意识，而没有一社会整个意识；只有分散杂乱的一些势力，而未得其调整凝聚之一大力量；这是问题之所由来。若不略略形成此意识、此力量出来，而只是你谈我谈他谈究竟没有负责的，又有何用！所以我们认为调整社会关系形成政治力量，为解决土地问题之前提。

不过事情总是彼此相待的，辗转如环的。固然要待乡村运动才能形成解决土地问题之负责的力量；可是也须提出对土地问题的主张，才能作乡村运动，才能调整社会关系，因此亦就不能不谈。

中国的土地问题似乎包有三个问题：

一、耕地不足问题——质言之，人多地少。全国土地总面积虽广，而据专家估计：其高度在三千呎以下者仅得百分之卅五，益以雨量缺乏，每年不及二十吋者约占全面积之半。因此全国人口乃聚居于少数几个区域：(1)中原区(白河黄河及淮河平原)，(2)扬子区(扬子江中下流平原)，(3)丘陵地区(以上各平原附近的丘陵地)，(4)浙闽粤沿海区，(5)四川盆地。以上五个区域总算起来面积七十万方哩，占全国百分之十七弱，而人口则有三万万五千万；占全国百分之八十三强。论密度总平均每方哩多至五百人，远在日本德国以上，与荷兰相近。而其中的中原区和扬子区人口之多且远在世界各国人口最多的英国、比国之上。约计每人平均所有土地，在中原区每人六亩，扬子区每人四五亩，各丘陵地及沿海区每人十一亩，四川盆地每人七亩，而其中尚包有山林水泽在内，不尽可耕。若专从耕地计算，每人得的大约三亩之数而已。论者以此为我农业前途有所限之证。然吾国土地未经测量，人口未经普遍调查，地质土壤气象雨量均未测定，此种估计自未足深据；故有举淮河流域及云南地方情形例证其疏漏不实者(见萧铮：《中国的土地与人口问题》)。世界各国耕地面积在其总面积中所占分数如英法德奥等国均在其总面积百分之六十以上至百分之七十几；美国也在百分之五十七；最少如日本也且为百分之二八点九〇。今中国视日本乃又只当其五分之三，何其奇啬如此殆不可信。另据贝克氏(O. E. Baker)估计中国土地总面积二四四〇百万英亩，除西藏不计外中国可垦土地约占总面积四分之一而强，而现在所垦者仅占可垦地面积四分之一。此其说视前估者大相悬殊，则彼此难为确论可想矣！复据张心一著《中国的垦殖事业及三大荒区垦殖计划大纲》所云全国荒地合计为二十万零五千七百九十四万亩，为数也多于已垦地。恐怕现在耕地之少，一半也关乎人事，不尽为自然所限。假令一切社会问题都得到好的解决，更从自然科学尽量为土地之改良利用，则前途实远得很呢！

归结说，人多地少是真的；还有好些荒地可资垦殖也是真的。一俟大局稳定，政治上有办法，就当大规模举办移垦，非如此不能解除农业上困难。除一面由国家统筹办理，有的责成各省自己办理。据我们见闻所及，垦务上最大束缚障碍在少数有资本的人垄断地权，而耕者不能有其田。果欲发达垦务必须耕者有其田，或在某种条件下为集团经营。

二、土地使用太不经济的问题——此指农场面积狭小零碎，分散错杂，既足减少耕地面积，又妨碍耕作，不便灌溉，有阻农业进步，弊害甚大。据查此弊在北方已然，而南方更甚；地主富农所有已然，而中小农更甚。盖人口过密，又地权集散转移频繁使然。除人口问题另谈外，补救之道应当厉行耕地整理功夫，和土地的合作利用。这是大家都知道的。

三、土地分配不均问题——此问题南北各省情形不同，问题严重到如何程度也传闻异词。所有调查或估计的数字比例，其不易得真又远在耕地荒地问题以上。所以我们于任何的调查表估计数也就不想引用。我们只承认这是个问题，有的地方且相当严重或很严重就是了。

土地分配不均，是从土地私有制来的流弊；私有土地的结果就难免不均。要想根本免于不均，只有土地全归公。然而土地的公有或私有，不是单讲道理就可决定其应当如何的；亦不是一句话说办就可以办得到的。一种制度的存废，全视乎它在那社会上还有没有它的用处，完全是一个事实问题而待决于事实的。据学者考证，土地之有私有权盖以农地为始，而及于他地。中国过去对于农地私有的反响或则欲为根本推翻，或则欲为相当限制；然而历史告诉我们，欲推翻者无不失败，即限制者也收效甚微。及今苏俄共产党虽号为土地国有,而实际上并不能没收一切农地,只是用种种方法使农民趋向于集团经营,不复恋恋于其土地之私有。大约生产技术进步,社会事实最后趋向亦许在土地归公,但非所论于今日。今日所得而行者,只是耕者有其田和土地的合作利用,这两点是我们应当积极进行,不容稍缓的;而这两点果得作到,其去土地公有亦只一间耳。

平均地权原是国民党的主张,至今未见实行,也是条件不够,时势不容许它。第一个条件自然是能负责解决土地问题的政治力量。有了这个,才能从法律上设为种种限制,裁抑地主,终使其土地出卖;而同时奖励自耕农,保护佃农。有了这个,才能建立完整的农业金融系统,从长期金融贷款于农民以购地。其他方法种种甚多,而移民垦殖也是一要招。凡往者丹麦英德法等国创设自耕农之法,中欧东欧各国土地制度改革之经过,均足为参考。而不论什么方法实行之前,总要清查地亩、清查户口。在户籍地籍无从稽考一塌糊涂之今日,实在是什么都谈不到。大约总须这些前提条件有了进步、事实日见清楚,才好想办法。办法也是要一边想一边作,一边作一边想,才得切合实际而生效。此时空谈无益。我们只要决定我们的目标,必作到没有凭借土地所有权来行剥削的地主而后已。

使耕者有其田,固已给予农业上有说不尽的好处;但如其各自经营生产,还不是土地合理的利用。我们必须更从土地的合作利用(一种利用合作社),达到土地利用的合理化,农业经营的合理化。不过此事言之不难,行之却甚不易,须从种种方面来促成之。

第八节　苏俄给我们的参考

关于土地问题，关于农业经营，关于农民生活的社会化，我们都可从苏俄革命后到今日的经过，得一些好的参考。现在采摘书报，约略叙述一下共产主义者都承认要行共产在农民很难很难。怕是苏俄共产政府二十年来从头至尾费尽心力最难克服的问题就是这个农民问题。其实所要求者只是很简单的一个意思，就是“**由散而集**”四个字。要农民由散而集，非使农业由散而集不可；要农业由散而集，又非使农民由散而集不可。说起来，由散而集这个大方向，原也是我们向前去所要走的路，其所以正好作参考者即在此。我们看二十年来苏俄政府在此方向上时而猛进，时而迂回，紧了又松，松了又紧，手段则忽软忽硬，但百变不离其宗。若将其前后变迁总括来记一记，大略是：

一、自一九一七年——一九二一年三月为军事共产时期，前进甚急，手段甚硬，牺牲极大，而于事殆无补。

二、自一九二一年三月以后就退下来为新经济政策，在许多要点上都放松了。尤其施行现物税法，俾农民得自由处分自己劳动所得之生产物，而废止从前之强制征收，农业得很大恢复。许多已成的集团农场则随着解体而减少了。

三、自一九二五年以后，对于农民较之新经济政策尤为宽大，称为新新经济政策。虽一面农业更见恢复，然一面由此引起农民间之阶级的分化。

四、一九二七年——一九二八年上半年施行左倾政策压迫富农，手段一时趋于硬化。

五、一九二八年七月因左倾政策而发生谷物恐慌，略示让步，施行所谓“新农业政策”。同时有名的第一个五年计划于是年开始，新农业政策之积极部分即包括其中，侧重国营农场及集团农场以代替富农之谷物生产。自是年五月至次年四月集团农场崩解百分之一二点九。

六、一九二九年秋厉行集团化政策，再度压迫富农，手段残酷，集团农场增加甚速，截至次年一月增七倍强。

七、一九三〇年三月十五日经中央会议决，宣言退却，集团农场随见减削。截至是年一月前加入集团农场之农户本占全农户数二分之一以上者，退却后即不到全农户四分之一。

八、一九三一年上半年加紧集团化，八月后复宽弛。是年最可记者为实行按工作量计酬之法，同时加强农场劳动之组织，集团农场于此乃得一大进步。再则是年牵引机站(Tractor Station)由上年春之一五九扩充至一五七四，此种农业的机械化(或工业化)实为助成集团经营之最有效者。由此两点而后苏联之农业集团化乃入于坦途，量日增而质日进，截至一九三六年集团农场之农民占其全国农民总数百分之九〇点九，殆可谓完全成功矣。

以上只是就他二十年经过曲折记一记，还须明白其农业经营的几种方式，和几个重要问题，才能得着其中给我们的教训。说到他们农业经营的方式，先可以大别为三种：

一、国营农场(State farms)，又称苏维埃直接经营地，是国家经营的一种企业，好比他们工业上的大工厂一样，以国家为之主，生产所得应归国家。其土地大半在革命时由大地主没收而来；或于人口稀少之大片荒地设置之。

二、集团农场(Collective farms),此文分三种,详于后。

三、个人农场(Individual farm),农民个人私营之农场。

这三种方式中,第三种将近消灭,第一种国营农场开头那些年很置重,而到现在则第二种集团农场站了最重要位置。有人推论说,第三种都要变成第二种的,第二种都要变成第一种的;那是错误不明白大势的话。第二种方式之中又可别为三种:

一、农业公社(Agricultural Commune)或译共产农场,农业共产体等名称。在此种组织中,合许多农民的保有地为一大农场,生产消费都社会化,仿佛要达于共产理想的样子,视为集团农场之最高形态。共产政府在初原置重于此,一九三〇年以前也曾一度发展甚速,旋又解体不少。

二、农业合作社(Agriculrural workers union)一名阿特尔(Artels),这是现在集团农场的标准方式,凡今之言集团农场者皆指此而言。那也就是说,在俄国农业经营所有方式中,在今日以此为最重要最通行的了。然在当初(一九一八年)那时国家的农业人民委员会**并未加以注意**,故未得办登记,直至一九二〇年十一月二日以前还没有何等成文法规。经过多少阅历之后,在一九三〇年三月和六月党中却才两度议决公表,以此为建设集团化农业之基础形态了。**按此种组织的特征,在一面有公,一面有私**。基本的生产手段皆归属于公。而社员仍保留一些私产,如宅地、果园、菜园和牝牛、小家畜(猪羊鸡兔)等。在生产上极社会化,在消费上就不定然。一九三五年二月召开集团农民大会曾讨论修改这种组织章程。关于一切的事都重新有详明的规定,同时订明此种农场土地为国有财产,但得永久占用。最近公布的新宪法又重予保障,以为社会主义社会组织的基本原则之一。大约变化多年的苏联农业社会就确定在这里了。

三、土地耕种合作社(Collective Cultivation),此为集团化的最初级,不但消费没有社会化,即生产手段也为私有,常不能为有计划的利用,不过集合耕作而已。这种组织在初也曾发达很多,今则都改进于前一种阿特尔方式矣。

如上所述,各种方式中以农业合作社最成功。促其成功的条件固非一,却是其中有两件事要说一说的:一是按工作量计酬,和加强农场劳动之组织;一是牵引机站。兹分释如后。

集团农场按工作量计酬之法,和加强农场劳动之组织,是一九三一年才实行的。一九三〇年前大多数农场劳动既无分队之组织,其分配所得又皆依人数计算。盖一则由于干部人才之缺乏;一则误认共产社会人人可得均等之分配。此时勤劳者所得不见多,怠惰者所得不见少;更以劳动无组织,各人工作必待管理干部之巡回指挥,故秩序凌乱,劳动效率极其低下,对于机械使用之不注意,马匹管理之不亲切,犹其余事。按工作量计酬者,折衷以普通一日之生产能力为准而定为一"工作日",最后计日给酬。看其工作成绩及格不及格,不问其时间。又分工作为轻工作、中工作、重工作、专门工作等若干类,然后再以适当方法换算其工作日为几何。此分类及其换算例,得由各场自行因宜规定之。于计量之外,更注意其工作之质。同时于劳动分为大队小队等组织,从其一队之工作量匀计而为其队员每一人之工作量。如是则其一队之中自能相互督励以谋其工作质量之向上。每队人数不可过多;多则工作效率减。盖人数少者,工作易于计算,且易于统制也。又当使工作者依附于一定之机械或农具,则他对之自觉有责任,也自然生爱惜。又如养畜,必使工作者继续于数年内管理其一定数之牲畜。其理也同。

牵引机站乃最有力于农业之社会主义的改造者。盖唯此可使社会主义的经营形态有技术的设备。斯大林尝称之为小农经营与集团经营间之桥梁；唯以此桥梁乃得导几百万农民弃其个人的经营而过渡于社会的经营也。牵引机站不只有牵引机，其他整地播种耕耘以及收获等机械，均有置备，集团农场可与牵引机站订立契约，由该站供给机械，派遣技术员，承揽一切关于农业机械方面之工作；农场则提供人力，照种种计划实行生产，而以其收获量四分之一为租金，并将所余谷物经由该站卖给国家为条件。农民之欲成立集团农场者牵引机站尽其所能而指导之援助之。他如各种机械如何使用，如何修理，牵引机如何运转，对于农村青年皆有讲习会之设；是故农民大众之活动与劳农国家之技术的援助实完全结合于牵引机站之中。比年其任务更见扩充，凡村图书馆、托儿所、治疗所等皆在其管理下而建设起来，并发行新闻。质言之，牵引机站已成为农村文化之中心。它使农村之文化水准及生活组织与工业劳动者之水准相接近，促农村于工业都市化。每一牵引机站平均约有五十台牵引机，照顾五十个集团农场；于是集团农场与集团农场之间又以此联结起来。全国共五千多牵引机站，又联属于其中央部；如是，集团农场又集团化了。

我们为什么要叙述苏联的农业建设经过？为的是从这里面可以看出一些道理来，试分条言之，如下：

一、经济生活社会化是必要，但社会与个人或公与私两面兼顾，不可太偏一面，抹杀一面。这亦就是说，要农民由散而集是必要，但不可一味求集，还须于集之中有散才行。在执政的共产党，本以国营农场或农业公社为理想目标；**但阅历二十年，结局却在当**

初所不注意的农业合作社；用尽心力，辛苦备尝，而后得的事实教训如此，还有什么话说呢？所谓事实最雄辩，这比多少思想辩论都深刻啊！但共产党和反对共产党的人怕都不免对此要解释为人类自私心（或利己心）之不好克服；那却又错了。此中道理看后面便知。

二、"凡事强求无益，欲速不达。"二十年的事实教训，将这两句话算是发挥透澈了。在列宁以及许多共产领袖或理论家，未尝不谆切明白地说，不要强行收取农民的土地，不要强迫他们集团化。乃至集团农场的组织条文上，亦未尝不申明在农民的自由意志、自动参加。似乎执政者不应当再有那样强硬惨酷的手段了。然而人类就是这样，"明白自管明白，错误还是错误"；一次错了不算，还要再错，三错、四错都不完。有权力的人拿着权力不用，大概甚难其人。而且他总是没视对方的。最后还是承认了农民自身力量，而徐徐引进之，才得成功。

三、一个人就是一个生命，一个活动的中心，一个活动的小单位。你必得承认他有他自己的力量；你必得尊重他自己的感情要求，予以适当的刺激，而导之于你所希望于他的活动；——如其你对他有什么要求，这是最聪明的办法。凡事，你要利用他自己，不要不利用他，最好的文化就是增盛人的生命活动的文化；反之，最不好的就是那减低阻碍人们生命活动的。在我解释，为什么不可没收农民的土地？农民的土地就是他生命活动的一个适当刺激；收取他的土地，即撤销其适当刺激；而生命的反应活动失其着落。为什么集团农场的工作者最好是依附于一定之机械或农具？又养畜者为什么必使于数年内继续管理其一定数之牲畜？都因为这样就是予以一适当刺激，引他发出你所希望的反应活动（自觉有责任，自然生爱惜）。共产党总骂农民的土地私有欲，其实都有不少误解。试问依附一定机械，继续管理一定牲畜，也是私有欲吗？适当刺激也不是呆的，可以换替转移；但你总是让他活动有出路就好。战时共产和新经济政策的不同比较，在我看一则骤然以团体代个人而活动，大多数个人生命的活动减低被阻，简直都停下来（在战时共产时期食粮供给全由国家独占，无论何种团体也不能利用自己之资源以支持自己，个人的活动绝无可能）；而一则是恢复个人活动，且利用其活动徐徐引进之。这里所谓活动主要是心思情趣的活动；缺乏心思情趣的活动，则虽活动而是机械的，没有自己的。心思情趣又恒必寄于现实标的（此亦即所谓刺激）。没有所寄固不行，若太广漠，或太抽象，或太不定亦不行。现物税为什么比谷物强制征收能鼓励农民之生产活动？就是为有了确定范围好算计，心思情趣得其所寄。集团农场按工作量计酬之法，为什么远比依人数均等分配者能提高劳动效率？又加强农场劳动组织后，为什么比以前劳动效率提高？都是为以前的刺激太不够，而后来则能对着每一活动的小单位（个人），较仔细较复杂较亲切地予以刺激，他自然要有其反应。这里不要说什么自私（或利己）！没有什么自私，也没有什么不自私。当生命兴奋活动得趣，那里还顾得什么自私不自私呢？或者：你叫他自私，他就自私！你叫他不自私，他就不自私！**你愈阻碍他的活动，他愈自私，你愈引发他生命的活泼，他愈没有自私。**全在你怎样对付他，怎样引导他（所以我觉得可怕的不在社会多数人的自私，而在政治家的愚蠢）。

以前提过的胡石青先生，他颇能明白上面的道理。他著的《普产主义大纲》上就说，经济不单是养活人的，并且人还要借着经济表现其生命作用。所谓表现其生命作用的，大约是：

1. 为能自由施行自己之经济计划；

2. 为能直接欣赏自己劳动之成绩；

3. 为能独立处分自己劳动之生产。

这也就是说：你只维持其生命存在，而不让他心思情趣得所活动，是不行的。因此他批评资本主义和共产主义虽然两相反的东西，而结果都犯一个病，就是“少数人掌管所有产业，独享运用脑力之特权；大多数人受支配于机械下作其侍役，虽努力无由变其环境……实为人类天性所不能堪”。他的普产主义建立的根据，即在“人唯自己有产，乃能有支配处理之权；唯有支配处理之权，乃可自由表现其生命作用。”他主张产业应分公私二类，而总结说：

> 资本主义者少数人有产，多数人无产之经济制度也。共产主义者国家独有产；人民皆无产之经济制度也。普产主义者产业有公有私，所有之各级政府及团体个人皆有产之经济制度，而其尤要者则人人皆能有产也。

在原则上，他这些意见都很对(《普产主义大纲》后半所说许多具体计划则不敢同意)。最好的文化一定是最能让人类得以表现发挥其生命作用的文化。

四、心与物是相关的两面；在推进合作上(集团化)应当里外两面同下功夫。例如从农业的电气化机械化而使农民不得不集合起来协同经营，再没法散开，就是从物的一面或外面下功夫；用教育启诱鼓舞而使之合作，以及应用心理学的种种方法，都是从心的一面或里面下功夫。现在人多半喜欢看重物的一面。即我自己也常说，凡事总是反面逼的力量大，正面引的力量不大。然而两面要同样注意,不要只见一面,则是无疑的。河西太一郎所著《农民问题研究》,其中社会主义与小农土地私有权一章反复说明小私有地之强制收取的不应该,也不必要;而从许多社会主义农业生产的模范实例(国营农场及集团农场)如何有利给大家看,再用演说檄文种种宣传教育功夫,就不难使小农舍弃其固有经营,而小私有地也就自然而然融为社会所有。这表面上近似空想,而不是空想。又从这些年来苏联农业集团化运动中,深切知道农村青年心理最易接受新理想,其为助甚大。凡此皆足参考证明。

第九节　农民合作与中国经济建设

中国与俄国同为世界最大农业国;中国与俄国同以农民问题为其最大问题,中国与俄国同以工业化为其应取的趋向。除了不要忘记中国过去历史文化背景的特殊,以及自然地理、经济地理上的不同外,所有他们二十年来的变迁阅历,无论在前途目标上,在方法策略上,真是我们再好没有的借鉴。而所谓文化背景的特殊呢?简单扼要地说,那就是中国人没有俄国人那冲动性,中国社会没有俄国社会那机械性,中国是已成熟的文化,俄国是未成熟的。就地理说,则中国地带温暖,天惠较厚,农业经济开发较早。综合起来说"穷则变,变则通",中国现在固然是非变不可;然而一种极端地变则不可能。在先,我们原已从种种方面推断中国必走合作的路;今借鉴苏俄更得证明是不会错的了。在同一大方向(由散而集)上,俄国且不能作到极端者,则中国更如何行?假定个人主义是一种文化,集团主义是一种文化,它(中国)将折衷于其间。

中国经济建设一定要筑基于两点之上：

一、以农兼工；

二、由散而合。

入手在此，收功也在此，此外再没有旁的问题。如何促进农民合作，又是如何工业化的前提。或者说，二者迭互为缘，相偕并进的。工业化问题随后再谈；且一言合作。严格地讲，在苏联是没有合作的，虽然集团农场第二第三两种也像是合作，尤其是它有大消费合作系统。然它只是在集团主义下酌量地容许了个人活动而已。质言之，其意在集团，其意不在合作；有时好像合作，亦是一种手段。因此它的大消费合作系统，一上来是强迫入社制，没有入社股金的。后来虽改变很多，与其他国家的合作社颇相近了，但终不是。下面一段话可资参考：

> 苏联的消费合作，外观上颇与其他各国相类似，实质上却仍有根本的差异。盖苏联合作之所以废止强制入社制度，合作社的设立与社员的进退，一听其自由意志，并且解除合作社对于物质调达与物资配给等国家的任务，而使其活动得以自由者，乃新经济政策实施后的当然的归结；至于支配资本主义诸国合作的各种最重要的原则——例如，合作社的自治，独立，及民主主义等原则，完全未能采用；这是因为在普罗阶级独裁下的苏联国家，消费合作只被认为是建设共产主义社会的一种手段而已。（《农村合作》二卷二期，《苏联合作事业专辑》）

原来在经济生活社会化上最不好克服的两大障碍，一是小农经营,一是私有商业。这里的消费合作,实苏联用以克服私有商业者;前说的农业合作,则用以克服小农经营者。倘把国民经济的诸种活动,概括归纳于农工商及金融四种;那么,苏联的工业与金融既经社会化,所遗农业与商业两种社会化的事业,就付托于农业合作与消费合作了。名为合作,实为国家的从属机关,担负着国家所付的任务,为其计划经济之一环。

然而在中国呢,担负集团化运动之一大力量(阶级专政)根本不会有;当然也没有像苏联从集团化而降格的合作。中苏之间的比较,将不只是进程上有差度,而是从出发点不同,命意不同,归结必然为两回事,虽然眼前都是要趋向于集合的。中国的合作就是合作,不是集团化的降格;同时也不是个人资本主义经济的从属事业或补救工作,如在其他资本主义国家者。主要地因为中国必靠合作行生产;——所有生产与分配,农业与工业实则都要以合作行之。我们对于前途目标所在,能以有这样地确信,除有见于自己文化的特殊外,更有力的实为借镜苏俄所得到的教训启发。

在促进农民合作的方法策略上,除条件不合者自也不能强学外,其可师取于苏俄者当甚多。近年国内农村合作运动为前此未有之盛。其粗制滥造,量高质低,固各地方之通病;而一般只偏在农业的流通过程上(如信用流通——信用合作;产物流通——运销合作购买合作),而忽略于农业的生产过程(农耕生产及农产制造),尤为缺憾。今后必须尽可能地师取苏俄使农业集团化的那些法子;非如此到底不能使农业进步,到底不能使农民当真组织起来。或者为土地之合并经营或者为农具之合作利用,总须朝此方向大大致力,千方百计务使达于可能的最高度。有人说:

> 合作运动如果只局限于流通部门,而不积极地向生产方面涉及,则易堕为资本主义农业榨取的工具。充其量也只是小独立生产者之向资本主义适应的方法,是表面的、空虚的、寄生的;对发展农业振兴农村,虽也有相当效能,但有个非常狭小的界限。所以合作运动之充实自身、强化自身的方法,就是积极向农业生产部门渗透,而其第一阶梯就是农具利用合作社的促进。(《乡村建设》半月刊六卷十三期,尹树生:《农业机械化与农业利用合作社》)

这是值得引来陈述的。

友人黄明先生在广西柳州农村建设试办区,有一种推行合作主义经济组织的计划,我觉得甚有意味(似尚少见有人这样谈过,亦或我知识太陋)。今简略地引述于此,为将来推行合作之一参考。以下采录黄君文句,有不当处,其责在我。

> 合作社运动,本身为一种自觉的运动。
>
> 合作社欲增厚实力,必确立系统,一面坚固内部的基础细胞组织,一面联合各级合作社,结成经济组织网。
>
> 合作社运动必根据其地方的经济事情。

上为合作运动之特点,应当认识的。至其着手点则可大别为三:一是从上层着手,如以国家权力规定法制,保护奖励。二是从下层着手,如鼓吹劝导于社会。三是承上启下,作中坚运动,如各国合作系统有其中央会者是。三者之中,以能把握中坚者可于短期收健全发展之速效。黄君就是要从事于此。他又提出一原则,说“不以所以利民者扰民，不强人人猝作未经验之组织。”那就是先从中坚作种种的布置，慢慢纳人民于合作，于不知不觉中前进，而引其自觉，归其自营。——好比是训政时期之过渡一样。

怎样布置呢？先于本区（农村建设试办区）成立乡村经济组织事务所；此“相当于他国合作社中央会之地方的雏形”。盖就当地之小农经济情形看，“认为此种农业自身无统制，殆将永远沉沦于弱者地位”；而求统制莫善于合作的经济网之组织。于此，必须把握其经济生活中几个重要问题：

1. 食粮问题；

2. 金融问题；

3. 日用共同必需品外来，和自己生产品输出问题；

4. 农业生产问题。

因“认定食粮与金融具有种种特殊性：食粮多涉及公益范围，有一部分强制性；金融最忌与事业相混淆，尤需互相信用；故于整个合作社系统中仍各另成一系统”。购买和输出以及其加工利用（为消费而加工、为输出而加工、土地机械之利用）等，暂混作一系统。假令为行生产而切实合作起来，则第四项也可独立。于食粮则成立仓库；于金融则成立金库；于买卖等则成立公店；于农业生产则成立农场。

把握问题决定系统之后，应即就当地社会认定“要塞”所在，集中于要塞工作，以为初步进行。“所谓要塞工作者，系就本区东西南北中央之经济中心地，也即农民‘咽喉之地’如洛用姤、柳城、沙浦、东泉、柳州以及长安等处，择其最要者认为要塞；而以次建立仓库及公店等。”此种要塞系联贯作网状系统进行。如前最要之要塞择定后，即以此为中心，而将本区更划为若干小区；“凡区内次要地如上雷长塘等处”,复按照进行(如是得为三级干线之分布)。“其下以各村落原始的合作社如蔗农糖厂之类,为基础细胞组织。”

农民生活脱不出这几个问题,而且总要从咽喉之地走过;那么,就让他和这些公店、金库、仓库等发生交易的关系。例如在公店买卖,在金库储蓄或借贷等之类。公店之主要目的,一在对本区内特殊农产品(甘蔗木薯等)加工与售卖统制;一在对本区内日用共同必需品(食盐棉布等)加工与购买统制。金库之主要目的,在树立本区内农业金融系统,以金融力量辅导农业,更以与一般金融界通有无。仓库则于收获涌盛时吸收相当食粮数量,年中按平均的消费量以平均价格售出;以调节本区食粮数量与价格,对生产者与消费者作安全保障,为其主要目的。此三系统工作,彼此相得而功用益宏。如农业仓库网与其他两系统相联络,集中农产品(如蔗薯),以便共同加工,共同售卖,并以此增加本区金融机关信用,以便向一般金融界通资金。至于助长本区交通事业之发展,更为显见(交通事业属于利用合作)。

农民愿与本区公店等机关交易的,须经本区认他为“区友”。此种认定区友制,实相当于他国合作社之预定社员制;意在先示以合作社之实际利益,以促其自觉。他继续就指定的那些机关照规矩交易,即可按其交易额分配其应得之剩余金,积作社股,取得社员资格。分布在要塞的这些机关,起始都是试办性质,期于五年内以其经营实绩,相当的基础,逐步改为人民自己经营之合作社。其中关于本区对试办机关之出资,实相当于他国政府对其国合作社中央机关之出资,仍与其他社员平等只取得一票权;在试办时期本区所负之责任,实相当于“训政时期”之责任。

上为黄君设计的撮述,虽不详不尽,已可见意。我于此为外行,不敢作何批评讨论。不过我认为这样的设计,深合于中国农民未能自觉而有待于怎样启发其自觉的那个需要。年来为着“推进中国合作事业应走合作政策之路,抑合作运动之路?”国内曾有两派相反的主张。一派主张由政府执行合作政策,大规模推行,期收速效而应目前急需;且在今日统制经济计划经济的世界潮流中,对于合作事业也非有相当之统制与计划不可。一派主张由社会方面努力合作运动,因为合作事业原为民众自觉自动自主的社会经济事业,只有从社会运动而开展出来的才亲切实在,才组织健全。政府推进,效果不良,现有明证。友人张国维先生曾罗列两派许多理由,作一比较的研究,结论谓“各有长短,且彼方之长即此方之短。此方之长即彼方之短”。他主张“由合作政策与合作运动两方面同时进行,并须使此两方力量沟通调和,截长补短,相互为用”(原文见二十五年六月十六日《大公报》)。其实在乡村建设,在民众教育,也都有这个应当由谁来推行的问题,而且其问题的解答也有这么两派;两派之长短互见,也同乎此。乃至现在事实上多靠政府推行,也与合作事业正复相同(据查全国合作指导机关百分之八十七属政府,百分之十二点七属社会团体)。其由政府推行者之耗费大,效率低,不亲切,不实在;亦一般无二。我们在前讲乡村组织时,已将历代政府推行乡约的失败,丹麦民众教育由自动之成功,都讲得很明白,正好相印证。所不可忽视的,就是为什么这事政府办不好,却还都落归政府去办?此其来由就在我常说的:中国革命不是内部自发的,农民是没有时代自觉的;要待教育来完成革命,而此教育又必是“政教合一”、“建教合作”的那个教育。换言之,一切都是被中国问题所规定。我说黄君的设计深合需要就是为此。

同时可以晓得，要想合作事业有相当统制和计划，很快地普遍推行全国，而又组织健全合理，那也就必须走我所说乡村运动这条路。这条路亦是为中国问题所规定的。我们既认定农民自觉必待启发，经济建设必须统筹；再明白中国的经济建设就是合作社的建设，乡村运动正以合作运动为其中心工作；那么，中国合作事业的推进，自然就是一面系于政府政策，一面系于社会运动了，其运用的要点，在以政权间接地操于全国乡村运动大联合体；如前段"政治问题的解决"所讲，此不再说。张君（国维）要"使此两方力量沟通调和相互为用"的那个难题，在他只有理想没有办法的，在这里得到解答。黄君的设计若希望为合理的采用，唯在这条路上乃有其实现的可能。

我认为中国经济建设的下手处就是组织农民。因其事总无外一面促进生产，一面统制消费，以求经济上之自立与自卫；而无论你进行哪一个问题，都自然要找到他身上。——生产靠他生产，消费靠他消费。此时既以他为中国经济问题的主人翁而言组织，那自莫善于合作主义的经济组织了。所以我看中国果然要进行经济建设，头一招就当有计划地大规模普遍推行合作于全国乡村，要于短期内将农民纳于合作组织中。**这样无形中就将农民都变成经济的战士，而提纲挈领便于指挥**。组织起来就为的是促进生产，统制消费。接着就从农业生产发出来对于工业的需要；从农民消费发出来对于工业的需要；而此时凭借着合作组织的基础，一转手间不就将工业建设起来了吗？——自然在负责方面当合作组织推行的时候，就要作许多工业建设的准备功夫以应付此需要。

第十节　工业化问题

农业是我们图翻身的一种凭借；要翻到工业上，才算是翻起身来。谈过了由散而合之后，就要谈由农到工。

如何工业化，普通说有两条路。一是统筹全局而实行工业建设；一是追求利润而工业自然发达。现在的中国人大抵都想走中间（我们也然），谁也不敢说走一边的话。而其实呢，骨子里都侧重第二条路（尤其政府中人为然）；唯我们则真是侧重第一条路的。从反对资本主义来说，从要完成社会的一体性来说，我们的乡村建设原是一种社会主义；那么，在这工业化问题上能不能实行其统筹建设，就是我们之成功失败所攸关的了。

亦许政府中有人自傲地说“我是要实行统筹建设的”；或学者们高兴地说“我是主张统筹建设的”；那都不过白说罢了。散而且乱，一塌糊涂（一切调查统计均缺乏）的中国大社会，从哪里统筹起呢？要想统筹，须先将担负此统筹任务的力量形成了，才行。这不同乎营利的工业。营利的工业其发达的前提，只是要有资本和市场，此则完全靠那负责统筹的一大力量来调度。计划经济真不是一件容易事呀！试看苏联政府二十年间碰了多少硬钉子。像中国这样政府根本没有这气魄。勉强撑，也撑不住。大约对全中国说，永不会有能强霸到底的政府，我们也不必作此希望。然而在全国乡村运动大联合，从社会而稳定了政局，普遍推行合作后，则此一大社会各方面关系渐就调整，整个社会意识渐明，它却自会发生统筹的渴求，而以各种系统渐立（乡村运动系统，政府行政系统，合作组织系统),亦不难实行筹划。此与苏联稍有不同,它像是“唯其能统,故能筹”;我们是“以其能筹,便能统”。一则恃乎气魄胜;一则恃乎条理胜。条理最要紧。苏俄要在革命十年后才走上计划经济的路,就是前此条理不足。气魄条理兼而有之,它才得成功。我们在系统未立条理不清之今日,万谈不到统筹;即在将来,所谓统筹也是相对的说话,不是苏俄那样。

假若我们将生产分作三种:一、工业生产——无机物的生产;二、农耕生产——植物的生产;三、牧畜生产——动物的生产。那么,这三种照其顺序实在是三级。即愈前者愈死呆,愈后者愈活动:愈前者人对它支配控制力愈大,愈后者人对它的支配控制力愈小;愈前者愈能适用机械,愈后者愈不能适用机械;愈前者愈能集中为大规模经营,俞后者愈不能集中为大规模经营;愈前者愈能集中为大规模经营,愈后者愈不能集中为大规模经营;愈前者愈好计算和管理,愈后者愈不好计算和管理。因工业具有如此性质,所以工业最当统筹建设;其理由是:

一、工业是产业中最易社会化,最便于归公的,它就要首先归公。所以旁的或者不一定统筹建设,这个定要统筹建设。

二、工业容易集中为大经营,有的工业且必须集中,或集中为便;因而势力雄大足以左右一切,必由国家经营管理才妥当,所以要统筹建设。

三、凡为工业根本之天然富源如煤、铁、石油、水力等,差不多是全国生产事业的命根,自不容私人占有,乃至也不容地方割据;其如何开采利用自应统筹建设。还有铁路、轮航、电信、飞机等之超过地方小范围的,当然要统筹建设。

四、工业和农业比较:后者为我夙有,只待改良;前者简直要从新建设。恰好它又是最容我们作迎头赶上去之规划设施的,所以必当统筹建设。

我们对于农业只说积极求进步,而于工业则云统筹建设,就是为此。更须知道的,我们就为统筹工业建设,而不肯随便走那工业发达之路,所以才作乡村运动。假若我们也肯随便走那工业发达之路我们就用不着讲乡村建设,作乡村运动了。——自然,我们同时也是看到那工业发达之路是走不通。

我深信中国是要从乡村运动才得统筹工业建设;但我也知道这里怕不免有一种困难。这种困难旁人也许看不出,而我自己却想到了。什么困难呢?

原来工业化之所以为工业化,其要点就在以物理的动力(电气等)和机械代替人力畜力。这本是提高文化的妙法。但人若要以其劳力换他生活所得的时候,就不肯接受。在自由竞争的资本社会呢,不顾他人是死是活,只要减轻成本增加利润的,什么技术马上就被采用实行。多数工人遭受无情的排斥,工业的进步实在残忍中进行,这是大家都知道的。自然未尝不可以此而逼着开拓其他事业,也能养活人;或者生产量增加,生活费便宜,也能养活人。然而这其中总有许多人被牺牲,则是一定的。在社会主义的国家呢,一切由政府计划调度;调度得宜,自不致有被牺牲的事。然而得达于从容调度这一步也甚不易。观于苏俄之有今日,也是经过大牺牲来的;则工业化的高度文明,简直都是血换的。而我们这条路呢,则一意从平稳过渡那个地处设想,整个的打算从头到尾皆以多数人为重,结果怕是受多数人之累!盖既不使其有自相斫杀的残忍竞争,又没有将大权力量都提到上面来,则多数乡下人真或可以累赘着工业化的进行。他们人口密度已高,而安土重迁。他们知识欲望都低，容易满足于当下的生活。而中国工业（特指为日常消费的那些工业）如我所想，又将建立在“乡下人以其自己的劳力，加工于其现成的原料，以满足其自己需要”的那条路上。此时他自己反正要吃饭，反正要活着，自己的劳力简直不算钱；那么，为什么要热心采用电力机械呢？恐怕从他自己身上难得发出高度工业化的要求，这是我所虑的。群众到底是庸凡的，不够智慧的啊！

那么，如何克服这种困难呢？我可以回答，克服这困难的根本一着，就是提高社会的明智力。苏联之成功，靠它国家的强制力；我们的成功，则有赖于社会的明智力，或曰社会的脑力。社会原可看作一有机体；如我们上面所说颇有条理组织的社会，更像是一高等动物的机体那样。此时问题，正好比一动物身体庞大而头脑发达不够。必须更进一格，像动物中灵长类人类这样，头脑很发达才行。头脑发达明醒有力，多替身体作主，自无昏沉迟重之患。具体的办法就是我前在讲乡村组织时所安排的“推动设计机关”，在完成中国革命工作上所安排的“文化运动团体系统”，和后面讲整个社会结构所说的教育应居于首位而领导一切。我在前有这样几句话：

> 推动他进步是必要，领导他有方向的进步更是必要。中国此刻顶要紧的就是有意识的、自觉的、有计划的往前推进社会；也就是以上所说的我们要想法子构成一个大的系统（即文化运动团体系统）。这个大的系统，也可以说是一个大的网。我们要有眼光的看准方向去推进社会；不能等着内地乡村没有眼光、没有方向的农民去瞎碰瞎摸。推动设计本为立法机关的事，我们把他分开了，我们从立法机关中又分出一个推动

设计的机关。——本来团体意思的决定应付之于公众,一件事情要如何办法,须大家表决。我们也是把意思的决定付之于公众;不过要由有知识的人(教员)提醒大家,大家再想一想之后以为不错,都同意承认了,就算是团体意思的决定。现在的农民,非有人替他出主意不可,这个机关非特别提出来不可;因为现在的农民对于很多重要的事情他都是模糊、因循、迂缓、不知注意。(前讲《乡村组织》)

其余请参看前后文。总之要造成社会向上求进步的气势。集中有学问知识的人才,开出多数人接受少数高明人领导的路子。简言之,就是**提高教育在社会中的地位**,而**加强其机构力量**。这是一个根本;从这根本才可以生出一些方法来。

自然有了根本,不难想方法;教我们现在想方法是不够的。但我们也无妨略想一想。我推想:总得中央负责方面先将为工业之根本的那些工业统筹建设,使所有生产技术工业化的条件都准备好,而给他送上门去,实为最要着。

第一要供给动力于全国各地。将全国产煤、产石油、和有水力可以发电的地方,调查清楚,确实估计;而后将全国划分区域,统筹分配,次第开发利用,以供给工业上的动力于这些区域内。这样,农业及其他生产运输事业,自然就近于工业化。据说:中国煤藏从相对地位说,可居世界煤藏之第四位,从绝对数量说达——217,626,000,000吨,殊不为富;假使他日工业发达如美国今日者,则不过用四百余年;论其分布则几遍全国,特以山西最富,闽浙最贫。石油储量从前曾传说陕西甚丰;而据美孚公司勘查,则谓少量是有的,中量难言,大量绝无。其后地质调查所又论证其不确。此外四川、甘肃、新疆、西康、贵州等都有的，量数似亦不丰。除正式石油外，油母页岩则在热河辽宁有之；抚顺一处就颇可观，现在日本人正从事提炼。这样，石油要算很少了（以上均据社会调查所出版：《铁煤及石油》）。水力发电，视其他为胜，最为现在人所称道。煤及石油不足者，正可靠水力；如美国东北部之新英格兰诸州即是如此。日本可用之水力约达六百八十万匹马力，而已利用之水力竟达四百匹马力以上。其由水力发电之量，约为火力发电之两倍。又如苏俄第一次五年计划之中心事业即为有名之第聂泊河（Dnieper）左岸大水电厂；规模之大，计可发生八十一万匹马力，为远近好多农工业所依靠。中国可利用之水力，尚无详确之调查。据前年世界动力会议之报告，约有二千万匹马力，占全世界可用水力百分之四，略次于美国，为世界水电事业希望最大国家之一。举其著名言之，首推长江宜昌以上之三峡。自重庆至宜昌计程约六百五十公里，两岸连山，江流下注，据估可有四百万匹马力。西南贵州广西间之乌江柳江及红水等皆甚有水力可用。北方黄河及其支流渭泾诸河之上流，估量皆很大。据德工程师巴尔克之估计，仅就宝鸡山谷一处积水，以供电力，即可将渭水引灌北岸高原田地五百万亩，且可将所余电力供给各种工业及将来陇海路西兰段火车发动力之用（以上据《南开经济周刊》第一百四十四期；《经济建设与水力利用》）。凡此如何调查，如何计划，如何建设，皆应由中央负责统筹。

次则同时要注意钢铁出产和机械制造，也同样为有计划地供给各处。因为动力没有机械是不能动的；而机械没有钢铁是制不成的。据说中国铁矿砂储量最近估计合勘采储量及未定储量总为979，500，000吨；其中重要的矿不过737，027，000吨，而属于辽宁一省中即达387,580,000吨;今辽宁为日本所窃据,即失去重要储量二分之一以上,总储量三分之一以上矣。以与世界各国比,则我全境内储量只及美国百分之一,印度廿四分之一,法英十二分之一。假令后此工业发达如美国今日者,计仅足供十五年消费之用而已。从其开采言之,除土法(行于山西、湖南、四川等处)为量不多尚为国人所有外,其新法各矿殆无一不与日本有深切关系,矿砂皆销于日本。至于钢铁出产为量无多,事业经营又多垄断于日人之手;其为中国独资举办者仅有汉口六河沟一处,山西阳泉一处,出产有限,且时有停顿(以上据社会调查所出版:《铁煤及石油》)。这样看来,从矿砂到钢铁大都是供给日本工业的,几于中国工业无与;中国之没有工业亦于此概见了。今后欲求工业进步,首须加以最大注意才行。苏联第一个五年计划实以金属(钢铁等)工业与机械制造,为其建设中之最重要关键。在其五年内所有的工业投资一百六十四万万卢布中,以四十万万卢布都用之于此;这在任何单一工业(电气事业也包括在内)中都算是最大的投资。我们的设施约亦可借鉴。凡此如何调查,如何计划,如何建设,皆应由中央负责统筹。

又次如为一般工业建设之关系条件的化学工业以及水泥(士敏土)木材等问题,皆应统盘规划,预为之备,至如铁路、轮航、港门等一切商业运输上的工程或事业,似非工业本身的事,而其间接刺激工业生产,力量绝大;如何善为规划安排,实促进工业化最大条件之一。这都是中央应作的事;其事大略如是,不再多说。特须注意:这里所谓中央,不只是政府,更兼括乡村运动的联合中枢及合作事业的中央机关而言。此不独为在调查上他们可以帮忙;**更其要紧是在计划上,为供求供给关系如何斟酌适合**(最难办最费事),

非政府片面所办得了，必须他们协助才行，没有他们便不得有统筹建设，只有走盲目的发达一路而已。

此外在下层工作，有一桩为乡村学教员特要作的事，就是以眼前应用的机械知识灌输于乡下人，而启发其对于机械的兴趣，并设法提倡小铁工厂于乡间。机械的应用实为工业之始。随时随处教以应用简单机械，养成用机械的头脑，更有小铁工厂散布乡镇，我想是促进工业化不可少的条件之一。

第十一节　末后的几句话

关于中国经济建设，我说的话大略如是了。经济是一项很专门的事，我本外行，其中怕不免有说错的。然而大方针路线则我相信是不错的。我早曾说，中国问题已经到了根本处，不能再分门别类来看。各专门家倒解决不了他们的问题，反而要待我这非专门家才行。——这是实话，没有一点狂夸。

时下论坛，一提到中国经济问题，有最爱说的一些话：一是极论中国土地分配不均，妨害如何之烈；一是痛数帝国主义如何侵略压迫，简直无活路，只有推翻它，中国才有办法。在比例上，他们说的最多者，恰是我在这里说的最少者。这里并没有什么一定的偏见。大概是我感情放得太平静了些，没有各位先生那愤懑激昂的情绪；不由得话就少了。更其是我专从解决的办法上设想，那没办法的话就置之不说。其实这两个问题，我如何能不承认呢？

土地问题，在我们成天说农民讲农民的人安得不急想解决？可是够上负责来解决这问题的政府还没有。至于共产党的作法呢；倒也痛快，只是于大局无补（他们若建得起政权来就有补）。反之，我不但不那样说，而且近于鼓吹乡村内部斗争的话，我正极力避免。无益的话不说，没用的话不说，我只是想怎样建立那确能负责解决中国土地问题的政权。

国际问题谁又能看不见呢？在举世闹着倾销问题互相以邻为壑的时候，他们一国一国都竖起关税壁垒，然在中国境内不独没有关税壁垒，而倒有外国的领事裁判权、国内设厂权、内河及沿海航行权、租借地、割让地、势力范围等等。这许多的枷锁不除去，工业生产又如何能振兴？还有适才说到为工业之根本的那些利源如煤铁石油等，本不丰富，乃竟大部（尤其铁之一项）被窃夺于日本。假使不收回，中国直无法谋工业建设。所有这些问题如何解决呢？我此刻真没得可说。修战备吗？不是这里应当说的；而且我认为中国若修战备以求摧敌，那是错误。我非想避免国际战争；反之，我深信在经过国际大战后，这些问题大半都可解决。**在我认为中国不应当在如何摧敌处着想，而应当在如何让敌人不容易毁灭我们处着想，乃至在我们被毁后如何容易恢复上着想。尤其要紧的是在调整内部关系以树立应付环境的根本，**但所有这些功夫将怎么作呢？那就是当下讲的乡村建设！乡村建设是我们在国际大战前最好的准备功夫！不过我在这里且不说它。聪明人能领会我的话，他就相信我丝毫没有放松国际问题，而正是在中国经济建设的前提上，为其最善的努力呢。

四 末后我们所可成功的社会

甲 新社会与旧社会之比较暨中国新社会与西洋近代社会之比较

我们回想前后所有的话，融会贯穿起来，从眼前大局问题的相当解决，开出中国经济建设的机会，促进了乡村组织的生长开展，所有新经济制度、新政治制度、新教育制度便于从中成长建立起来，则社会改造就成功了。这个新社会和旧社会相比较，仿佛有种种的不同，其实只有一点变动；总括的说，就是："转消极为积极。"

中国社会以前何以谓之消极？散漫就是消极。虽然以前伦理关系很发达，人与人有义务的连锁，在生存上互相保障；无奈他没有积极的发达社会关系，借团体的力量创造优美的人生，所以我们不能不说那是消极的。可是此后当然要增进社会关系，借团体的力量解决人生种种问题，那就是转消极而入于积极的路子了。再则过去的中国社会没有能够发挥人类的理智来抗天行，所以让中国人受自然的限制很大，受自然的灾害很凶，水来了没有办法，天旱了也没有办法，瘟疫来了也听其流行；总之，自然的灾害在中国人看来是不可抗的，这就是太没有发挥人的能力，让人完全受制于自然，这真是中国人很不行的地方！这正可证明中国过去社会的消极。我们以后恰好能够引进科学技术,发挥人类的智力,驾驭自然、利用自然、控制自然;而且我们由团体力量去引进发挥,庶乎这种技术可达于最高度,这样就可产生富有积极性的人类文明。我想新旧社会的比较,除了转消极为积极外,再没有旁的。

所以除了转消极为积极之外没有旁的,就是因为中国所患是不足之症,而不是有余之症。他文化造端很正,只是有些缺欠要补足,空虚要充实起来;并没多少过火处,必得要克伐铲除的。所谓他文化造端很正,具体说来就是两点:一点是乡村(包括农业);一点是理性。这两点是中国文化的根本,更无其他。我们现在就是要发挥理性组织乡村;以组织的力量运用科学技术,来解决生活上之一切问题。那便是以团体组织科学技术这两样新材料来培养来发展那造端已得其正而尚待引伸发挥的端倪了。

若以这个新社会,与西洋近代社会来比较的话,仿佛矫正了西洋近代以来偏欹形态的人类文明,而成为正常形态的人类文明。中国未来新社会,对老社会说是转消极为积极;对西洋近代社会说,是转偏欹为正常。但怎样叫正常形态的人类文明呢?可以分五点来说:

一、新社会是先农而后工,农业工业结合为均宜的发展。中国旧日所谓农工商三字,仿佛有点顺序在内,先农而后工商;可是近代的西洋社会呢?工商业撇开了农业,超过了农业,而自己去发展;并且农业还受到很严重的抑压。其工业都要向外寻市场的,也不靠国内乡村来支持。工业单从一种营利的目的,市场交通的方便(商业上的方便)而集中在几个地点,形成一种工业都市,与乡村划然为二。这就是农工分家而为偏欹的文明。正常的文明是由农以及工,农工结合,平均适宜地发展。虽然生产技术愈进步,就是愈工业化，最后说不定工业范围愈宽，农业范围很小，但先后顺序是不变的，适宜的原则是不变的。照我们所讲的路线，很自然的就是这么一个正常的路。

二、新社会是乡村为本，都市为末，乡村与都市不相矛盾，而相沟通，相调和。西洋现在社会可以谓之为二本的，不是从一个很合适的系统来的。他是都市离开了乡村，超过了乡村，独自发达，初时则压倒了乡村，后来则转回救济乡村，总之，让都市与乡村仿佛成了两极端，成了很不相同的东西。其实都市与乡村，不应当有很大的不同，不应当是截然两种东西，而应当调和。尤其不应当同在一大社会里而表见矛盾冲突，陷社会于不安。这里有一段语，是社会主义者对未来社会的推想与现在社会的批评，我们很可以参考一下：

> 在新制度下面，营利主义的原则要被撤废，这个世界要受需要主义的支配吧。那时候，"需要"上最根本最切要的农业，将最被重视吧。资本和劳力，要同现在相反，从都会逆流到农村去吧。对于农业生产力的增加，会不惜一切的努力吧。因为"资本主义在工业上的发展，已创成了极高度的完全的经营，所以社会主义的新社会对于工业的较大任务，不是再去创成较高的经营，而是废弃旧经营并且使劳动力集中到'完全的经营'上去。然而在农业就不然，可以算为达到了最高度——尽量地应用了现在的技术和知识——完全的农业经营，实是极少极少，而且以这极少的经营到底是绝对地应不了社会对于农产物的需要，所以新社会必须把农业全体从新地组织把它提到较高一级的阶段"（引用考茨基的话）。结果，会使农业

生产力增大到可惊的程度吧。并且工业,会分散到便于得到原料和动力的乡间去吧。因为这个缘故,都会和农村的关系上会起极大的变化吧。

再把这样几百年以后的人类的群众生活想象一下。在那个时候,已没有再使肉体荒废的都市,也没有强逼精神荒废的农村。农工业的调和,同农村和都会的融合,乃是那个社会的特色。在那社会所存在的,可以说是"农村式的都会"或是"都会式的农村"。

考茨基说:社会主义制度任务,应以"经验"去发现农工业的适当的结合形式。在这个结合的形式下面,工业转移到乡间,不只是农业经营可以供给食物及原料于工业劳动者,而且可以教育和组织一切的劳动者,使工业劳动者能在农业极忙的时期——尤其是收获期——有效地帮同工作,使农业劳动者能够在耕种闲空的时期——尤其是冬天——从事工业劳动。若是在最为高度的农工业的结合形式下面,各个劳动者就可以每天在农场工作几个钟头再到工场工作几个钟头,使他们的精神和肉体不致受一种劳动的单调所伤害。这样地,比方八小时的劳动里面,要是可以在农业劳动四小时再在工业劳动四小时,那么劳动者的健康和对于劳动的兴趣,一定会有极大的增进。……一方面,都会制度也不至于完全地消灭,还是要作为国家的行政机关和高等教育的中心地继续下去吧。不过,国家官僚组织的缩小,和地方自治的扩大,自然使中心都市的吏员减少;并且工作的分散计划愈有组织,工业愈由市场境况独立;加之以交通机关的发达,愈使工业分散到乡间里去;所以结果,国家的中心都市只要有十万左右的人口就足够了。一方面,随着工业的向田园分散,农村就发达起来,正像现在在意大利所见的那样,成为小都会。

进了那样的时代,农村才能彻底地振兴,农村的文化才能开放烂漫的花朵。对了,那样的时代的文化才能算是真意义的人类的文化!

(河西太一郎著:《农民问题研究》七二——七四页)

像现在许多的大都会,六七百万的人口住在一块,真是没有道理!其病皆在将社会的重心集中于一点,而没有把重心和中心分开。如其都市只是政治经济文化的中心,而社会重心则普放于都市以外的乡村就对了。于此有一段旧文可资参看:

我们辟造正常形态的人类文明,要使经济上的"富"、政治上的"权"综操于社会,分操于人人。其纲领则在如何使社会重心从都市移植于乡村。(见《山东乡村建设研究院设立旨趣及办法概要》)

中国从合作这条路走去,是以"人"为本的,不同乎资本主义之以"钱"为本。又从乡村而建设起来,层层向上建筑,向大扩张;虽然合作社的联合中枢机关在都市,而其重心则普遍存于各乡村。由是,其政治的重心也将自普在乡村,普在人人。像欧洲那样"钱"膨大起来驱使人,而人转渺小;又由都市操纵国权,乡村轻末不足齿数,上重而下轻者;这里都不会有。可以说欧洲国家政权好像偏起而耸立的;此则是平铺安放的。(同上)

上边这两点的不同，一是从农业工业去说，一是从乡村都市去说；大概都是在先后、本末、主从之间见出的根本不同而非小不同！只有摆脱于资本主义，此先后、本末、主从之序才自然规复。否则，在其中弥缝是无用的。如日本的工业最初发达的时候，当然把劳力吸收到都市；及其发达到产业合理化的程度，乃又把劳动排出都市，返回农村。这样农村的劳力特别贱，于是工业家又把工业分散到农村去，提倡农村工业化，提倡农工结合，都是弥缝之策，还不过维持工业维持都市而已。不可与此混同。

三、新社会以人为主体，是人支配物而非物支配人。如西洋近代以至今日，从个人本位自由竞争，演为经济上之无政府状态，人类失去支配力，差不多是物支配人的；那当然不是正常形态的人类文明。新社会所以人做主来支配物的，全在我们一意社会关系的调整增进，减少人与人间的隔阂矛盾，形成一社会意识以为主宰。

四、新社会是伦理本位合作组织而不落于个人本位或社会本位的两极端。伦理就是确认相关系之理，互以对方为重，团体与分子之间得一均衡；合作社也恰好符合于此意，既不是个人本位，也不是社会本位，社会与个人之间得一调和，这就是正常的。此理已经讨论过不少，此处不再多说。常常有人问我：你常说我们要创造一个理想的社会，那么，所谓理想的社会到底是怎么样的一个社会呢？我回答的时候，开头就说这句话：团体与分子之间是均衡的；既非个人本位，又非社会本位。为什么开头就说这句话呢？因为一般所理想的新社会，都有社会本位的意思在内；我们虽然也是社会主义，但不同于一般的社会主义，故不能不先说这句话来表明我们的意思。

五、新社会内政治、经济、教育（或教化）三者是合一而不相离的;合一的是正常,相离的非正常。为讲话方便,先分作"政教合一"、"政治经济合一"两层来说,然后再合起来。

政教合一问题我们已经谈过许多。第二要明白政教合一是对西洋近代政教分离而言。但西洋近代的政教分离,是国家不干涉人的宗教信仰;此处所谓合一,却并非要恢复什么"国教"。有一段旧文可资参照:

> 夫我岂不知政教分离,不独在欧洲当时有其事实上及理论上的必要,而且在何时均不失为最聪明的办法。夫我岂不知,天地间没有比以国家权力来干涉管理人们的思想信仰行为再愚蠢而害事的;居今日而还要谈中国所谓"作君作师",将为人讶为奇谈,哂大笑话。然而这却是眼光短的人囿于眼前之所见;不足以语人类文化变迁之大势者。在以往的社会,是代表国家的统治阶级妨碍个人太甚了;故近代来乃专求其如何不妨碍,而亟亟树起个人自由的疆界。然而这都是一个消极目的。文化更转进一阶段时,则单单不妨碍是不算的,必须如何积极地帮助顺成个人种种可能的发展。又在人的生存问题未有一社会的安排解决,则人生向上的要求也不能有一社会的表现。换言之,其表现为社会的要求,而社会尽其帮助个人为人生向上无尽之开展的任务,固必待经济改造后。尤其不可不知者,现在一般国家所行之法律制裁的方法,实以对物者待人,只求外面结果而不求他心与我心之相顺,粗恶笨硬,于未来社会全不适用;非以教育的方法及人种改良的方法替代之不可,此教育要在性情的陶养;那么,莫胜于中国的礼乐。所谓国家,将成为一教育的团体而凡今之所谓政治,在那时大

半倒用不着,法律制度则悉变为礼。我前云:“在近代法律制度后,更进一阶段的文化便是礼”;意即指此。这些原都不是这里所及申论者;不过为破今人拘墟之见,略略指点一二。今人拘墟之见,正自难怪他。他一面去古未远,方得脱于干涉妨碍,如何肯放心得来?又一面正值生存竞争激烈之秋,救死唯恐不赡,其实也未暇作此理会。然人类之要求向上而自慊焉,则人类一天不灭绝,固一天不得息止;更且以文化之进,而此意识愈明了焉。又人类除非不生活,生活则必是社会的;更且必日进于有组织的社会生活。则如何导达畅遂此要求,终必为社会之所从事;人类文化变迁之归趣固将在是,可勿疑怪也。

(《中国民族自救运动之最后觉悟》一五九——一六一页)

国家是有最高权力的团体,它将给我们许多安排、许多指示。这许多安排许多指示,应当充分寓有领导人生向上、发展人们德性智能的教育意义;这便是政教合一。如其国家只照顾人们的生活,而于人生的意义价值则认为是另外一回事,不敢过问,明明是不通之论,出于一时的有所避忌。新社会的要点在发达团体生活;团体生活的发达必靠人类的理性。下面论到理性替代武力的问题,则于政教合一之意更可以明白。

政治经济合一,亦是对西洋近代自由主义政治经济分离说的。自由主义把经济认成是个人的事,国家不要操心;但现在的趋向则都望国家主持一切。大约经济生活社会化的结果,定然变为国家所主管。中国新社会要归到此合一的道上,更是自然的:

现在中国社会有两个最真切最实在紧逼着中国人非团结不可的问题:就是治安问题与生计问题。如乡间有土匪扰乱,大家即练红枪会,这是由于治安发生问题,逼迫着大家非团结自卫自救不可。但武装自卫的团结,天然容易产生豪强的领袖;不容易启发中国的民治精神,不容易养成中国人的组织能力。只有生计问题,能逼迫着中国人合作,是养成中国人团体生活习惯,合作组织能力的最合适的道路:第一,生计问题是最切实的,不容淡漠视之;第二,生计问题不像军事组织的过于含有“对外性”“临时性”,而平平稳稳地不松不紧地训练人去作团体生活。会作一个合作社的社员,就会作团体的分子,就有组织能力。恐怕要让中国地方自治成功,形成地方自治团体,除“合作”外再无旁的路。他恰好一面可以改变中国人的心理习惯,训练培养新的能力;一面因他的进步,亦即经济进步,自然地使大家生活在各方面发生连带关系,在事实上欲分而不得;地方自治,自然随合作的成功而亦成功了。(《乡村建设论文集》一八一——一八二页)

中国的经济要想进步,天然不能走自由主义的路,一上来就必趋向于团体组织,所以那也就是一上来便趋向于政治经济的合一了。此事已经谈过很多,不再叙。

当真地说,今之所谓政治,在将来看好多是冤枉的事,多余的事。将来的政治大概其主要内容就是经济和教育了,所谓国家一面是经济的团体,一面也就是教育的团体。本来人生亦只有经济和教育两桩事;经济是生活;教育是生活的向上发展。所谓政治,在这里不过表现个人意志和团体意志的那些事。可是意志的内容是什么呢？还不外经济和教育罢了。到经济生活安排得很好的时候，无处不含有教育意义在内，亦即无处不是教育。通统是经济，也通统是教育。“政治、经济、教育三者合一”，到此乃真合一了；人类生活亦才正常合理化了。

六、新社会秩序的维持，是由理性替代武力；而西洋近代国家还不外武力统治，其社会秩序之最后维持在武力的。社会秩序出于理性，靠理性来维持，是正常的；反之，靠武力便非正常。

我们要知道，人类之有社会非出于自觉地组织，而国家的机械性尤大。人类历史直到现在，支配一切的是政权或曰国家。这些政权或国家，虽有许多高下不等的形式，而究其内容始终不外一武力统治之局。其较进步的政治形式固武力渐隐渐抑，理性渐显渐扬；然社会秩序之最后维持端在武力，而非以理性。像是牖启理性涵养理性的教育（或教化），从来在社会上就不居领导地位而处于被役使地位。因此教育虽尽可有助于社会进步，而社会真的改革进步却常是些“出其不意”的事；教育总无力来改造社会，暴力革命到底不可免。暴力革命就是社会问题之机械地解决，正从社会之机械的构造（武力统治）而来，虽欲回避有时而不能。然每经一度改造，必经一层自觉，亦即较进于理性；最后必达于自觉地组织，以理性为社会之维系力而不以武力。此时教育必站在社会的第一位，以学术指导社会的一切；社会制度就可以不断地讲求改良，用不着暴力革命。从前的可名曰机械的社会，后者可名曰理性的社会。于此，我们可以引杜威一段话，来阐明其间的分别：

> 一个机器的各部分在那儿协作，但这并非社会；因其不认识此公共目的。假使他们都能认识这个公共目的，对于这目

的都有兴趣，因此各人都按着目的约束各人特别的活动；这样一来，便成为社会了。

如此我们不得不承认，现在社会里面还有许多关系仍缺乏社会的精神。因仍有很多人的关系如机器一样，彼此没有充分的交通作用。许多个人彼此利用，只管所要得的结果；至于被用之人的感情与理智的倾向怎样，心里情愿与否，都一概置之不顾。假使父母与子女的关系，教师与学生的关系，雇主与佣人的关系，治人者与治于人者的关系，仍然还在这地步；无论他们各个活动怎样接近，总不能组成真正的社会团体。

（杜威著：《民本主义与教育》之第一章）

中国旧社会病在散漫，然社会秩序自尔维持，较富于理性；缺乏阶级，武力统治意味最少，不像国家；这都是在前面说过的。中国新社会的成功，不外原来散漫的中国人转向团体生活；此转向除外围环境刺激它逼迫它使其发生团结组织之自觉外，其自身实缺乏一大机械力量来强迫地作成团结。这样，就反逼地只有自觉的思维的要求团结，才得团结了。前讲中国人之进于团体生活，大概要从经济上合作组织来；又讲中国人不进于团体生活则已，要进于团体生适不能不发挥其固有伦理互以对方为重的精神。凡此都见出要有其自觉认识，要有一种思维了解在内。不过我们所谓理性还不仅在自觉和相互了解上，更在人生向上的自励和互相敦勉。

人生向上（个人的和社会的）里面含藏着自爱爱人的深厚意思，是人类生命力量的源泉。我常说，中国人若单从自卫自治和经济上的合作出发来组织团体，都不会有好的希望，有真的成功。必须从较深的动机、更高的要求——人生向上——出发，而后才有力量克服许多困难(妨碍团体生活成功的那些因子),完成大社会团体的建设。在西洋人固然从其很久的集团生活,使他们身上较少那些妨碍团体生活的习惯,而具有许多适于团体生活的习惯;但若想撤废武力,那仍非另自有一种力量来替代不可。不然的话,单从理智的思维计算上以维系团体生活怕是太不够的;**必须有超计算的感情力量才可以**。此力量在往时多半是借重于宗教的情操;在今后则将在我所谓的理性。理性是一种很强的感情力量,然而是明智的。当其自发就是志愿;要志愿久而不衰,则外面环境的涵养启牖功夫不可少。教育(或教化)在这里就成了顶重要的事情。说以理性替代武力,其实就是以教育(或教化)替代武力。这种教育怕以中国古代的礼乐为最好;在将来文化中就是要复兴礼乐教化,一定而不易。我在《东西文化及其哲学》上曾经说过这个话,今不再详说(见原书一四〇、一六七、一九四各页)。

总之,现在的国家都不外借着民族斗争阶级斗争这两大力量在那里为种种形式的团结。可是将来阶级要消除,民族之争也跟着要消歇,就没有可以资借的机械力量。此时团体生活的维系,并且要他发育得很好,那就非充分发挥人类的理性不可。当然也唯有从理性而组成的而发育的社会,才是正常形态的人类文明。这件事,中国将先一般近代国家而作到;这是我的估料。

我们以上提出六点来指明正常非正常之分;但正常非正常到底怎么讲呢?可以说:正常即自然合理之谓;不自然不合理就非正常。工业在前,农业在后,两下分家;都市为本,乡村为末,两下矛盾冲突;人作不得主而受支配于物;翻来覆去落于个人本位、社会本位之两极端;政治经济教育三者相离而不相合;武力高过理性,教育处于被役使地位:凡此就是不自然不合理,就非正常。反过来:农业工业依乎顺序适宜配合;乡村为本,都市为末,二者调和沟通;人为主体来支配物;不落于个人社会两极端,而是伦理本位合作组织;政治经济教育三者合一不分;理性替代武力,教育居于最高领导地位:这便是正常的了。假若再追问:什么叫作自然?什么叫作合理?自然就是合理;合理就是合乎自然之理。这是一句话,不是两句话。那么,到底所谓自然是何指呢?自然是指宇宙大生命说;自然之理即是宇宙大生命的最活泼处——人类心理。宇宙大生命的活泼唯寄于人类;人类而外已不能表现宇宙大生命的活泼了。所谓合理,质言之,就是合乎人类心理的要求。此要求是跟着宇宙生命来的,是自然的。**其最强的要求即是宇宙大生命活泼的最高点**。我常爱说的"理性"也就是这个。归结下来,我们必须得认识人类,认识人类生命的特殊(理性);认识了这个,也就晓得所谓自然合理的根据了。

乙　人类社会建设应有的原则

我在民国二十年初次讲乡村建设根本理论之研究,即先从"人类社会建设应有的原则"讲起。后来感觉不合适,才改从讨论中国问题入手,而以人类社会建设应有的原则放在末后讲。我于此建立了四个原则,都是从认识人类而认定的;我相信是评论社会理想的一些根本眼光,不过内容的话多半关涉生物学和心理学,细讲起来要另成专书(拟撰《人心与人生》一书,将来可出版),所以现在只将当初讲时所写极简略的几句话录后备考,不再加分释。

绪言 本院研究部或训练部功课中,学科门类甚多;然大抵皆为乡村建设的方法。唯此《乡村建设根本理论》之一目,则将示吾人以乡村建设应有之鹄的或理想。在本院《设立旨趣及办法概要》一文中,所云"要认清题目……题目便是辟造正常形态的人类文明"者,正是谓此。

认识人类 吾人欲求得此正确鹄的,必须探本穷源,先求认识人类。以有人类,才有人类文明,才有人类社会如何建设的问题。

经济为人生一桩普遍而且基本的事 人为生物;当然要维持其生命之延续(兼括个体生命及种族生命而言),则非对付自然,利用自然不可。假非架屋,即无以避风雨;非种谷,即无所得食。此对自然界费一些力,使于人生上发生一种效用而用之,即为"生产"与"消费",统称"经济"。经济,盖指于不可免之费事中又求省事,以省事而不免又费事(如为省事而行大机械生产,又引出制机之事)环转无已之打算而言。人生于此,莫能有例外,故曰普遍;亦唯有此,而后有其他种种事,故曰基本。乡村,自一面言之,即从此经济关系而筑起者。然人岂徒求得生活而已乎?

人类生活方法的特殊 一切生物诚盘旋于生活而止,无更越此一步者;唯人类则悠然长往,突破此限。此人类生命之特殊,当于其生活方法的特殊谛认之。

生物所以生活的方法,各不相同。然大体言之,则不外植物之定驻吸食的生活方法与动物之游走觅食的生活方法。于动物游走觅食中,又有节足动物之趋重本能,与脊椎动物之趋重理智,两不同。前者,依先天安排就的方法以为生活,蜂若蚁是其代表;后者则有待后天之用思与学习,唯人类能达其域。于是合前植物之定驻以言,生物之生活方法盖有如是三大脉路。三者以植物为最省事,依本能者次之,而理智一路为最费力。脊椎动物,自鱼类、鸟类、哺乳类、猿猴类以讫人类,以次而进于理智,也即以次而远于本能。盖虽同此趋向,而于进程中稍有偏违,即不得卒达也。

试表之如图:

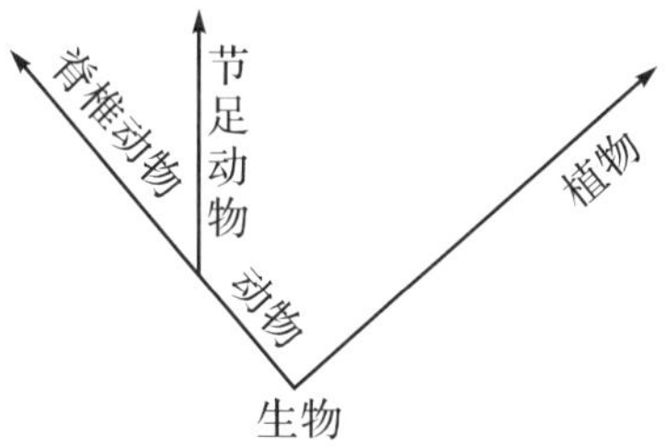

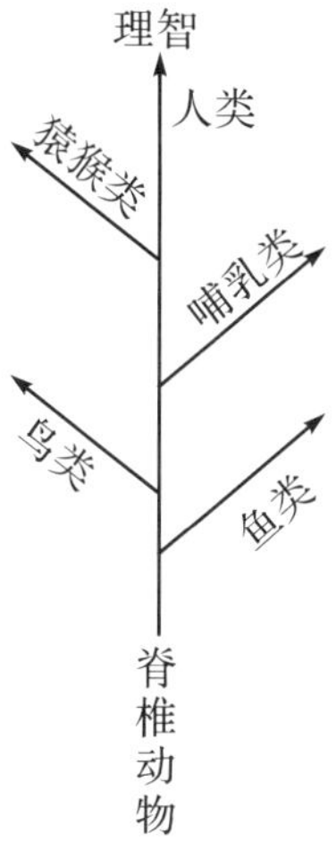

于理智虽见萌芽而未得卒达之脊椎动物,仍依本能为活;其生活盖年年如是,代代如是,无有创新。实则一切生物,自人类而外,固悉自陷于一境,如驴转磨,盘旋而不得进。唯人类能运用理智,辟造文化,日有迁进,为独不然焉。

何谓理智　本能作用不离具体事物;而所谓理智,即指离开具体事物而起之分别区划计算推理等作用以为言。吾人生活上所用之工具机械文物制度,即以此等作用而创造出;而依本能为活者,则其工具即寓于其身体。

人类整个生命之特殊　动物于特定之具体事物,发生特定之兴趣行为(如蚕之于桑叶);其关系有如系定。因之,宇宙间与有关系之事物,为数乃甚有限。人类则于任何事物,均可发生兴趣行为而无所限。以唯平视泛观，周及一切，乃为理智。唯人到达乎理智，故唯人能无所系定；其生命豁然开大，曾无局限，实得一大解放焉。

人类社会建设的原则之一 由此一大解放，人类生命遂得廓然与物同体，其情无所不到。见人创伤，我动惨恻；抑于物也然，匪独对人；古人所谓万物一体之情是已。语曰："有福同享，有罪同受"；苟能如此行之，则虽受罪也不甚苦，以其一体之情得所发抒也。故吾人当建设一个能代表人类此一体之情之社会。

人类社会建设的原则之二 无私的理智，开发出无私的感情；故人心有是非，不以利害而泯。语云："所欲有甚于生者"，人类生命之高强博大于是见焉。革命运动之必推翻旧秩序，不徒为生存斗争，亦以不得于理而否认之也。故人类社会之建设，当求其如义得理；如或未然，不得不止。

人类社会建设的原则之三 本能者有所能而止于所能；人初若无一能，而顾有无限之创造力，故其究也无所不能。此创造力之必求得所发抒，盖人类最强要求之一；亦唯得所发抒，乃不负其所以为人。人之创造力各有所偏，亦曰个性。尊重个性，鼓进创造，此建设人类社会之所必不可忽。社会所以必许个人以自由，其意亦在此。

人类社会建设的原则之四 唯于人类生命而后教育为可能；亦唯人类生活乃需要教育。然教育非徒为生活而已，将以为人类生命之无限的开展焉。其见于外者，则为社会文化之得继续创进无已；其存乎内者，则为个人心理日造乎开大通透深细敏活，而映现之理亦无尽。古人有言："寡过未能"；即其歉然不足之情，人类向上求不失于理者见焉。此情莫能已，此理益以辟，人生不可一日废学。故人类社会之建设应处处出之以教育眼光，形成一教育的环境，启人向学之诚而萃力于创造自己。社会于人，至此乃尽其最大之效用。

结论　人类生命的特殊，更有一点，则于美的领略欣赏是。盖饮食而知其味，唯人为能尔。吾人生活中处处有美不美的问题，不徒苟求生活而已焉。社会建设于此宜有讲求；然不另立一则者，以美育可并括于教育也。总上四则，人类精神于以寄矣。自非表见人类精神，难乎其为人类社会；然而是未易言。

附录一

我们的两大难处

——二十四年十月二十五日在研究院讲演

今天要同大家谈的，是“我们的两大难处”。原来我本拟为“两大苦处”，后来又改成“两大难处”。无论苦也罢，难也罢，反正是不好受的意思。所谓“我们的两大难处”是什么呢？头一点是**高谈社会改造而依附政权**；第二点是**号称乡村运动而乡村不动**。底下我解释这两句话：

头一点——高谈社会改造而依附政权，这是一个矛盾。旁处的乡村工作，也许不成为一个问题。因为他们是在作一方面的或一项的改良工作、建设工作。说得不好听一点，他们是枝枝节节的工作。他们本来不说社会改造，这便没有什么问题。可是我们说要社会大改造，而非枝枝节节的做一点好事。既说社会改造，那就不应当接近政权，依靠政权。为什么呢？如果你（我们自己）承认现在的政权是一个革命政权，你所要完成的社会改造，也就是他所要完成的社会改造；那么，就用不着你再作什么社会改造运动了！你现在既作社会改造运动，则明明是你看他（现政权）改造不了。他既改造不了，你就应当否认他，你就应当夺取政权来完成社会改造！你既不否认他，而又顺随他在他底下活动；那么，你本身就失掉了革命性,又怎么能完成社会改造呢?你不但在他底下活动,而且依附于他,这怎么能完成社会改造呢?照例,政府和社会比较;政府最代表那惰性、不进步性的;而大凡新的潮流、新的运动、新的创造,都是从社会发生的。除非他是一个革命政权;否则那个政权只代表惰性,不进步性的。比如苏俄共产党政府,那是一个革命政权;他所代表的是新的潮流、新的势力,他能够创造,能够完成革命。然而照一般的政权说,皆所未能。所以这时候我们要求社会大改造,而实际上靠现政权作事,这是一个大矛盾!这个矛盾,以现在乡村工作的趋势看,像是更要加重的样子。在此刻,长江一带讨论"政教合一"的问题,讨论得非常热闹。这个名词,实不大妥当,可是他们都很喜欢用。究其所谓"政教合一"者,说的是什么呢?他们就是要:一面借行政上强制的力量办教育。尤其是办民众教育;一面拿教育的方法、教育的工夫,来推行政府所要推行的各项新政。他们觉得办民众教育没有政府的力量为后盾,很难办,故要求政治力量来帮助;同时又感觉到,新政之推行不用教育的工夫,也很难推行得好,所以需要借重教育。这样一个内容,用"政教合一"这样一个名词;在南方闹得很热闹,大家很喜欢讨论,也有许多地方正在实验,如此结果下去,有让乡村工作行政化的趋势——乡村工作变成地方下级行政。乡村工作果真变成这样,那还有什么社会改造可谈呢?这是一个大的问题。

第二点——"号称乡村运动而乡村不动"这个话,差不多是一个事实。在无锡我们开的乡村工作讨论会,乃至去年在定县的一届年会,都可以看出其间乡村农民的代表差不多没有。放宽点说:即令有,为数也太少;最多的,还是教育界的人。其他如农业家、公共卫生家,这样的技术人才倒有;政府的人也很不少,地方政府,中央政府,都有人出席;可是从乡村来的,代表农民的,真是凤毛麟角。即此可见乡村之不动。仿佛乡村工作讨论会和乡村没大关系,乡下人漠不关心,只是乡村以外的人瞎嚷嚷,不但如此,我们试以乡村工作的几个重要的地方说:头一个定县平教会,在定县人并不欢迎。本来最理想的乡村运动,是乡下人动,我们帮他呐喊。退一步说,也应当是他想动,而我们领着他动。现在完全不是这样。现在是我们动,他们不动;他们不唯不动,甚且因为我们动,反来和他们闹得很不合适,几乎让我们作不下去。此足见我们未能代表乡村的要求!我们自以为我们的工作和乡村有好处,然而乡村并不欢迎;至少是彼此两回事,没有打成一片。即我们邹平,假定提出这么一个问题,来征求乡下人的意见——乡村建设研究院要搬家了,你们愿意不愿意?投票的结果如何,我也不敢担保。自然也有一些人觉得研究院,多少还没有劣迹,仿佛在这里也还不错,县长也很不坏,不走也好。顶多如此。或者他简直不表示,仿佛无成见,走也不留,不走也可以。真正的老乡,恐怕就是这个态度的。这个就足见你运动你的,与他无关,他并没动。此种现象,可以反证出我们是未能与乡村打成一片;让他知道我们是为他,而造成一种不可分离的形势。邹平定县是如此,河南镇平内乡一带也许比我们强一点;因为他确是地方人(彭禹廷先生等)自己起来的,真替乡村解除了不少痛苦。削平匪患,即其大而易见者。就是苛捐杂税,头几年他们也有办法抗不交纳。那里真有乡村自救自卫的样子。想象着他对于农民,大概比我们融和,可是有两点要注意的:一则像这样的例太少;而且我们也看不出乡村工作有按镇平这方式开展的趋势。再则,严格的讲,在镇平究竟乡下人动起来没有,也很难说;其地方领袖虽然很替乡村打算了,而到底同乡村融成一片没有，也很难保。从这些情形看，这又是一个大的矛盾！如果乡下人不动，那么，我们乡村运动算怎么一回事呢？这样能发生大力量吗？不能的！我们乡村运动天然要以农民作基础力量，而向前开展；如果我们动而乡村不动，那有什么前途呢？不能代表乡村的要求，不能发动乡村的力量，那怎么能行呢！

总之，我所提出的这两大问题，也可算是两大矛盾、两大危机。如果我们作乡村工作的人当初就是作假，并不是真想干社会改造；我们是“挂羊头卖狗肉”，欺骗人的，则也无所谓危机；乡村不动就不动，你不动也碍不了我还照旧工作。可是你心里要不是假的，还当个真要求，那就真是危机了。你所苦心焦思地在那里干的，照这样下去，明明做不到，非失败不可的；这不是危机吗？可是现在我们不说是矛盾，也不说是危机，而只轻轻地说是两大难处。这个意思就是说：我还不承认它是两大矛盾，不看它为两大危机。我再三想，左右想，想了半天，只好说是两大难处。底下我要解释这是两个难处；而不是矛盾，不是危机；我对前途还是乐观，不认为要失败。这个解释，也就是回答两个问题：一个问题是：到底你能不能够从改造政治而完成社会改造呢？再一个问题是：你到底能不能代表乡村的利益，代表农民的要求，让乡下人动起来跟着你走，发生大力量而转移大局呢？

刚才所提出的问题，不过举其大者而言之；其实不止于此。仔细分析起来，我们的矛盾、危机很多很多；细心一点的人都会看出。例如乡村运动者，自己不能合为一个力量；各有其来历背景，各有其意见主张。那么，期望它来改造社会又如何能行？因为没有一定的方针要求，就不成功一个大力量。这个问题也很不小，连前两

个问题合起来,也可说我们的三大问题。此三大问题排列出来就是:

(一)与政府应分而不分;

(二)与农民应合而合不来;

(三)彼此也不能合而为一。

乍看去,三大问题有一于此,乡村运动便不会成功;何况三者具备?可是我不是这样看法,我只说是我们无法避免的难处;而此一切难处均有其所从来。在这里尚不见其是我们的矛盾,尚不能断定我们的前途!在我看,我们一切的难处,是从三层来的:

第一层,中国问题自外引发而非社会内部自发的;

第二层,乡村运动之起,在社会旧秩序被推翻以后;

第三层,中国旧日社会散漫流动,缺乏阶级,现在则更加混乱失序,依然不成阶级。

上列三大问题都是从这三层来的。这三层都是早经在乡村建设理论中讲过的意思。凡是于从前所讲能体会在心,则此刻稍加指点,不难明白。

第一层,"中国问题自外引发而非社会内部自发的",这是最根本的一点,必须认清的。此点认清,则知中国几十年来的种种运动,实在都是一个"文化改造、民族自救",很缺乏政治斗争性。它几乎不像一个革命,因它不是一个新的阶级势力起来推翻固有的秩序。民族问题早掩盖了阶级问题。然而也不是对外的民族斗争,而是民族自救。民族对外的意思虽然常常有,而工夫到底还在如何自救。因此像外国那样革命斗争的阵势,非常缺乏,分不清楚。这是无可如何的事实。我们常常处于这囫囵整个的问题之下(说民族、说文化,均见其为囫囵整个的),是最不好办。所谓难处,大半就难在这里了。这是一点。又因其为"文化改造、民族自救",对内的问题小,所需的破坏工夫就小,而主要的在有所培养进步。换一句话说,全需要建设工夫和教育工夫。而这种工夫和有所破坏推翻正相反;那是自下而上,这是自上而下。中国的革命,大多数老百姓是被动。自过去的变法维新、两次革命,以至今日乡村运动,均不免自上而下。许多难处,由此而生。这是一点。凡事要破坏容易,要生长进步则是快不来的。这能慢不能快,也是我们工作上发生困难的由来。这又是一点。

第二层,"乡村建设运动之起,在社会旧秩序被推翻以后";若在旧秩序未推翻的时候,多少还有点自下往上的样子。现在连这一点也没有,则阵线更不明。若在旧秩序未推翻的时候,多少还需要破坏工夫,现在唯有建设工夫、教育工夫,更是一个自上而下的,更是能慢不能快的。若在旧秩序未推翻的时候,旧秩序便是一个有力的革命对象,大家的要求都还集中在一点上,事情就容易办。现在则对象非一个,要求不一致,说不上来同谁拼命,说不上来社会最大的最有力的要求是什么。这个就难办了。

第三层,"中国旧日社会散漫流动,缺乏阶级,现在则更加混乱失序,依然不成阶级"。这就是在此社会中,没有两面不可躲闪的冲突,同时也没有相联一致的势力。谁与谁都不是仇敌,可是谁与谁也不是一家。如此,则上下依违,友敌分合之际,自不能不有许多难处了。(以上三层,总起来只是一回事。)

试根据以上三层,来解释第一个问题。我们所以与政府当分而不分的,实为中国社会改造运动不以某阶级为背景,而是民族文化的改造。我们固然自负是革命的,政府也未尝不革命。今日的政府,不正是革命党的政府吗? 他们不早曾做过激烈的农民运动吗？不过落到今日，你说他还能完成革命则不配；你说他妨碍革命，那也不然。中国的党派在空间上没有很大分别，而时间上的分别大。这就是因为不是社会内部问题，缺乏阶级背景，所以空间上的彼此对立不显著。而因为问题是外来的，外面世界变化很快，问题自身一时一时演变不同，则虽同一党派对于问题的反应自也不能同。请看孙中山先生一手领导的革命团体，前后四十年变化多少次。即以最近的国民党而说，北伐前和北伐后简直判若两党。说他们在当初就非革命的或假革命的，那是冤屈他；说他至今还能担负革命任务而完成中国革命，那也是过奖他。假若是社会内部的阶级革命，断不会如此。唯其是从外引发的囫囵整个问题，势必一时有一时的反应，谁也不能看得很远。现操政权的国民党，好像已经完了其在中国革命史中的一段使命。今后来完成中国革命的工作，要靠乡村运动，而他能从旁协助，即为最善的尽力。此其所以然，分析下来有三点：

第一点，现在的政府，我们简直不知道它要到哪里去！我不否认它想干好事，但它自身已无方针。大约世界上的好法子，它都想要尽量采用；而对中国社会本身则缺乏认识，从而对前途出路更无眼光。要完成革命，必须要靠从历史启发出来的一种眼光；它没有这眼光，行动就没有指针，那如何靠得它？

第二点，国民党假若未操政权，其自身也许不致很分裂。今既拥有武力，自操政权，便陷身问题之中。像我们所说要站在社会一面，求社会的统一，来解决眼前中国政治问题，它就办不了。不能解决眼前政治问题，就无法谈建设，无法完成革命。

第三点，政府都是惰性的；他自上至下成一大系统，一层一层都是被动，极有机械性而缺乏创造性。但今后建设新中国的工作，完全是一种创造，处处要创新，没有成规可循。非有社会运动团体之自发的志愿不可，非有教育家循循善诱来启发人的态度不可；非有学术家研究实验的态度不可。总而言之，非普通行政机关所能办。

从以上这三点也就证明所以在现政府之外，必须有我们乡村运动才行。本来为整个社会求为有方向的进步，应当有一最高机关总持一切，照例就是以政府当其任。然而中国恰好不能。中国如我们所分析，是要以社会运动团体和现政权两大系统，来完成这工作的。其详另谈。现在只点明我们与政府是彼此相需的，而非不相容的。至于我们落到依附政权，则也有不得不然者。头一点，说句最老实的话，就是**因为乡村运动自己没有财源**。如果是暴力革命一种破坏工作，或者不用找经常的财源，因为那是短期的临时拼命。但我们现在所做，则是能慢不能快的建设和教育工夫。事业的举办，要事业费；自身的生活，要生活费。革命时要我们流血杀身倒容易，可是平白的好好饿死谁也做不到。何况知识分子怎样降低生活程度，亦还是不能很低。因此乡村工作经常的财源，就成为一大问题。国内各地乡村工作的财源，不外两个来历：一是从政府来的；一是从外国来的。定县平教会的财源，是靠外国募捐；燕京大学、金陵大学等处，也是靠国外。得不到外国朋友帮忙的，就只好找政府了。找政府，除了为财源问题，还有权力问题。有不少的事，都非借政权不办的。恰好政府他也要讲建设办教育。在这些建设上、教育上，他也不得不觅人才，寻方法。在社会上乡村教育的风气倡起来，它也得随着讲乡村教育。在社会上乡村建设潮流起来了，他也随着做乡村建设。你总不能拦住他，不许他做。他做的时候，总盼望他能切合实际，能经济而有效；当然我们就要接引他。那么，这时候我们与政府又怎能分得开呢？我们与政府既同处此社会中，就没法子不和他发生关系。虽然每个政府，实际上都脱不了破坏乡村（参看前讲“乡村自救运动”一段），然固非其本愿。他没有定要反对我们的一种背景；他正也要建设乡村完成革命而苦不得其门。尤其要知道的：**你不能排除他，就要用他；不反对他，就要拉住他**。否则，你就不算会办事；你就要自己吃亏，而于事无益。现在问题不在应分应合，（**因为分也分不到那里去，合也合不到那里去，**）乃是孰为宾孰为主的问题。说明白一点：**是我们用他呢？还是他用我们？**倘使我们不能为主以用他，反而落到为他所用，则结果必至完全失败。末后我们可以讨论这问题。在这里归结的一句话，我们与政府合作也不要紧，但**不要因为与他合作而失掉了自己**。

再来解释第二个问题，我们为什么与农民应合而合不来。从上面的话里，大家可以见出这件事非常奇怪，我们是走上了一个站在政府一边来改造农民，而不是站在农民一边来改造政府的道路。中国的社会改造，其形势之变化一至于此者，有他历史的来历、社会的背景，没有办法的。这样，则我们与**农民处于对立的地位**；他们是被改造的，我们要改造他们。譬如定县从贫、愚、弱、私四大病，而有所谓四大教育；很显然地贫、愚、弱、私是在农民身上，我们要用教育改造他们。这怎能合而为一呢？其中最核心的一点问题，就是农民偏乎静，我们偏乎动；农民偏乎旧，我们偏乎新。我们虽然不赞成像现在政府那样东建设西建设的多事，但无论如何总是进取的态度，到底不能如农民所要求“多一事不如少一事，少一事不如无事”。——这多一事不如少一事，简直是他们最亲切的要求，这是最没办法的。又我们虽然不同于习染西洋风气的青年，处处违反乡村人心理，但无论如何我们思想行动还是新的。总之，从心理上根本合不来，所谓“号称乡村运动而乡村不动”，就因为我们在性质上天然有和乡下人不能一致之处，这个问题最苦痛了！自然除此以外，还有问题。例如农民为苛捐杂税所苦，而我们不能马上替他们减轻负担；农民没有土地，我们不能分给他们土地。他们所要求的有好多事，需要从政治上解决：而在我们开头下乡工作时，还没有解决政治问题的力量。那么，当然抓不住他们的痛痒，就抓不住他们的心。这些难处都是无法避免的，只有待于形势慢慢转移。归结来说，现在问题也不在我们与农民应分应合；分也分不到哪里去，合也合不到哪里去。还是那个话，是**一个宾主问题。不过这与对政府者不同**。我们所要求的形势，不是我为主而他为宾，却是要做到他为主我为宾。就是我们要启发农民，渐渐农民力量起来为主；虽然开头不免有我们来主动的样子。这问题很大。假若农民力量老开发不出来，老是我们主动，则乡村运动终无前途。怎样可以转过这形势来，不负我们初心；末后可以讨论这个问题。现在只点明这难处自有所从来，并不是我们路线走错。或者说，错不错，还看今后的努力。

再来解释第三个问题，乡村运动者自己到底能不能形成一个力量？如果他们真能形成一个力量，而主动地担负起来转移大局的工作，中国就有希望。不然，就一切均无下落了。因为政府本身就是问题，非解决问题的动力，农民本身也是问题，其力量还待启发；那么，乡村运动者再不形成一个力量，那还盼望谁呢？而照现在的情形看，这希望似乎很不容易，南北各地乡村运动者，各有各的来历，各有各的背景。有的是社会团体，有的是政府机关，有的是教育机关；其思想有的左倾，有的右倾，其主张有的如此，有的如彼。如像世界上没有这样形形色色五花八门的事,而可以说是做一运动的!其本身如此杂乱纷歧,散漫不整,而要担负一个至重至大的责任,似乎很难完成他的使命。这乍然看去,殊觉可忧之至。其实他还是从我们所说那三层来的。他如果是从社会内部矛盾而逼出来的一种运动,站在一定的立场,代表一方面的要求,当然就不会这样散漫纷杂。**然在中国问题之下,而有此散漫纷杂的反应,却正见其将汇合到一路上来**。我早说过了,中国的党派、中国的运动,你不要站在社会中间横面的来看他的静态,分别这方面那方面,都不关重要的。你要超出社会之上,而看其整个的演变;从前到后为纵的历史观察,而理会其动态。还是那句话,空间上的分别不大,而时间上的分别大。此散漫纷杂者,是在空间上散漫纷杂;在时间上前后比较,却**有其一致之点**。从前中国人对于中国问题的反应,大抵要求总解决(如革命、立宪、共产等),两眼注意看上面,注意根本问题,爱谈理想原则,仿佛总要有所破坏推翻;而现在风气一变,好像不求总解决而要做零碎解决;两眼向上看而转到向下看,注意于小的实际问题;不高谈主义而切近事实寻求办法;不去破坏推翻而要为培养建设,总而言之,他要抓住一个问题(虽然也许是小范围的、片面的),而踏实地、细心地干一下。乡村工作即代表此风气。其他如讲求行政效率、研究县政改革、清查户口、清查土地、清理财政、种种均从乡村工作而引发出来。从社会改进,不期而牵连到地方行政的改革。此时虽然他们(乡村工作者)来历背景不同,思想主张不同,工作方式不同,而终是代表一个风气。在这点上大家是相同的;而显然不同于从前的那些。那么,**虽然纷杂还是一致**。这是必须认取的。不但如此,从此再向前去,他们更将接近而汇合为一。因为从此慢慢就可使大家认识中国社会了。其好处,全在落归实际,而不要空想乱想。本来在理想目标上,彼此虽不见得一样,也不一定不同。在目标上先不多说它,而在实际办法上用心讲求。这时就开了大家彼此接近归一的门,闭上了大家彼此纷争的门。眼前的事实只一个,看谁的办法做得通。一切不合事实的主张办法,自然都要被淘汰;终有一个合乎事实的得到最后胜利。不但一切思想意见的隔阂慢慢得到沟通;更且彼此利害要求的不一致也慢慢接近,这是中国社会事实会要转到这一步的。**这样就是从四下里往一个中心点去归拢,而形成一个潮流势力。**这是**散漫社会在囫囵整个问题下唯一可能有的转变;恰与西洋社会从一个中心**(一方面或一阶级)**向外扩大而成功的势力不同。**这里包含许多事实的分析,但为时间所限不及细讲。归结一句话:乡村运动会要形成一个代表中国大社会的力量;待此力量形成,则中国局面决定。那时政府与农民皆被转移过来,往前去完全是坦途了。不过事情总不是容易的。一面固然形势推移,自有其莫之为而为、莫之致而致者;但一面却也要小心谨慎地认定路线,不要错走一步。大约我们和政府间的问题,我们和乡下人之间的问题,我们自己(乡村运动者)彼此间的问题,这三个问题要应付得好,而不致自毁前途,必须注意下列五点:

第一点,我们要守定社会运动的立场,绝对不自操政权。这样,才能代表社会,唯能代表社会,才能形成一大力量。亦唯有不上台,才可免于自身的分裂,完成乡村运动的统一联合。这是要紧的一点,把握得这一点,则三个问题都可有好结果,而不生差错。

第二点,我的接近政权而使用它也无妨的,却须认清一个原则;就是要保持我们与它之间的一定比例平衡,社会上潮流声势起来一点,就无妨使用政权一点,总不要过了分;同时政府给我们的机会愈大,我们的领袖愈要退居政府之外,此即能保持平衡,这是为乡村运动初起时言之。末后乡村运动大联合成功时,全部政权都要置于联合中枢的指导之下,就没有什么大小多少之分了。

第三点,最好如丹麦民众教育之例,其工作机关(国民高等学校)只受政府津贴而不受政府干涉。政府站在奖励扶助地位,没有什么法令章则来限制他。这样,我们自己先花费许多精神财力,有一番辛苦在内,志气就以淬砺而愈坚。不但用钱经济,工作效率要高。更容易与农民融成一片;更容易巩固乡村运动的联合。

第四点,假如没有像上面所说的机会,而是加入在政府的机关学校任职服务,也未尝不可,但必须同人之间有一种团体组织,志愿为乡村服务,而互相砥砺切磋。此团体组织是超机关的,而与乡村运动团体相联合。不如此,难免我们被政府吸收,而不能自成系统;自己不成系统,则无前途可言。

第五点,乡村运动者所做的工作,无妨是枝节的、改良的,但必须有远大的目标。在政治上、经济上几个重要问题,都必须有鲜明的主张、确定的立场。小处入手,大处着眼,脚步须稳,要求宜强。这是要注意的。关于这些主张、信条、纲领之类,各乡运团体无妨各自订定。大致总不会十分相远。就是有不同的地方,也不要紧,终归要接近的。开头若没有不同,则亦得不到后来的真同。所谓不打不成相识。尤其要紧的,若没有鲜明的主张,便不能领导政府,便不能结合农民,而开展我们的运动。

对于以上五点,果然能循守无违,则无论如何不会失掉我们自己，而大局亦必可随之转移过来。这是没有疑问的。难处虽多，危机虽伏，都还不是致命伤；就怕志趣不坚，认题不清，立脚不稳，此外没有怕的。

附录二

回忆我从事的乡村建设运动

我的家庭,从曾祖父、祖父、父亲,到我,都是生活在城市中,没有在乡村生活过。我是怎样去搞乡村建设的呢?怎么起了这么个念头呢?这要从我的中学时代说起。

我在中学读书的时候,就很关心国事。那时候,中国很落后,经常遭受到帝国主义的侵略和欺侮。我认为,要改变这种局面,中国的政治必须改造,救国也必须从政治入手。根据当时的知识,我心目中好的政治模型,就是英国式的宪政。英国宪政一开始不是靠广大人民,是靠中产阶级,靠有钱的人,后来范围逐渐扩大,工人和劳动人民都有选举权和被选举权,广大的人民有权与闻政治。因此我认为英国式的宪政是最理想的政治。这种认识现在看来,当然是很粗浅的想法,但是在当时,这不仅是我一个人的认识,可以说是要求改造中国政治者的共同认识。举例来说,清末中国许多人要求君主立宪,辛亥革命后,1913 年开国会,国会分参议院和众议院;袁世凯称帝后,全国要求宪政,这些都是学习英国。还有,中国同盟会改组为中国国民党时,国民党的党章,也是参照英国式宪政政党的。

当时,我还有一种认识,或叫觉悟,就是认为英国宪政成功、有效，是靠英国人民争取来的。英国公民的公民权、参政权、对国事的参与过问权，都是英国人自己要求和争取来的。自己不要求、不争取，是不能实现的。在民众没有要求的情况下，靠赏赐是不行的，一纸公文，没有用。当时，中国的民国宪法中也规定了公民的一些权利，但不过是白纸写黑字，广大民众不懂这个事。选举时，让他们走几十里地去投票，他们不去，没有时间，把选举权送给他们，他们还不要。我看到这一点，感到要改造中国政治，必须从基础做起。国家宪政要以地方自治为基础，省也是地方，但是太大。从基础做起，就要从最基层开始做，搞乡村的自治，一乡一村的地方自治。一乡一村的自治搞好了，宪政的基础也就有了。具体的做法，我设想是把农民首先组织起来搞合作社，由低级到高级，由小范围到大范围；引进先进的科学技术，把它运用到生产和生活中去，进行农业的改革和改良，进行农村的各种建设事业，搞工业化的农业。科学技术的运用和生活的提高是互为因果的关系，生产技术改革了，生产就会发展，也就使生活得到改善；生活改善了，对先进的科学技术的要求也就更强烈了。科学技术的运用和组织生产团体也是互为因果的两面，互相影响，互相促进。运用新式的科学技术，个人的力量不行，需要团体组织的力量。有一个团体组织，才能引进一份科学技术；有一份科学技术，才能促进一个团体组织。团体组织越大，能够引进和运用的科学技术就越先进、越多。这样团体组织也会进一步巩固和发展。

经济上的合作组织和政治上的地方自治团体是相因而至的。随着经济上合作组织的建立，农业生产的发展，农民生活的改善，他们参与过问国事的要求和可能就增强了。这样政治上的地方自治团体也就会搞起来。总之，乡村工作搞好了，宪政的基础就有了，全国就会有一个坚强稳固的基础，就可以建立一个进步的新中国。

我就是基于这样一种想法去搞乡村工作，以这样一个主观愿望为指导离开城市到乡下去的。这是我二十岁到三十岁时候的事。

搞乡村工作的理想、志愿确定后，我总想找一个地方试试看。首先我选择了广东。我生长在北京，工作以后，又在北京大学教书，怎么选择广东实践我的理想呢？因为我看广东有一个方便条件，就是我的朋友、孙中山先生的部下李济深在广东掌握政权。他希望我去，我也想去，我就从北京去了广东。

我在广东时，没有用乡村建设这个词儿，用的是乡治，这是从中国古书上借用的一个名词。我想在广东收一批学生，办乡治讲习所，把我的乡治主张和办法，讲给他们听。后来，办乡治讲习所的设想没有实现，在一个叫"地方武装团体训练员养成所"的机关，我以"乡治十讲"为题，作了十次讲演，讲了乡治的意义和办法。

地方武装团体训练员养成所是干什么的呢？广东这个地方，地方绅士很有力量，他们建立了武装力量，叫民团。名曰保护地方，防止土匪，实为保护自己。广州与香港相近，商业发达，商界的势力很强，也组织有武装力量，叫商团。1924年，国共合作，广东的革命空气很浓厚。共产党在农村搞农民运动，组织农民协会，建立农民的革命的武装，叫农团。李济深领导搞"地方武装团体训练员养成所"就是想要训练一批人，毕业后到各县地方当武装训练员，把民团、商团、农团搞在一起，避免左派和右派武装力量的冲突。我讲课时，听讲的训练员有千数人。

可是，不久政局发生了变化。当时，中国有不少的军事政治巨头，蒋介石是一个巨头，李济深是一个巨头，阎锡山、冯玉祥、张学良也都是巨头。南京国民党政府成立后，蒋介石成为国民党政府的头儿，占据中央的领导地位，成了中国的第一个巨头，其余的都成了地方巨头，要听蒋介石的。蒋介石若是可以信任人，本来是可以团结住这些人的。但是，蒋介石不是这样，他排除异己，要把这些巨头一一铲除掉。这样就先后爆发了蒋介石同桂系、同晋系阎锡山和西北军系冯玉祥等的战争。蒋介石要除掉李济深的势力，把李济深软禁在南京城外的汤山，共囚禁了两年。李济深倒了，我的乡村建设计划在广东搞不成了。于是，我离开了广东。这是我搞乡村工作的第一阶段。

1929 年正月，我离开广州北上，沿途考察了各地的农村情况，写了一篇论文《北游所见纪略》，后来发表在《村治月刊》上。

是年春天，我回到北京。这时，北方有一批朋友，在思想上与我有共鸣，也在搞乡村工作，但不叫乡治，叫村治，在北京出版《村治月刊》，在河南创办村治学院。《村治月刊》是王鸿一先生创办的。王鸿一，山东人，曾任山东省议会副议长，很有名望。他与阎锡山、冯玉祥等都是朋友，给他们提建议，是他们的座上客，但是他不当官，不做他们的部下。《村治月刊》在北京出版，钱主要是由阎锡山捐助的。那时，阎锡山在山西省搞村政运动，省政府设有村政处。村政处的任务有两个：一是禁吸毒品，即禁抽大烟；二是禁妇女缠足。1929 年我从广东回北京途中，曾往江苏昆山、河北定县和山西考察当地农村工作。

河南村治学院是王鸿一先生向当时占据河南的冯玉祥建议，得到冯玉祥的赞助搞起来的，创办人大部分是河南人，经济上主要是靠河南地方上的力量。村治学院的院长是彭禹廷，副院长是梁耀祖(字仲华)和王怡柯,都是河南人。为什么一批河南人倡导和支持村治呢?河南省地处中原,自古以来是主要战场,战争给河南造成严重的破坏,人民经受了很大的痛苦。战争中,败兵逃兵四散,很多人落草为匪,更多的变卖枪支,所以河南土匪多,乡间散失的枪支多,社会秩序很不安定。为了自卫,农村建立了一种武装组织,叫红枪会。它是凭借宗教迷信把人团聚在一起的,常常被人利用。红枪会的领袖大都是当地有钱有势的人。这些人掌握了红枪会后更有势力。红枪会被有钱有势的人利用,相互之间经常发生摩擦。建立红枪会本来是好事,但是也有很大的流弊。所以,地方上的一些开明人士、知识分子就想改变这种局面,教育农民,破除迷信,不被利用。基于这种动机,他们办村治学院。

由于我搞的乡治,与他们搞的村治差不多,他们欢迎我参加,请我接办《村治月刊》,担任河南村治学院教务长,主持学院的具体工作。我很高兴地接受了他们的邀请。当时,河南村治学院正在筹建,我便把筹建工作抓起来。首先起草了《河南村治学院旨趣书》,阐明了河南村治学院的宗旨。这篇文章收入我的文集中。我还起草了村治学院的章程等。1929 年底,河南村治学院招收了第一批学生,有四百人左右。正在搞的时候,蒋、阎、冯中原大战爆发,河南是主战场。战火纷飞,村治学院难以继续办下去,学生学习了不足一年,便草草结业,1930 年 10 月学院也就结束了。这是我搞乡村工作的第二阶段。

第三阶段,是在山东,在这里搞的时间最长。从 1931 年初到 1937 年底,日军侵占山东以后结束。

我们在河南办村治学院时,河南的当权者是冯玉祥。他的部下韩复榘任河南省政府主席。韩复榘的省主席只是一个名义,因为事事都要听冯玉祥的，省政府的事冯玉祥又派薛笃弼主持。韩复榘虽然不掌省政府的实权，但他也关心村治学院的事，并同我们相熟悉。

中原大战前，冯玉祥有二十多万军队，占据着山东、河南，以及整个西北地区。冯玉祥在蒋介石的压迫下，放弃了山东、河南，向西北撤退。部队撤入陕西潼关以后，冯玉祥在陕西省华阴县召开军事会议，韩复榘在会上反对他的西撤计划，冯很生气，怒斥韩复榘并打了他一个耳光。这时，韩复榘在政治上已经是省主席，在军事上是几万人的总指挥，冯玉祥对他的态度，使他很受不了。韩复榘回到部队以后，便带他的嫡系部队一万多人，出潼关向东开去，脱离了冯玉祥。这正是蒋介石与阎锡山、冯玉祥的矛盾即将爆发之际。蒋介石看见冯玉祥内部分化，很是高兴。1930 年 9 月，蒋介石任命韩复榘为山东省政府主席。

中原大战爆发后，河南村治学院匆匆结束。院长彭禹廷回到本乡河南镇平县，我回到北京。副院长梁仲华到济南，向韩复榘报告河南村治学院的结束情况，因为如前所说，河南村治学院是韩复榘任河南省主席时办的。韩复榘对梁仲华讲，欢迎你们大家都来山东，在山东继续河南的事业。梁仲华到北京找我，说韩复榘欢迎我们大家都去山东。当时，河南村治学院虽然已经结束，但是人员还没有散伙，大家便聚集山东。这是 1931 年 1 月。

我们在山东的做法与在河南的做法略有不同。在山东不叫乡治，也不叫村治，叫乡村建设。这个名称是我在《山东乡村建设研究院办法概要》这篇文章中第一次用的。为什么叫乡村建设？因为当时人们都在提倡建设，建设有许多方面，我想我们搞的工作是乡村的建设工作，所以用了乡村建设这个名称。

我们的机关叫乡村建设研究院。院长是梁仲华，副院长是孙廉泉，名则让。我担任研究部主任。不久，梁仲华、孙廉泉二位正副院长相继调任济宁专区专员等职，负责菏泽乡建院分院工作，由我接任院长。

乡村建设研究院分三部分，另外还有一个附属农场。

一、乡村建设研究部

研究部是高级研究机构，任务是研究乡村建设理论。它招收的对象是大专院校的毕业生，或者虽未取得大学文凭，但学识有相当根底者。这些人都作为研究生，学习一年，每期招收四五十人。

二、乡村服务训练部

训练部的任务是训练到乡村服务的人员。招收的学员都是有相当中学文化程度的年轻人。因为他们毕业后，要去乡村工作，年龄一般不能太小，也不能太大，大都是二十岁左右的。收的人数比研究部多一些，每期约三百人。

三、乡村建设实验区

为了实施我们的乡村建设计划，经山东省政府同意，以邹平县为乡村建设研究院的实验区。这个县的全部事情都由研究院管，县长由我们提名，省政府照提名任命。县政府的机构设置，行政区域的划分，完全由研究院根据需要决定。那时，各县县政府都设有四个局：民政局、财政局、建设局、教育局。我们改组了县政府，废去四个局，改为设置五个科。全县划分为十个区，县城内一个区，县城外九个区。

邹平县自然条件、地理位置都较好，是我们搞实验理想的地方。它交通方便，在胶济铁路沿线，县城离周村火车站只有三十多里地。县不大，人口不多，当时有十七万多人。

实验区确定之后,我们对全县的情况进行了全面的了解,对人口作了普查。县政府设立了户籍室,掌握全县的户籍情况。各区政府都和县政府装有直通电话,我们要求各区政府及时报告本区人口变动情况。全县的户籍情况,户籍室都有档案。有两种人,作为特殊人口,另立卡片:一种是有文化知识的人,即受过小学以上教育的;一种是乡村中的坏人和不务正业的人,像流氓、盗窃分子、赌徒、好吃懒做的人等,以便对他们的使用与管理。

我们在县城办了卫生院,设有病床。医院的大夫,均聘请济南齐鲁大学医学院的毕业生。

我们的实验工作,是从发展生产入手的。邹平县是产棉区,我们首先帮助农民改良棉种,同时,还推广优良麦种和畜禽良种、植树造林、疏通河道,努力发展生产,改善农民的生活。当地的棉花都是运到青岛纱厂去纺纱的。我们以孙家镇为点收购棉花,经初加工运往青岛。我们还计划在邹平建设纱厂,就地加工。因为抗日战争爆发,没有来得及办。这是推广科学技术,发展生产方面的建设。

我们还积极倡导和支持发展合作社,即搞团体组织。合作社是从信用合作社到生产合作社这样发展的。组织合作社的工作,是由罗子为负责。他带几个助手在乡村奔走,帮助农民组织起来。当时,乡村中建立了不少的合作社。为了支持发展生产合作社,县里设立金融流通处,兼县金库。什么人都可以存款,但是借款必须是集体,也就是合作社才能借,不借给个人,以资助集体引进和使用新式科学技术发展生产。

我们的实验区,开始在邹平,后来菏泽县也划为我们的实验区。

乡村建设研究院先设有出版股，后改为乡村书店。乡村书店在“七七事变”后，迁到了武汉，后又迁至重庆，在重庆还办了一段时期。与我们在山东搞乡村建设的同时，全国有不少的人也在搞乡村工作，影响较大的除我们之外，还有三个点：河北省定县的平民教育促进会；江苏省无锡的江苏省立教育学院；江苏昆山中华职业教育社。以上三个机构均有实验区，中华职业教育社的实验区在江苏省昆山县徐公桥。

设在河北省定县的平民教育促进会，创办的时间比我们早。它是由晏阳初先生主持的。晏先生是四川省巴中县人。这个地方是比较苦的。晏先生自幼在当地美国教会办的学校读书。由于他天资聪明，教会资助他去美国留学，又由美国转到欧洲。他到欧洲正赶上第一次世界大战。大战期间，法国男子大部上前线作战，国内劳力不足，工厂缺乏工人，资本家便到中国来招收华工。这些华工全部是在青岛集中，乘船到法国的。他们中的绝大多数人是农民，没有文化，不识字，远离家乡，往家写信也写不了，很是苦恼。晏阳初在法国看到这种情况，很是同情。于是创办平民教育会，在华工中搞识字运动，教华工识字。很多人识字以后，可以往家写信了。晏阳初的这种作法，深受华工的欢迎。他自欧洲回国以后，还继续搞识字运动。人们告诉他，最需要识字的是农村的农民。于是，他便选定河北省定县为他的平民教育促进会的实验区。他的经费主要是从美国的慈善机关募捐来的，来的比较方便，也很充足。我们的经费主要是靠中国的地方政府，在河南靠冯玉祥，在山东靠韩复榘。但是，晏阳初也遇到另一个问题，那就是在解放战争后期，他去美国募捐，美国的捐款人对他说，你只许站在国民党一方，不许站在共产党一方。他从美国回到国内时，蒋家王朝的覆灭已成定局。黄炎培在上海对他说，蒋介石不行了，共产党将取得全国政权，你不要跟国民党跑，劝他留在大陆。他说，不行，我的捐款人都要我只能站在国民党方面。结果，他没有听劝告，随国民党逃到台湾。他在台湾的国民党农村复兴委员会搞了一段，后来转到菲律宾，继续搞乡村工作。晏先生今年八十八岁，仍健在。*

设在江苏省无锡市的江苏民众教育学院，后改称江苏教育学院，创办人是俞庆棠女士。俞先生是美国留学生，在美国学习民众教育。民众教育又称成人教育，或叫社会教育。民众教育的对象是广大民众，是成年人，不是小孩，也不是少年。成年人，不论工人、农民、店员、职员等，都有职业，从事社会生产，不能像小孩那样进学校读书，只能在工作之余进行学习，进学校也只能进夜校。中国的民众主要在农村，在中国搞民众教育，主要的对象是农民。教育的目的在于推动农业发展，改造农村，也就是发展乡村建设事业。俞庆棠女士从美国回国以后，在江苏省无锡开办民众教育学院，后来取消民众二字，叫江苏教育学院。俞庆棠女士辞去院长职务以后，由高阳先生接任。高先生任院长多年，一直到抗日战争开始。日本帝国主义占领江苏省后，学院撤到广西省继续办。

黄炎培当时在搞职业教育运动，团体叫中华职业教育社。职业教育社本来在城市办职业教育学校，后来他们的工作逐渐发展到农村，在江苏省昆山县徐公桥搞了建设农村的实验区。

以上是几个重点，那个时期全国搞乡村工作，作乡村建设的人很多，形成一种社会运动。

俞庆棠女士在办江苏省民众教育学院之后，发起组织一个团

* 晏阳初先生于1990年去世。——编者注

体，叫社会教育社。这是一个从事社会教育的人自愿结合起来的组织，相当于现在的一种专业的研究学会。由于当时许多有志改造农村的人在搞乡村工作，全国各省、市政府都办有民众教育馆，也有一批人，所以参加社会教育社的人相当多。社会教育社大约于 1933 年正式成立。大家推选出三个主要负责人为常务理事，有俞庆棠、赵步霞，我也是一个。

社会教育社成立后，曾召开过几次年会。每次开会都登报，欢迎各界人士参加，是会员的可以参加，不是会员的也可以参加。

此外，我们还举办过三次全国乡村工作讨论会。这三次会是在邹平、定县、无锡先后举行的。

1937 年“七七事变”后，上海、南京相继失守。12 月 22 日，韩复榘对日本的侵略不作抵抗，退出济南，接着退出山东。邹平的乡村建设事业被迫结束。我们从山东退到武汉，又退到四川。在四川，我没有再搞乡村建设，除参加政治活动外，办了一所中学，目的是使我的朋友在四川有一个落脚的地方。

河北省定县平民教育会的晏阳初先生，退到四川以后，继续从事乡村工作，改用了乡村建设的名称，在重庆北碚歇马场办了四川省乡村建设学院。

关于乡村建设工作，我的主要著作有两本，一本是《乡村建设理论》，一本是《乡村建设论文集》，这两本书都是在抗战前由乡村书店出版的。

（原载梁漱溟：《忆往谈旧录》，金城出版社，2006 年）

梁漱溟先生学术年表*

1893 年（光绪十九年）

梁漱溟于 10 月 18 日（夏历癸巳年九月初九重阳节）生于北京，名焕鼎，字寿铭。早年曾用笔名寿民、瘦名后改名漱溟。祖先乃元朝宗室后裔，原籍广西桂林，后定居北京。父济，字巨川，生有二子二女，漱溟排行第二。

1898 年（光绪二十四年）

开始在家启蒙读书，由孟老师讲授《三字经》、《地球韵言》。

1899 年（光绪二十五年）

入北京中西小学堂读书。

1900 年（光绪二十六年）

因为八国联军入侵北京而辍学。

1901 年（光绪二十七年）

入北京南横街公立小学堂读书。

1902 年（光绪二十八年）

改入其父的好友彭翼仲创办的北京蒙养学堂读书，至次年。

1903 年（光绪二十九年）

在家随刘讷读书。

---

* 本年表由胡军撰写。

1904 年(光绪三十年)

由亲友各家请一家庭教师,在家学习小学课本知识。

1905 年(光绪三十一年)

入北京江苏小学堂读书。

1906 年(光绪三十二年)

考入北京顺天中学堂,学习国文、英文及数理化各科,至 1911 年毕业。

1907 年(光绪三十三年)

本年开始读梁启超主编之《新民丛报》和《新小说》等出版物。自称此时开始思考苦乐问题。

1910 年(宣统二年)

甄元熙来顺天中学读书,梁漱溟与其讨论中国政治改造问题。本年开始阅读飞翔宪派之《国风报》、革命派之《民立报》。

1911 年(宣统三年)

中学(时顺天中学堂改称顺天高等学堂,程度同大学预科)毕业。毕业前夕,由同学甄元熙介绍,加入革命组织京津同盟会。

1912 年

本年开始读佛典。任京津同盟会机关报《民国报》编辑和外勤记者,总编辑孙炳文为其拟"漱溟"作笔名。其间,偶然得到日本人幸德秋水著、张继译的《社会主义神髓》小册子,有感而作《社会主义粹言》,自己油印数十分赠人。

1913 年

正月赴西安期间开始素食。7 月,向父兄表示志愿出家为沙门。辞去《民国报》编辑和外勤记者之职,在家潜心研习佛典,归心佛法,遵从佛教戒律,开始吃素,以出世自励,怀抱为僧之志。

1914 年

继续在家研读佛典，并且在 2 月份撰文《谈佛》，发表在《正谊》杂志上。

1915 年

继续在家研读佛典，并于 9 月份编成《晚周汉魏文抄》。

1916 年

经过几年对人生问题的反省，结合读佛典的体会，完成《究元决疑论》一文，是年 9 月由《东方杂志》分为三期连载，在社会上引起一定的反响，并得到北京大学蔡元培校长的赏识。

1917 年

欲往衡山出家为僧，未能成志。应北京大学蔡元培校长的邀请，12 月 5 日到北京大学任教，为哲学门三年级讲授印度哲学概论。

是年游湘，目睹南北战争之灾祸，有感撰文《吾曹不出如苍生何？》自费印数千册广为散发，呼吁社会各界人士尤其是知识精英出面组织国民息兵会，制止南北军阀之间的内战。

1918 年

3 月，在北大哲学门研究所开始讲授佛教哲学。10 月 4 号，在《北京大学日刊》上发表《征求研究东方学者》之启示，并在哲学研究所创办孔子哲学研究会。11 月，在北京大学出版部出版《印度哲学概论》。11 月下旬，其父梁济于 60 岁生日前自沉于北京净业湖（积水潭）。《新青年》第六卷第一号发表陈独秀和陶孟和的评论，论梁济自杀之事，梁漱溟阅读后即撰写《答陈仲甫先生》一文，亦发表在《新青年》上，就自杀一事是不是个人行为、有没有罪等问题展开讨论。

1919 年

1 月,与陈大齐等人在北大发起组织哲学研究会。5 月,北京爆发学生运动,在《国民公报》发表《论学生事件》。6 月,开始写作《东西文化及其哲学》,欲以此书为《孔家哲学》、《唯识述义》两书之“引子”。梁漱溟所教的印度哲学讲义整理成《印度哲学概论》,由商务印书馆出版。同时,梁漱溟又在讲授儒家哲学、孔子绎旨等课程,并且把注意力集中于东西文化及其哲学的研究上。

1920 年

讲授唯识学,1 月,其讲稿编纂为《唯识述术》(第一册)由北京大学出版部出版。春,应少年中国学会的邀请作“宗教问题讲演”,讲演稿发表在《少年中国》杂志第二卷第八期上。春,阅读《东崖语录》有感,遂放弃出家之念。暑假,访问金陵刻经处研究部,向欧阳竟无介绍熊十力。秋,在北大于课外始作“东西文化及其哲学”的系列讲演,由陈政做记录,讲稿自 10 月始陆续发表于《北京大学日刊》上。

1921 年

暑假,应山东省教育厅的邀请,到济南作“东西文化及其哲学”的讲演,连续四十余日,由罗常培记录,记录稿在山东首次铅印成书。不久由北京重印,后交商务印书馆正式发行,共再版十多次,引起社会的巨大反响。《民铎》杂志主编李石岑曾为此评价道:“《东西文化及其哲学》一书出版一年,销售十余万册,有近百篇论文和几十个小册子同他辩论,大打笔墨官司。翻成了十二国文学,把东西两半球的学者闹个无宁日。五年之内同他通信的信札有五千以上。”是年四、五月间决定过农家生活。年末,由挚友伍庸伯介绍,与伍妻之妹黄靖贤结婚。

1922 年

年初访太原，结识卫中并参观其所办学校。12 月，发表《曲阜大学发起和进行的情形并我所怀意见之略述》。

1923 年

9 月，在北京大学开设“孔家思想史”课程。

1924 年

8 月，发表《重华书院简章》。秋，应邀前往山东菏泽任省立第六中学高中部主任，熊十力偕往。

1925 年

春，返回北京。后与熊十力及山东六中部分学生住什刹海讲学。

1926 年

1 月，与师友迁居万寿山北大有庄同住共学。讲授“人心与人生”。

1927 年

1 月，应邀为北京高校讲演“人心与人生”、“我对于心理学上见解的变迁”等题目。

1928 年

春，访南京陶行知所办晓庄师范学校。7 月，任广东省立第一中学校长。在广东期间，代李济深任广东政治分会建设委员会主席。提出请办乡治讲习所建议案及试办计划大纲。9 月，发表《请办级治讲习所建议书》，并为广东地方警卫队编练委员会讲演乡治问题。

1929 年

2 月，参与北大考察江苏、河北、山西等处村政实验。秋、赴河南辉县参与筹办村治学院。11 月，发表《河南村治学院旨趣书》。

1930 年

1 月，河南村治学院开学，任教务长。6 月，主编《村治》，于该刊发表《主编本刊之自白》、《中国民族自救运动之最后觉悟》等文。11 月，发表《山东乡村建设研究院设立旨趣及办法概要》。

1931 年

1 月，赴山东邹平筹办山东乡村建设研究院。6 月，该院成立，任研究部主任。

1933 年

2 月，教育部召开家会议，推选梁漱溟等五人起草“民众教育在教育系统中的地位”的草案，梁漱溟负责执笔，写成《社会本位的教育系统草案》。同时，被教育部聘为民众教育委员会委员。10 月，接任山东乡村建设研究院院长。

1934 年

1 月，在山东乡村建设院研究讲习会上作题为“自述”的讲演，称自己的人生思想经历过三个变化：第一期为实用主义思想；第二期为出世思想；第三期为儒家思想。春，南京国民政府公布“五五宪章”，并征求国人意见。为此写《中国此刻尚不到宪法成功的时候》一文，发表在天津《大公报》上。7 月，给山东乡村建设研究院乡村服务人员训练处讲“精神陶炼要旨”。8 月，应邀出席南京国民政府在山东曲阜举办的首次孔子诞辰纪念会，并发表题为“孔子学说的重光”的讲演。10 月，参加在河北定县召开的二次全国乡村工作讨论会，在会上作“乡村建设旨趣”的讲演。同年，《乡村建设论文集》第一集由邹平乡村书店出版，汇集了梁漱溟从 1933 年到

1934 年所写的文章 18 篇。梁仲华调任济宁专员,梁漱溟继任研究院院长。

1935 年

1 至 4 月,应李宗仁等人之邀,到广西桂林、南宁等地参观讲学。10 月 10 日,出席无锡教育学院举行的全国乡村工作讨论会第三次大会,在会上做"如何使中国人有团体组织"的讲演和"一年来的山东工作"的工作报告。10 月 25 日,在乡村建设研究院做"我们的两大难处"讲演。同月,《梁漱溟先生教育文录》由邹平乡村书店印行。此文录收集梁有关教育的文章 22 篇。

1936 年

年初,梁漱溟赴广州讲学。1 月,《乡村建设大意》一书由山东邹平书店出版。4 月中旬,离邹平赴日本考察乡村工作,历时一月。夏,在山东省立十二师范女生乡村服务处作"中国社会构造问题"的演讲。10 月,发表《中日农村运动的异同及今后中国乡村建设之动向》,刊载于《浙江建设月刊》第十卷第四期。

1937 年

3 月,《乡村建设理论》(又名《中国民族之前途》)由邹平乡村书店出版,同年 5 月再版。5 月至 6 月,应邀赴重庆、成都参观讲学。6 月,《朝话》由邹平乡村书店出版,此书是梁漱溟于 1932 年至 1935 年与学生做朝会时的部分讲话辑录。7 月 7 日,发生"卢沟桥事变",7 月 19 日,在《乡村建设周刊》上发表《我们如何抗敌》一文,指出要挽救国难,"非乡村建设不可"。8 月 17 日,应聘为国防最高会议参议员,并出席南京国民政府在中山陵召开的国防最高会议参议会。12 月率领同仁 1 万余人,从山东向后方撤退。梁在山东的乡村建设实验由此结束。

1938 年

1 月初，从武汉乘飞机到达西安，后转乘汽车到达延安，在延安停留 18 天，于 25 日回到延安。在延安期间，除了了解当地人民生活情况、教育设施，参观政府、司法机关以外，还与毛泽东及其他中共领导人进行了广泛深入的交谈。3 月初，在徐州发表《告山东乡村工作同人同学书》和《山东乡村工作人员抗敌工作指南》，号召山东乡村建设工作者要团结一致，积极投入抗日救亡运动中去。7 月，国防最高会议参议会改组，扩大为国民参政会，并在汉口召开第一届第一次会议，梁漱溟被选为参政员，出席大会。12 月，根据对中国的认识，并参以访问延安所得印象，写成《抗战建国中的党派问题》，交由《大公报》发表，但在送审时被当局检押。

1939 年

11 月，与黄炎培等人发起统一建国同志会。与会人员还有罗隆基、沈钧儒、邹韬奋、张申甫等人，梁漱溟是以乡村建设派名义参加的。

1940 年

年中，梁漱溟与同人、学生住在四川璧山来凤驿，发起创办勉仁中学。写出《创办私立勉仁中学缘起》及《办学意见述略》。文中讲道："愚自华北巡历战地归来，顾念大局艰难，无可尽力，将退而聚徒讲学。适在川从游诸子以兴学为请，时则中等教育之有待改善不异畴昔，而教育当局今实示其改善之机（如新颁导师制）。吾与诸友夙尝着力于是……本其经验，并力以图，稍抒其疾痛难已之怀耶！"

1941 年

3 月 29 日，中国民主政团同盟成立，在重庆上清寺特园召开了正式成立大会，会上选举梁漱溟为秘书长、执委（执委共十三人），并代表民盟前往香港创办《光明报》，途经桂林时在广西大学讲学两个月。

1942 年

2 月，赴桂林。4 月，开始写作《中国文化要义》。10 月，为《桂林自学月刊》写《我的自学小史》，原计划写十八章，后因《中国文化要义》一书亦在属草，难于兼顾，只写出前十一章发表。12 月，发表《理性与宗教之相遭》一文。

1946 年

1 月，为梁任公逝世十四周年撰写《纪念梁任公先生》一文，发表于桂林《扫荡报》。同月，写出《理性与理智之分别》一文发表于桂林《文化杂志》第三卷第三期。

1949 年

5 月，在勉仁文学院院刊发表《勉仁文学院创办缘起及旨趣》，代发刊词，该文作于 1948 年。同月，在勉仁文学院院刊发表《理性——人类的特征》。6 月，《中国文化要义》一书撰写完稿，并于 11 月由四川成都路明书店出版。

1950 年

9 月，向毛泽东主席建议设置中国文化研究所（或称世界文化比较研究所），不果。10 月，开始写作《中国建国之路》（未完成即辍笔）。是年，将多年来购存书籍的大部分约三万余册捐赠给重庆罗斯福图书馆（原存北碚勉仁书院。）

1952 年

8 月，梁漱溟向毛泽东提出去苏联作学术研究，未果。10 月，在《光明日报》发表《两年来我有了哪些转变》长文。

1959 年

1 月下旬,动笔写《人类创造力的大发挥大表现》一文,目的是“试说明建国十年一切建设突飞猛进的由来”。

1960 年

开始撰写《人心与人生》。

1966 年

“文化大革命”开始。8 月,梁漱溟先生被赶出居室,暂住小屋内。9 月下旬始凭记忆开始撰写《儒佛异同论》,至 11 月 10 日完稿。

1970 年

4 月,《中国——理性之国》一书完稿,并着手写《人心与人生》一书的后部分。12 月,写出《我的思想改造得力于〈矛盾论〉》一文。

1974 年

1 月,写作《今天我们应当如何评价孔子》,并在政协学习会上讲演。

1975 年

7 月初,完成《人心与人生》一书,即着手改写《东方学术概观》(原稿写于 1949 年)。

1984 年

1 月 25 日,写《沈钧儒先生与政学会——兼记袁世凯死后的南北统一内阁》一文。是年,北大教授张岱年、冯友兰、汤一介等教授发起创办中国文化书院,先生应邀参与创办,并任院务委员会主席、学术委员会委员、发展基金会主席。9 月,学林出版社出版《人心与人生》一书。

1985 年

3 月,为中国文化书院筹委会与九洲知识信息中心在北京举办的第一期“中国文化讲习班”讲学,主要讲“中国传统文化”。

1986 年

1 月,应邀为中国文化书院举办的第二期“中国文化讲习班”讲学,讲“东西文化比较研究”,最后说:“我六十多年前就曾预测,中国文化必将复兴。”

11 月,巴蜀书社出版《东方学术概观》,《儒佛异同论》和《今天我们应当如何评价孔子》两文收入其中。

1988 年

6 月 23 日上午 11 时 35 分,梁漱溟先生在北京逝世。

材料来源:

李渊庭、阎秉华编:《梁漱溟先生年谱》,广西师范大学出版社 2003 年版。

熊吕茂著:《梁漱溟的文化思想与中国现代化》,湖南教育出版社 2000 年版。

曹跃明著:《梁漱溟思想研究》,天津人民出版社 1995 年版。

〔美〕艾恺著,王宗昱、冀建中译:《最后的儒家》,江苏人民出版社 1996 年版。

梁漱溟主要著作:

《究元决疑论》　1916 年

《唯识述义》　1920 年

《东西文化及其哲学》 1921 年

《中国民族自救运动之最后觉悟》 1932 年

《乡村建设论文集》 1934 年

《乡村建设大意》 1936 年

《乡村建设理论》 1937 年

《朝话》 1937 年

《梁漱溟教育论文集》 1945 年

《中国文化要义》 1949 年

《中国——理性之国》 1970 年

《人心与人生》 1975 年

《东方学术概观》 1986 年

《梁漱溟全集》 1989—1993 年

一个现代国家建设的系统方案

李善峰

梁漱溟毕生以“认识老中国、建设新中国”为己任。对老中国的认识,见于《东西文化及其哲学》和《中国文化要义》,建设新中国的实践,主要是投身乡村建设运动,以乡建领袖的身份参与高层政治活动,反映在著作上,就是这部《乡村建设理论》(一名《中国民族之前途》),它从经济、社会、政治、文化等方面提出了一个传统社会现代转型和国家治理的整体方案。梁一生著作等身,他自己很看重这部著作,“我今日所提倡并实地从事之乡村建设运动,即是我对于中国政治问题的一种烦闷而得来之最后答案或结论。”笔者在拙著《梁漱溟社会改造构想研究》中曾指出,从事乡建活动是梁一生事业的高峰。但《乡村建设理论》的价值,并没有像《哲学》和《要义》那样,引起学术界的足够重视。

梁漱溟自称该书是其“困勉研索的结果”,“这里面的见地和主张,萌芽于民国十一年,大半决定于十五年冬,而成熟于十七年”。从开始酝酿到成书,大凡经历了16年之久。1931年山东乡村建设研究院成立后,梁漱溟以和尚“出家”的精神,全力投入乡建的理论和实验活动。1935年《乡村建设》杂志开始连载《乡村建设理论》。1937年3月山东邹平乡村书店出版了该书的完整版,同年5月再版。1939年乡村书店迁四川重庆后再印,当时就产生了广泛的社会影响。1990年3月收入《梁漱溟全集》第二卷,由山东人民出版社出版。

《乡村建设理论》一书由"认识问题"、"解决问题"两部分组成,反映了梁漱溟遵循着由认识问题到解决问题的一贯思路。认识问题部分的主要内容有:(一)乡村建设运动由何而起;(二)中国旧社会组织构造及其所谓治道者;(三)旧社会构造在今日崩溃的由来;(四)崩溃中的中国社会——极严重的文化失调;(五)中国政治无办法——国家权力建立不起。解决问题部分的主要内容包括:(一)新社会组织构造之建立——乡村组织;(二)政治问题的解决;(三)经济建设;(四)末后我们所可成功的社会。书后附录有"我们的两大难处"一文。

在认识问题部分,梁漱溟主要从历史学的角度和用比较研究的方法,观察、分析和讨论中国传统社会的结构和文化的性质,以期作为乡村建设的理论依据和乡村教育的思想基础。他首先从四个方面分析了乡村建设运动产生的原因,即起于救济乡村运动、起于乡村自救运动、起于积极建设之要求、起于重建一新社会构造的要求。

梁认为,自鸦片战争以后,中国原有的社会结构完全被破坏,农业自然经济解体,传统的治理结构丧失基础,整个社会原有的政治、经济、文化结构走向崩溃。旧的结构既破但新者未立,致使中国长期处于散漫无组织无自控能力的窘境之中。在他看来,中国原有社会结构的破坏,其根本原因在于西方文化的侵入,导致了中国固有文化与西方文化的急剧冲突,造成了中国文化的失调和失败。

为了说明中国近代以来的社会崩溃归根结底是文化失调,梁漱溟对东西文化及其社会结构进行了系统的比较研究。梁认为，人类社会存在着由“意欲”和习惯决定的三大文化系统，“以意欲向前要求为根本精神”的西方文化，“以意欲自为调和、持中为根本精神”的中国文化，“以意欲反身向后要求为根本精神”的印度文化。这三种文化对应了人类要解决的三类问题：人对物的问题、人对人的问题和人对自身生命的问题。西方是“遇到问题对于前面的下手，这种下手的结果就是改造局面，使其可以满足我们的要求”；中国则是“遇到问题不去要求解决，改造局面，就在这种境地上求我自己的满足”；印度则是“遇到问题他就要根本取消这种问题或要求”。梁认为，这三种不同的意欲反映方式，构成了西方、中国、印度三大文化体系的本质和心理基础，三种文化也代表着人类文化次第发展的三个阶段。西方文化是人类正常的发展道路，中国文化和印度文化在第一阶段的道路没有充分走完，就“中途拐弯到第二或第三路上来”，因而具有“早熟”的特点。在梁的文化模式里，西方文化和中国文化都是世界意义的文化，不存在“要学西方就必须抛弃中国”的二分模式。梁的“意欲说”和“阶梯观”，彻底打破了20世纪初期流行的文化一元论观点，肯定了中国文化和西方文化各有自己的价值，从而把中西文化论战提到了一个新的高度。

由于中国文化的“早熟”，当西方列强对古老中国进行全方位的文化入侵时，中国传统的生活样态就呈现全面崩溃的态势。而中国在匆忙之中师夷之技以制夷，移植西方文化过程中出现的种种失误，则根于中国人的文化精神与西方文化精神在根本上“刺谬”。为了寻找二者沟通的可能性，他进一步从“社会功能”的角度对中西社会结构进行研究，探讨中国新的社会习惯形成的渠道。通过对中西社会结构的比较，梁得出了一个著名的结论：“假如我们说西洋近代社会为个人本位的社会、阶级对立的社会;那么,中国旧社会可以说为伦理本位、职业分立。”而导致中西社会结构差异的原因,则是基督教的兴起。在西方,基督教摧毁了社区性的家神邦神,建立了统一的信仰,严格的宗教生活又打破了传统的初级社会群体,建立了超家族的教会组织。庄园制度、行业公会、自治城市等进一步强化了团体生活。由集团生活的训练,培养出了西方社会的公共观念、纪律习惯、组织能力和法制精神等所谓“公德”,以及基于不同利益集团之间争斗的阶级对立。其内部社会秩序的维持,靠的是外在的强制力,法律是必不可少的手段。宪法、宪政等所代表的近代西方政治组织方式与运作规范,是西方社会生活衍生出来的自然结果,并且是在长期的运用中达到与其人生丝丝入扣的磨合程度的一种纯熟技巧,是一种生活的态度和习惯。

而在中国,由于没有类似基督教的宗教出现,整个社会以非宗教的周孔教化为中心,逐步走向伦理本位的社会。中国自封建社会解体以后,由于周孔教化的作用,导致以礼教代法律,以伦理代政治,以职业代阶级,以道德代宗教,把阶级国家融于伦理社会之中,以天下而兼国家。这种以王朝或文化作为界定群体的观念,只是一种“王朝中国”或“文化中国”,不属于一般国家类型。

需要说明的是,在西方现代化的历史上,政治与社会之间的分离是现代性最显著的特征。梁漱溟从礼俗角度来理解社会,把政治融于社会,虽然不符合西方社会思想的传统,也与“society”的含义大异其趣,却与传统中国以礼乐教化人心的基本模式有着直接的关联,梁同时代的不少学者都把社会理解成一种礼俗,这不能简单地视为与传统社会的发育和分化不足有关。在今天看来,梁从礼俗的角度理解社会,虽然没有清楚地区分政治与社会的复杂关系，却不见得是认识的误区。西方对“社会”概念的解读并不是唯一可能的理解，西方的现代化模式更不是唯一的模式，梁漱溟的文化“路向说”和“阶梯观”对此有详细的说明。梁漱溟从礼俗角度理解社会，其学术价值仍有探讨的必要。

梁漱溟的兴奋点不在这儿。他对中西社会结构的讨论不是目的所在，他的探讨只是为乡村建设的实验提供依据。《乡村建设理论》的解决问题部分，用了更大的篇幅，为振兴乡村社会和整个国家建设提出了一个系统的构想和方案。问题既已认识，解决起来自然水到渠成。

新社会建设的切入点是团体组织。梁认为，与西方社会“个人本位、阶级对立”相比，中国“伦理本位、职业分立”的社会虽有其长处，但也有严重的缺陷，表现在一是缺乏科学技术，二是缺乏团体组织。而“理想社会的成功，一面要生产技术进步，一面要社会组织合理”。他从中国社会的散漫性，强调团体性的重要和组织起来的必要，可以说抓住了中国问题的根本。但在他的文化模式里，要将一盘散沙的、无组织的中国乡村组织起来，必须建立在中国的“老精神”和伦理关系的原则之上，“中国如果有一个团体组织出现，那就是一个中西具体事实的融合。可以说，是以中国固有精神为主而吸收了西洋人的长处”。中国的固有精神，重要的不外两点，“一是互以对方为重的伦理情谊，一是改过迁善的人生向上”。西方近代团体的长处，则有四点：“一是团体组织，此点矫正了我们的散漫；二是团体中的分子对团体的生活会有力的参加，此点矫正了我们被动的毛病；三是尊重个人，此点比较增进了以前个人的地位，完成个人的人格；四是财产社会化，此点增进了我们的合作关系。”

建立团体组织的具体办法是乡农学校。他认为当时的行政机构以强制力来管理民众,既不能唤醒民众内在的道德意识,也无法调动其参与团体事务的积极性,老百姓最终还是"一盘散沙"。宋代大儒吕和叔《吕氏乡约》所设计的古代乡约制度不仅包含了地方自治,而且是一种伦理情谊化的组织。梁在《吕氏乡约》基础上扩充改造,企望在农村形成一种新的社会组织形式和新的农村礼俗。邹平被划为实验县后,梁将原有的区、镇、乡各公所及区长、乡长取消,把原来的7个区划为14个乡,在乡设乡学,在村设村学。乡农学校既是行政机关,又是教育机关,还是由全体公民组成的一个团体组织。设置乡学村学的目的是培养新政治习惯,训练乡下人对团体生活及公共事务的注意力与活动力。乡学村学由学董、学长、学生和教员四部分人组成。德高望重的乡村领袖组成学董会,从中产生的学长经县政府任命后担任以前的乡长、区长和村长。乡村中的全体农民就是学生。学长和学董的设置充分体现了梁漱溟"尊贤尚智"的精神。作为学生的村民要以团体为重,关心村庄公共事务,积极发表意见,长此以往,就可以提高公民对团体生活主动参与的积极性。乡农学校中还设有教员和辅导员,讲授乡村建设的课程,主要有"精神陶炼"和因地因时制宜的"实用技术"。精神陶炼旨在指点合理的人生态度与修养方法,人生实际问题的讨论及中国历史文化的分析,其核心是阐发"中国民族精神"。实用技术主要为乡村合作、农业改良、移风易俗等,旨在向农民传授新的科学知识。

借助乡农学校,可以实现以下目标:保持了伦理情谊和人生向上的中国理性;把农民组织起来,使他们面对共同的困难,产生合作的要求;在组织中,农民合力解决匪患、天旱、时疫、粮贱、捐重、烟赌等问题，在自治氛围中慢慢生发出一种民主政治的习惯；把西方的科学技术诸如良种、机械、农药等带到农村。这种社会组织是未来社会的萌芽和端倪，新的社会组织以乡、村为单位，由乡与乡的联络，逐渐及于县与县的联络。就可以在全国形成一个新的秩序井然的政治联合体，最终取代旧政权，建立现代意义上的国家，达到社会革命的目的。

在一个民主精神的团体里，有两个基本的要点：一是公民参与政治的权利，二是个人的自由权利。梁特别强调，乡学村学在培养新政治习惯时，应符合中国的固有伦理精神。他反对西方的天赋人权理论，主张根据“互以对方为重”的原则，将权利观念转化为义务观念，通过实行自己的义务而确保别人权利的落实。梁认为虽然中国过去尊贤尚师的精神与公民参与之间可能有相悖之处，但“人生向上”的精神可以克服这一缺失，使之不影响公民参与团体生活的主动性。他把这种人治与法治的调和，称为“人治的多数政治”或“多数政治的人治”。他认为，只要坚持了民主的精神，不一定照搬西方的政治制度。“所谓民主的精神，我们认为其中有两个因素：一个是容忍异己的雅量，一个是服从多数的习惯。”他忽略了制度建设对确保民主政治的重要性，是一个明显的失误。

对经济问题的重视，是梁区别于其他新儒家之处。建立合作社，是梁漱溟通过经济建设打造乡村组织的主要工作。在邹平实验区，梁成立了信用、产业、消费、运输等各种合作社，并成立了县合作事业指导委员会。他认为，在实际工作中，金融流通、引进科学技术和促进合作组织要三管齐下，同时推进。梁的乡村建设计划，成就了他最不在意的——小规模的技术的推广和经济的改进。他的研究部、农业推广工作和学校提高了农业技术和效率的水准。

他所引进的产销制度和市场组织的改进，也提高了农家的收入。”

“中国问题的解决，其发动主动以至于完成，全在社会中知识分子与乡村居民，打拼一起所构成之一力量。”知识分子在乡村的作用是提出问题、商讨办法、鼓舞实行。他相信具有高度传统修养又掌握西方现代科学技术的知识分子应当而且能够指导混乱的中国走上正确的道路，只要知识分子下乡，发挥他们“耳目”、“喉舌”和“头脑”的作用，就可以训练和养成适应现代社会发展的新习惯，使乡村活起来。

在此基础上，建立一个理想的新社会。这个新社会将是对中国老社会转消极为积极、对西方近代社会转偏欹为正常的正常形态的人类文明，中国如果有一个团体组织出现，“就是中国固有精神与西洋文化的长处，二者为具体事实的沟通调和，不只是理论上的沟通，要紧的是从根本上调和沟通成一个事实。当中国精神与西洋长处二者调和的事实有了时，就是一个新社会的实现，也是人类的一个新生活”。梁漱溟勾画了未来的理想社会：先农后工，农业工业均衡发展；以乡村为本，都市为末，二者彼此沟通，相互调和；以人为主体，人支配物而非物支配人；伦理本位又相互合作而至于落入个人本位或社会本位的极端；政治、经济、教化三者合一不分；维持社会秩序以理性而非武力。这显然是人类历史上不曾出现的一种文明形态。

总体来看，梁漱溟新的社会建设的方案，是以乡村为基本单位，中心环节是通过乡农学校，实现经济上的生产与分配的社会化，为消费、不盈利地生产，以农业引发工业，组织合作社，整理不良风俗，引导大家关心社区问题，参与社区生活。在这个基础上，成就一个权力来自人民的自治式的民主政治。梁试图把以家庭为本位的儒家伦理主义改造成为一种“互以他人为本位”的社会自组织方式，并有选择地吸收西方民主政治的一些合理因素，创立一种新的组织形式：社会主权归诸人人，每个社会成员有参与公共事务的义务和权利。在团体中保持道德领袖、专家或智者的“教育者”地位。决策的进行，不能简单地依照少数服从多数的原则，而应当先通过教育功夫，提高民众对团体事务的认识后才进行表决，以使决策更为合理。团体强调成员的相互尊重和共同的使命感，它的存在是基于成员“人心向善”而相互交往的过程，正是这个过程本身创造了团体的统一。通过团体的组织建设，不仅能给原先分散、孤立、贫弱的农民带来切实的利益，而且，更为重要的是把千百万原先习惯于单家独户自主生活的农民，通过组织的方式学习到集体行动所必需的原则、制度和方法，并从中锻炼自我管理的能力。

在上世纪30年代全国数百个乡村建设的实验区，梁漱溟的邹平实验是理论和实践结合最紧密的案例。邹平的乡村建设实验对乡村的社会秩序、经济发展、文化教育、风俗习惯等，都在遵从传统的基础上，作了适应现代社会发展的改革。随后几年，实验区的范围不断扩大，到1937年，山东实行乡村建设实验的县达到70多个。也就在这一年，由于日本的进犯，实验工作被迫终止。学者们已经指出，即便没有日本入侵的外因，在当时特殊的社会环境下，加上《乡村建设理论》自身的困境，实验工作也不见得能成功。梁漱溟原以为中国问题的解决必有待于中国农村问题的根治，却被中国共产党以一种他坚持否定的革命方式得到了解决。作为改良派的梁漱溟和他的乡村建设理论，在各种社会矛盾极端尖锐的20世纪30年代里没有获得成功，甚至没有得到应有的重视。对此，梁漱溟自己承认，“尽管并非全无是处，我诚然错了”。

尽管梁漱溟企图依靠传统文化来创造适合现代社会需要的新文化的尝试失败多于成功，然而他对于现代化多元道路的探索却有着十分深远的意义。深受传统文化影响的东亚地区成功地实现了现代化，引发越来越多的人思考传统文化与现代化的关系。不少学者在研讨这一问题时，都不约而同地回到梁漱溟的开创性的工作。乡村建设运动结束半个多世纪后，中国农村又出现了各种各样的社会和文化问题，这些问题促使人们重读梁的《乡村建设理论》。梁自己也恢复了有限度的自信，他在晚年的一篇回忆文章中认为，当年领导的乡村建设运动，“所见仍然没有错，只不过是说出来太早了。——失之于太早”。就像他批评中国文化“早熟”一样，乡建运动也是“早熟”的实验。

近代中国的发展道路充满了各种选择。中国共产党以革命的选择，开辟了近代民族——国家建设的胜利之路。中国革命的成功或许并不意味着梁的理论和实验是完全错误的。中国历史上传承下来的文化价值是否能适应于现代化，这是梁漱溟穷其一生精力试图解决的核心问题。从“五四”开始的文化讨论都可以归结到一个问题，即在西方文化的冲击下，中国文化怎样调整它自己以适应并创造现代的生活。究竟如何超越传统所规范的思维模式，进而谋求与当代的知识成果与智慧结晶相契合，以创造一新的文化内涵，用以实现传统文化的更新，并以此挽救中国民族的危机，是这一问题的关键。梁的乡村建设理论，是一种特殊的、试图容纳传统因素的中国式的现代化方案，这种理论至少在方法论上有相当大的合理性。梁意识到中国当下的历史使命是形成一个“近代国家”，今后的中国，必定是“团体生活”的状态，不论是团体生活及其习惯，还是组织团体生活的能力，无非是人与人之间的关系问题，中国人并不缺乏“组织”的能力，问题在于，如何在固有的中国人生与人心的基础上组织和达成这一生活，才是问题的核心。梁试图通过社会基层的日常生活，创造出一种新的文化。他扩大了儒学的实践性，把传统儒学的道德实践转化为包括经济活动在内的社会整体的实践。

他的高明之处是希望中国在起步阶段，就避免西方现代化所带来的负面影响，他相信可以通过对中国文化中有利于现代性因素的分析来修正西方的现代化道路。梁是最早提出中国文化经过批评改造还能继续存在和复兴的知识分子。东亚现代化的成功实践，说明东方的现代化并不是对西方冲击的被动反应。如何在借鉴国外先进文化的同时，挖掘和利用中国文化特别是儒家文化的本土资源，使之积极参与中国国民的道德精神和社会经济生活的重建，为中国的“现代性”提供合理的资源，仍然是需要我们认真思考的问题。正是在这个意义上，我们认为《乡村建设理论》为世界范围的现代性提供了另一种可能性，因而仍具有学术生命。